21世纪高等院校会计学专业精品系列（案例）教材

会计制度设计

理论·实务·案例·习题

（第三版）

编　著　于长春

21SHIJI GAODENG YUANXIAO
KUAIJIXUE ZHUANYE
JINGPIN XILIE(ANLI) JIAOCAI

首都经济贸易大学出版社

Capital University of Economics and Business Press

·北京·

图书在版编目(CIP)数据

会计制度设计/于长春编著. —3 版. —北京:首都经济贸易大学出版社,2013.1

[21 世纪高等院校会计学专业精品系列(案例)教材]

ISBN 978 - 7 - 5638 - 1070 - 3

Ⅰ.①会…　　Ⅱ.①于…　　Ⅲ.①会计制度—设计—高等学校—教材　　Ⅳ.①F233

中国版本图书馆 CIP 数据核字(2007)第 148907 号

会计制度设计(第三版)

于长春　编著

出版发行	首都经济贸易大学出版社
地　　址	北京市朝阳区红庙 (邮编 100026)
电　　话	(010)65976483　65065761　65071505(传真)
网　　址	http://www.sjmcb.com
E - mail	publish @ cueb.edu.cn
经　　销	全国新华书店
照　　排	首都经济贸易大学出版社激光照排服务部
印　　刷	北京市泰锐印刷有限责任公司
开　　本	787 毫米×980 毫米　1/16
字　　数	772 千字
印　　张	39.25
版　　次	2003 年 8 月第 1 版　2007 年 11 月第 2 版
	2013 年 1 月第 3 版　2013 年 1 月总第 6 次印刷
印　　数	19 001 ~ 23 000
书　　号	ISBN 978 - 7 - 5638 - 1070 - 3/ F·609
定　　价	53.00 元

丛 书 总 序

新世纪的会计教学面临着新的挑战,特别是我国加入 WTO(世界贸易组织)以后,情况更加严峻。我国普通高校本科会计学专业肩负着为各条战线输送会计专业人才的重要任务,在新的形势下,只有不断地进行教学改革,用最新的专业知识武装学生,努力从各个方面提高教学水平,才能培养出符合时代需要的会计人才。在教学改革中,教学内容的改革是关键,而教学内容的改革又主要体现在教材的改革和建设上。目前我国各高等院校会计学专业所使用的教材,尽管存在着版本众多、内容和结构有所差别、各校可选择的空间较大等特点,但仍有继续进一步改革之必要。这是因为:第一,目前各校所使用的教材大都编写于二十世纪末期,而这几年会计所处的环境发生了很大变化,新的会计理念和新的会计处理方法不断出现,再加上电子计算机、网络技术和电子商务的不断发展,原有的会计教材内容需要不断更新。第二,随着会计理论与会计实践的发展,人们对会计的认识也在不断深化,对于原有教材的有些内容也需要在新的认识基础上重新解读,使学生能够在更宽广的视野和更高的层次上掌握会计这门专业知识。第三,原有各种版本的会计专业教材虽然在内容上略有不同,但总体而言却是小异大同,各种版本存在着雷同化倾向。其实,具有创新性、突破性、与我国实际情况结合紧密的可选的素材很多,但从目前看来版本不同的教材却难以起到相互补充的作用。第四,现有教材在体系结构上大多采取教材、案例、习题相分离的编排形式,而且有的教材根本没有案例,这给教学工作带来诸多不便,需要加以改进。

基于上述情况,由首都经济贸易大学出版社牵头,我们共同组织策划、出版了这套定名为《21 世纪高等院校会计学专业精品系列(案例)教材》的丛书,邀请在相关领域的教学、科研方面有突出成果的国内知名高等院校和研究机构的学者、教授参与编写。这套丛书基本上涵盖了大学本科会计学专业的核心课程。我们在策划这套教材时,从新世纪面临剧烈竞争的客观环境出发,本着"不断改革、与时俱进"的精神,经过深入研究、多方研讨,确立了这套教材的总体设计方案。其基本思路是:在充分继承我国原有教材良好的编写风格(包括内容、结构、体例以及行文)的基础上,尽可能吸收近年来国内外会计研究的新成果和实践中的新创造,力争处理好会计国际化与国家化的关系,努力编写出一套既体现国际会计通行惯例又符合中国国情的理论性、操作性并重的新教材。在内容编写上,我们要求作者应根据各门课程发展的新动向,尽可能吸取最新研究和实践成果,努力扩大信息量,强化可读性,使教材内容具有较强的科学性、先进性和适用性。在案例的选材上,作者力争采用第一线的调查材料,追踪实践中出现的新问题,使案例真正成为联系理论与实践的纽带。在结构安排上,本书各章均采取了内容提示、专业知识论述、案例展示和思考题、习题并列的方式,以方便教、学双方的使用。据我们了解,目前国内所使用的会计本科专业教材将专业知识讲述和案例展示结合在一起进行编排的情况尚不多见,这种安排可以说是本套教材的一大特点。

本丛书的编写,我们邀请了中国人民大学、复旦大学、厦门大学、南京大学、中南财经政法大学、上海财经大学、东北财经大学、西南财经大学、天津财经学院、首都经济贸易大学、国家会计学院等著名院校以及财政部财政科学研究所的学者、教授参与,对他们的热情支持表示深切的谢意。首都经济贸易大学出版社为我们编写本丛书提供了良好的条件,我代表全体作者向他们表示衷心的感谢!

2002.8.8 于中国人民大学

修订第三版序言

虽然本教材在 2007 年 9 月进行了第二版修订,将会计制度设计的理论和方法与我国的《企业会计准则》规定进行了紧密的连接,但是,受近年来国内国际经济环境的变化影响,尤其受 2008 年下半年以来由美国金融危机引发的世界性经济危机影响,不但《国际财务报告准则》发生了调整,而且中国的《企业会计准则》国际趋同已经推出了"路线图",同时财政部、证监会、银监会和保监会四部委联合颁发的《企业内部控制规范》等法规文件精神也日益得到贯彻落实,这些都为企业管理制度,乃至企业会计制度设计指引了改革的具体方向。为此,本教材的再次修订就成为必然的需要。这次教材修订的主要内容体现在以下三个方面:

一、增加了财务报表体系设计的新理论和新模式。这一革新思路缘于国际会计准则理事会(IASB)和美国财务会计准则委员会(FASB)提出的"财务报表列报的改进协调"研究项目。该项目的目标是:改进财务报表列报,构建高质量的财务信息列报会计准则,消除采用"国际财务报告准则"的企业与采用其他不同企业会计准则的企业之间财务列报格式、方法、内容等方面的差异,使不同国家、不同地域的企业财务报表对于报表使用者的认知发挥等同的作用。2008 年 10 月 16 日旨在研究开发这一课题的项目组发表了一份"改进财务报表列报咨询建议",2009 年是该方案的讨论和征求意见阶段;2010 年是该方案正式定稿阶段;2011 年将是该方案实施阶段。这一建议,给现行的财务报表体系设计开辟了一条新思路,使会计信息的有效性提高到了一个新台阶。因此,有必要将其引入到会计制度设计中来。

二、删除了现行财务报表设计部分关于附属报表和附注的设计内容。从教学实践中,许多人反映这一部分制度设计内容讲述过于繁琐、具体,并且技术难度有限,在实际工作中只要根据会计明细账簿资料便不难完成附表的填列。另外,包括附表在内的财务报表列报方法,在其他有关会计专业课程中也有讲述;分部报表的格式设计,在第十九章"责任预算制度设计"中亦有涉猎。为避免重复,因此删除。

三、修改了第十八章"全面预算制度设计"中的部分内容。在该章中,关于设计依据的原有《企业会计制度》规定已经不能适用于当前会计改革的实践,因为企业会计制度的设计不再是国家的责任,而是现代企业自己的责任。尽管这些设计不能背离《企业会计准则》规定的范围,但是,每一个企业都应该具有自主设计既满足会计准则要求,又适用于自身特点的会计制度的能力。

本教材的第三次修订虽然篇幅不多,但是却带有很大的创新性,突破了传统报表模式的框架,可以说令人费解。特别是财务报表体系设计的新理论和新模式,很多内容引自国际会计准则理事会的项目组"改进财务报表列报咨询建议",与我国当前的《企业会计准则》无法衔接,因此,报表中的有些项目还难以和现行报表项目保持一致。读者在学习中,要注意领会其精神,而不在于与现行报表项目严格比对。

在人们喜迎虎年新春佳节的时候,这本《会计制度设计》顺利地完成了第三版的修订。愿这次修订第三版的《会计制度设计》能够更加满足会计专业教学的需要。

北京国家会计学院　于长春

2013 年 1 月 10 日

前　言

　　会计制度设计既是会计理论的一个重要领域,也是会计实践的一项重要内容。更确切地说,会计制度设计是会计理论应用于会计实践的产物,是两者的有机结合。

　　20 世纪初叶,我国曾有一些会计学者致力于企业会计制度设计的研究,并发表、出版了一些论文和著作。但这些成果大都以借鉴西方会计制度和移植式的译作居多,立足国情、结合中国实际的较少。新中国成立以后,由于受到前苏联会计核算理论和方法的影响,逐渐形成了与高度集中的计划经济体制相适应的会计制度设计体系。这一制度体系基本上是国家统一会计制度和其他相关法规、制度的糅合,是以政府部门为主要会计信息使用者而设计的、财务会计和税务会计合二为一的规范。

　　随着改革开放进程的不断推进,我国陆续对会计制度进行了重大改革。1992 ~ 1993 年,发布、实施了《企业会计准则》(基本准则)、《企业财务通则》和分行业的会计制度、财务管理制度(简称"两则两制"),借鉴了大量的国际会计惯例,使我国企业的会计核算向着"国际通用商业语言"的方向迈出了实质性的一步,实现了会计核算模式的根本转换,为现代企业制度的确立奠定了基础。但是,随着经济改革的深入发展,"两则两制"日益显露出其固有的缺陷,尤其是会计信息的严重失真使得新一轮会计制度改革成为必然。

　　1999 年新修订的《中华人民共和国会计法》把会计信息失真的责任明确落实给单位领导人,一系列"具体会计准则"和《企业会计制度》先后发布,与时俱进地改革了我国的会计核算制度,为在新千年提高我国企业的会计信息质量,加快实现会计的国际化提供了先决条件。

　　新的《企业会计制度》不再区分行业,统一制定了会计核算一般方法、会计科目及其运用和财务会计报告的编制等内容。它打破了行业、所有制、组织方式和经营方式的界限,适用于金融行业和小企业以外的各种企业会计,使会计核算的规范性得到增强,为提高会计信息的可靠性提供了保证。不同行业的企业,可以依据《企业会计制度》和将要发布的具体行业的专业核算办法,制定本企业的会计核算制度。《企业会计制度》赋予企业较大的政策选择与职业判断的空间,比如收入的确认、各项资产减值准备的计提等。所以,设计和选择适合于企业自身需要和特点的会计处理程序和方法、制定切实

I

可行的会计制度是每一个企业不可回避的现实任务。本着这一宗旨,本书在遵循《企业会计制度》和具体会计准则的基础上,结合一般企业的特点,详细阐述了会计制度的设计理论、方法、程序和要求。

需要强调的是:通常理解的会计制度仅指财务会计制度,不包括管理会计制度在内。然而,在我国经历了"会计究竟是一种技术还是一种管理"的长期争论之后,人们已经认识到"经济越发展,会计越重要"的真谛在于其技术服务于管理、技术与管理的水乳交融,进而达到完美的统一。所以,企业内部的会计制度设计,不仅应该包括会计核算制度的设计来,而且应该把管理会计制度设计囊括进来。但是,管理会计制度的设计比起会计核算制度设计来,既缺乏参考资料,也缺乏一致的认识,给教材的编写带来极大的困难。本书尝试着从预测、决策、预算、控制和考核评价几个方面阐述了管理会计制度的设计,可能有挂一漏万之嫌,权且当作抛砖引玉。

随着新技术的应用推广到会计领域中,电算化会计和网络财务管理制度被提到了日常建设中。本书在编写过程中,尝试着将计算机技术应用到管理会计制度设计中,并且单独设立一章,介绍电算化会计制度设计以及实践中的应用。

本书案例除少部分由作者编写以外,大多数的案例均摘自于公开出版的文献和网上资料,并在引用中加以删改。为此,谨向有关文献资料的作者表示谢意! 如果因此而出现错误或与原著发生歧义,责任应由本书作者来负。书中其他部分的谬误,也请读者诚恳地批评指正。

本书共分 21 章,编写人员包括:国家会计学院于长春教授;中国人民大学任庆和博士;中央财经大学黄桂杰博士;中国石油大学王琳副教授;天津科技大学苏万贵教授;长春税务学院郭益和副教授;教育部考试中心陈绍君讲师。全书由于长春教授总纂。

在本书的编写过程中,中国人民大学的宗文龙博士、教育部考试中心的陈绍君讲师提供了大量的资料和宝贵意见,首都经济贸易大学的杨世忠教授也给予了极大的关心与支持,在此一并致以衷心的感谢!

作者

2003 年 5 月

修订第二版序言

自从这本《会计制度设计》教材在 2003 年出版以来,受到了广大读者的欢迎,已经印刷了两次。在准备进行第三次印刷之际,恰逢这本教材获批国家级"十一五"规划教材,首都经济贸易大学出版社约我对其进行修订。显然,这一修订既是完全必要的,也是十分及时的。

众所周知,我国财政部于 2006 年 2 月正式发布了《企业会计准则》,2006 年 11 月又颁发了《企业会计准则——应用指南》,要求中国的上市公司从 2007 年 1 月 1 日开始执行,对其他企业鼓励尽早执行,从而标志着中国企业会计准则体系完整建立。毋庸置疑,这是一次重大的会计改革。新会计准则体系实现了与国际财务报告准则的趋同,是对中国经济全球化的巨大推动,也是对 2001 年中国加入世界贸易组织时所作承诺的兑现。新会计准则体现和贯彻了一系列新理念:①在财务报告目标方面,强化了会计信息决策有用的要求,以提高社会经济资源的配置效率;②在确认、计量和财务报表结构方面,确立了资产负债观的核心地位,限制企业短期行为,以促进企业长远、可持续的发展;③在会计信息质量要求方面,强调了会计信息应当真实与公允兼具,以向投资者提供更有价值、相关性更强的信息;④在成本核算方面,进一步完善了成本补偿理念,以保障社会经济和谐发展;⑤在信息披露方面,突出了充分披露理念,以提高会计信息的透明度,保护投资者和社会公众的利益。当前,在全国的会计人员中正在掀起一个学习、领会和掌握《企业会计准则》的新高潮。这一形势的出现,必然给会计教学,当然也包括《会计制度设计》的教学工作提出新的要求。

必须明确,新的会计准则的制定是在美国出现了安然公司等财务丑闻之后,国际会计准则委员会被改组成为国际会计准则理事会;继而,《国际财务报告准则》的制定摒弃了规则导向,采取了以原则为导向的理念;新的会计准则所规定的内容只限于会计确认、计量和报告环节,而对于会计记录则交由企业自行决定。实行新会计准则之后,国家不再制定统一的《企业会计制度》,每一个企业、单位都必须根据准则的原则性规定,制定适合本单位特点的企业会计核算制度。尤其是在企业集团中,为了达到集团内部有效控制的管理目的,便于合并财务会计信息,就必须在统一会计政策、统一会计估计和统一会计方法的前提下,制定集团统一的《企业会计制度》。于是,会计制度设计不再仅仅是国家财政主管部门的工作,而是已经成为广大企业会计人员面临的一项无法回避的艰巨任务。作为有志于会计职业的高等院校学子,自然需要学习和掌握会计制度设计的理论与技能。

会计准则的原则性导向决定了准则中不可能明确规定具体的科目设置、账簿格式、业务流程和稽核查验等详细做法,更不可能为企业明确规定管理会计和计算机会计处理的责任和义务、表格和程序;相反,却给企业财会人员的业务处理留下了大量职业判断和政策选择的空间。例如:某些资产是采用成本模式计量,还是采用公允价值模式计量;存货的收发存是按照先进先出发、加权平均法,还是个别认定法计价;固定资产折旧方法和净残值率的确定;资产减值测试中可收回金额的认定;或有负债转变为预计负债的判断;金融资产在交易性金融资产、可供出售金融资产、持有至到期投资与应收款项之间的分类等等。不同的选择会给企业带来不同的结果,不同的结果会在不同时期对企业产生截然相反的影响。显而易见,如果没有一个会计规范的正确选择,就不会有真实、完整的财务信息。而正确的选择,需要选择人具备扎实的理论基础和丰富的实践经验。会计制度设计课程正是将会计理论与企业实践结合的一种有益尝试,是培养会计人员根据《企业会计准则》的要求制定本单位会计制度内容的技术和方法论。

为了满足教学的需要,本教材的再版修订主要修改了第一章至第十四章涉及财务会计核算的部分内容,涉及管理会计和会计电算化部分的其他章节未作很大修改。再版修订的依据当然是《企业会计准则》及其《应用指南》。限于该准则实行时间较短,经验积累不足,实践中的案例更是难以收集,加之著者的水平有限,可能使修订部分不尽如人意,在此恳请读者批评指正。

北京国家会计学院　于长春

2007 年 9 月 30 日

目　录

第五章　会计账簿的设计

第六章　账务处理程序的设计

第七章　财产物资会计的设计

第八章　采购会计的设计

第一章

会计制度设计概论

本章要点

本章将讲述会计制度设计的产生和发展的历史,分析会计制度的作用与基本内容,详细阐述会计制度设计的程序和原则、会计机构的设置、会计人员管理制度的设计和会计档案管理制度的设计。通过本章的学习,应当掌握会计制度设计的意义、程序和原则以及对会计档案的管理规定。

"没有规矩,不成方圆",会计工作亦是如此。任何国家、任何企业或单位,若想开展会计工作,均必须按照一定的规则建立会计的组织机构、选聘适当的会计人员、选择适用的账务处理程序、在规定的账簿中登记会计事项,并且定期编制会计报表。开展会计工作所依据和遵循的准绳,即处理经济业务的各种规范,是会计制度设计的产物。所谓会计制度设计,就是对会计业务的处理方法和处理手续以及会计工作组织进行的系统规划工作。做好会计制度设计工作是处理包括国家在内的各方面利益关系的客观要求。

第一节　会计制度概述

一、会计制度设计的产生和发展

会计制度设计是会计实践发展到一定时期的产物。我国的会计制度设计可以追溯到西周时代。最早的会计制度设计从账簿设计开始。当时,原始的记录、计量行为——"结绳记事"、"刻契记数"等已无法既总括又详细地反映生产活动的数量和质量,叙述式的"流水账"开始出现。但"流水账"无法把官府的贡、赋、租、税等财富既总括又详细地记录下来,于是开始对"流水账"进行改革,设计出"草流"(流水账)、"细流"(明细账)、"总清"(总账)三种账簿,并设计了"日成"(旬报)、"月要"(月报)、"岁会"(年报)三种文字性报告。这标志着我国会计制度设计工作进入起步阶段。

随着生产经营的发展,经济业务不断增多,记账方法日益完善。西汉时期,为了反映地租的收付,"收"、"付"两个记账符号、"收入－付出＝结存"的平衡公式被广泛应用,大大促进了账簿格式的改进,这为唐宋时期"四柱清册"、"龙门账"、"四脚账"等方法的设计奠定了基础。"四柱清册"是我国会计制度设计工作发展的一个里程碑。而欧洲直到以后的14世纪,才出现"借贷记账法"。1914年,北洋政府对会计制度进行了较彻底的改造,不但建立了较完整的账簿体系,设计了会计科目,初步建立起"会计凭证→账簿→会计报表"的记账程序,而且,改传统的自右向左直式书写为自左向右的横式书写,在与国际惯例接轨中迈出了可喜的一步。

新中国成立后,在较长的一段时间里,我国一直采用前苏联计划经济的模式,以按行业、分所有制设计的会计核算制度来规范会计工作,不仅照搬了前苏联的会计平衡公式、会计报表体系和成本计算方法，而且设计出一系列分部门、分所有制的行业会计制度。这些会计制度带有浓厚的计划经济体制色彩，在特定的环境中发挥了很大的作用。20世纪70年代末，我国经济体制开始改革，要求我们将计划经济体制转变为社会主义市场经济体制；此后，跨地区、跨部门、跨所有制、跨行业的企业集团开始兴起，证券和股票市场开始建立，股份制、中外合资企业不断涌现，对外贸易和跨国投资迅速发展。所有这些，使我国长期以来实施的分行业、分部门、分所有制一统到底的会计制度的弊端日益显露出来。首先，计划经济体制下权限高度集中，不利于搞活企业，不利于企业走向市场；其次，分部门、分行业、分所有制管理不适应混合经济实体的要求，不利于实施有效的宏观调控；再次，计划经济体制带有封闭性，与通行的国际会计惯例存在着矛盾，不利于对外开放。为解决上述问题，全国人大在1985年颁布了《中华人民共和国会计法》(以下简称《会计法》)，并对各个行业、各种所有制成分的企业会计制度加以补充和修订。1992年，我国的体制改革明确为建立社会主义市场经济体制以后，为了使法规制度这些上层建筑起到适应与促进经济基础的作用，由财政部制定并颁布了《企业会计准则》和13个分行业的《企业会计制度》，并开始研究具体会计准则，逐步实现我国会计规范由计划经济向市场经济模式的转换。

当人类进入21世纪的时候，我国的改革开放已经向纵深发展。加入世界贸易组织的要求迫使我国企业的会计制度尽快与国际惯例接轨，资本市场的成长要求会计信息的客观与及时，加强宏观经济调控和国有资本监管要求堵塞利润操纵的漏洞。为此，1999年10月31日经第九届全国人民代表大会第十二次会议审议并通过了修订的《会计法》，新修订的会计法提出制定统一企业会计制度的要求。2000年12月29日，在《股份有限公司会计制度》(1997年颁布)及其补充规定的基础上，财政部制定并发布了统一的《企业会计制度》。之后，2001年11月颁布实施了《金融企业会计制度》。2004年，针对小规模企业的特点，还制定了小企业会计制度。

2006年2月，财政部确立了一套《企业会计准则》体系。2006年8月，《企业会计准则——应用指南》的公开发表，标志着我国新会计准则体系的建成。2007年1月1日起，上市公司必须率先执行《企业会计准则》，鼓励其他企业尽早执行该准则。

这次新会计准则的颁布是以往会计改革的继续。自从2001年11月我国加入世界贸易组织(WTO)以来，我国的出口贸易增长越来越快，中国制造的产品走向世界市场，从而使我国的就业压力得到缓解，国家税收逐年上升。但与此同时，也有越来越多的反倾销诉讼把我国的一些企业推上了被告席，我国企业的产品不断遭到外国的反倾销调查，而我们有些企业的确经受不起这一调查。首先，我国的会计制度与国际会计准则的规定存在差异，造成计算出的产品成本不可比；其次，我们有些企业会计控制不完善，会计人员水平不高,会计信息相关性弱,进而导致我国企业在反倾销诉讼中败诉。这也是迄今为止国际上很少有国家正式承认我国市场经济地位的原因之一。为了扭转这一不利的局面,我国亟须进行会计制度改革。新会计准则体系成为与中国国情相适应,同时又充分与国际财务报告准则趋同、涵盖各类企业各项经济业务、能够独立实施的会计准则体系。会计准则的国际趋同,能够提高我国在国际上的地位,扩大我国的影响。我们采用国际通用的商业语言,可以更多地与其他国家开展贸易往来,可以更广泛地架起与其他地区市场沟通的桥梁。但是也应当认识到:趋同是一个方向,不趋同就可能在世界经济大循环中被边缘化,就无法实现21世纪中叶我国要建成中等发达水平的国家这一宏伟目标;趋同是一个过程,今天与国际准则一致了,明天还可能出现差异,因为我国的会计准则在变化,国际会计准则也在不断改进;趋同不是相同,也没有必要完全相同,各个民族都有自己独特的表达方式,我国的会计准则在表述上都以中国人习惯的语言文字阐述,在排序上也是按照业务顺序进行;趋同是双向的,作为发展中国家的中国,不可避免地存在着新兴市场经济的特点,因此不能照抄照搬经济发达国家现成的方法,只要我们坚持了会计准则实质性的趋同,就会得到国际社会的肯定和认可。

国际财务报告准则是以财务报告为基础的,而我国的企业会计准则是以会计核算为基础的。我国的会计准则除了在形式上与国际准则保持趋同以外,还在内容上分为三个组成部分。

第一部分:基本准则。基本准则规定了制定会计准则的具体标准,提出了会计的前提条件、基本原则、质量特征、会计要素、会计环节和会计方法等项内容,其实质相当于国际财务报告准则的《财务报告框架结构》。由于我国将其作为《会计基本准则》独立出来,凌驾于《具体准则》之上,并且规定当具体准则中没有规定的业务出现以后,可以到《基本准则》中查找有关原则性规定,以遵照执行。这就更加突出了基本准则的纲领性地位。

第二部分:具体会计准则。具体会计准则包括16项经过重新修订的具体准则和新制定颁发的22项具体准则,共计38项具体准则。虽然这些准则没有与国际财务报告准则形成一一对应的形式,但其内容基本一致,是迄今最为完整的中国企业会计准则。其中,这些准则又可以划分为所有企业均具有的共同业务准则、特殊行业特殊业务准则和财务信息列报准则三个部分。

第三部分:会计准则应用指南。按照金融企业和非金融企业的分类,会计准则应用指南分别规定了156个会计科目和财务报表格式。这从一定意义上说,是长期以来我国统一企业会计制度的转型,比较适合当前我国广大会计人员的工作习惯,便于他们对企业会计准则的学习、理解和应用。以后国家不再规定统一的会计制度,再提起"企业会计制度",应当是指企业根据《企业会计准则》自行制定的企业会计核算办法。

由此可见,会计制度设计正逐渐成为每个独立经营企业加强核算、完善内部控制工作的自觉要求。

二、会计制度设计的作用

会计制度设计工作的结果产生出会计制度。会计制度设计的实质,不但包括对会计凭证、账簿、报表和处理程序的选择,而且包括对诸多会计政策的选择。但需要指出的是,会计准则就是国家权力机构从宏观管理需要出发,对一系列会计原则、会计估计和会计方法进行初步选择的结果。虽然会计准则给予企业单位在一定范围内对给定会计政策进行再选择的权力,然而就像允许"鸟在笼子里自由飞翔"一样,选择是不可超越界限的。企业单位只能依据会计准则制定适合本单位情况的会计制度。会计制度设计的作用可概括为以下四个方面:

(一)有利于贯彻国家的财经政策和法规制度

国家的财经政策具体体现在税法、公司法、审计法、中国商业银行法、证券法、票据法、统计法、会计法等财经法律和有关法规制度中。设计会计制度时必须以这些法律、法规、制度中的各项规定为依据,不能与之相背离。这样,执行了会计制度,也就贯彻落实了财经政策和法规制度。

(二)有利于提高宏观和微观经济管理水平

从宏观上看,国家在制定规划、决定政策、开展综合平衡工作时需要高质量的会计资料。这些会计资料是通过编制汇总会计报表提供的,而汇总会计报表的编制要以各地区、各部门会计指标的相互可比为前提。全国统一的会计制度(如《会计法》、《企业会计准则》)从宏观角度对会计工作提出普遍的、共同的要求,通过强制执行,为汇总会计报表的编制提供了重要的保证,从而加强了综合平衡工作,提高了全社会的经济管理水平。

从微观上看,各单位不但要执行统一的会计准则,还应结合本部门经营管理的具体情况,自行设计出适用于本单位的会计制度。这类会计制度解决的是各个会计主体的个性问题,有一定的针对性。通过贯彻执行,势必形成真实、正确、合理、合法的会计信息,据此正确决策,可以提高经营管理水平。

(三)便于开展经济监督工作

经济监督主要包括会计监督、审计监督、财政监督、税务监督、信贷监督。审计监督

又包括内部审计监督、国家审计监督和社会审计监督三部分。会计监督和内部审计监督来自单位内部，其他经济监督则来自单位外部。无论来自内部还是外部，各种经济监督无一不以审查会计资料的真实、正确、合理、合法为重点。那么，被审查的会计资料是否存在问题？会计制度为检查人员作出正确判断提供了重要的依据。

（四）可以保证会计工作顺利进行

会计工作是会计人员在专门设置的会计机构中按规定进行的。会计制度在会计机构设置，会计人员配备，会计人员职责、权限、职称评定，账务处理程序，各类经济业务的处理方法等方面都作出了详细、具体的规定。通过执行会计制度，可以保证会计工作顺利进行，提高会计工作效率，保证会计工作质量。

第二节　会计制度的内容

会计制度有广义和狭义之分。广义的会计制度也可称为会计规范，它是一套规范、约束会计工作的法律、法规和制度的总和。会计规范有很多不同的表现形式。我国的会计规范是由会计法律、会计法规、统一会计制度和单位内部会计制度构成的。狭义的会计制度只包括单位内部会计制度。

一、会计法律的内容

会计法律是一种泛称，指的是对所有会计工作具有约束作用的法律。从我国的实际情况看，它是指用来调整我国经济生活中会计关系的总规范——《会计法》。该法于1985年1月21日全国人大六届九次会议通过，同年5月1日起实施；1993年12月29日全国人大八届五次会议进行了第一次修订；1999年10月31日全国人大九届十二次会议进行了第二次修订。它是会计规范体系的最高层次，是制定其他会计规范的依据。会计法规是调整经济生活中某方面会计关系的法律规范，由国务院制定颁布或国务院有关部门拟定经国务院批准颁布。如国务院于1990年12月31日颁布的《总会计师条例》；1992年11月16日经国务院批准发布，2006年2月15日重新修订的《企业会计准则——基本准则》以及财政部修订颁发的38项具体准则；1990年3月20日财政部颁布的《会计证管理办法》；1996年6月17日财政部颁布的《会计基础工作规范》；1984年6月1日财政部、国家档案局颁布的《会计档案管理办法》等。

二、会计法规的内容

会计法规是指包括会计法律和会计制度在内的会计规范体系。为了便于设计和操作,不同会计法规按其内容可分为综合性会计制度、业务性会计制度和会计人员方面的会计制度三类。

(一)综合性会计法规的内容

综合性会计法规是指规范全国会计工作的制度。例如,《会计法》、《企业会计准则》、《会计基础工作规范》、《会计档案管理办法》等。这类会计法规充分考虑了各单位的现有条件,所提出的各项要求都是各单位能做到或经努力能够做到的,因而具有高度的概括性和普遍的适用性,各单位必须贯彻执行,如违背会计法规将受到一定的制裁,负一定的法律责任。

(二)业务性会计法规的内容

业务性会计法规是指规范会计核算业务的处理方法和程序方面的制度。例如,《企业会计准则》的基本准则以及具体会计准则。这类会计法规适用于各行业的企业,是使《会计法》得以实施所作的具体化规定。但每一具体准则的规定适用面较窄,只适用于某些行业(如金融企业)或某类业务(如或有事项、存货),但操作性强,每项规定都比较具体和详细。这些规定所规范的对象是会计工作的客体,即会计对象的确认、计量、记录和报告。

可见,会计准则是国家统一会计核算制度的组成部分。《会计法》第50条规定:"国家统一会计制度是指国务院财政部门根据本法制定的关于会计核算、会计监督、会计机构、会计人员以及会计工作管理的制度。"会计核算制度仅仅是统一会计制度的一部分。

(三)会计人员方面会计法规的内容

会计人员方面的会计法规是规范会计工作者行为和会计人才选拔、管理方面的制度。例如,《会计人员职权条例》、《总会计师条例》、《会计干部技术职称暂行规定》、《高级会计师评审办法》、《会计证管理办法》等。这类会计制度规范会计行为主体,充分体现了一个国家对会计人员的管理模式和要求。当前,我国推行的会计人员技术资格考试和聘任制度、在某些单位试行的会计人员委派制度,使我国现行的会计人员管理体制得到了彻底的改变,强化了会计监督,保证了会计工作有序进行。

单位内部会计人员方面的制度是各单位根据会计法律、会计法规及统一的企业会计制度,结合本单位的特点和要求,对本单位会计工作的任务、程序、机构、人员等方面所作的具体规定,如会计人员岗位责任制度等。

三、统一会计制度和单位内部会计制度的内容

会计制度按其制定权限可分为统一会计制度和单位内部会计制度两类。统一会计制度是指由国家权力机关和业务主管部门制定的会计准则。例如,财政部颁发的《企业会计准则》,并根据会计准则制定统一的会计制度,结合特定行业的特殊情况所作的补充性规定和办法。这类会计制度适用面广,规范的是会计业务处理的共性问题。

具体而言,我国统一会计制度一般是指财政部根据《企业会计准则》制定的为适应各行业特点和要求,使《企业会计准则》得以实施、操作所作的具体化规定,目前即指《企业会计制度》(2001)。2001年以前,1992年财政部制定了包括"工业企业会计制度"、"商品流通企业会计制度"、"施工企业会计制度"、"房地产开发企业会计制度"、"对外经济合作企业会计制度"、"运输(交通)企业会计制度"、"农业企业会计制度"、"旅游饮食服务企业会计制度"、"保险企业会计制度"、"邮电通信企业会计制度"、"运输(铁路)企业会计制度"、"运输(民用航空)企业会计制度"和"金融企业会计制度"在内共13个企业会计制度;此外还有"外商投资企业会计制度"、"股份制企业会计制度",这些制度在2001年以后被新的《企业会计制度》逐步取代。它是一个狭义的会计制度概念,仅指企业会计核算制度。2007年1月1日起执行《企业会计准则》的企业停止使用该制度,改用依据企业会计准则制定的本单位内部会计制度。

单位内部会计制度是指各会计主体根据企业会计准则,结合自身特点自行或委托中介机构制定的会计制度。目前我国各单位的内部会计制度分为企业会计核算制度、会计管理制度和财务管理制度,这比较符合中国国情和会计工作习惯。财务和会计的关系及其管理工作在我国有其特殊性。从宏观管理上看,财务与会计是既相互联系又各自独立的两个系统;从微观操作上看,财务与会计是合二为一的一个完整的机构,并随单位规模的大小不同称为财会处(科、股)。因此,各单位内部的会计制度和财务制度是难以分离的,统称为内部会计管理制度。它一般包括内部会计管理体系、会计人员岗位责任制、账务处理程序制度、内部牵制制度、稽核制度、原始记录管理制度、定额管理制度、财务收支制度、成本会计制度等。

会计制度按其适用的部门和单位可分为企业会计制度和预算会计制度两类。

企业会计制度是规范营利单位会计核算工作的制度。例如,企业会计准则与分企业会计制度,这类会计制度既要反映出企业资金循环周转共同的规律性,又要针对各大行业经济活动的个性作出规范。

预算会计制度是规范预算资金收入、分配、使用和报告情况的会计制度。例如,

1998 年 1 月 1 日起实施的《财政总预算会计制度》、《行政单位会计制度》、《事业单位会计准则（试行）》等。这类会计制度反映预算资金的收支过程，一般没有成本核算及盈亏计算的规定。

第三节　会计制度设计的原则与程序

一、会计制度设计的原则

（一）合法性

合法性原则包括两方面的要求。

第一，设计会计制度时，必须以国家颁布的财经法规为依据，满足宏观调控的需要。市场经济使得资源配置市场化、企业行为主体化。自主权扩大后的企业的生产经营活动有时也带有自发性和盲目性，国家的宏观调控工作仍必不可少，但这种调控不应当是直接干预，而应当是间接的政策引导。具体方式是颁布财经法规、政策并使之得以贯彻落实。设计会计制度时应以这些财经法规、政策为依据，不得与之相悖。

第二，基层单位设计的内部会计制度必须与《会计法》、《企业会计准则》协调一致，并充分考虑财务制度中的各项规定。《会计法》是居于最高层次的会计规范，它对会计核算、会计监督、会计机构设置、会计人员的配备等都作了原则性的规定。《企业会计准则》是规范会计核算工作的准绳，它属于会计规范的第二个层次，是企业会计工作自由度和统一度相平衡的标准。企业在设计会计工作组织、会计科目、凭证、账簿、报表时，必须充分考虑会计法的各项规定，要符合《企业会计准则》中的一般原则，符合会计要素确认、计量、记录和报告的各项规定。

（二）效益性

效益性是指设计会计制度时，必须以提高经济效益为中心。它包括两方面的含义：一是要尽量节约设计费用，能自行设计的，不要聘请注册会计师或咨询顾问，能小范围修订的，不要全面铺开；二是要充分考虑会计制度运行的经济性，一项会计信息用一个指标能反映出来的，就不要设计两个。会计核算和控制程序要在保证满足需要的前提下，尽量减少环节。要尽量规定加强事前、事中和事后控制的办法及贯彻内部经济责任制的办法。

当前,电子计算机在许多企业的会计工作中已被广泛地使用,大大提高了会计工作的效率。设计会计制度时还应充分体现会计电算化条件下的效益性。

(三)针对性

针对性是指设计单位内部会计制度时,必须针对本单位的特点,满足这些特点对会计制度设计的要求,设计出切合本单位实际情况的会计制度。在实际工作中,各单位在性质、行业、所有制、规模、组织形式、内部管理体制和管理要求等方面存在很大差别,形成了各自不同的特点。这些特点对会计制度设计提出了不同的要求。设计会计制度时必须从实际出发,掌握被设计单位的具体情况,设计出切实可行的会计制度,充分发挥会计的职能作用。

(四)控制性

控制性是指设计会计制度时,必须应用内部控制制度,以防止舞弊,保护单位财产的安全。内部控制制度是各单位为了有效地进行管理,加强工作人员的岗位责任,保护财产安全完整,保证会计记录正确可靠,在单位内部组织分工、业务处理、凭证手续和程序等方面所规定的一系列相互制约的管理制度。各单位设计会计制度时,应将控制性作为重要的内容应用于各个环节的每个岗位,体现在每个工作人员的职责、权限中,特别是出纳员、保管员、记账员,要使每个人及其所做的工作都处于他人的监督之下,从而防止错误、舞弊和贪污等行为的发生。

(五)科学性

科学性具有两方面的含义:一是系统性,即设计会计制度时要从整体上考虑,不能顾此失彼,设计出的会计制度与其他制度不能相互矛盾,必须口径一致,相互协调,互为补充,并与之构成一个有机的制度体系。各单位的各项内部会计制度之间也应相互照应,协调一致。二是合理性,即设计出的会计制度既要有利于提高会计工作质量,又要简便易行;既符合会计准则,又有利于会计实践;既适应于手工操作,又能适应会计电算化的要求。

二、会计制度设计的程序

会计制度设计的程序,是指设计各项会计制度时应按什么步骤进行,它是从确定设计项目到具体进行设计,然后付诸实施的全过程。具体包括以下几个步骤:

（一）明确设计类型，制定设计计划

会计制度设计按其工作内容可分为全面性会计制度设计、局部性会计制度设计两类。全面性会计制度设计是指设计整套的会计制度，包括设置会计机构，配备财会人员，制定会计科目及其使用说明，设计会计凭证、账簿，设计会计报表的种类、格式、登记或编制方法，确定账务处理程序，制定内部控制制度及主要业务的会计处理程序。局部性会计制度设计是指对部分经济业务的会计处理所进行的设计，包括修订性设计和补充性设计。一般在企业新成立时，需要进行全面性会计制度设计；老企业虽然已有会计制度，但是当业务发展、产品更新、组织机构变动等原因使原有制度不再适用时，可重新设计全套会计制度或修订部分制度。原有会计制度不健全的，可加以补充，使之趋于完善。

设计会计制度时首先应确定设计的类型，然后才能有针对性地编制设计计划。会计制度的设计计划包括：编写会计制度的提纲、确定需要调查研究的内容、编写人员的分工和编写工作的进度。有计划地安排好设计工作的进程，对于整个会计制度设计工作发挥着重要的作用。

（二）进行调查研究

会计制度涉及的面很广，要使会计制度科学、合理、适用，必须根据设计类型，确定调查对象，并通过调查研究使设计者心中有数。会计制度设计中需调查研究的问题主要有三项。

1. 单位基本情况。

（1）单位的性质、行业、规模、隶属关系。

（2）企业的经营范围和方式。

（3）企业的组织形式、内部管理体制和管理水平。

（4）企业的组织机构、部门分工、人员配备。

（5）企业资金的来源和形式。

（6）产品的品种、规格、质量和生产能力。

（7）材料供应的来源和方式。

（8）产品生产的组织方式和工艺过程。

（9）产品销售的去向、方式、价格体系。

（10）税金的种类、税率和计算方法。

2. 会计制度现状及其实施情况。

（1）会计组织机构以及岗位分工。

(2)会计科目及其使用情况。

(3)凭证、账簿、报表的格式及其编制情况。

(4)账务处理程序适用情况。

(5)会计电算化的应用程序。

3.各类业务的会计处理程序。

(1)货币资金收支业务的处理。

(2)材料采购业务的处理,包括订购、验收、入库和货款结算。

(3)存货发出、计价、盘点的处理。

(4)工资业务的处理,包括考勤、结算、支付等。

(5)长期资产业务的处理,包括验收、安装、维修、折旧、摊销、折耗、出售和报废。

(6)销售业务的处理,包括开单、运输、结算、折让和销货退回。

(7)筹资和投资业务的处理。

(8)成本计算业务的处理。

(9)资产减值业务的处理。

调查结束后,设计人员应对所获取的资料进行分析研究,确定哪些工作可以简化,哪些程序可以改进,从而确定会计制度的框架结构。

(三)编写会计制度

编写会计制度应分两步走。首先,进行粗线条的构思,确定会计制度的框架结构。全面性会计制度的框架结构应包括会计机构的设置及会计人员的基本数量;会计科目的类别和总账科目的繁简程度;会计报表的种类及其主要会计指标;成本计算方法及其费用分摊标准;账务处理程序;应采用内部控制制度的业务类型。这些内容只是会计制度的轮廓性描述,经充分讨论后,各设计人员可按分工情况进行具体设计。其次,根据总体设计所拟定的各项内容,用文字或图表等形式进行具体设计。这是设计工作的中心环节,设计时可对总体设计中未能拟定的内容进行必要的补充,并使各个局部内容协调一致。

总体设计和具体设计是两个紧密联系的必要环节。没有总体设计,就不能对制度的全部内容做到心中有数,容易产生顾此失彼的现象,不进行具体设计就不能形成会计制度。

会计制度编写好后,应请单位的总会计师审查,如发现问题要及时修改。总会计师审查(股份公司的会计制度需经董事会审批)后的会计制度可付诸实施,实施后应定期检查执行情况,并针对发现的缺陷随时修订。

第四节　会计机构的设置

一、会计工作管理体制

　　会计机构是制定和执行会计制度、组织领导和处理会计工作的职能部门。会计机构的设置必须满足经济管理对会计工作的要求，并与国家的会计工作管理体制相适应。《会计法》明确规定："国务院财政部门管理全国的会计工作，地方各级人民政府的财政部门管理本地区的会计工作。"为此，财政部设有会计事务管理专职机构。这个机构的主要职责是：在财政部领导下，拟定全国性的会计法规，研究、制定改进会计工作的措施与会计工作规划，颁发会计工作规章制度，组织会计人员的技术资格考试和培训，等等。各省、市、自治区的财政厅（局）一般也设有相应的会计事务管理办事机构，管理本地区的会计工作。中央和地方的各级业务主管部门一般设置财务会计司（局）、处，负责管理本部门的会计工作。由此可见，我国会计工作在管理体制上具有统一领导、分级管理的特点。

二、会计机构的设置原则

　　各单位应按《会计法》和《会计基础工作规范》的规定，设计本单位的会计机构。各个企业、行政及事业单位原则上都要单独设置专职的会计机构，由本单位行政领导人直接领导，称为一级管理机构；规模较小的单位可根据情况设置附属于其他有关机构之下的二级管理机构或在有关机构内配备专职的会计人员，但应指定会计主管人员；未设置会计机构和会计人员的单位，应当根据《代理记账管理暂行办法》，委托会计师事务所或持有代理记账许可证书的其他代理记账机构进行代理记账。各单位无论设置什么样的会计机构，设计时都应遵循下列原则：

（一）与单位的规模和管理级别相适应

　　一般来说，单位的规模大，其经济业务就多，会计机构的规模也应大一些。大型企业集团可设"部"，大中型企业应设置"处"或"科"，小型企业可设置"股"或"室"。就行政、事业单位而言，会计机构的级别必须与单位的行政级别相适应，才便于开展会计工作。部级单位应设"司"，局（省、市）级单位应设"处"，县级单位应设"科"，县级以下单位应设"股"。关于所设会计机构的名称，根据我国企业现状，财务与会计工作多数都由会计机构办理，而不单设财务机构，所以，应称为财会处（科、股），但实际工作中多称财务处(科、股),也有称为会计处(科、股)的。

关于财务与会计的关系,在会计理论界争论较多。观点不外乎有三种,即会计包括财务、财务包括会计以及各自独立。这三种观点体现在机构的设置上,有三种体系,即会计机构里包括从事财务工作的人员、财务机构里包括从事会计工作的人员以及财务机构与会计机构分别独立设置。从现实情况看,我国绝大多数单位都只设一个机构,称为财务部(处、科、股)或会计部(处、科、股)或财会部(处、科、股)。在这个机构的内部组织和人员分工方面,财务与会计的界限也很不清楚,一个组织或一个人既管财务又管会计。随着改革开放的不断深入,财务机构与会计机构的分设变得越来越重要。因为在市场经济条件下,企业筹资渠道多元化,对外投资自主化,不仅能吸收国有资本,还可吸收其他企业、个人和外商的资本。对筹资单位而言,吸收何种资本,存在资本成本问题,必须由专业人员进行分析计算,以提高筹资效益。此外,现代企业还常常利用闲置的资金(包括有形资产和无形资产)对外投资,其目的自然也是为了取得投资收益,这也需要专门人员调查了解被投资单位的商机和信誉,测算可能得到的投资报酬率。为此,财务机构与会计机构应分别设置,由财务机构负责预测、决策、筹集、使用和分配资金;会计机构负责对资金运动进行记录、报告、分析和监督。

(二)与本单位会计工作组织形式相适应

一个单位的经济业务发生在内部的各个部门。会计工作对其组织核算,不外乎集中核算与非集中核算两种形式。采用集中核算组织形式,企业经济业务的明细核算、总分类核算、会计报表编制和各有关项目的考核分析等会计工作,集中由厂(公司)一级会计部门进行。其他职能部门、车间、仓库的会计组或会计人员,只负责填制原始凭证,经初步整理,为厂(公司)一级会计部门进一步核算提供资料。采用非集中核算组织形式,某些业务的凭证整理、明细核算、有关会计报表,特别是适应企业内部单位日常管理需要的内部报表的编制和分析,分散到直接从事该项业务的车间(分公司)、部门进行,如材料的明细核算由供应部门及其所属的仓库进行。但总分类核算、厂(公司)一级会计报表的编制和分析仍由厂(公司)一级会计部门集中进行,其会计部门还应对企业内部各单位的会计工作进行业务上的指导和监督。设置会计机构时,必须与该单位采取的会计工作组织形式相适应。如采取集中核算形式,由于会计核算工作大部分集中在单位的会计机构进行,其他部门、车间(分公司)一般不设置会计分支机构和会计人员,因此,单位的会计机构的规模相对大一些。如采取非集中核算形式,由于其他部门、车间对本身所发生的经济业务要进行较全面的核算,需要设置会计分支机构和会计人员,因此,单位的会计机构的规模就相对小一些。

（三）贯彻精简、高效和岗位责任制原则

会计的根本任务是提高经济效益,所以,会计机构一定要根据实际需要设置,应贯彻精简、高效的原则,防止机构重叠、人浮于事。在会计机构内部,要建立会计人员的岗位责任制。对不同岗位可一人一岗、一人多岗或一岗多人。分工时要注意内部控制,以防止会计工作中的失误和弊端。

三、会计机构的内部组织

会计机构的内部分工应视企业经营规模和管理要求而定。小型企业由于业务量小并且较为简单,会计人员也较少,因此,可以不再分设小组,而是直接按岗位责任制的要求,分设若干岗位;而大、中型企业的会计机构则必须分设若干科室(组)。一般地说,会计机构的内部分工合理,就可以明确职责,提高会计机构的工作效率,从而对完成会计的任务起积极的促进作用。因此,各单位在设计会计机构时,必须同时研究设计其内部组织。

第五节　会计人员的管理制度设计

合理配备会计人员和不断提高会计人员的素质,是做好会计工作的决定性因素。因此,任何一个企业和行政事业单位都应配备必要的、合格的会计人员。为了使会计人员充分发挥自己的积极性,应当明确会计人员的编制、职责、权限等规定,使会计人员的工作有明确的方向和办事准则,以便更好地发挥会计人员的积极性和创造性。

一、会计人员的编制

会计人员的编制是指各单位从事会计工作所需会计人员的数量和层次结构。确定会计部门的定员时,既要符合精简机构的原则,又要能保证会计任务的及时完成。具体可采用测定工作量法或按员工人数来配备,确定各个岗位所需的会计人员数量。一般地说,5 000人以上单位配员不低于1%;3 000人以上、5 000人以下单位不低于1.2%;1 000人以上、3 000人以下单位不低于1.5%;1 000人以下单位不低于2%,最少要配备两人。

会计部门的定员确定以后,还应根据会计工作各岗位的要求确定会计人员的层次结构,使各个会计工作岗位都能配备相应级别的会计人员,以满足会计工作的需要。一

般情况下,会计人员的层次结构应按下列要求确定:

（一）总会计师

《会计法》第36条规定:"各单位应当根据会计业务的需要,设置会计机构,或者在有关机构中设置会计人员并指定会计主管人员;不具备设置条件的,应当委托经批准设立从事会计代理记账业务的中介机构代理记账。国有的和国有占控股地位或者主导地位的大、中型企业必须设置总会计师。总会计师的任职资格、任免程序、职责权限由国务院规定。"总会计师是企业单位经济核算和财务会计的行政领导人之一,是企业中的财务与会计管理专家。总会计师应坚持正确的经营方向,坚持原则;有组织领导能力;熟悉本企业和国内外同行业的生产、技术和经营情况,在企业管理、财政金融、经济核算、财务、会计和审计等方面具有扎实的专业知识和领导才能。

（二）会计机构负责人、会计主管人员

《会计法》第38条规定:"从事会计工作的人员,必须取得会计从业资格证书。担任单位会计机构负责人(会计主管人员)的,除取得会计从业资格证书外,还应当具备会计师以上专业技术资格或者从事会计工作三年以上经历。会计人员从业资格管理办法由国务院财政部门规定。"会计机构负责人、会计主管人员应具备下列基本条件:

1. 坚持原则,廉洁奉公。
2. 具有会计专业技术资格。
3. 主管一个单位或者单位内一个重要方面的财务会计工作时间不少于两年。
4. 熟悉国家财经法律、法规、规章制度和方针、政策,掌握本行业业务管理的有关知识。
5. 有较强的组织能力。
6. 身体状况能够适应本职工作的要求。

（三）一般会计人员

各单位根据本单位会计业务的需要而配备的会计人员应持证上岗。会计证是会计人员从事会计工作的资格证书,一般由县级(含县级)以上财政部门颁发。未取得会计证的人员,不得从事会计工作。取得会计证的基本条件是:

1. 有良好的职业道德。
2. 遵守会计法规、制度。
3. 具备一定的会计专业知识。
4. 热爱会计工作,秉公办事。

已评定会计员以上(含会计员)专业职务任职资格或取得中专以上财经专业学历(含中专)并符合上述 4 项条件的会计人员,可直接为其颁发会计证;尚未评定专业职务任职资格,又不具备专业学历的人员,经专业知识考试合格,并符合上述 1、2、4 项条件的,也可取得会计证。

为将上述任职要求有效地贯彻下去,充分调动会计人员的积极性和创造性,国家在企业、行政、事业单位的会计人员中实行专业技术职务制度。会计专业技术职务分别定为:高级会计师、会计师、助理会计师、会计员。各级专业技术职务均有其基本要求。

1. 会计员。会计员应初步掌握财务会计知识和技能,熟悉并能执行有关会计法规和财务会计制度,能担负一个岗位的财务会计工作;大学专科或中等专业学校毕业,在财会岗位见习一年期满。

2. 助理会计师。助理会计师应掌握一般的财务会计理论和专业知识,熟悉并执行有关的财经方针、政策和财务会计法规、制度;能担负一个方面或某个重要岗位的财务会计工作,取得硕士学位或取得第二学士学位或研究生班结业证书;大学本科毕业、在财会工作岗位见习一年期满;大专毕业,担任会计员 2 年以上;中专毕业,担任会计员 4 年以上。

3. 会计师。会计师应较系统地掌握财务会计基础理论和专业知识,掌握并能贯彻执行有关的财经方针、政策和财务会计法规、制度;具有一定的财务会计工作经验,能担负一个单位或管理一个地区、一个部门、一个系统某个方面的财务会计工作;掌握一门外语;具备规定学历和专业工作经历。即取得博士学位或取得硕士学位,并担任助理会计师 2 年左右;取得第二学士学位或研究生班结业证书,并任助理会计师 2 ~ 3 年;大学本科或大专毕业,任助理会计师 4 年以上。

4. 高级会计师。高级会计师应较系统地掌握经济、财务会计理论和专业知识,具有较高的政策水平和丰富的财务会计工作经验,能担负一个地区、一个部门、一个系统的财务会计管理工作;能熟练地掌握一门外语;具有规定学历和工作经历。即取得博士学位,并任会计师 2 ~ 3 年;取得硕士学位、第二学士学位或研究生班结业证书;大学本科毕业并担任会计师 5 年以上。

二、会计人员的职责和权限

会计人员的职责是担任各种职务或在各个岗位上的会计人员应承担的责任,是由会计的任务所决定的。《会计法》第 5 条规定:"会计机构、会计人员依照本法规定进行会计核算,实行会计监督。"在设计一个单位的会计制度时,应根据《会计法》的规定和内部控制制度的要求,结合本单位会计机构的内部组织分工情况,制定每个岗位会计人员的职责。贯彻《会计法》的规定,可以促使会计人员尽职尽责、忠于职守,也便于对会计人员进行考核与奖惩。现根据国务院 1990 年颁发的《总会计师条例》和财政部 1996 年颁发的《会计基础工作规范》的有关规定,将会计人员各岗位的主要职责列示如下,供设计时参考。

(一)总会计师岗位

1.由总会计师负责组织的工作。主要有:组织编制和执行预算、财务收支计划、信贷计划,拟订资金筹措和使用方案,开辟财源,有效地使用资金;建立健全经济核算制,强化成本管理,进行经济活动分析,精打细算,提高经济效益;负责单位财务会计机构的设置并配备会计人员,组织对会计人员进行业务培训和考核,支持会计人员依法行使职权,保护会计人员的职权不受侵犯;承办单位领导人交办的其他工作。

2.由总会计师协助、参与的工作。主要有:协助单位领导人对单位的生产经营和业务管理等方案作出决策,参与新产品开发、技术改造、科学研究、商品(劳务)价格和工资奖金方案的制定;参与重大经济合同和经济协议的研究、审查。同时,由于总会计师是单位主管财务会计和经济核算方面的负责人,所以,对制定新产品开发、技术改造、科技研究、商品(劳务)价格、工资奖金等方案以及签订重大经济合同、经济协议等事关本单位资金运转和经济发展的活动,应积极参与,发表意见,协助决策,并在一定程度上对各项经济活动方案的可行性和效益性负责。

(二)会计主管岗位

1.具体领导本单位财务会计工作。

2.负责组织制定本单位各项财务会计制度。

3.负责组织编制本单位财务成本计划,并积极组织实施。

4.积极组织各项税费的解缴与筹划。

5.参与经营管理和决策,当好参谋助手。

6.负责审查对外提供的会计资料,审查或参与拟定经济合同、协议及其他经济文件。

7.定期或不定期向本单位领导和股东大会、董事会报告财务状况和经营成果。

8.注重会计人员的诚信教育、职业道德教育和业务技术水平的提高,推动现代化管理水平。

9.保护为坚持原则而遭打击报复的会计人员。

10.依法实行会计监督。

(三)出纳岗位

1.办理现金收付和银行结算业务。

2. 登记现金和银行存款日记账,编制日报表。

3. 不兼管收入、费用、债权、债务账簿的登记工作及稽核工作、会计档案保管工作。

4. 负责保管好库存现金和各种有价证券。

5. 定期核对外埠存款和在途货币资金,并督促有关人员办理结算。

(四)财产物资核算岗位

财产物资核算有三方面的内容:一是固定资产(含投资性房地产和在建工程);二是存货;三是无形资产。核算时可划分三个岗位。下面分别说明三个具体岗位的职责:

1. 固定资产核算岗位。其具体职责包括:

(1)熟悉和掌握国家对固定资产的管理办法和有关的财务会计法规制度,协同有关部门拟定固定资产的管理与核算办法。

(2)参与固定资产需要量的核定,参与固定资产更新改造和大修理计划的编制。

(3)负责固定资产的日常核算。

(4)参与固定资产的清查盘点,对发现的盈亏和毁损按规定进行处理;监督资产利用效果,提出提高固定资产利用率的措施。

(5)参与固定资产价值减损的计量和处理。

2. 存货核算岗位。其具体职责包括:

(1)会同有关部门制定存货管理与核算办法。

(2)制定存货储备定额,审查汇编存货采购用款计划,控制存货采购成本。

(3)负责日常存货的明细核算和有关往来结算业务。

(4)协助使用部门建立低值易耗品等周转材料的领用、回收和报废的登记、以旧换新、损坏赔偿、定期盘点等制度。

(5)配合有关部门制定材料消耗定额。

(6)会同有关部门编制存货计划成本目录。

(7)参与库存存货的清查盘点。

(8)分析存货库存的储备情况。

(9)参与存货价值减损的计量和处理。

3. 无形资产及其他资产核算岗位。其具体职责包括:

(1)按无形资产、长期股权投资等其他长期资产的类别设置明细账。

(2)按规定确定无形资产、长期股权投资的期末价值和减值金额。

(3)按规定核算无形资产及其他长期资产的转让收入。

(4)按规定核算无形资产及其他长期资产投资。

(5)按期摊销无形资产、其他长期资产的价值。

(6)参与投资收益的确认、计量和处理。

(五)工资核算岗位

1.根据计划工资总额控制工资支出。

2.审核发放工资、奖金。

3.负责工资费用分配的核算。

4.负责工资费用的明细分类核算。

5.负责职工福利费、工会经费和职工教育经费的确认、计量和记录。

(六)成本费用核算岗位

1.负责拟定成本核算办法。

2.编制成本费用计划。

3.加强成本管理的基础工作。

4.正确计算产品成本。

5.根据本单位管理制度的规定编制成本、费用报表,进行成本、费用的分析和考核。

6.协助仓储部门管理在产品和自制半成品。

7.积极组织开展部门、车间、班组经济核算。

8.按照单位预算,控制费用的开支,负责支出的审查报批和登记工作。

(七)财务成果核算岗位

1.编制利润计划。

2.负责销售业务核算。

3.负责销售和利润的明细核算。

4.编制利润及利润分配计划,进行利润的分析和考核。

5.协助有关部门对库存商品进行清查盘点。

(八)往来结算岗位

1.负责对购销业务和购销业务以外的应收应付、备用金等往来款项建立必要的清算和管理制度。

2.办理购销业务的款项结算业务。

3.负责办理其他往来款项的结算业务。

4.负责往来款项的明细核算。

5.督促有关部门和人员对债务人进行信用调查,制定信用政策和催讨债款。

（九）总账报表岗位

1. 负责登记总账。
2. 负责编制财务报表。
3. 管理会计凭证和账表。
4. 负责财务分析。

（十）稽核岗位

1. 按有关法律、法规审查经济事项。
2. 负责审查各项财务收支。
3. 审查财务成本计划。

（十一）会计电算化岗位

1. 制定会计电算化管理办法和制度。
2. 严格执行会计软件使用的审批制度。
3. 负责计算机替代手工记账后会计核算资料的生成和管理。

需要指出的是，会计人员的职责和权限是相互联系的，为使会计人员认真履行上述职责，必须赋予其一定的权限。

第六节　会计档案的管理制度设计

会计档案是指会计凭证、会计账簿、会计报表等会计核算的专业材料，它是记录和反映经济业务的重要史料和证据。各单位必须加强对会计档案的管理，设计会计制度时详细规定会计档案的立卷、归档、保管和销毁制度。

一、会计档案的整理归档与移交设计

（一）会计凭证的整理归档

在一个月内，如果凭证数量过多，可分装若干册，在封面上加注"共几册"字样。如果某些记账凭证所附原始凭证数量过多，也可以单独装订保管，但应在其封面及有关记

账凭证上加注说明。对重要原始凭证和单据,如合同、契约、押金收据以及需要随时查阅的收据等,在需要单独保管时,应编制目录,并在原始记账凭证上注明另行保管,以便查核。

(二)会计账簿的整理归档

年度终了,各种账簿(包括仓库的材料、产成品或商品的明细分类账)在结转下年、建立新账后,一般都要把旧账送交总账会计人员集中统一整理。将活页账按页码顺序排好,据以逐本登记。会计档案(会计账簿)封面、会计账簿封面的有关内容要全。"单位名称"要写全称;"×××账"要写账户的全称,不要只写科目的代号;"本账页数"要写账户的有效页数;会计主管人员和记账员都要盖章。"保管期限"要填写统一规定的时间。卷背上必须写上"××××年度×××账",并写上案卷号,以便保存利用。

(三)会计报表的整理归档

年度终了,会计报表一般由专人(一般是主管报表的人员或财会机构负责人)统一收集、整理、装订、立卷归档。平时,月(季)度报表由主管人员负责保存。年终,将全年会计报表按时间顺序整理装订成册,登记《会计档案(会计报表)目录》,逐项写明报表名称、页数、归档日期等。经会计机构负责人审核、盖章后,由主管报表人员负责装盒归档。

(四)其他财会资料的整理归档

其他财会资料,包括年(季)度成本、利润计划、月度财务收支计划、经济活动分析报告、工资计算表及重要的经济合同也应随同正式会计档案进行收集整理。但是,这部分资料不全部移交档案部门,有的在一个相当长的时间内,由财会部门保存。这就要认真筛选,把收集起来的这些资料逐件进行鉴别,将需移交档案部门保管存放的另行组卷装订,按要求装订移交。

为明确各单位财务会计部门和档案部门在管理会计档案工作中的职责和权限,避免相互推诿扯皮现象的发生,各单位每年形成的会计档案,都应由财务会计部门按照归档的要求,负责整理立卷或装订成册。当年会计档案在会计年度终了后,可暂由本单位财务会计部门保管一年,期满之后,由财务会计部门编造清册移交到本单位的档案部门保管。

财务会计部门和经办人必须按期将应当归档的会计档案全部移交档案部门,不得自行封包保存。档案部门必须按期点收,不得推诿拒绝;接收保管的会计档案,原则上应当会同原财务会计部门和经办人共同拆封整理,以分清责任。撤销、合并单位和建设单位完工后的会计档案,应随同单位的全部档案一并移交给上级指定的单位,并按规定编制移交清册,办理交接手续。

二、会计档案的保管和调阅制度设计

(一)会计档案的保管制度

各单位对立卷归档的会计档案必须妥善保管,在设计会计制度时要认真设计并严格执行安全、保密制度和检查、保管制度。安全是指会计档案完好无缺,做到不丢失、不破损、不霉烂、不被虫蛀等。安全制度,包括会计档案的保存、保护责任制,检查、监督等方面的制度。保密是指会计档案的信息不能超越规定传递的范围。保密制度包括接受会计档案信息的范围、对象,利用会计档案时保密的程序、方法以及各环节保密的责任等。检查、保管是指要有专人负责保管会计档案,有关单位、人员要定期地检查会计档案保存情况,要严格按规定的程序、技术方法处理档案保存中的问题。不同的会计档案发挥作用的时间是不一样的,因此,各类会计档案的保管期限也不相同。一般地说,作为经济活动最原始的记录、具有法律效力的原始凭证,是会计核算最原始的资料,是产生其他会计档案的基础,发挥作用的时间要长一些。因此,会计原始凭证的保管期限要长一些。会计账簿、会计报表(决算报表除外)是根据会计凭证登记、编制的,不具有经济活动的直接证明作用,因而,其保管期限可短些。

各类会计档案的保存期限,根据其特点,分为永久、定期两类(见表1–1)。定期保存期限分为3年、5年、10年、15年、25年五种。年度会计决算报表和涉及外事、兼并重组的会计凭证和会计账簿都要长期保存;各种总账、明细账保存期限一般为15~25年;各种会计原始凭证和记账凭证,保存期限一般为15年;会计月报、季报表保存期限一般为3~5年。以上各种会计档案的保存期限,从会计年度终了后的第一天算起。

表1–1　企业和其他组织会计档案保存期限表

序号	档案名称	保存期限	备　　　注
一	会计凭证类		
1	原始凭证	15 年	
2	记账凭证	15 年	
3	汇总凭证	15 年	
二	会计账簿类		
4	总账	15 年	包括日记账
5	明细账	15 年	
6	日记账	15 年	现金和银行存款日记账保存25 年

续表

序号	档案名称	保存期限	备　注
7	固定资产卡片		固定资产报废清理后保存5年
8	辅助账簿	15年	
三	财务报告类		包括各级主管部门汇总财务报告
9	月、季度财务报告	3年	包括文字分析
10	年度财务报告(决算)	永久	包括文字分析
四	其他类		
11	会计移交清册	15年	
12	会计档案保管清册	永久	
13	会计档案销毁清册	永久	
14	银行余额调节表	5年	
15	银行对账单	5年	

(二)会计档案的调阅制度

保存会计档案的目的是为了调阅和利用会计档案,会计档案的整理、归档、保管等工作,只是为利用奠定基础,因此,各单位必须重视和加强会计档案的管理工作。调阅会计档案要严格办理手续,详细登记调阅的档案名称、调阅日期、调阅人员的姓名和工作单位、调阅理由、归还日期等。本单位人员调阅会计档案要经会计主管人员同意,外单位人员调用会计档案要有正式介绍信,并经会计主管人员或单位领导人批准。调阅会计档案一般应在档案室查阅。外单位人员调用会计档案不得借出档案原件,如有特殊需要,须报经上级主管部门批准,在指定地点查阅,不得拆散原卷册并限期归还。查阅会计档案人员不准在会计档案上做任何记录、勾画和涂改,更不能抽撤单据,违者应视情节轻重进行严肃处理。

(三)会计档案的销毁制度

对保管期满的会计档案应按规定销毁,销毁时要填制"会计档案销毁目录",将需要销毁的会计档案的案卷标题、起止日期、目录号、案卷号、卷内文件张数等逐项登记后,交档案部门编入会计档案销毁清册,按规定保存。机关、团体、企事业单位销毁会计档案应报本单位领导批准后,方可销毁。销毁时要按规定监销。各单位在按规定销毁会计档案时,应由档案部门和财务会计部门派人员监销;各级主管部门销毁会计档案时,应有同级财政部门、审计部门派人监销;各级财政部门销毁会计档案时,由同级审计部门派人监销。监销人员要认真负责,在销毁会计档案以前要认真清点核对,销毁时要防止泄密、丢失。销毁后,档案部门、财务部门和各有关部门的监销人员要在"会计档案销毁目录"封面上签字盖章,归档长期保存,以备查阅。

思 考 题

1. 会计制度设计的作用有哪些?
2. 广义会计制度与狭义会计制度各包括什么内容?
3. 会计制度可按哪些标准进行分类? 按内容可分为哪几类?
4. 会计制度设计的原则有哪些?
5. 试述会计制度的设计程序。
6. 试述会计机构的设置原则。
7. 大中型企事业单位会计机构的内部组织应如何设置?
8. 试述会计人员的职责和权限。
9. 会计档案管理的内容有哪些?

第二章

会计制度设计的环境与目标

本章要点

本章将讲述会计制度设计的环境对会计制度设计目标的影响,分析我国企业会计制度设计中应考虑的主要环境因素,如经济全球化的要求、保障信息真实性、统一会计制度和内部控制制度规范等,这决定了企业会计制度设计的目标反映为总体目标下的三个子目标。通过本章的学习,应当掌握我国企业会计制度设计的法律环境和总体目标。

第一节　会计的目标

一、两种会计目标的比较

会计目标是指会计工作所要达到的目的。会计理论上存在着两种目标论:决策有用学派认为,会计应当提供与决策有关的财务信息;受托责任学派认为,只要所有权与经营权相分离,会计就有必要通过财务报告来反映其所依附的主体的受托责任及其履行情况,以解释受托者的经营管理责任完成程度。

会计的目标是要提供信息,还是解释责任? 两种观点的主要区别在于下述几个方面:

1. 决策有用学派认为,会计目标是向信息使用者提供其经济决策所需的数量化信息;受托责任学派认为,会计目标是以恰当的形式有效地反映和报告资源受托者的受托经济责任及其履行情况。

2. 决策有用学派认为,会计信息使用者是会计系统的中心,会计人员仅仅是会计信息使用者的服务人员或提供者;受托责任学派认为,会计人员独立于经济责任的委托者和受托者之外,会计人员的行为既不受委托者的影响,也不受受托者的左右,只受法规的约束。

3. 决策有用学派强调会计报表本身的有用性,不注重整个会计系统的有用性;受托责任学派注重整个会计系统的有用性,而非会计报表本身的有用性。

4. 决策有用学派认为,只要信息的提供符合成本效益原则,只要它对经济决策有利就应当提供,并且认为信息的相关性比可靠性更加有用,因此注重会计信息的相关性;受托责任学派认为,会计人员提供信息时不仅要考虑委托者的利益,也要考虑受托者的利益,不能提供有损于双方利益的信息,并认为受托责任是一种产权责任,为维护产权主体的利益,在会计信息的相关性与可靠性发生矛盾时更注重可靠性。

5. 决策有用学派认为,经济决策不仅需要过去的信息,而且还需要现在和将来的信息,因此主张多种计量属性并存和近似计量的会计信息而非精确计量;受托责任学派认为,历史成本能够正确反映企业的财务状况,确保会计信息的可靠性,主张会计计量以采用历史成本为主,并且力求会计信息的计量准确。

二、我国会计目标的选择

会计是一个以提供财务信息为主的、人为的经济信息系统。依据系统论原理,任何系统,尤其是人造系统,其进行输入、变换或输出的内容、程序与方法等等,均须服从于特定的系统目标。从美国、英国、澳大利亚、加拿大等国家会计准则制定机构及国际会计准则委员会所构建的概念框架来看,均将会计目标视为逻辑起点,由其统驭和指导信息质量特征、财务报表要素、会计确认、计量、会计报告等诸多基本会计概念。在我国,尽管学术界就会计目标应否视为会计理论体系的逻辑起点这一问题存有争议,但就会计目标的重要地位而言则是一致认同的。

一般而言,主要的会计信息使用者是所有者及债权人。从我国1992年所制定的(基本)《企业会计准则》来看,其第11条规定往往被人们视为会计目标:"会计信息应当符合国家宏观经济管理的要求,满足有关各方了解企业财务状况和经营成果的需要,满足企业加强内部经营管理的需要"。据此而言,准则似将有关政府管理部门及企业管理当局亦视为主要信息使用者。就有关政府管理部门而言,它们亦属外部信息使用者,在一般情况下,其多数信息需求与所有者和债权人实际上是一致的。当然,它们作为有别于所有者和债权人的信息使用者,自然会有其特殊的信息需求。为了满足这些特殊的信息需求,有两种途径可供选择:其一,通过干预会计准则的制定而使其所需的特定信息成为日常会计加工处理的当然产物;其二,不干预会计准则的制定,其额外的信息需求是在常见会计信息的基础上另行加工处理而得。在前一情况下,有关政府管理部门的特殊信息需求影响了准则的制定,无疑,应将它们视为主要的信息使用者;而在后一情况下则相反,有关政府管理部门是否构成主要的信息使用者,在很大程度上取决于特定的政治、经济和法律制度。以较具典范性的税务部门为例,在法、德会计模式下,政府重视从宏观上对国民经济的发展进行有计划的引导和调控,推行一系列集中化的管理措施,对经济生活的干预程度较高,其会计制度构建具有明显的税收导向。就我国情况而言,在传统的计划经济体制下,税收法规的相关条文直接影响相关财务制度和会计制度的制定,税务会计与财务会计没有分离,税务部门无疑是会计信息的主要使用者。随着我国由计划经济体制向市场经济体制的转变,随着会计改革的开展,税务部门以外的信息使用者的需求有很大提高,税法和财务会计的分离便是标志之一。这意味着:当税务部门的信息需求与所有者和债权人的信息需求发生冲突时,财务会计倾向于首先保障所有者和债权人的信息需求。当然,与此同时仍然应注意到,税务部门依然是会计信息的主要使用者,因为:一方面,当税务部门的特殊信息需求与所有者和债权人的既有信息需求不构成冲突时,这部分信息需求量仍然会影响到相关会计规范的制定,如在增值税的会计处理上,其科目设置、账户结构及会计分录等方面的详尽规定均体现出服务于税务部门的导向;另一方面,当前,财务会计与税务会计的分离,其实质性影响并不明显,企业在账上体现递延税款的并不多见。就当前情况而言,视税务部门为主要信息使用者有其合理性,因为目前国内企业纳税意识较差,税收征管及稽核人员整体素质有待提高。在此情况下,所有者和债权人对资金使用效果的追求势必寄希望于选择才能卓越的管理当局,故而受托责任履行情况成为信息需求的核心内容。

随着证券市场日趋发育成熟、股份有限公司大量表现出这一外部经济环境的变化:一方面,企业权益的要求权分散化,除少数大所有者和债权人之外,证券市场中存有的大量中小所有者和债权人对企业管理当局缺乏影响力,"用手投票"缺乏有效性;另一方面,股票和债券的交易可以自由进行,证券市场中的所有者和债权人可以便利地行使"用脚投票"的权利。基于这一现实情况,对于证券市场中的多数所有者及债权人而言,追求资金使用效果有赖于理性的"买—持—卖决策",而这是建立在对企业整体价值的评价基础上,管理当局受托责任履行情况只是其中一项影响因素而非全部。所以,信息使用者需要大量的决策有用信息,而不仅仅限于受托责任信息。概言之,随着经济环境的变迁,所有者及债权人(尤指所有者)关注的视野由经理人才市场转向资本市场,可供其选择的对象由管理当局转变为发行股票和债券的企业(管理当局只是企业的一项人力资源而已),于是,信息需求便会相应发生变化。结合我国国情来看,一方面,经过 10 多年的发展,股份有限公司有了长足发展,深、沪两市上市公司已达 1 600 多家。在这些股份有限公司中,国有股和法人股所占股权比重较大,对企业管理当局的任免具有直接影响力;同时,它们又均为受限制的流通股,对于经营不善的企业往往缺乏有效的"退出机制",故而其关注的焦点势必投向受托责任信息。

在"委托—受托责任关系"广泛存在的情况下,受托者有责任和义务通过会计信息系统向委托者报告其履行受托经济责任的情况,因此,反映受托者受托责任必然成为会计的目标。然而,会计目标绝不仅限于此,因为除了资源委托者(企业所有者)之外,还有企业的债权人、政府部门和社会公众,以及内部管理当局,等等,也对会计信息有所需求。反映受托者责任的会计目标只满足了所有者的需要,却忽略了那些不存在真正意义上的"委托—受托责任关系"的利益集团的需要。

所以,为了满足包括所有者在内的各个相关利益集团对会计信息的需要,会计制度就应当规定,在提供所有者所需会计信息的基础上,还要提供对其他相关者决策有用的会计信息。这一目标不仅适用于"两权合一"的独资或合伙企业,而且也适用于"两权分离"的公司制企业,更适用于证券市场发展的需求。从 20 世纪 70 年代以来,上述两种会计目标正在日益靠拢。

第二节　会计制度设计的环境

　　了解某一历史阶段的会计环境,是正确认识这一历史阶段会计发展水平的客观基础。一定时期的政治、经济、文化特征会直接决定该时期的会计理念、方法、程序和管理体制。会计制度的设计要实现什么样的目标,除考虑理论目标的需要之外,还要从会计发展的大背景中探求答案。

一、我国会计工作面临的经济全球化背景

　　从宏观上看,会计工作面临的环境发生了三大转变。

　　1.由计划经济向市场经济过渡,竞争机制、价格信号引导着企业逐步确立自主经营、自负盈亏的经济主体地位。自1992年中国证券市场建立以来,我国会计工作面对的不再是简单的经济业务,而是包括债券、股票、期货、期权交易等一系列内容的多元化的复杂对象,以产权交易为核心内容的资本运营日渐增多。会计工作必须成为企业加强内部管理的有力工具,为筹资、投资及国家宏观调控提供依据,同时会计也必须为企业的债权人和所有者以及潜在的债权人和所有者提供其经济决策所必要的财务信息。

　　2.由国别经济向全球经济转化。不但国内市场,而且国际市场,不但国内资源,而且国际资源,都是我国企业必须研究和利用的对象。冲出国门、走向世界对会计工作的要求就是各国间会计制度的协调和国际会计惯例的运用,加快企业会计和国际惯例的趋同与各国先进经济管理经验的借鉴,不断完善国家从宏观上对企业会计的管理机制。随着外币折算和跨国公司报表合并、国际通货膨胀会计和跨国税务会计地位的日益提高,要求我国会计法规必须对会计工作进行明确的规范,从"体制创新、制度创新"着手,尽快实施一套相应的企业会计政策,使企业会计统一步调,做到信息可比。站在国际会计的高度对中国会计体系进行研究,可以解决条块分割的问题,减少不必要的行政干预,规范市场功能。

　　3.由工业经济向知识经济转换。国际上也有人称知识经济为以信息产业为代表的"新经济"。美国已经进入了这道"大门",有些西方国家现正在这道"门槛"上,而我国显然还有相当差距。国际竞争,归根结底是劳动生产率的竞争。由于会计与经济效益之间的天然联系,劳动生产率的提高必然要依赖于会计理论的创新和会计工作的加强。高新技术潜在的盈利能力,如果离开财务与会计的规划和控制,便难以充分发挥作用。

二、我国会计工作面临的微观环境

(一)企业经济环境要素

改革开放政策实施30多年来,我国经济体制实现了由高度集中统一的计划经济向有计划的商品经济进而向社会主义市场经济的转变。国家管理经济的手段从依靠行政手段直接管理转变为主动地通过法律手段和经济手段,以及辅助必要的行政手段实现间接管理。经济体制的转变致使财务信息使用者的群体发生了重要的变化。企业相对独立地位的确立导致财务信息陈报立场发生了微妙且深刻的变化。以市场机制为基础配置社会经济资源这种资源配置方式,是建立在利益主体多元化的基础之上的,是一种竞争型的、追求效率的经济。各种不同经济成分在竞争中竞相发展,国家在宏观调控方面大力推进各项经济体制和政府管理体制改革,不仅为企业之间的公平竞争创造了条件,对提高财务信息的可比性也具有十分积极的意义。

(二)企业法律环境要素

自改革开放以来,我国与经济相关的法律已颁布近200项,先后颁布了《会计法》、《公司法》、《合同法》、《企业破产法》、《保险法》、《担保法》、《商业银行法》、《证券法》、《审计法》、《注册会计师法》等等。

依据这些经济法律,我国建立起了企业会计准则体系。该体系包括一项基本准则和38项具体准则及会计准则应用指南。中国《企业会计准则》既有向国际财务报告准则"看齐"的方面,也有国际财务报告准则向我国会计准则"靠拢"的方面。新会计准则体系主要在以下几个方面实现了国际趋同:

1. 存货周转的计量方法,取消了后进先出法的应用。

2. 固定资产的成本中要考虑计入特殊行业、特殊企业固定资产的弃置费,固定资产后续支出按初始确认的原则执行。

3. 无形资产的研究与开发,可以划分为研究阶段和开发阶段,并且研究阶段的支出费用化,而开发阶段符合条件的支出资本化,寿命不确定的无形资产不再摊销。

4. 资产减值采用了资产组的概念和总部资产的概念,进一步明确了资产减值迹象出现后才应当继续进行资产减值测试,并且详细规定了资产可收回金额的计量方法。

5. 金融工具、债务重组、非货币性资产交换、投资性房地产和生物资产的计量,符合条件的应当采用公允价值,并且一律纳入表内反映。

6. 合并财务报表采用经济实体理论,不再采用母公司理论,合并范围基于实际意义上的控制,而不仅仅是法律形式的控制。

7. 同一控制下的长期股权投资成本按投资企业占被投资单位净资产的应有份额计量,而非同一控制下的长期股权投资成本按投资企业对被投资单位支付的对价计量;持有股份比例达到控股和没有重大影响的按照成本法核算,而持有股份比例达到有重大影响的按照权益法核算。

8. 收入的计量,在遵循五项确认标准的前提下,当收入的名义金额与公允价值相差不多时按名义金额计量,但当收入的名义金额与公允价值相差很多时按公允价值计量。

诚然,新会计准则与国际财务报告准则的趋同不等于相同。在关联方交易及其披露、资产减值损失的转回、部分政府补助的会计处理上,新会计准则保持了"中国特色"。但是,其中的实质性差异主要包括两项:

1. 关联方关系及其披露。国际财务报告准则要求,将国家控制的企业一律视为关联方,因而要按照关联方关系及其交易准则的要求披露其关联交易信息。而我国规定,国家控制的企业,除了有投资与被投资关系的以外,均不视为关联方。实际上,这些企业确实在市场中都是独立的法人,它们之间不能平调资产,不能随便无偿转移股权。也就是说,关联方关系对下不对上。这一实质性的差异是符合中国特色的,因为中国国有企业在国民经济中占有较大比重(数量和产值均超过半数),如果按照国际财务报告准则的规定披露信息将不胜其烦,并且这些信息也没有什么用途。而国际财务报告准则之所以如此规定,是由于在西方经济发达国家中一般国有企业只占其国民经济的很小比重,且关联交易信息不多。

2. 长期资产减值计提准备不得转回。国际财务报告准则规定,除了商誉等寿命不确定的无形资产以外,其他所有的资产均可以计提减值准备,并且当其价值回升之时,允许在计提减值金额的范围内转回。而我国企业会计准则规定,固定资产、无形资产、投资性房地产等长期资产一经计提减值准备就不得转回,因为长期资产减值的损失一般不易恢复,也因为事实证明确实有一些企业利用资产减值准备的计提和转回进行利润操纵。并且,当前美国财务会计准则也规定长期资产减值准备不可转回,他们的理由是:计提减值准备以后,资产是按照新的成本列示于账面,为了贯彻稳健原则,该资产成本只能减少而不能增加。

为了加强企业内部会计控制,防范卷款外逃等金融犯罪的发生,1997 年 5 月,中国人民银行颁布了《加强金融机构内部控制的指导原则》。这是我国第一个关于内部控制的行政规定。2001 年 6 月 23 日,财政部以财会第[2001]41 号文件发布了《内部会计控制规范——基本规范(试行)》和《内部会计控制规范——货币资金(试行)》。这些规定具有以下特点:

(1)以单位(企业)自身为出发点。从企业自身的角度,即从加强企业管理、完善单位内部会计控制的角度,要求各单位应当建立适合本单位业务特点和管理要求的内部会计控制制度。

（2）目标定位明确具体。内部控制的目标归为五个方面：①确保经营目标的实现；②防止、发现、纠正错误与舞弊；③保证财产安全；④保证会计资料的真实完整；⑤确保各项法规及内部控制制度的执行。

（3）内部控制规范内容包括货币资金、实物资产、对外投资、工程项目、采购与付款、筹资、销售与收款、成本费用、担保等经济业务的会计控制。

（4）突出强调了建立风险控制系统，强化风险管理。如《内部会计控制规范——基本规范（试行）》第24条规定："风险控制要求单位树立风险意识，针对各个风险控制点，建立有效的风险管理系统，通过风险预警、风险识别、风险评估、风险分析、风险报告等措施，对财务风险和经营风险进行全面防范和控制。"并且在每一具体业务的控制条款中都增加了有关防范风险的要求。强调风险控制、强化风险管理，与我国当前企业在运转过程中忽视风险控制，造成巨大隐患甚至损失有关，适合当前的现实需要，也能够在很大程度上促进国有企业的改革和公司治理结构的完善。

（三）加入世界贸易组织带来的影响

加入世界贸易组织对我国微观会计主体产生了很大的影响。首先，降低进口商品关税使资产的会计确认、计量标准大幅降低；其次，取消出口配额限制，可以扩大我国的轻工和纺织产品出口，带来大量外汇收入和利润；再次，国外资本和技术的引进，给企业无形资产带来全面、深刻、广泛的影响，不但对商标权、版权、专利、专有技术等项无形资产有不同程度的冲击，就连进口"商誉"也瓜分了我国民族企业"老字号"的竞争优势利益；最后，国外先进的产品质量认证标准和科学的生产技术，导致了我国企业"质量竞争"的优势或劣势，形成企业的"'入世'过程损益"。加入世界贸易组织以后，一方面企业应当实施"跨国公司"战略，尽快打造中国企业的"航空母舰"，将各地区和各行业的封闭、独立的会计主体转变为"集团化、集约化、规模化"的大型会计主体，增强对外竞争力；另一方面应当加大实施企业"破产会计"、"兼并会计"的力度，消除企业会计中的弄虚作假和短期行为的现象。针对我国加入世界贸易组织以后利率风险增大的特点，我国企业应当充分利用各种保值手段，不仅对经常项目采用远期交易方式，而且对资本项目也应当在各种涉外合同条款中明确规定外币和人民币的汇率，适当调整美元及日元在国际结算中的交易比重，分散财务风险。此外，会计的中国特色、金融工具会计、无形资产会计、人力资源会计、跨国公司会计和国际协调与比较会计，都成为当前需要研究和学习的重点。

过去企业不是投资中心和利润中心，只是成本中心。加入世界贸易组织以后，有大量的外资涌入，投资就是抢占市场，世界500强的排行之所以按照营业额而不是按照其他指标排序,原因就在于有了营业额就等于有了市场,有了市场就不愁没有利润。通过垄断市场份额(不是垄断价格)来实现垄断利润,今后将成为跨国投资的一大特征。因此,投资决策先天不足,必将导致后患无穷,必须经由财务专家、工程技术专家及相关方面权威共同研究决策。而会计人员的责任就是拿出若干项可行性投资方案。方案的质量要高,应当是经过国际国内市场周密调研的产物。目前国内企业设置调研机构的不足10%,而且主要是在外企。当然,调研机构的设置不是随便找几个人就能成立的,它需要有专业知识、通晓市场环境和掌握调查研究方法。投资不但包括对内投资,即生产经营,而且包括对外投资,即资本运营。境外投资不但要掌握投资环境的信息,而且从资本市场、原材料市场、商品市场、劳动力市场、企业家市场,到法律、政策、税收、文化、宗教等领域都必须了解。知己知彼,方能百战不殆。

第三节 会计制度设计的目标

会计制度设计首先必须满足会计目标的实现,保证产生的信息客观、公允地反映企业的经营情况,满足所有者、债权人等外部信息使用者与内部管理者的需要。为了实现这一总体目标,企业在具体设计会计制度时,可以从以下几个具体子目标着手。

一、会计制度的设计要符合统一会计制度

新《企业会计准则》颁布后,取代了2001年的《企业会计制度》,其实施范围由公开上市的股份有限公司推广到其他企业。国有企业实施《企业会计准则》的,由企业提出申请,报经同级财政部门批准后,可以先行实施。未实行《企业会计准则》的企业仍执行2001年的《企业会计制度》,因此,在一段时间内,统一的企业会计制度与会计准则并存,这决定了该制度将成为企业会计工作的重要特点。会计制度设计遵循会计准则,不但可以保证信息的真实、可比,而且,由于企业会计制度本身已经与国际会计准则趋同,所以遵循该制度也会满足企业会计核算与国际接轨的要求。为保证该目标的实现,企业可以采取以下措施:

第一,基本的会计核算业务应按照《企业会计准则》设计,减少企业独立设计的内容。如会计科目的设计、常见会计业务的处理、基本报表的格式、报表项目的填列、附注说明的列报、成本项目的核算、收入的确认等。

第二,特殊业务、特殊行业的会计核算设计,如果有相关准则规范可以参照,应按准

则或制度中的规定执行。

第三,对于准则中没有具体说明,并且企业可以对核算方法加以选择的业务,是实务设计中的难点,也是制度设计的关键所在,应本着谨慎原则和实质重于形式的原则来设计。

第四,管理会计制度的设计可以与财务会计核算制度的要求有所不同。由于目前还没有统一的管理会计制度可以遵循,所以,不同企业的管理会计核算内容还是有所差别的,但随着管理会计信息的日益外部化,保证信息的真实性、可比性仍然是根本的要求。

二、满足企业内部控制的需要

会计制度设计的重要目标是通过设计一套科学、严密的制度,保证整体核算程序具有内部控制的功能。会计程序不能从根本上解决企业的内部控制问题,但好的核算程序能保证内部控制更好的贯彻与实现。实现良好内部控制下的会计制度设计需做好三方面的工作:

第一,严格落实会计核算的基础工作。如会计机构和会计人员的设置、会计工作的交接、会计档案的保管、会计凭证的设置、会计账簿的登记等。

第二,会计制度设计要以科学的组织管理体系为保证。健全的组织结构与科学的内部牵制与授权是会计制度能否实现控制的基本保证,在组织体系中,应实现政策的制定者、执行者和监督者独立,岗位分工明确,权责清晰。

第三,应以科学的管理控制作为保障。例如,预算控制、计划成本控制、资金与存货的计划、定额控制、质量控制、考核控制等。

三、满足不同组织形式的企业管理需要

加入世界贸易组织以后,国内企业将更多地走出国门,跨国经营、境外上市、股份制改造、私营合伙等多种形式的企业将加快发展。企业组织形式不同,经营管理特点和内部控制特点也有不同,要求相应的制度设计侧重点、设计内容也应有所区别。例如,跨国经营的集团公司在管理上要突出总公司与分公司的权责分配问题,相应的,反映这种关系的核算方法,应当既能体现出分公司的工作业绩又能保证总公司对他们的控制。所以,在设计会计制度时,可以首先分清不同组织形式企业管理上的特征,把握特征表现出来的差别,找出管理的中心环节。本书中将介绍公司制企业、独资合伙企业和集团公司会计制度设计的内容与特点。

思 考 题

1. 会计目标与会计制度设计的目标之间有什么样的关系?

2. 我国会计制度设计中应考虑哪些环境因素?

3. 你认为如何在会计制度设计中体现内部控制的要求?

4. 如何使企业的会计制度设计符合统一会计制度的要求?

5. 如何理解会计制度设计的目标?

第三章

会计科目设计

本章要点

　　本章将讲述会计科目设置和设计的意义,详细说明会计科目的设计原则、基本要求及其内容和结构。通过本章的学习,应当掌握会计科目是对会计要素进行细划和分类反映的概念,掌握科目分类、编号及其使用说明的设计方法。

第一节　会计科目设计的意义和原则

一、会计科目设计的意义

会计对象复杂多样。虽然《企业会计准则》已将会计对象分为资产、负债、所有者权益、收入、费用和利润六类会计要素，但这只是按其所属的性质进行的初步划分，无法满足经济管理的需要。要从中理出头绪，分门别类地整理出经济管理所需要的详细信息，必须进行会计科目设计。所以，会计科目是对会计要素具体内容进行分类核算的项目。

会计科目设计是整个会计制度设计的主干和中心环节。它对会计凭证、账簿及报表的设计都发挥着重要的作用。会计科目设计的意义归纳为如下三个方面：

（一）为编制和整理会计凭证提供依据

会计凭证按其填制程序和用途可分为原始凭证和记账凭证。记账凭证是根据审核无误的原始凭证填制的，确定会计分录的书面文件。记账凭证按其所反映的经济内容可分为收款凭证、付款凭证和转账凭证。收款凭证和付款凭证分别按借方科目和贷方科目设置，而且三种记账凭证都要按规定的会计科目编制会计分录，即标明应当借记或贷记某个会计科目；在特定的账务处理程序下还需借助于会计科目编制汇总记账凭证和科目汇总表。这些会计凭证的设置、编制和汇总工作，离开会计科目将无法进行。会计科目设计为这些工作奠定了坚实的基础。

（二）为确定账户体系、提供财务指标创造条件

会计作为一种管理活动，是借助于财务指标对经济活动实施管理的，财务指标是根据账簿记录计算求得的，账簿是由账户所组成的，账户又是根据会计科目设置的。因此会计科目设计为确定账户体系、提供财务指标创造了条件。

账户和会计科目是一对既有联系又有区别的概念。账户是根据会计科目开设的，会计科目是账户的名称，会计科目的性质、内容和分类决定了账户的性质、内容和分类，而且二者的作用也是一样的，在实务中往往相互通用，不加区别。但是账户和会计科目也有不同之处：会计科目是经济业务发生前由国家或企业单位在会计制度中规定的，账

户是经济业务发生后由各单位开设和登记的；会计科目只代表一定的经济内容，规定了一定的经济业务要在一定的科目归集，而账户具有一定的格式与结构，可用来核算经济业务。

实际工作中，设计者根据管理的需要与可能，确立会计对象的分类层次，先将会计对象的具体内容进行总括分类，全面反映会计对象的概括情况，形成一级会计科目或称总账科目；然后再根据核算与管理的需要，对一级会计科目的内容作进一步的分类，形成二级、甚至三级明细科目（必要时，可增设四级或更多级的明细科目）。会计科目体系设立后，企业可根据一级科目开设总账账户；根据二级和三级明细科目，开设二级和三级明细分类账户，从而确立账户体系。随着会计制度的执行，经济业务的登记及期末结账和对账，每个账户都可提供四大经济指标——期初余额、本期借方发生额、本期贷方发生额和期末余额。利用这些指标即可求得流动比率、速动比率、资产负债率等财务指标，满足经济管理的需要。

（三）为设计会计报表项目奠定基础

对外提供的会计报表主要包括资产负债表、利润表和现金流量表。这些会计报表与会计科目所反映的会计要素的具体内容是相同的，都是资金及其运动。这样，根据会计科目开设的账户的发生额和余额就成为填列会计报表的主要依据。因此，设计会计报表项目时必须以会计科目为基础，应尽量与会计科目相一致。但由于二者各自的侧重点有所不同，所以会计报表项目的名称及其内容并不完全与会计科目相同。例如，资产负债表中的"货币资金"、"存货"、"未分配利润"项目与会计科目表中的项目就不同。这完全是由于会计信息反映在账户与报表中的详略程度的差异所造成的。

由此可见，会计科目设计是会计制度设计中的一项基础工作，设计得合理、适用，就能使设计凭证、账簿和报表方便实用。否则就会出现账目不清、编表困难、管理不便的情况。

二、会计科目的设计原则

会计科目设计的目的，是确定一个独立核算单位的会计科目体系，以及各个会计科目的使用说明。为达此目的，设计出科学、合理、适用的会计科目，除遵循会计制度设计的一般原则外，还应满足下列要求：

（一）要以国家的财经法规、制度为依据

国家的财经法规、制度体现了党和国家的方针、政策和宏观经济管理的要求，对国家的经济工作和企业单位的经济活动起着指导和制约的作用。在这方面，作用最直接

和制约最大的是"会计准则应用指南",设计会计科目时必须以它为依据。

(二)满足内部经营管理的需要

单位内部的经营管理工作主要是针对自身的经营过程特点和资金运动规律展开的,设计会计科目时应充分考虑这些特点和规律。例如,工业企业的生产经营过程包括供应、生产、销售三个环节;资金投入企业后依次经过这三个过程并不断改变其存在的状态。首先,由货币资金转化为储备资金;然后,依次经过生产资金、成品资金,最后又回到货币资金形态。设计会计科目时要分别设计专门反映三个过程的会计科目,如"在途物资"、"原材料"、"生产成本"、"制造费用"、"库存商品"、"主营业务收入"、"主营业务成本"、"营业税金及附加"、"管理费用"科目。在设计主要经济业务分录举例时,要按照筹资业务、供应过程业务、生产过程业务、销售过程业务依次进行。行政事业单位资金运动的特点是预算资金的收支,一般没有成本、利润问题,设计会计科目时只需设计反映预算资金收支的科目,如"拨入经费"、"经费支出"和"经费结余"等,不必设计成本、费用类科目。对于材料采购和产品生产实行计划管理,材料和产成品按计划成本计价的企业,应设计"材料成本差异"、"库存商品成本差异"科目。

(三)设计出的会计科目体系应具有周延性和互排性

一般地说,规模较大、业务较多且比较复杂的单位应多设计些会计科目;规模较小、业务较少且简单的单位,可少设计些会计科目,适当将经济内容相近的科目合并在一起,以精简会计科目。但应注意,一套会计科目的数量不是越多越好,也不是越少越好。科目过多势必增加会计核算的工作量;科目过少又会形成一笔糊涂账,不能满足经营管理的需要。所谓周延性是指设计出的会计科目体系能包含所有的会计事项,所有的经济业务都有特定的会计科目反映,并且能够随着经济业务类型的增加增补新的科目。所谓互排性,是指任何一笔经济业务,只能在特定的会计科目中反映,所编的会计分录是惟一的,不能出现模棱两可的情况。例如,"固定资产"和"低值易耗品"都是用来核算劳动资料的,但各核算什么样的劳动资料,必须在设计会计科目时作出明确规定。

(四)会计科目的名称应通俗易懂,简明确切

会计科目的名称是日后编制记账凭证、登记账簿、编制会计报表的依据。会计报表中的资产负债表和利润表中的大部分项目与会计科目应一致。由于投资者、债权人等报表使用者并不一定熟知会计知识,所以设计的报表项目、会计科目必须通俗易懂,简明确切,要让阅读者从会计科目的名称了解它的含义和核算内容,而且名称不宜太长,一般以4个字为宜,最多不要超过8个字。

（五）会计科目应保持相对稳定,并有适度的弹性

会计核算具有连续性,账户所提供的经济指标又具有可比性。为了保持会计核算的连续性,减少不必要的账务调整,有利于保持经济指标的可比性,会计科目应尽量保持相对稳定。随着现代企业制度的建立,企业自主权不断扩大,经济业务不断拓展,为了适应这种变化,企业会不断增设会计科目。因此,在最初设计会计科目时要有一定的伸缩性和灵活性,特别是企业集团的会计制度,要在总则中加注说明,在编号时留有空位。当然,对于那些经济业务类型发生精简和调整的企业单位,也可以减少某些科目的使用。

第二节 会计科目设计的基本内容

会计科目设计不是仅仅拟定出各科目的名称就算完成任务,而是还包括许多内容。会计科目设计的基本内容包括:会计科目总则设计、会计科目名称和编号设计、会计科目的使用说明设计。

一、会计科目总则设计

会计科目总则也称会计科目总说明,它是对会计科目这项局部性会计制度所作的总括论述。一般包括以下内容:

第一,说明该会计科目体系的设计依据。

第二,说明该会计科目体系的适用范围。

第三,说明会计科目的编号及其使用方法。

第四,列示有关增删修补的规定。

第五,其他需要说明的问题。

二、会计科目名称和编号设计

会计科目名称设计包括大类科目名称设计、一级科目名称设计和明细科目名称设计。大类科目名称设计基本上是按会计要素进行的。例如,《企业会计准则——基本准则》将会计要素划分为资产、负债、所有者权益、收入、费用、利润六大类,《企业会计准则——应用指南》据此对会计科目进行了大类项目设计。其中,既具有资产类性质、又具有负债类性质的项目称为共同类,不妨单独设为一类。大类科目名称设定后,可按

会计要素包含的具体内容设计一级会计科目和明细科目。一级科目的名称与会计要素具体分类中分出的项目名称基本一致,例如,"库存现金"、"应收票据"。但因受设计原则所限,也有不一致的科目。例如,据会计要素中的"在产品"项目所设计的一级科目名称为"生产成本";据会计要素中"固定资产"项目设计的一级会计科目有"固定资产"、"累计折旧"和"固定资产减值准备"三个科目。

会计科目的编号通常可以按照三个层次设计。

首先,按照会计要素将会计科目分为资产、负债、所有者权益、成本、损益五类,每一类会计科目的首位数字相同,通常是资产类科目编号以"1"开头,负债类以"2"开头,共同类以"3"开头,所有者权益类以"4"开头,成本类以"5"开头,损益类以"6"开头。其中,共同类不是一类独立的会计要素,而是兼有资产类和负债类双重性质,若要判断其性质究竟属于资产还是负债,需要视其期末余额在借方还是贷方而定,因此单设一类的会计科目。

其次,一级科目编号通常以4位数字表示,按照资产负债表和收益表中各科目的排列顺序编号。编号时,可以顺次编,例如,"库存现金"科目为"1001","银行存款"科目为"1002"等,也可以在两个科目间留出一定的号码,以备企业增加科目时能够有一定的"空间",比如,"应交税费"和"应付利息"虽然是紧挨着的两个科目,但在编号上却分别为"2221"和"2231",中间留出10个号码的距离,以备企业增加科目时使用。

最后,二级科目的编号通常在一级号码的基础上补充两位,以6位数编号。例如,"盈余公积"一级编号为"4101",二级明细科目"法定盈余公积"编号为"410101"、"任意盈余公积"编号为"410102"等。

三、会计科目使用说明设计

会计科目使用说明在《企业会计准则——应用指南》附录中称为"主要账务处理",是对会计科目的核算内容和使用方法作出的详细解释。它可使会计人员正确理解并执行会计制度。会计科目使用说明包括下列内容:

第一,说明会计科目的核算内容和范围。核算内容是指该科目所包含的经济内容。对某些科目,还需说明易混淆的内容,指出不该在该科目核算的内容。

第二,说明各科目的核算方法。具体包括财产物资的计价方法,账户的借、贷方各登记什么内容,余额在何方,反映什么内容以及与该科目有关的各经济业务发生时应作的会计分录等。

第三,说明各科目应设置的二级、明细科目。具体有两种方法:一是概括说明设置明细科目的要求;二是具体写明所需设置的各个明细科目及其核算内容。

第四,编写主要经济业务的会计分录。这是一项将上述科目使用说明中的科目对应关系条理化和表格化的过程,实质上是科目使用说明上述内容的延续和补充。目的是加强会计科目的可操作性,使会计人员融会贯通。编写主要经济业务会计分录时,必须有一定的逻辑性和代表性。

有关会计科目使用说明的设计要点可参照《企业会计准则——应用指南》附录中"原材料"科目来设计:

第一,本科目核算企业库存的各种材料,包括原料及主要材料、辅助材料、外购半成品(外购件)、修理用备件(备品备件)、包装材料、燃料等的计划成本或实际成本。

收到来料加工装配业务的原料、零件等,应当设置备查簿进行登记。

第二,本科目可按材料的保管地点(仓库)、材料的类别、品种和规格等进行明细核算。

第三,原材料的主要账务处理。

1. 企业购入并已验收入库的材料,按计划成本或实际成本,借记本科目,按实际成本,贷记"材料采购"或"在途物资"科目,按计划成本与实际成本的差异,借记或贷记"材料成本差异"科目。

2. 自制并已验收入库的材料,按计划成本或实际成本,借记本科目,按实际成本,贷记"生产成本"科目,按计划成本与实际成本的差异,借记或贷记"材料成本差异"科目。委托外单位加工完成并已验收入库的材料,按计划成本或实际成本,借记本科目,按实际成本,贷记"委托加工物资"科目,按计划成本与实际成本的差异,借记或贷记"材料成本差异"科目。

3. 生产经营领用材料,借记"生产成本"、"制造费用"、"销售费用"、"管理费用"等科目,贷记本科目。出售材料结转成本,借记"其他业务成本"科目,贷记本科目。发出委托外单位加工的材料,借记"委托加工物资"科目,贷记本科目。采用计划成本进行材料日常核算的,发出材料还应结转材料成本差异,将发出材料的计划成本调整为实际成本。采用实际成本进行材料日常核算的,发出材料的实际成本,可以采用先进先出法,加权平均法或个别认定法计算确定。

第四,本科目期末借方余额,反映企业库存材料的计划成本或实际成本。

附录:会计科目和主要账务处理

会计科目和主要账务处理依据企业会计准则中确认和计量的规定制定,涵盖了各类企业的交易或者事项。企业在不违反会计准则中确认、计量和报告规定的前提下,可以根据本单位的实际情况自行增设、分拆、合并会计科目。企业不存在的交易或者事项,可不设置相关会计科目。对于明细科目,企业可以比照本附录中的规定自行设置。会计科目编号供企业填制会计凭证、登记会计账簿、查阅会计账目、采用会计软件系统参考,企业可结合实际情况自行确定会计科目编号见表3-1。

表 3-1

顺序号	编号	会计科目名称
		一、资产类
1	1001	库存现金
2	1002	银行存款
3	1003	存放中央银行款项
4	1011	存放同业
5	1012	其他货币资金
6	1021	结算备付金
7	1031	存出保证金
8	1101	交易性金融资产
9	1111	买入返售金融资产
10	1121	应收票据
11	1122	应收账款
12	1123	预付账款
13	1131	应收股利
14	1132	应收利息
15	1201	应收代位追偿款
16	1211	应收分保账款
17	1212	应收分保合同准备金
18	1221	其他应收款
19	1231	坏账准备
20	1301	贴现资产
21	1302	拆出资金
22	1303	贷款
23	1304	贷款损失准备
24	1311	代理兑付证券
25	1321	代理业务资产
26	1401	材料采购
27	1402	在途物资
28	1403	原材料
29	1404	材料成本差异

顺序号	编号	会计科目名称
30	1405	库存商品
31	1406	发出商品
32	1407	商品进销差价
33	1408	委托加工物资
34	1411	周转材料
35	1421	消耗性生物资产
36	1431	贵金属
37	1441	抵债资产
38	1451	损余物资
39	1461	融资租赁资产
40	1471	存货跌价准备
41	1501	持有至到期投资
42	1502	持有至到期投资减值准备
43	1503	可供出售金融资产
44	1511	长期股权投资
45	1512	长期股权投资减值准备
46	1521	投资性房地产
47	1531	长期应收款
48	1532	未实现融资收益
49	1541	存出资本保证金
50	1601	固定资产
51	1602	累计折旧
52	1603	固定资产减值准备
53	1604	在建工程
54	1605	工程物资
55	1606	固定资产清理
56	1611	未担保余值
57	1621	生产性生物资产
58	1622	生产性生物资产累计折旧
59	1623	公益性生物资产

续表

顺序号	编号	会计科目名称
60	1631	油气资产
61	1632	累计折耗
62	1701	无形资产
63	1702	累计摊销
64	1703	无形资产减值准备
65	1711	商誉
66	1801	长期待摊费用
67	1811	递延所得税资产
68	1821	独立账户资产
69	1901	待处理财产损溢
		二、负债类
70	2001	短期借款
71	2002	存入保证金
72	2003	拆入资金
73	2004	向中央银行借款
74	2011	吸收存款
75	2012	同业存放
76	2021	贴现负债
77	2101	交易性金融负债
78	2111	卖出回购金融资产款
79	2201	应付票据
80	2202	应付账款
81	2203	预收账款
82	2211	应付职工薪酬
83	2221	应交税费
84	2231	应付利息
85	2232	应付股利
86	2241	其他应付款
87	2251	应付保单红利
88	2261	应付分保账款

续表

顺序号	编号	会计科目名称
89	2311	代理买卖证券款
90	2312	代理承销证券款
91	2313	代理兑付证券款
92	2314	代理业务负债
93	2401	递延收益
94	2501	长期借款
95	2502	应付债券
96	2601	未到期责任准备金
97	2602	保险责任准备金
98	2611	保户储金
99	2621	独立账户负债
100	2701	长期应付款
101	2702	未确认融资费用
102	2711	专项应付款
103	2801	预计负债
104	2901	递延所得税负债
		三、共同类
105	3001	清算资金往来
106	3002	货币兑换
107	3101	衍生工具
108	3201	套期工具
109	3202	被套期项目
		四、所有者权益类
110	4001	实收资本
111	4002	资本公积
112	4101	盈余公积
113	4102	一般风险准备
114	4103	本年利润
115	4104	利润分配
116	4201	库存股

续表

顺序号	编号	会计科目名称
		五、成本类
117	5001	生产成本
118	5101	制造费用
119	5201	劳务成本
120	5301	研发支出
121	5401	工程施工
122	5402	工程结算
123	5403	机械作业
		六、损益类
124	6001	主营业务收入
125	6011	利息收入
126	6021	手续费及佣金收入
127	6031	保费收入
128	6041	租赁收入
129	6051	其他业务收入
130	6061	汇兑损益
131	6101	公允价值变动损益
132	6111	投资收益
133	6201	摊回保险责任准备金
134	6202	摊回赔付支出
135	6203	摊回分保费用
136	6301	营业外收入
137	6401	主营业务成本
138	6402	其他业务成本
139	6403	营业税金及附加
140	6411	利息支出
141	6421	手续费及佣金支出
142	6501	提取未到期责任准备金
143	6502	提取保险责任准备金
144	6511	赔付支出

顺序号	编号	会计科目名称
145	6521	保单红利支出
146	6531	退保金
147	6541	分出保费
148	6542	分保费用
149	6601	销售费用
150	6602	管理费用
151	6603	财务费用
152	6604	勘探费用
153	6701	资产减值损失
154	6711	营业外支出
155	6801	所得税费用
156	6901	以前年度损益调整

第三节　几个主要科目的设计

一、预付账款和预收账款科目设计

预付账款是核算企业按照购货合同规定预付给供应单位的款项。购货发生的预付款项借记该科目,贷记"银行存款"科目。收到所购物资时,根据发票账单等列明的应计入购入物资成本的金额,借记"材料采购"或"原材料"、"应交税费——应交增值税(进项税)",贷记本科目。预付款项情况不多的企业,可以将预付款直接计入"应付账款"科目的借方,不设置本科目。

企业的预付账款,如果有证据表明不符合预付款的性质,如供货单位破产导致无法收到所购货物等情况时,应将原计入预付账款的金额转入其他应收款。除转入"其他应收款"科目的预付账款外,其他预付账款不能计提坏账准备。

预付账款应按供应单位设置明细账,进行明细核算。该科目期末借方余额表示实际预付的款项,贷方余额表示企业尚未补付的款项。

预收账款是核算企业按照合同规定向购货单位预收的款项。企业预收货款时，借记"银行存款"科目，贷记本科目。销售实现时，借记本科目，贷记"主营业务收入"、"应交税费——应交增值税（销项税）"等科目。购货单位补付的款项，借记"银行存款"，贷记本科目，退回预收款时，作相反的分录。

预收款项不多的企业，可以将预收的账款直接计入"应付账款"科目的贷方，不设该科目。该科目应按购货单位设置明细账，进行明细核算。该科目的贷方金额，反映向购货单位预收的款项，借方余额表示应由购货单位补付的款项。

二、固定资产和周转材料科目设计

固定资产和周转材料都是企业的劳动资料，构成企业生产经营活动的物质基础。由于其计价较复杂，且收发较频繁，设计工作尤为重要。

（一）固定资产科目设计

固定资产是指使用年限超过一年的房屋、建筑物、机器、机械、运输工具以及其他与生产、经营有关的设备、器具、工具等。

按照《企业会计准则》对固定资产的规定，企业设计固定资产科目时需侧重于以下三个方面：

1. 结合企业具体情况，按照固定资产的定义，制定适合于本企业的固定资产目录、分类方法，每类或每项固定资产的折旧年限、折旧方法，作为固定资产的核算依据。同时，将以上内容编制成册，按照管理权限，经股东大会或董事会，或厂长经理办公会批准，报经有关方面备案。这些方法一经确定，不能随意改变。

2. 确定折旧方法时应注意以下几点：

（1）规定折旧的范围和时间。折旧的范围是指哪些固定资产要提折旧，哪些不提折旧。一般地说，房屋，建筑物，在用的机器设备、仪器仪表、运输车辆、工具器具，季节性停用和修理停用的设备，以经营租赁方式租出的固定资产，以融资租赁方式租入的固定资产计提折旧。以经营租赁方式租入的固定资产不提折旧。已提足折旧继续使用的固定资产，按照规定提取维检费的固定资产，破产、关停企业的固定资产，以及以前已经估价单独入账的土地等，也不计提折旧。

（2）规定折旧的计算方法。企业可以在允许采用的平均年限法、工作量法、双倍余额递减法和年数总和法中作出选择。

（3）规定净残值率。

3. 规定所设计科目的使用方法。

（二）周转材料科目设计

周转材料是企业中不符合固定资产标准的次要劳动资料。如工具、管理用具、劳动保护用品、周转使用的包装容器等。周转材料能多次使用，而且不改变原有的实物形态，使用时需要维护、修理，报废时有一定的残值，与固定资产相似。所以，企业会计准则规定其损耗价值一般以摊销的方法记入成本费用，设计会计科目时必须针对周转材料标准、摊销方法两项主要内容进行系统的规划。

1. 周转材料标准的设计。周转材料确认标准是不属于生产经营主要设备的物品，使用期限要在一年以下、单位价值比较低，上、下限由各单位具体设定。

2. 周转材料摊销方法设计。周转材料品种较多，数量较大，设计摊销方法时要针对其特点在一次摊销法、分次摊销法和五五摊销法中作出选择。对于单位价值较低或使用期限较短，而且领用数量不多的周转材料应选择一次摊销法，在周转材料领用时，将其全部价值一次记入有关成本费用科目。对于使用期限较长，一次领用数量较多的周转材料，可选择分次摊销法，将周转材料的价值按预计使用期限分若干次摊入成本费用。对于每月领用、报废比较均衡的周转材料可选择五五摊销法，在领用时先摊销其价值的一半，报废时再摊销其价值的另一半。周转材料摊销方法不同，对成本、利润的影响就不同。一个企业可选择几种不同的摊销方法。

3. 周转材料摊销核算方法设计。周转材料摊销核算方法有两种设计模式：一种是不设"周转材料摊销"科目；另一种是设置"周转材料摊销"科目。一次摊销法和分次摊销法可选用第一种设计模式。一次摊销法下，领用时，借记"制造费用"、"管理费用"、"其他业务支出"等科目，贷记"周转材料"科目；报废时，将残料价值作为当月摊销额的减少，冲减"制造费用"、"管理费用"、"其他业务支出"等科目。分次摊销法下，领用时，按每次使用应分摊的余额借记"制造费用"、"管理费用"，贷记"周转材料"科目；报废时，收回的残料价值作为当月摊销额的减少，冲减成本费用科目。五五摊销法可选择第二种设计模式，即设计"周转材料"和"周转材料摊销"两个科目，前者反映周转材料的原始价值，后者反映其摊销价值；报废时同时注销摊销价值和原值。领用时，按其价值的一半借记"制造费用"、"管理费用"、"其他业务支出"等科目，贷记"周转材料摊销"科目；报废时，除写同样的分录外，还应按其全部价值借记"周转材料摊销"科目，贷记"周转材料"科目。这种核算方法下的"周转材料"科目在其报废前一直反映原值，不会出现账外财产，便于对周转材料实物的管理。

三、工资和管理费科目设计

(一)工资科目的设计

工资是支付给职工的劳动报酬。支付工资使企业生产经营过程中的资金被消耗,形成工资费。工资费应计入企业的成本费用,由收入来补偿。实际工作中,由于各企业提取现金、发放工资、分配工资费用的顺序不同,工资费的计算方法不同,所设计和使用的会计科目也应有所区别。工资科目的设计方法有两种:一是设计损益性质的"工资"科目;二是设计负债性质的"应付职工薪酬"科目。

1. 设计损益性质的"工资"科目。设计损益性质的工资科目,工资被作为期间费用直接转入当期损益。发放工资时,借记"工资"科目,贷记"库存现金"科目;期末借记"本年利润"科目,贷记"工资"科目。这种设计方法,适用于工资费用稳定、全部记入当期损益不影响各期损益可比性的企业。如商品流通企业、金融保险企业。当前,我国规模较小的集体企业、个体和私营企业多采用这种方法,往往按职工或雇员劳动数量和质量于月末发放工资,并直接转入当期损益。

2. 设计负债性质的"应付工资"科目。设计负债性质的"应付工资"科目,是把计算出的工资额作为企业欠职工的一项负债处理。结算工资时,借记"生产成本"等科目,贷记"应付工资"科目;发放工资时,借记"应付工资"科目,贷记"库存现金"科目。这种设计方法适用于工资费用不稳定、需按权责发生制原则分配计入产品成本或期间费用的企业。采用这种方法,工资业务的核算顺序应当是先结算工资(月末分配工资费),次月提现金并发放工资。如关于"工资"科目的设置,我国工业企业统一会计制度中都设置过,20世纪50年代设计了"工资"科目,60年代改为"应付工资"科目,70年代又改为"工资"科目,80年代以来第二次改为"应付工资"科目。2006年新企业会计准则规定设置"应付职工薪酬"科目,核算企业应付职工的全部薪酬和福利。

(二)管理费科目的设计

管理费是企业为组织和管理生产经营活动所发生的费用。设计会计科目时,可分设两个科目,也可全部在一个科目中反映;既可作为生产成本设计,又可作为期间费用设计,从而形成三种不同的设计模式。

从所设会计科目的数量看,工业企业可以把为组织和管理车间生产所发生的制造费用和为组织和管理全企业生产所发生的企业管理费合在一起核算,设置一个"管理费"科目。这种设计方法简单,核算工作量小,但不能分别考核车间及全企业管理费的发生情况,适用于生产过程简单,没有或很少设车间的中小型企业。那些规模较大,生产过程复杂,需要设若干个车间的企业必须分设两个科目,即"制造费用"和"管理费用",分别反映车间和厂部(公司)发生的管理费。现在多数制造业企业会计制度中的管理费科目就分设了两个科目,虽然核算工作量大,但有利于加强对管理费的管理。管理费的开支范围,国家已作出相应的规定,但对规模较小的企业,特别是个体、私营企业(大部分税款定期定额征收),目前可灵活处理。下面以分设两个科目的企业为例,说明管理费的三种设计模式。

1.把管理费都作为产品生产成本设计。发生费用时,借记"制造费用"、"管理费用",贷记有关科目;月末按一定的分配标准把管理费分配结转到产品生产成本中,借记"生产成本"科目,贷记"制造费用"、"管理费用"科目。随着产成品的入库和销售,当期的管理费一部分转入当期损益,另一部分保留在产成品成本中,因为当期生产的产品往往不能全部在当期出售。1993年7月1日前,我国的工业企业会计制度就采用了这一设计方法。当然,这样计算出的产品成本是完全成本。

2.一部分作为生产成本设计,一部分作为期间费用设计。发生费用时,借记"制造费用"、"管理费用",贷记有关科目;期末将制造费用分配转入生产成本,借记"生产成本"科目,贷记"制造费用"科目;结转各项支出时,随着已销产品的成本结转,将已计入产品成本的制造费用与管理费用一起转入损益,借记"本年利润"科目,贷记"主营业务成本"科目和"管理费用"科目。这种设计方法使未出售的产成品中,保留一部分制造费用。现行制造业企业会计多采用这一方法。该方法计算出的产品成本是制造成本。

3.全部作为期间费用设计。发生费用时,借记"制造费用"、"管理费用",贷记有关科目;期末,借记"本年利润"科目,贷记"制造费用"、"管理费用"科目。管理费全部计入当期损益,产品生产成本中不包括管理费。这样计算出的产品成本是不完全成本。

上述三种不同的设计模式,对企业的利润额有着不同的影响。现举例说明如下:

某企业本月投产甲产品10件,发生直接材料费60 000元,直接人工费20 000元,其他直接费用10 000元,制造费用3 000元,管理费用7 000元。当月甲产品全部完工,并销售了其中的5件,取得销售收入75 000元,发生销售费用2 500元,城建税7 500元。

三种模式下的单位生产成本分别为:

按生产成本设计:$(60\,000+20\,000+10\,000+3\,000+7\,000)\div10=10\,000$(元)

分两部分设计:$(60\,000+20\,000+10\,000+3\,000)\div10=9\,300$(元)

按期间费用设计:$(60\,000+20\,000+10\,000)\div10=9\,000$(元)

三种模式下的利润分别为:

按生产成本设计:$75\,000-5\times10\,000-2\,500-7\,500=15\,000$(元)

分两部分设计:$75\,000-5\times9\,300-7\,000-2\,500-7\,500=11\,500$(元)

按期间费用设计:75 000 − 5 × 9 000 − 3 000 − 7 000 − 2 500 − 7 500 = 10 000(元)

可见,第一种模式下的利润额最大,因为在库存产成品中保留了 5 000 元[5 ×(300 + 700)]的管理费,虚增利润 3 500 元(5 × 700),使企业出现潜亏;第三种模式下利润额最小,库存产成品中不包含任何管理费,管理费全部计入当期损益,使利润额虚减 1 500 元(5 × 300);只有第二种设计模式划清了成本和损益的界限,较为合理。

四、收支科目设计

收支科目是反映企业经营过程中收入业务和费用支出业务的科目。其设计方法有合设和分设两种。

(一)收支科目合设

收支科目合设是指把经营过程中实现的收入(包括产品销售收入、其他业务收入)以及各项支出(包括产品销售成本、产品销售税金、产品销售费用、其他业务支出、财务费用、管理费用)合并在一个"销售"科目中反映。销售科目贷方反映销售收入,借方反映销售成本、销售税金、销售费用、财务费用和管理费用。期末如有贷差,表示实现了销售利润;如为借差表示发生了销售亏损,无论借差还是贷差应于结账前一并转入损益科目。我国工业企业从建国初至 1993 年 7 月的会计制度中设计的都是"销售"科目。

(二)收支科目分设

收支科目分设是指按管理的需要为每一项收入和支出都单独设计科目,分别反映,现行的工业企业会计制度就采用了这一设计方法。所设置的收入科目有"主营业务收入"、"其他业务收入";支出科目有"主营业务成本"、"营业税金及附加"、"销售费用"、"其他业务支出"、"财务费用"和"管理费用"。各收入科目贷方反映增加数,借方反映减少和转入损益科目数;各支出科目借方反映发生数,贷方反映减少或转入损益数。期末收支科目均无余额。

上述两种设计方法各有利弊。下面以工业企业收支业务为例,说明两种设计方法的利弊,以便各企业设计会计科目时结合本企业的特点,作出正确选择。

假设某厂本月实现产品销售收入 800 000 元,已销产品的生产成本 560 000 元,产品销售税金 120 000 元,产品销售费用 16 000 元。出售原材料等实现其他销售收入 160 000 元,其他销售成本 104 000 元,其他销售税金 8 000 元,其他销售费用 4 000 元。财务费用 1 000 元,管理费用 4 000 元。两种设计方法下的账务处理如下:

1.收支科目合设。

（1）借：银行存款等　　　　　　　　　　　　　800 000
　　　贷：销售　　　　　　　　　　　　　　　　　800 000
（2）借：销售　　　　　　　　　　　　　　　　560 000
　　　贷：库存商品　　　　　　　　　　　　　　　560 000
（3）借：销售　　　　　　　　　　　　　　　　120 000
　　　贷：应交税费　　　　　　　　　　　　　　　120 000
（4）借：销售　　　　　　　　　　　　　　　　　16 000
　　　贷：销售费用（销售费亦可单设科目反映，月末再转入）　16 000
（5）借：银行存款等　　　　　　　　　　　　　160 000
　　　贷：销售　　　　　　　　　　　　　　　　　160 000
（6）借：销售　　　　　　　　　　　　　　　　104 000
　　　贷：原材料等　　　　　　　　　　　　　　　104 000
（7）借：销售　　　　　　　　　　　　　　　　　8 000
　　　贷：应交税费　　　　　　　　　　　　　　　　8 000
（8）借：销售　　　　　　　　　　　　　　　　　9 000
　　　贷：销售费用　　　　　　　　　　　　　　　　4 000
（9）借：销售费用　　　　　　　　　　　　　　　4 000
　　　　财务费用　　　　　　　　　　　　　　　　1 000
　　　　管理费用　　　　　　　　　　　　　　　　4 000
　　　贷：银行存款等　　　　　　　　　　　　　　　9 000

2. 收支科目分设。

（1）借：银行存款等　　　　　　　　　　　　　800 000
　　　贷：主营业务收入　　　　　　　　　　　　　800 000
（2）借：主营业务成本　　　　　　　　　　　　560 000
　　　贷：库存商品　　　　　　　　　　　　　　　560 000
（3）借：营业税金及附加　　　　　　　　　　　120 000
　　　贷：应交税费　　　　　　　　　　　　　　　120 000
（4）借：销售费用　　　　　　　　　　　　　　　16 000
　　　贷：银行存款等　　　　　　　　　　　　　　　16 000
（5）借：银行存款等　　　　　　　　　　　　　160 000
　　　贷：其他业务收入　　　　　　　　　　　　　160 000
（6）借：其他业务支出　　　　　　　　　　　　104 000
　　　贷：原材料等　　　　　　　　　　　　　　　104 000

(7)借:营业税金及附加　　　　　　　　　　　　8 000
　　　贷:应交税费　　　　　　　　　　　　　　　　　8 000
(8)借:销售费用　　　　　　　　　　　　　　　4 000
　　　财务费用　　　　　　　　　　　　　　　1 000
　　　管理费用　　　　　　　　　　　　　　　4 000
　　　贷:银行存款等　　　　　　　　　　　　　　　　9 000
(9)借:主营业务收入　　　　　　　　　　　　800 000
　　　其他业务收入　　　　　　　　　　　　160 000
　　　贷:本年利润　　　　　　　　　　　　　　　960 000
(10)借:本年利润　　　　　　　　　　　　　817 000
　　　贷:主营业务成本　　　　　　　　　　　　　560 000
　　　　营业税金及附加　　　　　　　　　　　　128 000
　　　　销售费用　　　　　　　　　　　　　　　 20 000
　　　　其他业务支出　　　　　　　　　　　　　104 000
　　　　财务费用　　　　　　　　　　　　　　　　1 000
　　　　管理费用　　　　　　　　　　　　　　　　4 000

可见,第一种设计方法只涉及一个收支科目,即"销售"科目,各项收支业务核算集中,盈亏的核算也比较集中。但这种设计不能清晰反映各项收支的发生额,某些指标(如主营业务收入)不能直接取得,必须从合并科目中分析求得。第二种设计方法涉及8个收支科目,对各项收支的反映比较清晰、具体,有利于分析和管理。而且,将各项收支转入损益科目后使损益科目具有了反映和计算盈亏的双重作用。

思 考 题

1.试述会计科目设计的意义和原则。
2.试述会计科目总则的设计方法。
3.会计科目的名称和编号应如何设计?
4.会计科目使用说明设计包括哪些具体内容?
5.会计科目表包括哪些内容?

第四章

会计凭证的设计

本章要点

本章将讲述会计凭证设计的基本要求,详细分析原始凭证和记账凭证的设计,以及会计凭证传递程序与保管制度的设计。通过本章的学习,应当掌握会计凭证设计的基本步骤和具体内容,达到独立设计会计凭证和相应管理制度的要求。

第一节 会计凭证设计的作用和要求

一、会计凭证的作用

会计凭证,是用来记录经济业务、明确经济责任,并据以登记账簿的书面证明。各个单位每发生一笔经济业务时,都应当按照规定程序和要求填制会计凭证。在会计工作中,一般由执行和完成该项经济业务的有关部门或人员,取得或填制能证明经济业务内容、数量和金额的凭证,并在凭证上签名或盖章,对凭证的真实性和正确性负责。一切会计凭证还必须由有关人员严格审核,经审核无误后才能作为登记账簿的依据。

填制和审核会计凭证是会计核算的一种专门方法。它是核算和监督经济业务的开始和基础。在设计会计凭证时,应规定发生经济业务时必须按规定填制或取得会计凭证。同时,一切凭证都必须按规定的时间和传递程序送交会计部门审查。只有审查合格的凭证,才能作为记账的依据。认真填制和严格审核会计凭证,对于完成会计工作任务、发挥会计在经济管理中的作用具有十分重要的意义。

会计凭证的作用有以下几个方面:

(一)记录经济业务,提供会计信息

取得和填制合法的原始凭证,是会计信息惟一的、重要的来源,编制会计凭证,是对取得会计信息进行加工和处理,使之成为有用的会计信息,并作为记账的依据。因此,会计凭证设计是否恰当,关系到能否及时正确地反映经济业务,能否保证会计核算的真实、完整,能否按规定向企业内部和外部提供准确、公允的会计信息。

(二)明确经济责任,便于内部控制

会计凭证是经办和审批业务的重要证明,在凭证设计上要求经办人员、负责人和财务人员签字,以明确在业务处理过程中所负有的责任。设计得当的会计凭证,能够促使有关人员在自己的职责范围内严格按照规章办事,提高责任感;还能够促使部门之间、业务人员和财务人员、企业领导和业务人员、财务人员之间相互控制。

(三)为监督检查提供主要依据

设计恰当的会计凭证,可以证明经济业务真实、正确、合法、合理。通过对凭证的审

核,可以检查业务是否正常,是否符合有关政策、法令的规定,为各级部门的监督检查提供依据。

(四)保证会计信息的传递与保管

会计凭证是会计信息的载体,设计恰当的会计凭证有利于会计信息在部门之间、财务人员之间的传递,减少迂回环节,提高工作效率。另外,会计凭证是重要的会计档案,设计恰当的会计凭证,有利于对会计凭证的保管和随时查阅。

二、会计凭证设计的要求

如上所述,会计凭证具有重要作用,因此要认真设计凭证,满足各方面的要求。

(一)设计会计凭证应如实地反映经济业务的真实情况

原始凭证是对经济业务的写实,记账凭证是对经济业务的科学分类,因此会计凭证的设计应做到:

1. 能全面反映经济活动的真实情况,例如,经济活动的发生时间、内容、责任等情况。

2. 凭证要素齐全,凭证要素是指会计凭证中必须具备的项目和内容,例如,对外原始凭证中应设计凭证名称、填制日期、填制单位、接受单位、业务内容、数量、单价、计量单位、金额大写与小写、填制人签章等内容,而缺少某一要素就显得不完整。

3. 中心内容或主要内容应排列在凭证的重要位置。

4. 对记账凭证而言,科目对应关系要清楚,不仅要有总账科目的位置,还要有明细科目的位置。

5. 颜色鲜明、易于区分不同用途的联次,如收款收据一般为三联,第一联给交款人,第二联记账,第三联为存根,各联颜色应有明显区别并标明各联联次。

(二)设计会计凭证应满足内部控制制度的要求

会计凭证是实行内部控制的重要手段之一。在设计会计凭证时,要注意考虑健全内部控制制度的需要,采取相应的方式,如凭证存根、连续编号和复写多联等方式。此外,在设计凭证时还应考虑凭证的流转顺序、签字审核顺序,以便凭证流转的每道环节相互控制和相互制约。

(三)设计会计凭证应简明实用

会计凭证的用途广泛,内容复杂,在设计凭证时,应当在保证需要的前提下,力求简化,切合实际,凭证上的文字也应当通俗易懂,有利于基层人员和非专业人员的参与管理。在这里还应指出,一些可有可无的内容应当删去,不要包罗万象,应注意会计凭证的实用性、可行性。

第二节 原始凭证的设计

一、原始凭证的种类

原始凭证又称单据,是在经济业务发生时取得或填制,用以证明经济业务已发生或业已完成的会计凭证。它是进行会计核算的原始资料和重要依据。

原始凭证按其来源不同,分为自制原始凭证和外来原始凭证。自制原始凭证是由本单位人员在经济业务发生时所填制的凭证。自制原始凭证按反映业务的方法不同,又可分为一次凭证、累计凭证、汇总凭证。外来原始凭证是在经济业务完成时,从其他单位取得的原始凭证,如发票、银行进账单。

原始凭证按经济业务的类别,可分为款项收付业务凭证、存货出入库业务凭证、成本费用凭证、购销业务凭证、固定资产业务凭证、转账业务凭证。

原始凭证按格式的适用性,可分为通用凭证和专用凭证。

从原始凭证的设计范围看,主要考虑自制原始凭证和专用原始凭证的设计。

二、原始凭证的基本内容

作为证明经济业务发生、明确经济责任并作为编制记账凭证依据的原始凭证,在设计时应包括以下基本要素:

1. 原始凭证的名称。

2. 发生经济业务的时间。

3. 接受凭证的单位或部门。

4. 凭证编号。

5. 经济业务内容(内容摘要、计量单位、数量、单价和金额)。

6. 填制凭证的单位和经办人员的签名或盖章(对内使用的凭证可不盖公章)。

7. 凭证联次、附件。

以上要素的前6项,适合于所有经济业务,而第7项有的经济业务需要,有的则不需要。如汇总原始凭证需要有附件,一次性原始凭证则不需要有附件。

三、原始凭证设计举例

(一)一次凭证

一次凭证是记录一项经济业务或若干项同类性质经济业务的凭证。这种凭证填制的手续是一次完成的,如现金收据、收料单、领料单等。以材料入库单为例,其简要格式如表4-1所示。

表4-1　材料入库单

材料类别：　　　　　　　　　　年　月　日　　　　　　　　　　第　号

供应单位	材料名称	编号	规格	单位	数量	单价	金额	合同数量
保管仓库号：			合计					
备注：								

记账：　　　　　　　　　　　仓库：　　　　　　　　　　采购：

(二)累计凭证

累计凭证是在一定时期内连续记录若干项同类经济业务的凭证。这种凭证的填制不是一次完成的,而是随着经济业务的发生而多次进行的。以定额领料单为例,其格式如表4-2所示。

表4-2　定额领料单

年　月　　　　　　　　　　定额：

材料名称：　　　　　　　　　　规格：　　　　　　　　　　编号：

日期	领用数	累计领用			节约或超支	领料人	发料人
		数量	单价	金额			

（三）汇总凭证

汇总凭证是根据一次凭证和累计凭证汇总而编制的原始凭证。汇总凭证既可以提供经济管理所需要的总括指标，又可简化核算手续。以耗用材料汇总表为例，其格式如表4-3所示。

表4-3　耗用材料汇总表

年　　月　　　　　　　　　　　　　　　　单位:元

耗用产品或部门	领料单张数	数量	单　　价		金　　额	
			实际价	计划价	实际价	计划价
A 产品						
B 产品						
C 产品						
管理部门						
车间						
福利部门						
其他						

（四）成本费用凭证

成本费用凭证是一种将耗用的同一物资或劳务的共同费用,在若干不同受益对象之间进行分配,以便摊入各该对象成本的原始凭证。这种凭证的设计,出于简化核算的考虑,也可以把原始凭证与记账凭证合二为一。例示见表4-4。

表4-4　材料费用分配表

年　　月　　　　　　　　　　　　　　　　单位:元

受益产品	分配标准	分配率	借方科目	分配金额
A				
B				
C				
合计				

（五）款项收付业务凭证

款项收付业务凭证是专门用于单位收款、付款以及借款业务,旨在证明当事人的权力与责任的书面凭证。一般的收款凭证可以由单位自行设计和印制,但销货发票则必须由税务机关统一设计和印制。该种凭证例示见表4－5和表4－6。

表4－5 收 据

借:现金		年　月　日		字　号	
付款单位或人名:					
收款事由:		单价	数量	金额	
贷方科目		人民币(大写):			

收款人:　　　　审核:　　　　　　制证:　　　　　　出纳:

（右侧竖排：第二联：记账）

表4－6 借 款 单

贷方科目:		年　月　日		字　号	
借款人姓名		借款数			
借款原因					
摘　要	借方科目		金　额	领导批示	
	一级科目	明细科目			

审核:　　　　　　制证:　　　　　　　　　出纳:

第三节　记账凭证的设计

一、记账凭证的种类

记账凭证是指会计人员根据审核后的原始凭证确定会计分录,并作为记账依据的会计凭证。它的主要作用有：一是连接原始凭证和账簿记录的桥梁和纽带，可以保证账簿记录的正确性；二是有利于会计监督；三是有利于会计人员内部牵制。

记账凭证主要有以下几种：

1.复式记账凭证。复式记账凭证又称多科目记账凭证，要求将某项经济业务所涉及的全部会计科目集中登记在一张记账凭证上。复式凭证的优点是可以了解企业经济业务的全貌，也便于查账，同时可以减轻工作量，减少凭证数量；缺点是不利于分工和汇总。按其涉及内容又可分为通用凭证和专用凭证。通用记账凭证是指将每一项经济业务均用一张记账凭证来反映，而不论其所涉及的内容，它一般适用于小型企业。专用记账凭证是指将所有经济业务按其与现金、银行存款的关系分为收款凭证、付款凭证和转账凭证。收付款凭证可进一步划分为现金收(付)款凭证和银行存款收(付)款凭证，它一般适用于大中型企业。

2.单式记账凭证。单式记账凭证又称单科目记账凭证，要求将某项经济业务所涉及的会计科目分别编制凭证予以登记，一张凭证只登记一个总账科目。单式凭证的优点在于便于汇总、有利分工和机器操作；其缺点在于编制工作量较大，且出现差错不易查找，因此必须严格控制凭证编号。单式记账凭证又分为借项凭证和贷项凭证。借项凭证是专门反映科目发生额在借方的凭证；贷项凭证则是专门反映科目发生额在贷方的凭证。

3.汇总记账凭证。汇总记帐凭证是指将记账凭证加以汇总而成的记账凭证，按汇总的方式不同，可分为分类汇总和全部汇总。分类汇总记账凭证包括汇总收(付)款凭证、汇总转账凭证；全部汇总的记账凭证指记账凭证汇总表，即科目汇总表。

二、记账凭证的内容

记账凭证的内容分为基本内容和其他内容两部分。记账凭证的基本内容是指记账凭证发挥其作用所需的基本要素、基本项目。无论记账凭证的格式如何设计，这些基本内容都必须借助一定的项目或栏目加以体现。记账凭证的基本内容包括下述各项：

1.记账凭证的名称。

2.填制记账凭证的日期。

3.记账凭证的编号。

4.经济业务的简要说明。

5.会计科目(包括总账科目和明细科目)的名称。

6.表明记账方向(借或贷)的栏次或标记。

7.金额。

8.记账凭证所附原始凭证张数。

9.过账标记。

10.会计主管、复核、记账、制证人员的签名或盖章；收付款凭证还要有出纳人员的签名和盖章。

记账凭证的其他内容主要是指外币凭证还要设有外币金额和折算汇率；套写凭证应有各联用途、去向的文字或标记。这些内容应根据具体情况和具体需要设计。

三、记账凭证的设计

(一)通用记账凭证格式的设计

通用记账凭证可通用于反映收付款业务及转账业务。借贷会计科目往往因经济业务的不同而异，具有很大的不确定性，宜采用复式设计。若一项业务较为复杂，涉及两个以上的会计科目，在一张凭证上容纳不下时，则可编制若干张凭证，用一定的编号相互联系。通用记账凭证常用格式按金额栏的设置分为单栏式和双栏式两种：单栏式记账凭证是指在记账凭证上只设一个金额栏；双栏式记账凭证是指在记账凭证上设借方金额和贷方金额两栏。这两种记账凭证，如表4-7、表4-8所示。

表4-7　记账凭证(双栏式)

年　　月　　日

摘要	一级科目	明细科目	借方金额	贷方金额	记账
合计					

会计主管：　　　　　记账：　　　　　复核：　　　　　　制单：

表4-8　记账凭证(单栏式)

年　　月　　日

摘要	借方科目及子目	贷方科目及子目	金额	记账

会计主管：　　　　　记账：　　　　　复核：　　　　　　制单：

双栏式记账凭证能够检查科目借贷方金额的平衡关系,但科目排列时对应关系不够直观;单栏式记账凭证能够完整地反映科目之间的对应关系,但不便于检查借贷方科目的平衡关系。

(二)收付款记账凭证的设计

收付款凭证的特点是固定了凭证的适用范围,即只用于收款业务或付款业务。如果进一步固定使用范围,可分为现金收付款凭证、银行收付款凭证。收款凭证的借方科目必然是"现金"、"银行存款"科目,付款凭证的贷方科目也必然是"现金"、"银行存款"科目。因此,在设计收付款凭证时,可以直接印制"借方:现金/银行存款"或贷方"现金/银行存款"科目。示例见表4－9、表4－10。

表4－9　银行存款收款记账凭证(双栏式)

年　　月　　日

摘要	贷方科目	金额		记账
		一级科目	二级科目	
合计				

会计主管:　　　　　记账:　　　　　复核:　　　　　制单:

表4－10　银行存款收款记账凭证(双栏式)

年　　月　　日

摘要	贷方科目		金额	记账
	一级科目	二级科目		
合计				

会计主管:　　　　　记账:　　　　　复核:　　　　　制单:

第四节　会计凭证传递程序和保管制度的设计

一、会计凭证传递程序的设计

会计凭证传递程序是指凭证从填制至归档为止的传递程序。制定合理的会计凭证传递程序具有以下重要意义：

第一，促进会计人员积极完成工作任务。规定完善的会计凭证传递程序使每一个会计人员能及时编制或取得会计凭证，并及时地将凭证传递到既定部门或人员，如实地反映经济业务的完成情况。

第二，加强协作关系。通过会计凭证的传递程序，可以及时将凭证送往有关部门和人员，及时正确地完成所经办的业务，促进相互之间的协调和密切配合，共同完成工作任务。

第三，加强经济责任制。通过会计凭证的传递程序，能够促使各单位有关经办人员加强责任心，提高工作质量，做好本职工作。

会计凭证传递程序的设计，一般应注意以下几方面的问题：

第一，绘制业务处理流程图。会计凭证传递程序的设计，应根据各部门和经办人员的分工情况，以及各项经济业务的特点，具体规定会计凭证传递的程序。为了便于工作人员应用，可以根据会计凭证传递程序绘制业务处理流程图，把凭证传递的环节和人员都用指示图列示出来。

第二，符合内部控制的要求。设计会计凭证传递程序时，要结合企业内部控制制度，设计账务处理程序，使企业发生的各项业务能够得到有效的控制和监督。例如，会计人员登记账簿之前，其记账凭证及原始凭证必须先由有关人员进行审核，只有经过审核无误的凭证，才能据以记账。

第三，满足各部门所需要的信息。会计凭证在传递过程中，应当有利于各有关部门充分利用会计凭证所提供的信息。为此，在设计传递程序时，应给予各环节一定的时间，以满足其管理的需要。

第四，合理规定各环节的时间。会计凭证在各环节的停留时间，应以实际需要来确定。有的环节需要时间长，停留时间可长些；否则，停留时间可短些。一般停留时间要适当，既不能过长，也不能过短。

第五,传递程序要适时修订。在实际工作中,往往因管理上的变化或经济业务内容的改变,导致原来设计的传递程序不太适用,这时可以根据实际需要,作适当的修改和补充。

二、会计凭证保管制度的设计

会计凭证的保管是会计工作的重要组成部分,也是会计档案管理的重要工作。在设计会计制度时,应科学地设计会计凭证的保管制度。

会计凭证的保管制度是为保障会计凭证的安全完整以及便于抽查与利用,对记账凭证和原始凭证制定的保管措施和办法。科学地设计会计凭证保管制度的意义在于能够保障会计凭证的安全完整,便于本单位的随时抽查和利用,并能满足上级机关和审计部门的审阅和查考。

会计凭证的保管制度,一般应包括下列内容:

(一)定期装订成册

会计凭证在登记入账以后,将各种记账凭证连同所附原始凭证,按照记账凭证的种类和顺序号进行整理,装订成册,以免散失。装订的时间一般为一个月装订一次;如凭证较多,也可以一个月分数次装订。装订时必须以记账凭证为标准,把原始凭证折叠整齐。

(二)加具封面和封底

装订成册的凭证应当粘贴封面、封底。在封面上写明单位的名称、凭证名称、凭证起讫号数、起讫日期等内容。

(三)原始凭证单独装订成册

记账凭证所附原始凭证如果较多,不方便与记账凭证合订成册时,可将原始凭证单独装订成册,但必须在记账凭证封面上注明原始凭证另存,以免记账凭证与原始凭证脱节,事后难以查找。

(四)重要单据单独保管

记账凭证所附原始凭证如果是属于十分重要的业务单据,如合同、契约等,应当单独保管,以便随时查阅。同时,要在有关记账凭证上加注说明,以便日后查考。

(五)规定保管期限和销毁办法

对会计凭证的保管期限和销毁,财政部作了具体规定。按规定,会计凭证至少要保管10年,其中涉外、涉及私营企业改造的要长期保管。保管期满,需要销毁时,一般由本单位档案部门提出销毁意见,会同财会部门共同鉴定,严格审查,编造会计档案销毁清册,经企业领导审查,报经上级主管部门批准后销毁。

(六)建立会计档案制度

会计档案是记录和反映经济业务的重要史料,是进行会计核算的手段和实行会计监督、分析、决策和计划的依据。它既是本单位全部档案的一部分,又是国家档案的重要组成部分。因此,各单位必须建立会计档案管理办法,建立和健全会计档案的立卷、归档、保管、利用、鉴定、销毁等管理制度,切实把会计档案管好。

会计档案应指定专人负责,并进行科学管理,便于本单位利用;严格借阅手续,建立借阅登记制度。向外单位提供时,档案原件一般不借出,并只在档案室内借阅;如有特殊需要,经领导批准方可借出,但不得涂改、遗失、泄密、污损,并限期归还。

案例 4-1　　　　　　　　　　**编造虚假凭证的"麦科特"**

麦科特光电股份有限公司2000年8月在深圳上市,股票代码为000150。同年11月,证监会对其立案调查,2001年9月,公布调查结果显示:1996~1999年期间,该公司虚增资产1.18亿元,1997~1999年虚增利润共计9 346万元。

麦科特造假的一个重要手段是虚拟原始凭证。

1. 麦科特(惠州)光学机电公司("麦科特"控股75%的子公司)将1993~1998年进口设备报关价由13 450 120港元提高到108 086 735港元,由海关出具了虚假的《中华人民共和国对外商投资企业减免税进口货物解除监管证明》。

2. 编制《进口设备统计表》、《进口设备清单》及编制了108 086 735港元的发票。

3. 制造假凭证,1996～1998 年虚增利润共计 84 588 058 元。

4. 为掩盖来料加工而非产品销售实质,采用与照相器材(中国)有限公司名义签订了 5 套虚假《购货合同》、47 份假进货发票和 6 套《销售合同》。

　　　　　　　　　　　　　　　　　　资料来源:参见《财经》2002 年第 6 期。

案例分析:编制虚假会计凭证违背了哪些会计原则? 如何防止虚假会计凭证?

案例 4-2　　　　　　　　　　**吴会计抽屉里的秘密**

"这张销售发票还得锁到抽屉里",吴会计对自己说。拉开抽屉,已经有几张这样的销售发票躺在里面。

没办法,她也知道这样不好。干了几年会计工作,她知道会计核算的权责发生制基本要求,她也知道按照会计凭证传递规定她必须及时进行会计处理。可是……一想到经理那张脸,想起经理振振有辞的"没收到现金怎么能先交税"的质问,又想到自己好不容易找到的这份工作,她还是又一次违心地这样做了。

案例分析:吴会计的做法违背了哪些会计原则? 对会计信息会产生什么影响?

思　考　题

1. 会计凭证设计要符合哪些要求?
2. 原始会计凭证的设计一般应包括哪些基本内容?
3. 记账凭证有几种主要类型? 设计记账凭证时要包括哪些基本内容?
4. 设计会计凭证传递程序时,一般应注意哪些方面的问题?
5. 如何设计会计凭证的保管制度?

会计账簿的设计

本章将重点讲述会计账簿设计的要求与方法,详细介绍日记账、分类账和备查账的设计。通过本章的学习,应当了解现金日记账、银行存款日记账、转账日记账、购销货日记账、普通日记账、总账、明细账和备查账的作用,掌握常见账簿的设计方法。

第一节　会计账簿设计概述

账簿是用来全面、连续、系统地登记经济业务，由具有专门格式而又相互联结在一起的若干账页组成的簿籍，登记账簿是会计核算的一种方法。

设置和登记账簿，对加强经济管理、提高经济效益具有重要的作用。会计凭证虽然详细、具体地反映了企业的经济活动，但它毕竟是零星的、分散的，要全面地反映企业经济活动，还必须设计另一种信息载体——账簿。账簿是以会计凭证为依据，分类而系统地积累会计资料的重要工具，也是编制会计报表的主要依据，因而它的设计是会计制度设计的重要内容之一。

一、会计账簿设计的作用

（一）为连续、分类、系统地记录经济业务提供信息载体

通过记账，对会计凭证所反映的经济业务，既可以按照业务发生的先后进行序时核算，提供某类业务完成的信息，又可以按照经济业务的性质，在有关总分类账和明细分类账户中进行归类核算，为管理上提供总括的和明细的核算资料。也就是说，通过账簿记录，可以把会计凭证提供的零散资料加以归类汇总，形成集中的、全面的、系统的会计信息。

（二）为反映资产的增减变动情况提供基础

通过记账，可以具体反映各种资产的增减变动情况，并将账面记录与有关的资产进行核对，以检查财产物资是否妥善保管，账实是否相符。这样，就可以全面具体地掌握各项资产的变化情况，有利于监督和保护企业资产的安全和完整。

（三）账簿记录是编制会计报表的依据

会计工作将会计凭证、会计账簿和会计报表三大要素有机地联系起来并加以运用。其中账簿体系是账务处理程序的核心内容，它具有承前（对凭证而言）和启后（对会计报表而言）两种作用。为了总结一定时期的经济活动情况，必须将账簿所记录的经济业务进行结账，计算出各个账户的本期发生额和期末余额，并与资产、负债相核对，使账簿

记录同实际保持一致。账簿所提供的各种数据资料,是编制会计报表的主要数据来源。

二、会计账簿的种类

会计账簿的格式多种多样,一般由封面、扉页和账页构成。封面主要用来载明账簿的名称。扉页主要用来登载经管人员一览表,其主要内容有:单位名称、账簿名称、起止页数、启用日期、单位领导人、会计主管人员、经管人员、移交人、移交日期以及接管人和接管日期等。账页是账簿的主体,在每张账页上应载明:账户名称、记账日期栏、记账凭证的种类和号数、摘要栏、金额栏、总页次和分页次。

(一)序时账簿、分类账簿、备查账簿

账簿按用途可分为序时账簿、分类账簿和备查账簿。序时账簿是指按照经济业务发生时间的先后顺序,逐笔登记经济业务的账簿,故称日记账。按其记录的内容不同,又分为普通日记账和特种日记账。普通日记账是用来登记全部经济业务发生情况的日记账,如日记总账和凭单日记账;特种日记账是用来记录某一类经济业务发生情况的日记账,如现金、银行存款日记账。

分类账簿是指对全部经济业务按照总分类账户和明细分类账户进行分类登记的账簿。分类账簿有总分类账和明细分类账簿两种。按照总分类账户进行登记的分类账,称为总分类账或总账;按明细分类账户登记的分类账,称为明细分类账或明细账。

备查账簿是指对某些在序时账簿和分类账簿中未能记载的经济业务事项进行补充登记的账簿。

此外,还有一种联合账簿,它是将序时账和分类账结合在一起的账簿,如日记总账。

(二)订本式账簿、活页式账簿、卡片式账簿

账簿按外表形式可以分为订本式账簿、活页式账簿和卡片式账簿。订本式账簿是指把许多账页装订成册的账簿。这种账簿的账页固定,不能增减抽换,可防止账页散失和抽换账页。由于账页固定,使用起来欠灵活,必须预先估计每个账户所需要的账页,否则,账页多了浪费,少了又不够用,影响账户的连续性。

活页式账簿是指页数不固定,采用活页形式的账簿。这种账簿的页数可以根据需要来确定。由于账簿的页数不固定,可能出现散失或被抽换。

卡片式账簿是指由印有专门格式的卡片组成的登记各种经济业务的账簿。卡片不固定在一起,数量可根据业务需要量增减。

账簿的分类如图5-1所示。

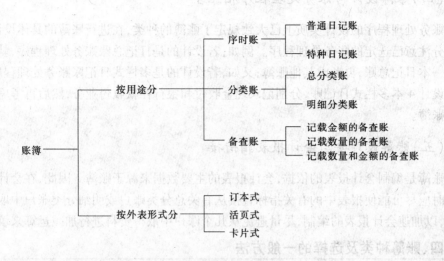

图 5－1　账簿的分类

三、会计账簿设计的要求

(一)与企业规模和特点相适应

经济业务数量及管理要求是账簿设计的关键因素之一。如果企业规模较大,经济业务必然较多,加之管理上要求分工细致,则会计人员的数量也相应地多些,会计账簿也较复杂,册数也多,在设计时应考虑各单位具体情况,以适应其需要。

(二)要按会计科目来设计账簿

账簿一般应按照会计制度所规定的会计科目来设置,有什么会计科目就设计什么账簿,口径一致,以保证账簿记录反映的经济内容一致。

(三)设计账簿要简明适用

设计账簿既要通俗易懂,又要简便易行,避免烦琐、重复,减少不必要的核算工作。一般来说,一个单位一套账,不要重复,以节省人力、物力、财力。例如,会计部门和仓库都有材料账,但不要两边设账,一般在仓库设立数量账,会计部门设金额账。这样,既可加强会计监督,经常到仓库审核账目,又可以减少会计部门的数量账,节省核算工作量。

(四)账簿设计与账务处理程序相配合

账务处理程序的设计实质上已大致规定了账簿的种类,在进行账簿的具体设计时,应充分注意已选定的账务处理程序。例如,若设计的是日记总账账务处理程序,就必须设计一本日记总账,再考虑其他账簿;又如,若设计的是多栏式日记账账务处理程序,就必须设计4本多栏式日记账,分别记录现金收付和银行存款收付业务,然后再考虑设计其他账簿。

(五)账簿设计要与会计报表相衔接

账簿是编制会计报表的依据,会计报表的主要数据来源于账簿。因此,在会计账簿设计时应尽可能使报表中的有关指标直接从有关总分类账户或明细分类账户中取得来填列,以加速会计报表的编制,尽量避免从几个账户中取得资料进行加减运算来填报。

四、账簿种类及选择的一般方法

一个企业究竟应设计和使用何种账簿,要视企业规模的大小、经济业务的繁简、会计人员的分工、采用的账务处理程序以及核算工作的电子化程度等因素而定。但是为了加强货币资金的管理,无论在哪种情况下,都要设计现金和银行存款日记账这种序时账簿,只是在多栏特种日记账账务处理程序下,要将现金和银行存款日记账都分割为专栏的收入日记账和支出日记账两本。至于分类账簿的设计,在采用记账凭证账务处理程序、汇总记账凭证账务处理程序和科目汇总表账务处理程序以及多栏式日记账账务处理程序时,则应设计一本总分类账簿和多本明细分类账簿;在采用日记总账账务处理程序时,则只设计一本既序时记录又分类记录的日记总账账簿和必要的明细分类账簿。具体情况可参见表5-1。

表5-1 账务处理程序及账簿设置

单位特点	应采用的账务处理程序	可设置的账簿体系
小规模(小规模纳税人)	记账凭证核算形式	现金、银行存款日记账;固定资产、材料、费用明细账;总账
	日记总账核算形式	序时账同上;日记总账;固定资产、材料明细账

续表

单位特点	应采用的账务处理程序	可设置的账簿体系
大中型企业单位（一般纳税人）	科目汇总表核算形式，汇总记账凭证核算形式	序时账同上；固定资产、无形资产材料、应收应付账款、其他应收应付账款、长短期投资、实收资本、生产成本、费用等明细账；总账、购货簿、销货簿
收付款业务多、转账业务少的大中型企业	多栏式日记账核算形式	4本多栏式日记账；明细分类账同上；总账、购货簿、销货簿
收付款业务多、转让业务亦多的大中型企业	多栏式日记账兼汇总转账凭证核算形式	4本多栏式日记账；其他账簿同上
转账业务少的大中型企业	科目汇总表兼转账日记账核算形式	序时账簿；必要的明细账、转账日记账；总账

第二节 日记账的设计

日记账簿是用来序时记录经济业务的账簿，在我国企业单位中，一般日记账都是指现金日记账和银行存款日记账。此外企业还应设置转账日记账，以记录其他转账事项。对于供销业务频繁的企业，最好还应设置购货日记簿和销货日记簿两本账，以集中反映原材料（商品）的供应情况和产品（商品）的销售情况。设置这两种账簿的企业，可在转账日记簿中登记购销业务中的转账业务。

一、库存现金日记账的设计

"库存现金日记账"，亦称"现金出纳簿"或"现金簿"，是特种日记账的一种，是逐日登记现金收入、支出和结存情况的一种序时账簿。现金日记账的格式主要有两种：一种是三栏式，另一种是多栏式。企业主要采用三栏式现金日记账，其格式如表5-2所示。

表5-2 库存现金日记账

| 年 | | 凭证 | | 摘要 | 对方科目 | 收入 | 付出 | 余额 |
月	日	字	号					

二、银行存款日记账的设计

银行存款日记账,通常是出纳人员根据审核后的银行存款收、付款凭证,逐日逐笔按照经济业务发生的先后顺序进行登记。对于现金存入银行业务,应根据现金付款凭证登记。每日终了,应分别计算银行存款收入、付出的合计数和本日余额。银行存款日记账的一般格式和登记方法,如表5-3所示。

表5-3 银行存款日记账

| 年 | | 凭证 | | 结算凭证号 | 摘要 | 对方科目 | 收入 | 付出 | 余额 |
月	日	字	号						

库存现金日记账和银行存款日记账因专门为登记某一种资产而设计,所以也被称为特种日记账。

三、转账日记账的设计

转账日记账是一种普通日记账,用来登记全部转账业务,它适用于采用汇总记账凭证账务处理程序、科目汇总表账务处理程序和多栏式日记账账务处理程序。记账凭证账务处理程序下,由于总账是根据记账凭证逐笔记录的,故无须再设转账日记簿;日记总账账务处理程序下,由于日记总账既有日记账作用,又有总账作用,并且设专栏按科目对应关系反映,因而也无须再设置转账日记簿。转账日记簿的格式如表5-4所示。

表5-4　转账日记账

年		凭证		摘要	借方科目	贷方科目	页数	金额
月	日	字	号					

四、购、销货日记账等专用日记账簿的设计

专用日记账是指专门用于登记某类经济业务的日记账。购货日记账和销货日记账属于典型的专用日记账。若管理上需要掌握购销情况,且这类业务较多,原则上都可以设置购货日记账和销货日记账,其格式如表5-5和表5-6所示。

表5-5　购货日记账

年		凭证		摘要	购货单位	贷方科目	分类账页数	A材料	B材料	C材料	其他	合计
月	日	字	号									

表5-6　销货日记账

年		凭证		摘要	购货单位	借方科目	分类账页数	A材料	B材料	C材料	其他	合计
月	日	字	号									

表5-5和表5-6中"分类账页数"是指过入"材料"和"主营业务收入"账户的页

数。表5-5中"贷方科目"是指材料采购的对方科目,说明是否付款;表5-6中的"借方科目"是指"主营业务收入"的对方科目,说明是否收款。将主要材料列出,有利于考察和分析主要原材料的进货情况和主要产品的销售情况,从而促进管理水平的提高。

五、普通日记账

普通日记账是一种在国外比较常见的日记账,它是一种序时地反映企业的全部经济业务,明确应借和应贷的科目与金额的账簿。因此,普通日记账也被称为分录簿。将每一笔经济业务根据应借和应贷的账户,按一定的方式在日记账上作成分录后,可以有效地减少直接将经济业务记入有关账户时容易发生的漏记和重复的错误,可以为每一笔经济业务提供它的大致内容和表明各账户间对应的关系,并且能全面、序时地反映企业某一天或某段时期内所发生的全部经营业务,利于查寻。其缺点在于工作量大,尤其是在一天内发生许多同样性质的经济业务的时候。其格式如表5-7所示。

表5-7 普通日记账

日期	账户名称与摘要	备查	借方金额	贷方金额
2003年				
1.2	借:应收账款	3	$10 000	
	贷:主营业务收入	8		$10 000
	销售给迈克公司的产品收入			
5	借:库存现金	1	$2 000	
	贷:应收账款	3		$2 000
	收到豪森公司货款			
	……			

第三节　分类账簿的设计

一、总分类账簿的设计

总分类账亦称"总账",是根据一级会计科目设置的,它用货币计量单位反映企业的全部经济业务,提供总括核算资料。在不同的会计账务处理程序下,总分类账的登记依据不同。在记账凭证账务处理程序下,其记账依据是记账凭证;在汇总记账凭证的账务处理程序下,其记账依据是汇总记账凭证;在科目汇总表账务处理程序下,其记账依据是科目汇总表;在多栏日记账形式下,其记账依据是多栏式日记账和每一张转账凭证。通过总分类账可以总括地、系统地、全面地反映经济活动情况,并为编制会计报表提供主要数据资料。为此,所有企业单位都要设置总分类账。

总分类账的格式,因会计核算组织程序的不同而有所不同,一般有以下几种格式。

(一)三栏式总分类账

三栏式总分类账是指采用借、贷、余三栏式的总分类账。其一般格式见表5-8。

表5-8 总分类账

年		凭证		摘 要	借 方	贷 方	借或贷	余 额
月	日	字	号					

(二)多栏式总分类账

多栏式总分类账是指序时记录和总分类账记录结合在一起的联合账簿。这种账簿一般叫做"日记总账"。其明显的优点是能够避免重复记账工作(因为它具有序时账簿和分类账簿二者的作用),提高工作效率,并能一目了然地了解和分析经济活动情况。它适用于经济业务比较简单和会计科目不多的单位。

多栏式总分类账的一般格式如表5-9所示。

表5-9 总分类账

年		凭证		摘 要	发生额	____科目		____科目		____科目	
月	日	字	号			借方	贷方	借方	贷方	借方	贷方

二、明细分类账的设计

明细分类账,简称"明细账",是总分类账户的具体化和补充,是由各明细分类账户所组成的,用来登记某一些经济业务、提供详细核算资料的分类账簿。

明细分类账的格式多种多样,一般有三栏式、数量金额式和多栏式明细账三种。具体情况如下。

(一)三栏式明细账

三栏式明细账,设有借方、贷方、余额三栏,这种格式只登记金额,不反映数量,如"应收账款"、"应付账款"等科目,以及"待摊费用"、"预提费用"等科目的明细分类核算。

三栏式明细账的一般格式,如表5-10所示。

表5-10   ×××明细账

| 年 | | 凭证 | | 摘 要 | 借 方 | 贷 方 | 借或贷 | 余 额 |
月	日	字	号					

三栏式明细账的登记方法,可以根据有关原始凭证和记账凭证逐笔登记,每笔登记完了后结出余额,每月终了时,计算出全月借方和贷方发生额合计,并计算出月末余额。

(二)数量金额式明细分类账

数量金额式明细分类账,分别设有收入、发出、结存的数量栏和金额栏。这种格式适用于既要进行金额核算,又要进行实物数核算的各种资产科目,如"原材料"、"产成品"等科目的明细分类核算。

数量金额式明细账的一般格式,如表5-11所示。

表 5 – 11　×××明细账

年		凭证		摘　要	收　入			发　出			结　存		
月	日	字	号		数量	单价	金额	数量	单价	金额	数量	单价	金额

上述数量金额式明细账的"收入"、"发出"栏的数量,是根据有关凭证进行登记,同时根据数量、单价计算出金额填入金额栏,每笔收入、发出数量、金额登记完了后,应计算出结存的数量和金额,填入其数量和金额栏。月终时,要加算全月收入、发出的数量和金额合计,并结出月末结存数量和金额。

(三) 多栏式明细分类账

多栏式明细分类账,一般根据经营管理的要求和经济业务的特点,在明细账的账页内设立若干金额栏。这种格式适用于费用、成本、收入等类科目。如"材料采购"、"生产成本"、"管理费用"、"制造费用"等科目的明细分类核算。

多栏式明细分类账的一般格式,如表 5 – 12 所示。

表 5 – 12　×××明细账

年		凭证		摘　要	工　资	福利费	折旧费	办公费	差旅费	合　计
月	日	字	号							

三、"T"形账户

"T"形账户是国外一种常见的账户,该账户分左、右两侧,每侧又分对方科目、金额、日记账序号等项目。例如,应收账款账户,假设本期发生两笔业务,一笔销售,一笔收回货款,则其在账户上的记录如表5-13所示。

表 5-13 应收账款

时间	对方科目	金额	业务序号	时间	对方科目	金额	业务序号
×年×月	主营收入	×元	××	×年×月	库存现金	×元	××

期末结账时,如果该科目为永久性账户,且期末账户有余额,则在余额所在的另一侧记录一笔相同数量的"转下"(b/d),将本期账户结平;然后,在下期新账户的期初记录"承上"(c/d)数额。例如,本期应收账款期末借方余额10 000元,则做贷方"b/d 10 000元",在下期新的应收账款期初做"c/d 10 000元"。

这种简化的账户适合于业务量较小的企业,它的优点是能清晰地反映该账户涉及的所有业务,以一种会计语言取代我国常见账户中的"摘要"栏目,比较简便。

第四节 备查账簿的设计

有些会计事项在日记账和分类账中不予或无法记录,但管理上需要加以控制或掌握,通常用备查账来记录,以弥补日记账和分类账的不足。这些备查资料不能据以编制对外报表,其经济活动也不设表内科目反映。因此,备查账簿设计的基本要求,是能够把需要反映的业务内容、数量、金额、发生时间、对象单位或责任人等要素记载清楚。

一、备查账反映的主要事项

(一)所有权不属本单位而本单位暂时使用的资产

这类业务中最典型的是经营性租入固定资产。因生产经营需要,企业又无力购置、建造,或从经济性原则考虑,某种设备在本企业利用率不高,若购置则耗资巨大且经常闲置,故采取临时租入方式,待使用完毕即归还原主的办法。显然,租入的资产其所有权仍属租出单位,本单位只有使用权,并按合同约定支付租金。为反映租入资产的名称、租借时间、归还时间、租金情况等内容,应设置备查登记簿予以登记。属于此种业务的还有借入固定资产。

(二)由本单位代管、代加工、代销售的资产

属于此类业务的有代管商品物资、外单位委托本企业加工的材料及代销售的商品等。工业企业常为外单位加工材料,收取加工费;商业企业也常为外单位代销商品,收取代销手续费。这些资产是外单位所有,为反映代保管、代销售、代加工情况,也应设置备查簿进行登记。

(三)反映重要空白凭证的备查记录

现金支票、转账支票、银行本票及其他重要结算凭证从银行购回后应专门登记,以反映购回的起止号码、领用人、领用日期、领用号码、注销情况,明确经济责任。一旦出现问题,有利于查明真相,追究当事人的责任或过失。

(四)已经核销但仍然有权利收取的债权或负担的债务

企业债权包括应收账款和其他应收款,如果被确认为坏账,经批准核销以后,虽然账面上不再保留记录,但不表明企业放弃了追索权。因此,企业应设置备查账簿登记,以便对账和追收。对于已贴现的应收账款同此道理,应设置备查账簿反映或有负债的余额。

二、备查簿的设计

备查簿的设计特点是:强调业务和管理的需要,不过于强调资金的平衡关系和记账方法。现以租入固定资产备查账和空白登记簿为例(见表 5 – 14 及表 5 – 15),说明其设计格式。

表 5 – 14　租入固定资产备查簿

资产名称	规格	合同号	租出单位	租入日期	租期	租金	使用地点	备注

表 5 – 15　空白凭证备查簿

购入日期	凭证类型	起止号码	领用日期	领用人	领用号	交回记录

贾会计的烦恼

贾会计参加工作 5 年多了,工作认真负责,从没出现过差错。可最近,他遇到了一件烦恼事。

上个月,贾会计照例到仓库进行存货盘点,一件件、一批批地数过后,他发现库中多了一批材料。"这是怎么回事?难道是入库时少记了?"他想。保管员是位刚分来的毕业生,他翻遍上届保管员留下的记录仍不能找到该批材料的来源。没办法,贾会计只好将其计入"待处理财产损益——待处理流动资产损益"科目中,报经厂部负责人后冲减了"管理费用"。

可就在昨天,Y 厂来电说要取走放在厂里的一批材料,贾会计这才忽然想起,被他核销的那批材料是 Y 厂半年前寄存在厂里的物资!

案例分析:如何设计合理的核算手段以使贾会计避免此类事情?

思 考 题

1. 会计账簿的设计有哪些要求?
2. 设计日记账时要考虑哪些主要内容?
3. 总分类账的设计有哪几种方式?
4. 明细分类账的设计应包括哪些内容?
5. 为什么要设置备查账?如何设计备查账?

第六章

账务处理程序的设计

 **本章要点**

　　本章将讲述账务处理程序设计的基本原理,详细介绍记账凭证账务处理程序、汇总记账凭证账务处理程序、科目汇总表账务处理程序、日记总账账务处理程序和多栏式日记账账务处理程序五种基本账务处理的方法,以及多栏式日记账兼汇总转账凭证、科目汇总表兼转账日记账两种方法相结合的简化方法。通过本章的学习,应当对会计处理的基本程序有全面的了解,并能够结合企业实际设计符合需要、科学简便的核算程序。

第一节 设计账务处理程序的作用和原则

一、设计账务处理程序的作用

账务处理程序也称会计核算形式,它是以复式记账和账簿体系为核心,把会计凭证、记账程序和会计报表有机结合起来的技术组织方式。对会计事项按一定的账务处理程序进行会计处理,使会计工作得以有条不紊地按会计期间周而复始地进行,就是会计循环。建立和设计科学的账务处理程序对企业、单位有着如下重要的作用。

(一)有利于科学地、经济地提供会计信息,保证信息的质量

账务处理程序是收集和整理会计凭证,按复式记账原理对经济业务进行分类、记账,然后汇总并编制会计报表的全过程。这个过程也就是信息的输入、加工处理和信息输出的过程。在手工操作下,它涉及三大要素,即凭证、账簿和报表的科学组织,具有较强的技术性。如果设计得不好,就可能使有些信息重复处理而另一些信息的处理被遗漏,或者同一信息多头处理,不能科学和经济地提供管理所需要的有用信息。

(二)是保证会计工作有条不紊进行的重要条件

会计信息的处理讲求时效性。因为只有及时提供准确的信息,才能使会计信息使用者据以作出正确的投资决策和下达管理指令。为了保证会计循环的畅通和有序,使企业、单位内部会计机构各人员既配合默契又分工明确,及时将会计信息提供给有关方面,必须合理组织、精心设计账务处理程序。

(三)是凭证设计和账簿设计的前提

企业、单位的凭证(主要是记账凭证)和账簿如何设计,取决于所采用的会计账务处理程序的种类。例如,若采用日记总账账务处理程序,就应设计一本既具有日记账性质又具有总账作用的日记总账;若采用多栏式特种日记账账务处理程序,则不能设置日记总账,而应设置多栏式的现金和银行存款日记账簿。凭证在有的账务处理程序下可以用通用凭证,有的账务处理程序下则必须用收款、付款和转账三种记账凭证。可见,设计好了账务处理程序,也就为凭证和账簿的设计奠定了较好的基础。

二、账务处理程序设计的原则

账务处理程序设计一般应贯彻以下原则。

(一)有利于提高工作效率,准确、迅速地生成信息

如上所述,科学地设计账务处理程序对保证会计信息质量和会计工作顺利进行具有重要作用。因此,在设计账务处理程序时,首先要遵循的原则就是有利于提高会计工作效率,保证准确、迅速地生成有用信息,不必要的手续应当在设计时就剔除掉,而必不可少的手续则不能随意简化。

(二)有利于经济活动分析和加强监督管理

在设计账务处理程序、规划有关凭证和账簿时,要考虑本单位的经济活动特点,并注意其应当有利于依据账务处理所产生的信息进行经济活动分析,进而依据分析的结果进行监督管理。

(三)从企业的实际情况出发

账务处理程序主要是为了满足本单位会计工作的需要,因此,要结合本企业、本单位的规模、经济业务繁简、会计人员素质等实际情况来设计,不可贪大求全,也不可过分简化。

三、账务处理程序的设计要求

账务处理程序的设计应符合如下要求:

1. 能正确、及时、全面、系统地反映本单位的财务状况。

2. 三大要素不可任意增减。凭证、账簿和报表是构成账务处理程序的三大要素,其中凭证又包括原始凭证和记账凭证,账簿包括序时账、明细分类账和总账。这三大要素是几百年来会计实践经验的总结,是保证会计信息的科学提供不可缺少的信息载体。设计账务处理程序时,应通盘考虑所需凭证、账簿和报表的数量和种类,不可随意增加或减少。

3. 防止信息的重复抄录。会计工作中某些信息的产生往往经过多道工序,但是必须注意,要尽量减少重复抄录工作,因为重复抄录不仅可能出错,而且会增加会计的工作量。

4. 企业在遵守国家相关法规的前提下,可以设置符合企业经营特点的会计核算程序。

第二节 账务处理程序的种类和特点

一、账务处理程序的分类

目前实际工作中采用的账务处理程序有五种：记账凭证账务处理程序、汇总记账凭证账务处理程序、科目汇总表账务处理程序、日记总账账务处理程序和多栏式日记账账务处理程序。总的看来，各种账务处理程序的区别主要在于登记总账的依据不同，而这里的关键在于记账凭证是否汇总和如何汇总。有的账务处理程序对记账凭证不需汇总，而直接据以登记总账，如记账凭证账务处理程序；有的则需要汇总，但汇总的方法不同，如科目汇总表和汇总记账凭证两种方式；还有的是直接利用账户来汇总，而不是对记账凭证进行汇总，如多栏式日记账账务处理程序。因此，可以将现有的账务处理程序分为三类，即逐笔过账的账务处理程序、凭证汇总的账务处理程序和账户汇总的账务处理程序。其分类见图6－1所示。

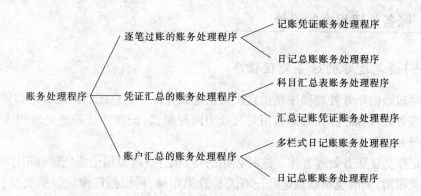

图6－1 账务处理程序分类

由于日记总账账务处理程序是利用棋盘式日记账逐笔记录经济业务的，最后各栏目的汇总数（发生额合计数）即为总账，故可将其视为逐笔过账的账务处理程序，也可视为利用账户汇总的账务处理程序。但无论是何种账务处理程序,其基本的账务处理程序都是沿着"原始凭证—记账凭证—账簿—报表"这一模式进行的。图6-2列示了各种账务处理程序的共性。

图6-2 账务处理程序基本模式

从图6-2可以看出,在会计账务处理程序的三大要素(会计凭证、会计账簿和会计报表)中账簿居于核心地位。这是由于:①零星地分散在会计凭证中的资料,只有在会计账簿中才能得到系统、全面、分类的反映;②账簿反映的资料是编制会计报表的依据;③从历史上看,是先产生账簿,后产生会计凭证和会计报表。因此,账务处理程序以账簿体系为核心。

二、账务处理程序的设计

(一)逐笔过账的账务处理程序

逐笔过账的账务处理程序是指直接根据记账凭证登记总账而不需对记账凭证进行汇总的账务处理程序。在具体运用时又分为两种形式:记账凭证账务处理程序和日记总账账务处理程序。

1.记账凭证账务处理程序。这种程序的特点是:直接根据记账凭证登记序时账簿、明细分类账簿,同时也据以逐笔登记有关总分类账簿,再根据账簿记录编制会计报表。参见图6-3。

记账凭证账务处理程序的优点是:手续简便,容易掌握。缺点是:存在重复劳动,它将记账凭证同时登录了两次,一次过入明细账(含序时账簿),一次过入总账,因此在过账上有两倍工作量,如果稍有不慎,可能会造成过错明细账或总账。所以,这种账务处理程序只适用于规模较小、经济业务不多的企业和单位。但是,这种程序却是最基本的账务处理程序,它是产生其他程序的基础。

采用记账凭证账务处理程序,一般应设置现金、银行存款日记账、总分类账和必要的明细分类账。现金和银行存款日记账一般采用三栏式,明细账则根据不同的科目,分别采用三栏式、数量金额式或多栏式。记账凭证可采用通用格式或收款、付款、转账凭证格式。

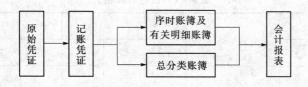

图 6 – 3　记账凭证账务处理程序

2. 日记总账账务处理程序。这是指设计一种专门格式的账簿——日记总账用以记录经济业务,逐笔记录视为日记账,汇总的合计数代替总账,并据以编制会计报表的账务处理程序。显然,日记总账兼具日记账和总账两种功能,分科目按专栏反映,因此,日记总账账簿实际上是一种联合账簿,既序时记录又分类记录。其处理程序见图 6 –4。

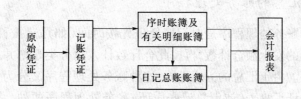

图 6 – 4　日记总账账务处理程序

日记总账账务处理程序克服了记账凭证账务处理程序重复劳动的缺点,具有提高功效的优点,而且由于账簿记录中分科目反映,可以看出每笔经济业务的账户对应关系。由于它也是逐笔过账形成的,故也属于逐笔过账的账务处理程序。不过这种形式也只适用于经济业务少、会计科目不多的企业单位。因为若科目多,日记总账的篇幅将会较大,操作起来也不方便,尤其是不便于会计人员的分工。其格式见表 6 – 1 所示。

考虑到逐笔过账的账务处理程序的特点,人们在设计某单位会计制度时,如果调查的情况是大中型企、事业单位,经济业务较多,科目设计较复杂,则在选择账务处理程序时,就不宜设计这种程序,否则会增加许多工作量,不利于会计人员的分工操作;相反,对小型企、事业单位,则一般可考虑利用这种形式,尤其是日记总账账务处理程序更有较大的优越性。

表6-1 日记总账格式

年		凭证		摘 要	发生额	××科目		××科目		××科目	
月	日	字	号		(合计)	借	贷	借	贷	借	贷
				本月发生额合计							
				月末余额							

(二)凭证汇总的账务处理程序

凭证汇总的账务处理程序是对记账凭证先按时间(如月)、按科目进行汇总,得出各科目一定时间的发生额合计数,再按此合计数计入总分类账簿并据以编制会计报表的账务处理程序。由于汇总的方式不同,这种账务处理程序又分为科目汇总表账务处理程序和记账凭证汇总表(或汇总记账凭证)账务处理程序两种。凭证汇总的账务处理程序见图6-5所示。

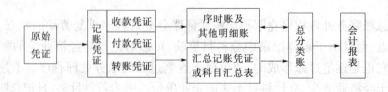

图6-5 凭证汇总账务处理程序

1.科目汇总表账务处理程序分析。科目汇总表账务处理程序是在一定时期(如一旬或一周、一月)将发生的经济业务,按科目分借方、贷方发生额进行汇总,全部科目反映在一张表内,试算平衡后,再据以登记总账和期末编制会计报表。编制科目汇总表是这种程序的主要特征。

这种程序的优点是:①手续简便,在一定时期将各科目借贷方发生额进行合计填入表内即可;②全部科目在一定时期的发生额反映在一张表内,一览无余,便于当期发生额的试算平衡。其缺点是表内反映不出账户的对应关系。这种程序被许多大中型企、事业单位采用。科目汇总表的格式如表6-2所示。

表6-2　科目汇总表

科目名称	借方发生额	贷方发生额	记　　　账
库存现金			
银行存款			
应收票据			
短期投资			
原材料			
……			
合计			

2.记账凭证汇总表账务处理程序。记账凭证汇总表账务处理程序是把记账凭证(一般分为收款凭证、付款凭证和转账凭证),按期间和科目汇总在"汇总记账凭证"上,对于收、付款凭证,按现金和银行存款科目的对应科目列示并汇总;对于转账凭证,则以各科目的贷方金额为主汇总其对应的借方科目金额,这样可得到汇总收款凭证、汇总付款凭证和汇总转账凭证三张凭证,将其中各科目发生额记入总账再据以编制会计报表。这种账务处理程序能反映科目的对应关系,减少登记总账的工作量,但三种记账凭证分别汇总,手续较烦琐,对小型企业和经济业务不多的单位显然不适用。

(三)账户汇总的账务处理程序

账户汇总的账务处理程序是将记账凭证逐笔过入有关账户后,直接在账户上加计发生额合计数,再据以登记总账或直接代替总账,最后编制会计报表的账务处理程序。多栏式日记账账务处理程序和日记总账账务处理程序都有直接利用账户汇总有关科目

发生额的功能,只是后者不再登记总账。账户汇总的账务处理程序见图6-6所示。

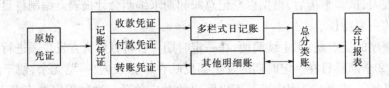

多栏式日记账账务处理程序的最大特点,是设计现金和银行存款的多栏式日记账。由于现金业务和银行存款业务要分别按对应科目反映,因此现金日记账和银行存款日记账又各分为收入日记账和付出日记账两种,故总共应设计4本多栏式日记账,经序时记录后,每月末各对应科目的合计数就成为登记总账的依据,从而减少了凭证汇总工作。但是它与日记总账一样,由于采用在账户上直接汇总,万一日常记录中发生差错,一般难以发现。例如,记入记账凭证中的金额为50 000元,而记入多栏式日记账或日记总账的是5 000元,就难以核对出来。此外,多栏式日记账要用4本,使账簿组织复杂化。同时,这种账务处理程序中,对转账凭证仍采取逐笔过入总账的方式,导致总账中某些金额是多笔业务的合计数,而另一些金额又是一笔业务的数字。故转账业务记入总账的工作量仍未减少,与逐笔过账的账务处理程序中记账凭证账务处理程序存在同样缺点。此外,若单位经济业务较多,库存现金与银行存款科目的对应科目也会较多,使账簿过长,不便于操作,这与日记总账的缺点相同。

多栏式日记账的格式见表6-3所示。该表列示的是现金日记簿支出部分的格式,现金日记簿收入部分的格式与表6-3基本相同,只是表明方向的借贷和收支等字样发生变化。

根据以上对各种账务处理程序的分析,在设计各单位账务处理程序时,主要是根据事前调查的资料,由被设计单位的规模大小和经济业务多寡来决定应采用何种程序。一般来说,经济业务少、规模较小的企、事业单位,以采用逐笔过账的账务处理程序为好;反之,规模较大、经济业务较多的单位则采用凭证汇总的账务处理程序为好;如果某单位现金和银行存款的收付业务较多,转账业务较少,则可采用账户汇总的账务处理程序(主要是多栏式日记账账务处理程序)。同时,还可根据企业的实际情况设计其他账务处理程序,这一点将在下节说明。

表6－3　多栏式日记账格式（现金日记簿支出部分）

贷:现金

日期		凭证		摘　要	借方科目					现金付出合计
月	日	字	号		材料采购	管理费用	应付工资	银行存款		
									略	
				合计						
				过账页次						

第三节　账务处理程序的结合运用

一、账务处理程序结合运用的可能性

前述三大类五种账务处理程序各有其优缺点,设计时究竟采用何种程序,关键是考虑企业单位的规模大小和经济业务多少,并结合被设计单位的实际情况来决定。账务处理程序结合运用的可能性在于,目前统一会计制度中对各部门、各单位所采用的账务处理程序均未作统一规定,因而这项会计制度的设计权完全交给了各基层单位,这就为设计人员提供了设计创新的可能性。

二、多栏式日记账兼汇总转账凭证账务处理程序

前面在分析多栏式日记账账务处理程序时已述,这种处理程序可以减少核算工作量,但却会造成转账业务的重复劳动。如果某单位收付款业务较多,转账业务也较多,这种重复劳动就更显得费时费力。因此,可以采取在保留多栏式日记账优点的前提下,对转账凭证进行汇总(即吸收凭证汇总的账务处理程序的优点),再

根据汇总的各科目数字登记总账,从而达到减轻会计工作量的目的。这种账务处理程序的过程见图6－7所示,可将其命名为多栏式日记账兼汇总转账凭证账务处理程序。

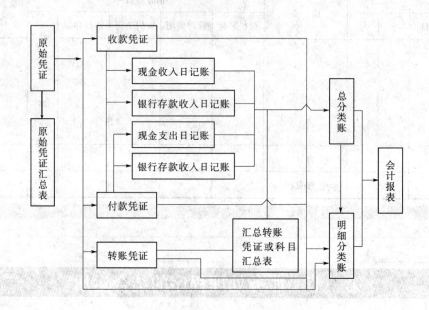

图6－7 多栏式日记账兼汇总转账凭证账务处理程序

图6－7的账务处理步骤是:

1. 根据原始凭证或原始凭证汇总表编制收款凭证、付款凭证和转账凭证。

2. 根据收款凭证登记现金和银行存款的收入日记账,根据付款凭证登记其支出日记账。

3. 根据收款凭证、付款凭证和转账凭证并参考原始凭证及其汇总表,登记明细分类账。

4. 根据现金、银行存款收入、支出日记账有关专栏的合计数登记总账。

5. 根据转账凭证编制科目汇总表或汇总转账凭证,据以登记总账,同时核对总分类账和明细分类账是否相符。

6. 根据总分类账和明细分类账的资料编制会计报表。

这种账务处理程序适用于收付款业务和转账业务都较多的、且规模较大的企、事业单位。

三、科目汇总表兼转账日记账账务处理程序

科目汇总表兼转账日记账账务处理程序吸收了科目汇总表手续简便、容易掌握的优点,同时吸收了日记总账利用账户汇总且账户对应关系清晰的优点。在这种程序下,先对收付款凭证利用科目汇总表定期进行汇总,将汇总的各科目发生额记入总账;同时对转账凭证采用转账日记账进行记账和汇总(转账日记账的格式除名称不同外,其余与日记总账格式相同),并将各科目的汇总数也记入总账。这样总账中记录了两种来源的数字,最后根据总账编制会计报表。显然,这种形式适合于经济业务较多、规模较大的大中型企业。

运用这种账务处理程序时应注意以下几点:

第一,科目汇总表只汇总现金收付业务和银行存款收付业务。为反映科目的对应关系,采用四张科目汇总表,即现金收入科目汇总表、现金付出科目汇总表、银行存款收入科目汇总表和银行存款付出科目汇总表。在格式设计上科目汇总表可用一种格式,也可用两种格式。用一种格式时,与常见的科目汇总表相同(见表6-2);若用两种格式,则可事先将“现金”和“银行存款”科目印制在表6-2的左上方,即:“借或贷:现金”和“借或贷:银行存款”。在汇总现金(银行存款)的收入凭证时,则划掉“贷”字,汇总现金(银行存款)的付出凭证时则划掉“借或”二字。在用一种格式时,表的左上方用手书写即可,不必事先印制。

第二,转账日记账只登记转账凭证中的业务,各科目下也与日记账各专栏一样设“借、贷”两小栏。记录时逐日逐笔登记,然后定期汇总其发生额。为了在时间上统一,汇总时间而加计各科目供不应求数的时间原则上应与上述四张科目汇总表的时间一致,若转账业务多,也可全月作一次汇总。这种账务处理程序与日记总账处理的不同点是:①日记总账的月末合计数亦即总账的数额不另过入总账,但转账日记账的各次汇总数或全月一次汇总数要过入有关总账,从而使总账的发生额保持完整;②转账日记账中能再登记现金业务和银行存款业务。

科目汇总表兼转账日记账账务处理程序严格地说是收付业务科目汇总表兼转账日记账账务处理程序,其程序见图6-8所示。

图6-8说明:

1. 根据原始凭证或原始凭证汇总表编制收款、付款和转账凭证。

2. 根据收、付款凭证登记现金、银行存款日记账及有关明细账,根据转账凭证登记有关明细账(如材料、固定资产、应收账款等)。

3. 根据收付款凭证定期编制现金收付和银行存款收付科目汇总表。

4. 根据转账凭证登记转账日记账并定期汇总。

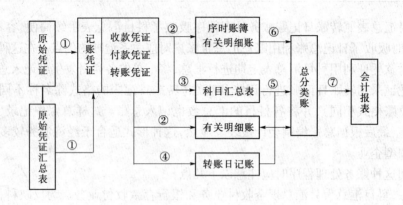

图6-8 科目汇总表兼转账日记账账务处理程序

5. 根据科目汇总表和转账日记账汇总数登记总分类账。

6. 将总分类账与序时账和明细分类账进行核对。

7. 根据总分类账结合有关明细分类账编制会计报表。

第四节 会计分期与结账工作的设计

一、会计分期的意义

会计分期是指将一个企业持续经营的生产经营活动划分为一个个连续的、长短相同的期间,又称会计期间。会计分期的目的是将持续经营的生产经营活动划分成连续、相等的期间,据以结算盈亏,按期编报财务报告,从而及时地向各方面提供有关企业财务状况、经营成果和现金流量等信息。

会计分期是一项基本的会计假设。任何一个企业在正常的情况下,都会按照当前的规模和状况持续经营下去,要最终确定企业的经营成果,只有到企业在若干年后终止经营时,进行核算方能确定。但是,生产经营活动和财务经营决策要求及时得到有关信息,不能等到企业终止经营时一次性地核算盈亏。为此,就要将持续不断的经营活动划分成一个个相等的期间,分期核算财务状况与经营成果。会计分期对会计原则和会计政策的选择有着重要的影响。由于会计分期,产生了当期与其他期间的差别,从而出现权责发生制和收付实现制的区别,进而出现了应收、应付、递延、预提、待摊这样的会计方法。

二、会计分期的设计

一般来说,企业都会确定多个会计期间,核算不同长度期间的企业盈亏,完整反映企业财务状况。企业确定会计期间取决于内部经营管理和外部利益关联方对企业会计信息的需要。最常见的会计期间是一年,以一年确定的会计期间称为会计年度,按年度编制的财务报表也称为年报。世界各个国家中,对企业和单位会计年度的起止时间规定存在着差别,但多数国家是将会计年度与财政年度保持一致。例如,在美国,一般企业采用4月1日至次年3月31日为一个会计年度;在日本,则一般采用7月1日至次年6月30日为一个会计年度;在我国,会计年度与公历年度的起止时间完全相同,自每年的1月1日至12月31日。

我国企业年报规定要在第二年的4月30日前报出,也即意味着信息使用人可能在4个月后才能看到上一年的年度报告,这显然不能满足及时性的要求。如果缩短披露时间,提高信息的及时性,如要求企业在第二年的第一个月内披露出年报,这种做法可不可行呢?在短期内完成,并披露出年度报告对于会计人员来说也许是可能的,但随之而来的问题是,如果所有的企业都在第二年1月末披露报告,会计师事务所如何能在短短的一个月内审完全国所有的企业年度报告呢?解决这个问题的一种思路可以是:改变统一的会计年度规定,允许企业选择不同的会计期间,如可以从4月1日至次年的3月31日、7月1日至次年的6月30日、10月1日至次年的9月30日、1月1日至12月31日四个期间选择,这样,审计人员的工作在年度内可以被分散,从而使缩短信息的报出期间成为可能。

为满足人们对会计信息的需求,也有要求企业按短于一年的期间编制财务报告的情形,如上市公司被要求在年中提供中期报告。出于企业内部经营管理上的需要,人们也可能要求会计部门按月、按季或不定期提供有关信息。例如,生产部门需要掌握当月的消耗与成本情况;销售部门要求知道营业收入计划完成情况;财务部门需要了解现金流动及预算执行的情况;股东们也需要了解企业当期盈利的情况;税务机关更要通过会计资料来稽查企业计税和纳税情况。为此,会计制度必须规定月末、季末和年末进行定期结账,保证提供信息的及时性。

三、结账的意义

所谓结账,就是在会计核算工作中,于期末对各账簿记录所进行的结算工作。具体地说,结账就是把每一个会计期间(月份、季度、年度)的经济业务全部登记入账后,计算出本期发生额和期末余额,并将余额结转下期或新账的过程。为了总结一个单位某一时期(如月份、季度和年度)的经济活动情况,取得有关财务状况和经营成果的核算资料,并据以编制会计报表,必须在每一个会计期间终了时进行结账。结账工作是否正常进行,关系到会计信息质量的好坏,而结账工作是否及时进行,关系到会计报表能否如期编制和呈报。所以,各企、事业单位都应当在期末做好结账工作。

四、结账的程序和内容

结账的主要程序和内容有下述三项规定:

1. 应查明本期发生的经济业务是否全部入账。不能为了赶编会计报表提前结账,也不能把本期发生的经济业务延至下期去登记,更不能先编制会计报表而后结账。

2. 将本期所有的转账业务,编制成记账凭证,记入有关账簿,以调整账簿记录。

3. 运用应计制原则,对有关收入和费用项目进行账项调整,结算各总账和明细分类账的本期发生额和期末余额,并将期末余额结转下期,作为下期的期初余额。

如果上述几项工作在结账之前尚未完成,则应及时办理。如果都已完成,则可以计算各账户的本期发生额及期末余额。在账簿中进行结账时,可以按月份、季度或年度,结算本月、本季度或本年的本期发生额,亦可以逐月、逐季地结算累计发生额,用以检查和分析有关经济业务的累计完成情况。

结账工作分月结、季结和年结,但一般只作月结和年结。

1. 月结。月结即到月末在账簿中进行月终结账时,计算出"本期发生额"和"期末余额"后,记在账簿中最后一笔记录的下一行,在摘要栏内注明"××月份月结"或"××月发生额及余额"或"本月合计"字样,并在该行上下各划一条通栏红线,表示月结。对于本月份未发生数额变化的账户,不进行月结。月结时如没有余额出现,应在余额栏内写上"平"或"0"的符号。

2. 季结。季结指在季末结算出本季度三个月的发生额合计数和季末余额后,记在本季度第三个月的月结下面一行内,在摘要栏内注明"××季度季结"或"××季度发生额及余额"字样,并在季结下划一通栏红线,表示季结完毕。

3. 年结。年结指在结算出本年四个季度发生额的合计数(或全年12个月份的月结合计数)填列在第四个季度的季结下一行(或12月份月结的下一行)内,并在摘要栏内注明"年度发生额及余额"或"本年合计"字样。然后将年初借(贷)方余额列入下一

行借(贷)方栏内,并在摘要栏内注明"年初余额"字样;将本年度年末借(贷)方余额,
填列在再下一行的贷(借)方栏内,并在"摘要"栏内注明"结转下年"字样。对需要更
换新账的,应当同时在新账中有关账户的第一行"摘要"栏内注明"上年结转"或"年初
余额"字样,并将上年余额记入"余额"栏内。新旧账有关账户之间转记余额,不必编制
记账凭证。最后,加总借、贷方合计数;借方、贷方合计数应当相等;再在合计数下划两
条通栏红线,表示封账。

案例6-1　　　　　　　　小叶的应收账款总账

小叶是某大学一年级的研究生,现在为他表哥新开的公司代理记账。2002年12
月20日,为了不影响期末考试,他抽出时间来公司处理账务,进行本年年终结账,其中
应收账款总账的处理见下表:

应收账款

年		凭证		摘　要	借　方	贷　方	借或贷	余　额
月	日	字	号					
12	31	×	×	本月合计	28 000	5 000	借	23 000

案例分析:本例中有几处不符合会计规范的错误?请你予以更正。

案例6-2　　　　　　　　凯达公司的账务处理程序分析

凯达公司是一家大型的电脑生产企业,公司在成立之初聘请国际著名会计咨询公
司为其设计全套核算方案,会计循环体系如下:

设置"普通日记账"(我国实务中用"记账凭证"代替"普通日记账")、"销货日记
账"、"现金收入日记账"、"应付凭单登记簿"、"现金付出日记账"等特种日记账。其用

途如下：

1."销货日记账"专门登记赊销事项，月末根据日记账的金额登记"应收账款"和"营业收入"账户。格式如下：

日期	户名	摘要	发票编号	备查	金额

2."现金收入日记账"用以登记有关现金收入的会计事项，月末根据现金收入日记账的各栏次数额，分别登记其他账户。格式如下：

日期	摘要	借　方				贷　方				
		现金	其他账户			应收账款	营业收入	其他账户		
			名称	备查	金额			名称	备查	金额

3."应付凭单登记簿"是专门用来控制现金支付的日记账，按照内部控制的需要，在支付应付账款时，必须在该登记簿上注明支票号码，任何未标明号码的栏目表明款项尚未支付。该日记账作为应付账款的辅助账，格式如下：

日期	受款人	摘要	支票号码	凭单号码	贷方应付账款	借　方					
						购货	广告费	运费	其他项目		
									名称	备查	金额

4."现金付出日记账"是专门用来登记有关现金付出事项的日记账，在设置应付凭

单登记簿的情况下,所有支付的支票都由应付凭单进行控制,这时现金付出日记账只需设置一个金额栏,月末将合计数过入"应付账款"借方和"库存现金"账户的贷方。其格式如下:

日期	受款人	凭单号码	支票号码	金额

5. 将日记账过入分类账,包括总分类账与明细分类账,或者分为实账户或虚账户。

6. 编制试算平衡表,检验过账过程的正确性。试算表的格式如下:

账户名称	借方余额	贷方余额

7. 期末账项调整,将属于当期的预付费用、预收收益、应计费用、应计收益项目按照权责发生制加以处理。

8. 编制调整后的试算平衡表或者工作底稿。工作底稿用途与平衡表一样,采用多栏式,将试算、调整放到一起,以便发现错误并修改,它是非正式的一种会计文件,格式如下:

账户名称	调整前试算表		调整分录		调整后试算表		收益表		资产负债表		其他报表	
	借方	贷方	借方	贷方	借方	贷方	借方	贷方	借方	贷方	借方	贷方

9. 编制正式的财务报表。

10. 结账。

整个会计循环如下图所示：

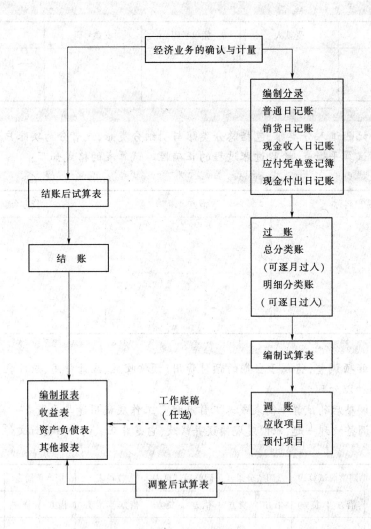

案例分析：1. 凯达公司的会计程序设计与一般处理程序相比，有什么不同？

2. 试算平衡表的设计有什么作用？不设置这个程序可以吗？

3. 你对凯达公司的会计程序设计有什么改进意见？

思 考 题

1. 账务处理程序设计一般应遵循哪些原则？
2. 试述逐笔过账账务处理程序的设计。
3. 试述凭证汇总账务处理程序的设计。
4. 试述账户汇总账务处理程序的设计。
5. 试述多栏式日记账兼汇总转账凭证账务处理程序的设计。
6. 试述科目汇总表兼转账日记账账务处理程序的设计。
7. 我国的会计分期为什么以 1 月 1 日到 12 月 31 日为一个会计年度？
8. 为什么要定期结账？
9. 结账的设计应注意什么？
10. 结账时通栏划的一条红线和两条红线各表示什么含义？

第七章

财产物资会计的设计

✍ **本章要点**

本章将讲述货币资金、存货、固定资产、无形资产、投资等企业主要资产项目的核算设计方法。通过本章的学习,应当对资产项目会计核算的基本原理与会计内部控制制度之间的必然联系有全面的认识,熟练地掌握设计企业财产物资核算基本方法,并且能够运用基本原理进行会计政策的合理选择和资产减值的公允判断。

第一节 货币资金会计的设计

货币资金是企业进行生产经营必不可少的物资条件,也是流动性最强的一项资产,容易出现对其非法挪用、侵吞等犯罪行为。因此,无论是投资者、债权人,还是企业管理者都应当高度关注和重视货币资金的管理。货币资金监控与核算办法设计的目的是:落实货币资金的经管责任;保证货币资金的安全;真实、完整地提供货币资金的会计信息;借助对货币资金的监控强化其他业务的管理;促进生产经营业务的正常运行。

一、货币资金内部控制制度的设计

货币资金内部控制制度设计的核心是建立货币资金的职务分离制度、控制程序、稽核制度和与其相关的岗位责任制度。其最基本的要求就是负责货币资金收付业务的人员应与记账人员和负责审批的人员相分离。主要包括以下几个方面:

1. 货币资金的收付以及保管应由被授权批准的专职出纳人员负责,其他人员不得接触。

2. 出纳人员不能同时负责总分类账的登记和保管。

3. 出纳人员不能同时负责非货币资金账户的记账工作。

4. 出纳人员应与货币资金审批人员相分离,实施严格的审批制度。

5. 货币资金的收付和控制货币资金收支的专用印章不得由一人兼管。

6. 出纳人员应与货币资金的稽核保管、会计档案保管人员相分离。

7. 负责货币资金收付的人员应与负责资金的清查盘点人员和负责与银行对账的人员相分离。

8. 建立出纳人员、专用印章保管人员、会计人员、稽核人员、会计档案保管人员及货币资金清查人员的责任制度。

二、货币资金收入的内部控制设计

企业的货币资金收入主要来源于营业收入,对这些营业收入,企业必须根据自身组织形式和经营业务的特点制定相应的货币资金收入控制程序,以便于各职能部门相互协调、共同遵守。一般企业货币资金收入的控制程序如图 7 – 1 所示。除了图 7 – 1 所示的控制程序外,企业还应当严格控制收款日期和收款金额,保证应得的收入及时收取、不缺不漏并及时送存银行;所有收款收据和发票都必须连续编号,并建立一套严格详细的领用和回收制度;建立现金、支票、汇票等货币资金收入的防伪检验制度。对于营业收入以外的货币资金收入,也同样应建立类似严格的控制程序,保证收入的货币资金安全、完整。

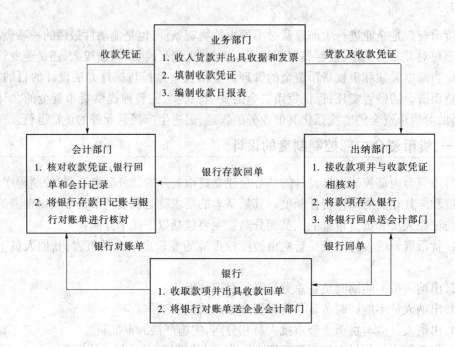

图 7 – 1 货币资金收入的控制程序

三、货币资金支出的内部控制设计

企业的货币资金支出主要有现金支出和银行存款支出两种方式,其业务性质不外乎对外支付进货款、有关费用和对内支付工资等。无论是现金支出还是通过银行转账支出,都必须根据企业支付业务的特点制定相应的货币资金支出控制程序。一般企业的货币资金支出的控制程序如图 7 – 2 所示。该图所示程序既适用于对外支付的货款、费用,也同样适用于对内支付的工资、奖金和职工报销费用。

除图 7 – 2 所示的控制程序外,企业还必须对与货币资金支出相关的其他方面进行控制。对其他方面的控制主要有:严格按《现金管理暂行条例》规定的范围使用现金,

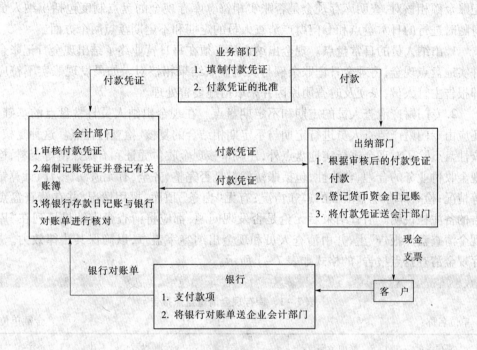

图7－2　货币资金支出的控制程序

尽可能多地使用银行转账方式支付款项;对现金支付量较多的部门建立备用金制度,实行备用金管理;企业所有的付款业务都要有合格的原始凭证并经业务人员签字证明、主管领导批准,经会计部门审核后出纳部门才能据以付款;企业应指定专人签发支票等支付工具并对其妥善保管,严格按票据顺序号签发;遵守银行的结算纪律,不得签发空头支票、空白支票、远期支票,不得出借支票,也不得将支票交收款人代签;款项付讫后,出纳必须及时在付款凭证上加盖"现金付讫"或"转账付讫"图章,以防止重付或漏付;对存出的保证金、押金和企业各部门的备用金等应定期进行清查核对;建立外埠存款、银行汇票、银行支票、信用卡、信用证等其他货币资金的收支管理制度。

四、货币资金清查的内部控制制度设计

(一)库存现金的清查制度

库存现金的清查应当采用实地盘点法,通过对库存现金的实地盘点结果与现金日

记账余额相核对,查明库存现金是否账实相符。库存现金的盘点制度包括出纳人员自身随时进行的日常盘点和专门财产清查人员的定期和不定期盘点两个方面。

1.出纳人员的日常盘点。现金出纳人员必须在每日营业终了结出现金日记账余额并实地盘点现金,将现金日记账余额与实地盘点结果相核对。如果发现账实不符应立即报告主管人员,以便及时查明原因并采取措施妥善处理。

2.专门财产清查人员的定期和不定期盘点。在现金出纳人员日常盘点的基础上,还应由专门财产清查人员进行定期与不定期相结合的复核、检查性盘点。这种复核、检查性盘点除了对现金进行实地盘点外,还应审核现金收付凭证和有关账簿等资料,检查现金收付业务的合理、合法性,包括账簿资料是否完整、齐全,有无遗漏、多计、计算错误等情况;检查库存现金限额的遵守情况;有无"白条"顶库、挪用情况,并在清查盘点报告的备注栏说明。清查结束后无论是否发现问题,都应将清查盘点结果填列在"库存现金清查盘点报告"上,并由清查人员和现金出纳签字盖章,以确保其法律效力。"库存现金清查盘点报告"的格式如表 7 – 1 所示。

表 7 – 1   库存现金清查盘点报告

单位名称: 年   月   日   金额单位:

实存金额	账面金额	盘盈	盘亏	备注

现金出纳: 监盘人: 制表人:

(二)企业与银行对账制度

企业货币资金收支的绝大部分都是通过银行进行转账结算的。为了保证银行存款核算的真实、准确,保证银行存款的安全,企业必须与银行进行银行存款的清查核对。这是因为:第一,银行存款是企业最重要的流动资产之一,它由银行负责保管;第二,企业与银行之间的账项往来频繁,双方都可能出现差错;第三,银行存款的收付有多种转账结算方式,而在有些方式下是由银行完成收付后才通知企业的,如汇兑结算方式下的企业收款,银行贷款利息的支付,企业水电费、电话费等公用设施费用的支付,往往由于多种原因致使企业财会部门迟收或没有收到银行这些收付款项后的回单通知,出现未达账项而不能及时入账或没有入账。由于银行结算凭证传递的时间关系导致企业与银行的入账时间不同,使企业无法准确掌握银行存款的实际数额。银行存款的清查核对是根据银行发出的银行存款对账单进行的。企业出纳员应随时根据银行的对账单及时与银行对账。如果企业银行存款的收付业务较少,银行提供对账单较迟的,企业至少应每月与银行对一次账。

为加强对银行存款的监控,除了由出纳人员随时与银行进行对账外,还必须建立由专门清查人员负责的定期与不定期相结合的银行存款复核、检查性核对制度。

五、备用金管理制度设计

备用金是指财会部门按企业有关制度规定,拨付给所属报账单位和企业内部有关业务与职能管理部门,用以零售找零、收购零星商品物资或日常业务零星开支的备用现金。为了保证企业各有关职能部门业务管理职能的有效实施,使业务职能管理和财务报销制度有机地结合起来,本着既方便业务部门工作又有利于堵塞管理漏洞的原则,企业可以对有关业务或职能管理部门实施定额备用金管理制度。备用金管理制度的设计应包括以下内容:

1. 设置批准制度。对哪些部门、哪些业务实施备用金管理,应建立一个规范的申请、批准制度。

2. 定额管理制度。对批准使用备用金的部门,必须根据需要,事先核定一个科学合理的备用金定额,由使用部门按核定的金额填制借款单,一次从财会部门领出现金,实际使用后凭审核后的原始凭证向财会部门报销,再由财会部门用现金补足其定额。

3. 日常管理责任制度。备用金实质上也是现金,因此,使用部门必须对备用金指定专人管理,并明确管理人员必须执行的现金管理制度、按规定的使用范围和开支权限使用、接受财会部门的管理及定期报账等各项责任制度。

4. 清查盘点制度。财会部门必须对备用金建立定期与不定期相结合的清查盘点,防止挪用和滥用,保证备用金的安全完整。

5. 审查入账制度。对备用金使用部门报销的所有票据,财会部门都要像对其他原始凭证一样,进行严格的审核后方能付款记账。

六、货币资金核算与报告的设计

(一)库存现金的核算

1. 现金账户和现金日记账。企业的库存现金通过"库存现金"账户进行核算。为了详细了解库存现金的收支和结存情况,及时发现现金收支工作中存在的问题和可能出现的差错,除了对现金进行总分类核算以外,还须设置"现金日记账"进行序时核算。现金日记账应采用订本式账簿、由出纳人员根据现金收款凭证和付款凭证,按照业务发生的先后顺序逐笔登记。每日工作终了,应计算当日的现金收入合计数、现金支出合计数,结出账面余额,并与实际库存额核对相符。有外币现金的企业,应分别人民币和外币币种设置现金日记账进行明细核算。

2. 库存现金的清查盘点。库存现金盘点后如果账款不符,应及时查明原因,并将短款或长款记入"其他应收款"或"其他应付款"账户。查明原因后,应分别情况处理:属于记账差错的应及时予以更正;对无法查明原因的长款记入营业外收入;无法查明原因或由于出纳人员失职造成的短款应由出纳人员赔偿。

(二)备用金的核算

1. 会计部门的"备用金"核算账户。企业的备用金在财会部门是通过"其他应收款——××部门备用金"账户,或单独设置"备用金"账户进行核算的。备用金使用部门领用时记入账户借方,收回时记入贷方。尚未收回时,本账户余额表示核定的备用金定额。平时备用金使用部门报账时不通过本账户核算。

2. 使用部门的收支登记方法。备用金使用部门必须对支付现金的所有原始凭证顺序编号,与库存现金一起妥善保管,并设立现金日记账,按原始凭证号码顺序,逐笔反映备用金的收支情况。

(三)银行存款的核算

企业在银行和其他金融机构的存款业务是通过"银行存款"账户进行核算的。为了及时掌握银行存款的收支和结存情况,便于与银行核对账目,及时发现银行存款收支工作中存在的问题和可能出现的差错,企业除了对银行存款进行总分类核算以外,还必须按各开户银行开设的不同银行账号进行明细核算,分别设置"银行存款日记账"。银行存款日记账应采用订本式账簿,由出纳人员根据银行收款凭证、付款凭证及所附的有关原始凭证,按照业务发生的先后顺序逐笔登记。每日终了,应计算银行存款收入合计、银行存款支出合计,并结出账面余额。有外币银行存款的企业,应分别人民币和外币币种设置银行存款日记账进行明细核算。

第二节　存货会计的设计

一、存货会计设计的目标

存货是指企业在正常生产经营过程中持有以备出售的产成品或商品,或者为了出售仍然处在生产过程中的在产品,或者将在生产过程或提供劳务过程中耗用的材料、物料等。

存货范围确认的标准是企业对货物是否拥有法人财产权(或法定产权)。凡是在盘存日期,法定产权属于企业的物品,不论其存放于何处或处于何种状态,都应确认为企业的存货;反之,凡是法定产权不属于企业的物品,即使存放于企业,也不应确认为企业的存货。

企业为了保证生产经营活动连续不断地正常进行,必须不断地购入、耗用、销售存货,因此存货总是处在不断流转的过程之中。与无形资产相比,存货具有实物形态;与长期资产相比,存货具有较强的流动性;与货币资产相比,存货又具有发生潜在损失的可能性。

存货会计的设计,首先是保证企业各种存货的安全完整;其次是应当使各种存货的储备数量保持适中,既要防止因存货过多导致资金积压,甚至遭受积存过久变质的损失,又要避免因存货不足而影响正常的商品销售或产品生产。实施有效的存货管理办法离不开会计的核算与监督。存货既是资产负债表中流动资产的一个重要项目,也是利润表中营业收入和营业成本的来源。因此,对存货收入、发出、结存的确认、计量、记录和报告是否正确,都直接或间接地关系到企业财务和经营成果是否正确,进而还会影响所得税负、收益分配和对企业管理当局的业绩评价等各个方面。通过设计符合企业自身经营管理特点的监控与核算办法,对于加强存货管理,保证存货安全,促进存货正常周转,最大限度获取营业收入,降低营业成本及销售、管理费用具有重要意义。

存货会计设计的核心是对收入、发出及结存存货的价值的确定。本章主要讲述存货入库后至发出前的会计核算的设计。对于存货采购和销售业务的设计单独在销售和采购业务设计中进行阐述。

二、存货计价方法的设计

(一)存货的计价基础

存货的计价基础是历史成本。从理论上说,企业无论从何种途径取得的存货,凡与存货形成有关的支出,均应计入存货的成本之中。在实际工作中,不同的存货取得途径,其入账价值的构成也各不相同。

1. 购入的存货,按买价加运输费、装卸费、保险费、包装费、仓储费、运输途中的合理损耗、入库前的挑选整理费用和按规定应计入成本的税金以及其他费用作为实际成本。

需要指出的是,商业企业的商品运输成本并不计入采购成本,而是作为单独的"营业费用"核算。这样做的原因在于:商业企业一次性采购商品往往较多且杂,将运输费用分摊到每件商品的成本上比较难,而且数量很小,出于会计重要性原则的考虑,商业企业的运输费用就一次性计入当期损益中。

2. 自制的存货,按制造过程中的各项实际支出作为实际成本。

3. 委托外单位加工完成的存货,以实际耗用的原材料或者半成品以及加工费、运输费、装卸费和保险费等费用以及按规定应计入成本的税金作为实际成本。

4. 投资者投入的存货,按照投资各方协商确认的价值作为实际成本,但协商确定的价值不公允的除外。

5. 接受捐赠的存货,按以下规定确定其成本:

(1)捐赠方提供了有关凭据(如发票、报关单、有关协议)的,按凭据上标明的金额加上应支付的相关税费,作为实际成本。

(2)捐赠方没有提供有关凭据的,按顺序确定其实际成本:①同类或类似存货存在活跃市场的,按同类或类似存货的市场价格估计的金额,加上应支付的相关税费,作为实际成本;②同类或类似存货不存在活跃市场的,按该接受捐赠的存货的预计未来现金流量现值,作为实际成本。

接受捐赠存货的入账要按照上述规定顺序进行,即首先按凭证,没有凭证再看是否有同类市场,这样设计是为了保证存货计价的可比性。

6. 企业接受的债务人以非现金资产抵偿债务方式取得的存货,或以应收款项换入存货的,按照存货的公允价值减去可抵扣的增值税进项税额后的差额,加上应支付的相关税费,作为实际成本。如涉及补价的,按以下规定确定受让存货的实际成本:

(1)收到补价的,按存货的公允价值减去可抵扣的增值税进项税额和补价,加上应支付的相关税费,作为实际成本。

(2)支付补价的,按存货的公允价值减去可抵扣的增值税进项税额,加上支付的补价和应支付的相关税费,作为实际成本。

7. 以非货币性交易换入的存货,按换出资产的公允价值减去可抵扣的增值税进项税额,加上应支付的相关税费,作为实际成本。如涉及补价的,按以下规定确定换入存货的实际成本:

(1)收到补价的,按换出资产的公允价值减去可抵扣的增值税进项税额,加上应确认的收益和应支付的相关税费,减去补价后的余额,作为实际成本。

(2)支付补价的,按换出资产的公允价值减去可抵扣的增值税进项税额,加上应支付的相关税费和补价,作为实际成本。

如果换出资产的公允价值信息无法取得,则可采用按换入存货的公允价值为基础入账。否则,应按换出资产的账面价值为基础入账。

上述换入存货的公允价值与原换出资产账面价值的差额计入期间损益。

8.盘盈的存货,按照相同或同类存货的市场公允价格作为实际成本。

存货实际成本的计量,也因行业的不同而不同。例如,商品流通企业购入的商品,按进价和按规定应计入商品成本的税金作为实际成本,采购过程中发生的运输费、装卸费、保险费、包装费、仓储费、运输途中的合理损耗、入库前的挑选整理费用等,不计入商品的实际成本,应作为进货费用直接计入当期损益。商品流通企业委托外单位加工的商品,应以加工前商品的进货原价,加上加工费用和按规定应计入成本的税金,作为加工后商品的实际成本。

(二)常见存货计价方法的设计

企业对各项存货的日常收、发,必须根据有关收、发凭证,在既有数量又有金额的明细账内逐项逐笔进行登记。企业进行存货的日常核算有两种方法:一是按实际成本进行核算;二是采用计划成本进行核算。

1.实际成本法。采用实际成本进行核算,一般适用于规模较小、存货品种简单、采购业务不多的企业。由于存货经常是分次购入和分批生产形成的,所以同一项目的存货,其单价或单位成本往往不同。要核算领用、发出存货的价值,就要选择一定的计量方法;只有正确地计算领用、发出存货的价值,才能真实地反映企业生产成本和销售成本,进而正确地确定企业的净利润。企业会计制度规定企业领用或发出存货,按照实际成本核算的,可根据情况选择采用先进先出法、加权平均法、移动平均法、个别计价法或后进先出法等确定其实际成本。这五种方法都有自身的特点,企业应根据具体情况加以选用。

(1)先进先出法。该法是以先购入的存货先发出这样一种存货实物流转假设为前提,对发出存货进行计价的方法。采用这种方法,先购入的存货成本在后购入的存货成本之前转出,据此确定发出存货和期末存货的成本。

采用先进先出法,存货成本是按最近购货确定的,期末存货成本比较接近现行的市场价值,其优点是使企业不能随意挑选存货计价以调整当期利润,缺点是工作量比较大,程序烦琐,特别对于存货进出频繁的企业更是如此。而且当物价上涨时,会高估企业当期利润和库存存货价值;反之,会低估企业当期利润和存货价值。

(2)加权平均法。该法是指以本月全部收货数量加上月初存货数量作为权数,去除本月全部收货成本加上月初存货成本,计算出存货的加权平均单位成本,从而确定存货的发出和库存成本。

采用加权平均法,只在月末计算一次加权平均单价,比较简单,而且在市场价格上涨或下跌时所计算出来的单位成本平均化,对存货成本分摊较为折中。但是,这种方法平时无法从账上提供发出存货和结存存货的单价及金额,不利于加强对存货的管理。

（3）移动平均法。该法是指本次收货的成本加原有库存的成本，除以本次收货数量加原有存货数量，据以计算加权单价，并对发出存货进行计价的一种方法。

移动加权平均法的优点在于能使管理当局及时了解存货的结存情况，而且计算的平均单位成本以及发出的结存的存货成本比较客观。但采用这种方法，每次收货都要计算一次平均单价，计算工作量较大，对收发货较频繁的企业不适用。

（4）个别计价法。该法假设存货的成本流转和实物流转相一致，按照各种存货，逐一辨认各批发出存货和期末存货所属的购进批别或生产批别，分别按其购入或生产时所确定的单位成本作为计算各批发出存货的期末存货成本的方法。

采用个别计价法计算发出存货的成本和期末存货成本比较合理、准确，但这种方法的前提是需要对发出和结存存货的批次进行具体认定，以辨别其所属的收入的批次，所以实务操作的工作比较繁重。个别计价法适用于容易识别、存货品种数量不多、单位成本较高的存货计价，如房产、船舶、飞机、重型设备、珠宝、名画等贵重物品。

（5）后进先出法。该法对成本流转的假设与先进先出法相反，它是以后收进的存货先发出为假定前提，对发出存货按最近收进的单价进行计价的一种方法。

后进先出法的优点是，在物价持续上涨时期，发出存货按照最近收货的单位成本计算，从而使当期成本升高，利润降低，可减少通货膨胀对企业带来的不利影响，这是会计实务中实行稳健原则的方法之一。但由于该方法计价可能导致资产负债表上存货项目的金额明显脱离其真实价值，从2003年起被国际会计准则理事会停止使用，我国新会计准则也停止采用该方法。

2. 计划成本法。该法是指企业存货的收入、发出和结余均按预先制订的计划成本计价，同时另设"材料成本差异"科目，登记实际成本与计划成本的差额。

采用计划成本法的前提是制定每一品种规格材料存货的计划成本，材料计划成本的组成内容应与其实际成本的构成一致，包括买价、运杂费和有关税金等。材料的计划成本一般由企业采购部门会同财会等部门共同制定，制定的计划成本应尽可能接近实际。

采用计划成本法对材料存货进行核算是指日常的会计处理，会计期末需通过"材料成本差异"科目，将发出和期末存货调整为实际成本。

材料成本差异随着材料存货的入库而形成，包括外购材料、自制材料、委托加工完成材料入库等；同时也随着材料出库而减少，如领用材料、出售材料、消耗材料等。期初和当期形成材料成本差异，应在当期已发出材料和期末结存材料之间进行分配，属于已消耗材料应分配的材料成本差异，从"材料成本差异"科目转入有关科目。企业通常在月份终了时计算材料成本差异率，据以分配当月形成的材料成本差异。

经过材料成本差异的分配，本月发出材料分配的成本差异从"材料成本差异"科目转出之后,属于月末库存材料应分配的成本差异仍保留在"材料成本差异"科目内,作为库存材料成本的调整项目,编制资产负债表时,存货项目中的材料成本,应当列示加或减材料成本差异后的实际成本。

采用计划成本法进行存货的日常核算,主要有两个优点:①材料明细账可以只记收入、发出和结存的数量,将数量乘以计划成本,随时求得材料收、发、存的金额,通过"材料成本差异"科目计算、调整发出和结存材料的实际成本,简便易行;②有了合理的计划成本之后,将实际成本与计划成本对比,可以对采购部门进行考核,促使其降低采购成本,节约支出。

(三)商业企业核算方法设计——毛利率法和零售价格法

1. 毛利率法。这种方法计算期末存货价值的核心思想是:

期末存货成本 = 期初存货 + 本期增加的存货 - 本期销售收入 × (1 - 销售毛利率)

销售毛利率 = 销售成本 ÷ 销售收入

【例 7-1】某家电销售企业期初存货 20 000 元,本期购入存货 80 000 元,本期销售收入 100 000 元,测定的家电行业销售毛利率为 20%。

期初存货成本	20 000
加:购货成本	80 000
可供销售存货成本	100 000
减:本期销售成本 100 000 × (1 - 20%)	80 000
期末存货成本	20 000

这种方法在商业企业应用比较广,它的优点是无须盘点,因为商业企业盘点存货的工作量很大。但这种方法计算出来的存货价值是一个估计值,并非十分精确,而且还必须是所测算的存货毛利率相对稳定。

需要注意的是,如果企业存在债务重组或非货币性交易等情况,还要在上述公式上减去这些项目导致的减少额。

2. 零售价格法。这也是商业企业存货估价的一种方法。商业企业往往以售价标注存货价值,无论在期初存货、本期购进还是销售环节都是如此。

期末存货成本 = (期初存货零售价 + 本期增加的存货的零售价 -

本期销售零售价收入) × 零售价成本率

零售价成本率 = (期初存货成本价 + 本期增加存货的成本价) ÷

(期初存货零售价 + 本期增加存货的零售价)

【例 7-2】某商品流通企业期初存货成本价 20 000 元,售价 25 000 元,本期购货成本 60 000 元,售价 75 000 元,本期销售收入 80 000 元。

	成本价	零售价
期初存货	20 000	25 000
本期购货	60 000	75 000
供销售存货	80 000	100 000
本期销货		80 000

零售价格成本率 = 80 000 ÷ 100 000 = 80%

期末存货成本 = 20 000 × 80% = 16 000(元)

本期末存货	16 000	20 000

这种方法尤其适用于当商品遭受火灾等损毁而无法取得实物形态时的推测。它的局限是企业的期初存货必须与本期购货成本及售价规模相当。

三、存货储存业务和清查盘点的设计

1. 存货储存业务内部控制制度。存货储存业务内部控制制度的内容主要由以下几方面构成：

（1）保管责任制度。通过设置专职仓库保管人员,明确其职责范围,落实存货保管的经济责任。

（2）存货收发和计量制度。要求各种存货的收入、发出必须根据有关业务凭证办理手续,并签字盖章;设置精确的计量工具,对收入、发出的存货精确计量。

（3）运用永续盘存制,加强会计对各项存货的控制。

（4）盘点制度。将定期盘点与不定期盘点相结合,防止并及时揭示出现的差错或舞弊行为,保证账实相符。

（5）存货保险制度。通过将存货向保险公司投保,降低发生存货意外损失的风险。

（6）存货质量管理制度。库存存货质量管理包括两个方面:一是存货的残损变质;二是存货的积压呆滞。无论属于哪一种情况,都必须结合存货的盘点,及时发现并采取措施处理,以保证存货质量的良好,减少损失的发生,并保证会计存货核算资料的真实可靠。

（7）确定恰当的存货明细分类账分类方法。由于材料、商品等存货种类、规格繁多,存货的明细核算既可以按其品种、规格和等级分类,也可以按其品种、规格、等级和进货单价等方法分类。不同的分类方法直接导致发出或销售存货价值计算结果的不同和库存价值的不同。因此,无论采用哪种分类方法,都必须结合企业自身的经营管理特点,选择恰当的分类方法,为准确计算材料发出成本、库存商品销售成本提供必要的资料。

（8）健全存货明细账设置。商品储存指标有业务部门的"可调库存"、仓库部门的

"保管库存"和财会部门的"会计库存"三种口径,企业应结合设定的材料、库存商品明细分类账分户方法,分别按三种口径组织存货的明细核算,以充分利用所能提供的各项资料,促进企业改善业务经营,提高存货乃至整个企业的经营管理水平。

2. 存货清查盘点设计。为保护企业存货的安全完整,做到账实相符,企业必须对存货进行定期或不定期的清查盘点。存货的清查通常采用实地盘点的方法,通过盘点确定各种存货的实际库存数,并与账面结存数相核对。

清查盘点前,要做好核对账目、整理商品、检查度量衡器具和清查盘点人员的组织等准备工作;清查盘点时,既要查清数量,又要检查质量,将积压呆滞、残损变质、质次价高以及存量过大、储存时间过长等不良问题查清,并防止错盘、漏盘。根据盘点结果如实填写"存货盘点报告单"。

第三节　固定资产会计的设计

固定资产是指使用期限超过 1 年的房屋、建筑物、机器、机械、运输工具以及其他与生产经营有关的设备、器具、工具等。不属于生产经营主要设备的物品,单位价值在企业固定资产目录规定的限额以上,并且使用年限超过 1 年的也应作为固定资产。因此,每个企业都应该制定本企业的固定资产目录,作为企业会计制度的组成部分。判断固定资产的标准有两个:一是符合固定资产的定义和确认条件;二是符合固定资产目录的要求。

一、固定资产入账价值的确定

固定资产价值的构成是指固定资产价值所包括的范围。从理论上讲,它应包括企业为购建某项固定资产达到可使用状态前所发生的一切合理的、必要的支出。这些支出既有直接发生的,如购置固定资产的价款、运杂费、包装费和安装成本等,也有间接发生的,如应分摊的借款利息、外币借款汇兑损益以及应分摊的其他间接费用等。

固定资产计价有两种方法供选择,除了最常见的历史成本以外,还有公允价值。

1. 历史成本。历史成本计价方法因为计价资料可靠,能够保证真实性的原则,所以,正常情况下会计报表中的固定资产都是以历史成本列示,并以累计折旧反映其价值的减损。历史成本计价的缺点在于不能反映资产的现行价值,尤其当固定资产使用年限很长时,这种信息对于现行决策显然没有相关性。

2. 公允价值。为了解决上述资产计价带来的弊端,我国的会计准则已经允许企业在特定情况下采用现行市价反映价值,如盘盈资产、期末发生减值的确认等。

按照固定资产的来源渠道不同,计价方法具体规定为:

其一,企业购置的不需要经过建造安装即可使用的固定资产,按实际支付的买价加上支付的运输费、包装费、安装成本、税金等作为入账价值。

企业用一笔款项购入多项没有标价的固定资产时,应按各项固定资产市场价格的比例进行分配,以确定各项固定资产的入账价值。

其二,自行建造的固定资产,按建造该项资产达到预定可使用状态前所发生的全部支出作为入账价值。

与过去相比,新准则强调固定资产建造价值以"达到预定使用状态"而不再是以竣工结算为标准。这样做的道理在于:一方面,进入该固定资产成本的支出只能截至预定使用状态前;另一方面,只要达到预定使用状态就必须计提折旧。例如,对1992年上海石化改制上市时的审计发现,其下属分厂一条30万吨乙烯工程已经运行2年,但由于没有竣工结算,每年少提折旧1亿元,两年累计多计利润2亿元。所以,必须改变过去确认固定资产完工的标准,堵塞利用会计制度的"漏洞"。

其三,投资者投入的固定资产,应以投资各方协商确定的价值作为入账价值,但协商价值不公允的除外。

其四,融资租入的固定资产,按租赁期开始日租赁资产公允价值与最低租赁付款额的现值两者中较低者作为入账价值。按入账价值与最低租赁付款额(终值)的差额,即货币时间价值,作为未确认融资费用待摊。

其五,在原有固定资产的基础上进行改建、扩建的,按原固定资产的账面价值,加上由于改建、扩建而使该项资产达到预定可使用状态前发生的支出,减改建、扩建过程中发生的变价收入作为入账价值。

其六,企业接受的债务人以非现金资产抵偿债务方式取得的固定资产,或以应收债权换入固定资产的,按收到固定资产的公允价值作为入账价值。如涉及补价的,按以下规定确定受让的固定资产的入账价值:

(1)收到补价的,按收到固定资产的公允价值减去补价,加上应支付的相关税费作为入账价值。

(2)支付补价的,按收到固定资产的公允价值加上支付的补价和应支付的相关税费,作为入账价值。

其七,以非货币性交易换入的固定资产,按换出资产的公允价值加上应支付的相关税费作为入账价值。如涉及补价的,按以下规定确定换入固定资产的入账价值:

(1)收到补价的,按换出资产的公允价值加上应支付的相关税费减去补价后的余额,作为入账价值。

（2）支付补价的,按换出资产的公允价值加上应支付的相关税费和补价,作为入账价值。

其八,接受捐赠的固定资产,应按以下规定确定其入账价值:

（1）同类或类似固定资产存在活跃市场的,按同类或类似固定资产的市场价格估计的金额,加上应支付的相关税费,作为入账价值。

（2）同类或类似固定资产不存在活跃市场的,按接受捐赠的固定资产的预计未来现金流量现值,作为入账价值。

（3）如受赠的系旧的固定资产,按照上述方法确定的价值,减去按该项资产的新旧程度估计的价值损耗后的余额,作为入账价值。

其九,盘盈的固定资产,按同类或类似固定资产的市场价格,减去按该项资产的新旧程度估计的价值损耗后的余额,作为入账价值。

其十,经批准无偿调入的固定资产,按资产的公允价值加上发生的运输费、安装费等相关费用,作为入账价值。

固定资产的入账价值中,还应当包括企业为取得固定资产而交纳的契税、耕地占用税、车辆购置税等相关税费。

企业购置计算机硬件所附带的、未单独计价的软件,与所购置的计算机硬件一并作为固定资产管理。

二、固定资产折旧方法的选择

固定资产折旧是指固定资产在使用过程中,逐渐损耗而消失的那部分价值。固定资产损耗的这部分价值,应当在固定资产的有效使用年限内进行分摊,形成折旧费用,计入各期成本。

（一）固定资产折旧设计的原则

由于折旧费用的计算直接关系到资产价值的大小和损益的多少,所以企业在设计固定资产折旧方法时要注意以下几个方面:

1. 企业可以自行确定固定资产的预计使用年限、预计净残值及折旧方法。选定之后要报经股东大会或董事会,或经理(厂长)会议或类似机构批准,同时,按照法律、行政法规的规定报送有关各方备案,同时备置于企业所在地,以供股东等有关各方查阅。

2. 固定资产预计使用年限和预计净残值、折旧方法等,一经确定不得随意变更。这是为了防止企业人为操纵利润,但如果确实需要变更,要报经有关机构批准并报送有关各方备案,并在会计报表附注中予以说明。

3. 企业因更新改造等原因而调整固定资产价值的,应当根据调整后价值、预计尚可使用年限、预计净残值,以及企业所选用的折旧方法计提折旧。

4. 对于接受捐赠的旧固定资产,企业应当按照规定的固定资产入账价值、预计可使用年限、预计净残值,以及企业所选用的折旧方法计提折旧。

5. 融资租入的固定资产,应当采用与自有应计折旧资产相一致的折旧政策。能够合理确定租赁期届满时将会取得租赁资产所有权的,应当在租赁资产尚可使用年限内计提折旧;无法合理确定租期届满时能够取得租赁资产所有权的,应当在租赁期与租赁资产尚可使用年限两者中较短的期间内计提折旧。

6. 企业应当严格执行国家对资产折旧范围的规定。计提折旧的固定资产包括:房屋和建筑物;在用的机器设备、仪器仪表、运输工具、工具器具;季节性停用、大修理停用的固定资产;融资租入和以经营租赁方式租出的固定资产。不提折旧的固定资产包括:以经营租赁方式租入的固定资产;已提足折旧继续使用的固定资产;按规定单独估价作为固定资产入账的土地。

7. 已达到预定可使用状态的固定资产,如果尚未竣工决算的,应当按照估计价值暂估入账,并计提折旧;待竣工决算完毕后,再按照实际成本调整原来的暂估价值,并依此计提以后期间的折旧,不必调整原已计提的折旧额。

8. 企业一般按月提取折旧,当月增加的固定资产当月不提折旧,从下月起计提折旧;当月减少的固定资产,当月照提折旧,从下月起不提折旧。固定资产提足折旧后,不管能否继续使用,均不再提取折旧;提前报废的固定资产,也不再补提折旧。

(二)固定资产折旧方法的选择

固定资产的折旧方法主要有三种:

1. 平均年限法。该方法又称直线法,是将固定资产的折旧均衡地分摊到各期的一种方法。采用这种方法计算的每期折旧额均是等额的。计算公式为:

年折旧率 = (1 - 预计残值率) ÷ 预计使用年限 × 100%

月折旧率 = 年折旧率/12

月折旧额 = 固定资产原价 × 月折旧率

平均年限法的优点是简单易行,也是税法推荐的方法,但缺点是提取的折旧费用不能反映实际的消耗价值。一般来说,资产使用初期的性能好、提供的运行效率高、修理费用也少,而后期恰好相反。如果各期折旧都一样则无法实现权责发生制的原则。

2. 工作量法。该方法是根据实际工作量计提折旧额的一种方法。这种方法弥补了平均年限法只重使用时间,不考虑使用强度的缺点,其计算公式为:

每一工作量折旧额 = 固定资产原价 × (1 - 残值率) ÷ 预计总工作量

某项固定资产月折旧额 = 该项固定资产当月工作量 × 每一工作量折旧额

该方法将折旧的提取与实际使用情况加以结合,不再按照时间、而是按照使用强度来计提折旧,理论基础比较充分。但这种方法只适用于能准确、并经济地取得工作量的资产,同时,它只关注了资产的有形损耗,而忽视了无形损耗。

3.加速折旧法。该方法又称快速折旧法或递减折旧法,其特点是在固定资产有效使用年限的前期多提折旧,后期则少提折旧,从而相对加快折旧的速度,以使固定资产成本在有效使用年限中加快得到补偿。加速折旧法主要有以下几种:

(1)双倍余额递减法。该方法是在不考虑固定资产残值的情况下,根据每期期初固定资产账面余额和双倍的直线法折旧率计算固定资产折旧的一种方法。其计算公式为:

年折旧率 = 2 ÷ 预计折旧年限 × 100%

月折旧率 = 年折旧率 ÷ 12

月折旧额 = 固定资产每期账面净值 × 月折旧率

由于双倍余额递减法不考虑固定资产的残值收入,因此,在应用这种方法时必须注意不能使固定资产的账面折余价值降低到它的预计残值收入以下,即计提折旧的固定资产,应当在其固定资产折旧年限到期以前两年内,将固定资产净值扣除预计净残值后的余额平均摊销。

(2)年数总和法。该方法又称合计年限法,是将固定资产的原值减去净残值后的净额乘以一个逐年递减的分数计算每年的折旧额,这个分数的分子代表固定资产尚可使用的年数,分母代表使用年数的逐年数字总和。其计算公式如下:

年折旧率 = 尚可使用年数 ÷ 预计使用年限的年数总和

或者

年折旧率 = (预计使用年限 – 已使用年限) ÷ 预计使用年限 ×

(预计使用年限 + 1) ÷ 2 × 100%

月折旧率 = 年折旧率 ÷ 12

月折旧额 = (固定资产原值 – 预计净残值) × 月折旧率

加速折旧法使得资产前期计提折旧费用多、后期递减。其优点是,更符合资产创造收益与发生费用之间的配比,对整体损耗的补偿性强;如果税法认可,该种折旧法还能够起到延迟纳税的作用。其缺点在于,在税法尚未认可的情况下,采用该方法会导致应纳税利润与会计利润间的差别,从而使得纳税调整的会计处理会较为烦琐。

三、固定资产内部控制制度设计

(一)职务分离与相应责任控制制度

在固定资产采购、调出、修理、报废等业务环节中,负责采购、调出、修理、报废业务的招待人员应与负责审批、保管、付款(收款)、记账人员相分离,并明确其相应职责。

(二)投资管理控制制度

固定资产投资是企业生存和发展的基本保证,是一个事关企业发展的战略问题。因此,在制定固定资产投资决策时,必须参考决策制度、相应的筹资制度、外部制度约束等固定资产投资制度进行安排,并对可利用资本回报成本和规模、项目的盈利性、企业承担风险的意愿和能力等主要影响投资决策的变量进行分析,对固定资产投资的可行性进行研究、分析。

(三)固定资产取得和处置控制制度

1. 对固定资产的验收投产、内部转移、调拨出租、报废清理、更新等变动,要由有关部门提出报告,经审核批准后,方可执行。

2. 财会部门对批准执行的固定资产验收投产、内部转移、调拨出租、报废清理、更新等变动情况,须建立规范的凭证流转程序,以保证及时取得相关原始凭证,确保固定资产核算的真实性。

3. 财会部门对固定资产的增减变动必须及时进行相应的会计处理,除了进行总分类核算外,还应建立固定资产目录、明细分类账和卡片,做到账、卡、物相符。

4. 形成有专人负责的固定资产使用管理制度,对不需用或使用不当的固定资产及时提出处理措施;对清理报废的固定资产应及时入账,实物要妥善保管和统一处理。

(四)固定资产维修保养制度

对生产经营用的机器、汽车等易磨损、需定期保养的固定资产,按固定资产项目,逐个建立固定资产定期维修保养制度,对房屋建筑物等固定资产也应制定养护制度并严格执行,从而保证固定资产的正常运行,有效延长固定资产的使用寿命。

(五)固定资产的盘点控制制度

对固定资产要定期进行清查盘点,并对清查盘点中发生的盘盈、盘亏、毁损等情况及时查明原因,分清责任。并且,建立定期(年终)检查固定资产减值情况的制度,发现确有减值时提出书面报告,进行相应的会计处理。

(六)固定资产折旧控制制度

企业应根据固定资产的自身特征和使用情况选择恰当的折旧计算方法,正确计提固定资产折旧。

四、固定资产业务凭证的设计

要保证固定资产各项监控制度的有效运行,必须首先设计出符合企业机构设置、人员分工等特点的固定资产业务账务处理程序,并建立规范的业务凭证和账表。由于固定资产的购建、调拨、报废清理、折旧、修理等业务的账务处理程序比较简单,而且有的内容与存货的处理基本相同,如固定资产的采购业务,因而不再详加说明,本部分重点说明有关业务处理凭证的设计。

(一)固定资产目录的设计

由于不同企业经营性质、经营规模不同,因而对固定资产的确认标准也不完全相同。各企业可根据会计制度的规定,结合自身的经营管理的需要确定,并编制固定资产目录,以明确固定资产的核算范围,作为固定资产核算的依据。固定资产目录的一般格式如表7-2所示。

表7-2　固定资产目录

编号	名称	规格型号	单位	原始价值	估计使用年限	折旧率	折旧额	备注

(二)固定资产登记簿的设计

固定资产登记簿是按固定资产类别开设的、用以记录各类固定资产增减变化和结余情况的账簿。它相当于固定资产的二级账。其一般格式如表7-3所示。

(三)固定资产卡片的设计

固定资产卡片是为反映、监督每项固定资产而专设的固定资产专用明细账。它相当于固定资产的三级账。其一般格式如表7-4、表7-5所示。

(四)固定资产折旧计算分配表的设计

固定资产折旧计算分配表是编制固定资产折旧记账凭证的原始凭证。在计算出每月的固定资产折旧额后,应按月编制此表。其一般格式如表7-6所示。

表7-3 固定资产登记簿

月份	增加数						减少数							结余数			
	一车间	二车间	略	合计	其中		一车间	二车间	略	合计	其中			一车间	二车间	略	合计
					无偿拨入	有偿拨入					无偿拨出	有偿拨出	报废清理				
年初数																	
1月份																	
……																	
12月份																	
全年合计																	

表7-4 固定资产卡片(正面)

卡片编号:

设卡日期		注销日期		
固定资产编号		日期	凭证	使用和保管单位
名称				
主要规格				
建筑部门或建造工厂				
建筑或制造完成日期				
出厂编号		固定资产原价		
验收日期		日期	凭证	摘要	借方金额	贷方金额	余额
验收凭证号数				
预计作用年限				
折旧率				
备注		报废清理或拨出记录		

	报废清理记录			拨出记录		
	日期	凭证摘要	清理费用	变价收入	日期	凭证	拨入单位

表7-5　固定资产卡片(反面)

停用和恢复使用记录					主体及附属配备以及它们的变更记录								
停用			恢复使用		主体及附属设备			主体及附属设备变更记录					
日期	凭证	原因	日期	凭证	名称及摘要	单位	数量	日期	凭证	名称及摘要	单位	增加数量	减少数量
大修理记录													
完工日期	凭证	摘要	大修理费用										

表7-6　固定资产折旧计算分配表

应借账户	车　间	上月计提折旧额	上月增加固定资产应计提折旧额	上月减少固定资产应计提折旧额	本月应计提折旧额	备注
制造费用	第一车间					
	第二车间					
	小计					
辅助生产成本	机修车间					
	动力车间					
	小计					
管理费用						
合计						

(五)固定资产盘点表的设计

为保证固定资产的安全及会计核算的准确性,应定期或不定期地对固定资产进行清查。在清查前,会计人员和固定资产的管理人员应将各自负责的有关固定资产账簿记录核对准确。固定资产的清查方法是实地盘点,将固定资产卡片同实物相核对。盘点后,应按盘点结果详细填写"固定资产盘点明细表",作为盘点结果的依据;并据此与固定资产卡片相核对,对账实不符的编制"固定资产盘盈、盘亏表"。具体格式如表7-7、表7-8所示。

表7-7　固定资产盘点明细表

年　　月　　日

固定资产编号	名称	单位	保管单位	存放地点	盘点数量	备注

主管:　　　　　　　　　　盘点人:　　　　　　　　　保管人:

表7-8　固定资产盘盈、盘亏表

年　　月　　日

固定资产编号	名称	单位	数量	盘盈		盘亏		毁损		原因
				重置价值	估计折旧	原价	已提折旧	原价	已提折旧	

财务负责人:　　　　　　　盘点负责人:　　　　　　　制表人:

五、固定资产核算账户设计

固定资产会计核算一般需要设置固定资产、累计折旧、固定资产清理、在建工程、工程物资等有关账户。

(一)固定资产账户

凡符合企业固定资产标准的资产均通过本账户核算,本账户只核算固定资产的原值。企业应按固定资产类别、使用部门分别设置明细账。经营租入的固定资产,应另设备查簿进行登记,不在本账户核算。

(二)累计折旧

为提供固定资产原值信息,固定资产损耗的价值不直接冲减固定资产账户,而通过本账户来专门核算,它是固定资产账户的备抵账户。本账户只进行总分类核算,不进行明细分类核算。如需要查明某项固定资产的已提折旧,可以根据固定资产卡片上所记载的该项固定资产原价、折旧率和实际使用年限等资料进行计算。

应当指出,累计折旧从性质上说与固定资产是相同的。作为固定资产的备抵科目,用来反映资产价值的减损。为什么要单独设立这样一个科目呢? 能否如无形资产那样,价值的减少直接冲减"无形资产"科目、而不是像现在通过"累计折旧"间接反映? 回答是否定的。其原因在于:固定资产在账上维持原值,有利于折旧的计算与计提。无形资产直接冲减原值是因为:相对来说它的价值远远小于固定资产,并且并非所有的企业都具有无形资产,这是会计重要性原则的一个应用。

(三)固定资产清理

因出售、转让、报废、毁损及对外捐赠、投资而进行的固定资产处置,包括清理的固定资产净值及其清理过程中所发生的清理费用和清理收入等,均通过本账户核算。本账户应按被清理的固定资产设置明细账。

(四)在建工程账户

凡为建造或修理固定资产而进行的各项建筑和安装工程,包括固定资产新建工程、改扩建工程、大修理工程、购入需安装的固定资产安装工程所发生的实际支出,以及改扩建工程等转入的固定资产净值,均通过本账户核算。本账户应按工程项目设置明细账。

(五)工程物资账户

工程物资账户用于核算企业库存的用于建造或修理固定资产工程项目的各种物资的实际成本。本账户应按工程物资的类别、品种设置明细账。

第四节　无形资产会计的设计

一、无形资产确认的标准

无形资产是指企业为生产商品或者提供劳务,或为管理目的而持有的、没有实物形态的非货币性长期资产。

无形资产一般没有实物形态,能在较长的时期内使企业获得经济效益;其持有的目的是使用而不是出售,为企业提供未来经济效益的大小具有较大的不确定性,并且是企业有偿取得的。我国《企业会计准则第6号——无形资产》规范的范围仅包括可辨认的无形资产,而将不可辨认的无形资产——商誉归于"企业合并准则"中作出规范。

无形资产一般包括下述各项:

1. 专利权。专利权指权利人在法定期限内对某一发明创造所拥有的独占权和专有权。专利权的主体是依据专利法被授予专利权的个人或单位,专利权的客体是受专利法保护的专利范围。

2. 商标权。商标权指企业专门在某种指定的商品上使用特定的名称、图案、标记的权利。根据我国商标法的规定,经商标局核准注册的商标为注册商标,商标注册人享有商标专用权,受法律保护。商标权的内容包括独占使用权和禁止使用权。商标权的价值在于它能使享有人获得较高的赢利能力。

3. 土地使用权。土地使用权指国家准许某一企业在一定期间对国有土地享有开发、利用、经营的权利。根据我国土地管理法的规定,我国土地实行公有制,任何单位和个人不得侵占、买卖或者以其他形式非法转让。

4. 著作权。著作权指著作权人对其著作依法享有的出版、发行等方面的专有权利。著作权可以转让、出售或者赠予。著作权包括发表权、署名权、修改权、保护作品完整权、使用权和获得报酬权等。

5. 特许权。特许权也称专营权,指在某一地区经营或销售某种特定商品的权利或是一家企业接受另一家企业使用其商标、商号、技术秘密等的权利。

6. 非专利技术。非专利技术也称专有技术,指发明人垄断的、不公开的、具有实用价值的先进技术、资料、技能、知识等。非专利技术具有经济性、机密性、动态性等特点。

7. 商誉。商誉指企业获得超额收益的能力,通常是指企业由于所处的地理位置优越,或由于信誉好而获得了客户的信任,或由于组织得当、生产经营效益高,或由于技术先进、掌握了生产的诀窍等原因而形成的无形价值。这种无形价值具体表现在该企业的获利能力超过一般的获利水平。

商誉可以是自己建立的,也可以是向外购入的,但是只有向外购入的,才能作为商誉入账。也就是说,企业在兼并或购买另一个企业时,才能进行商誉的核算。

二、无形资产计价和摊销的设计

(一)无形资产计价方法选择

按照来源不同,无形资产可以分为外部取得的无形资产和内部自创的无形资产。

关于外部取得的无形资产的计价,如果是购进的无形资产,要以其历史取得成本计价入账;如果是接受投资的无形资产,则以投资各方协商确认的价值计价入账,但协商确定的价值不公允的除外;如果是接受捐赠的无形资产,则按捐赠方提供的凭据金额计价入账,否则以其同类无形资产的公允市价入账,或者以其未来收益现值入账。对于内部自创的无形资产,国际上有两种主要处理方法:一种是将所有研究开发费用都计入当期损益;另一种是将研发费用区分为研究费用和开发费用,将研究费用作为当期费用,而将开发费用予以资本化。我国倾向于后者的做法,凡是符合资本化条件的开发阶段支出,允许计入无形资产的成本。对于研究阶段与开发阶段的划分,企业的权力机构应做出明确规定,由会计部门遵照执行。并且,无形资产会计只确认外购商誉,不确认内部自创商誉。显然,我国的做法既贯彻了稳健的原则,也一定程度地解决了无形资产入账价值偏低、不能代表其实际价值的问题。

(二)无形资产的摊销

无形资产通常有一定的有效期限,因为代表无形资产价值的权利或特权总会终结或消失,但这种权利或特权的终结和消失是一个渐进和持续的过程,其价值是逐步地转移到受益期内产品价值中的。因此,无形资产的成本应在其有效期限内摊销。在我国有关法律、规章中,对无形资产的有效期限,有的作出了规定,如专利权、商标权等,有的未作出规定。会计准则要求按照有关法律和规章规定的有效期限及有关协议规定的受益期限中较短者平均摊销;若法律或有关协议均没有规定有效期限的,可人为判定一个有效期摊销;若无法判定有效期的,则作为寿命不定的无形资产,不摊销。

过去,无形资产的摊销直接冲减无形资产账户本身,这与固定资产略有不同,主要是因为一般情形下,企业无形资产价值较小,但随着知识经济的发展,无形资产的价值越来越大,在企业资产中所占比例也逐渐升高。这时,在会计制度设计时就应当单独设计一个"累计摊销"的备抵科目,以更加准确地反映它的价值补偿。

三、无形资产内部控制制度的设计

(一)支出预算控制制度

企业的无形资产无论是外购的,还是内部自创的,都需要付出一定的代价,但同时无形资产为企业带来的经济效益具有很大的不确定性。因此,在购置或自创无形资产时,必须经过认真调查研究,反复论证其可行性,并与相应的生产经营策略统筹安排,编制支出预算。

（二）审核入账控制制度

企业有的无形资产在形成之前往往会发生大量的研究开发费用，正式取得时的费用反而很小；有的无形资产无法单独确认其形成成本，但却可以为企业带来巨大利益。无形资产确认、计量的复杂性要求会计核算必须按会计准则、会计制度的规范，结合企业的自身特点，建立一套严格、规范的无形资产审核入账控制制度，正确划分资本支出与费用支出界限，以保证可靠地提供企业财务信息，正确计算经营成果。

（三）无形资产摊销控制制度

无形资产在各个期间的费用分摊金额，直接影响着各个期间会计提供的财务状况和经营成果信息。因此，同无形资产审核入账控制制度一样，企业必须按会计准则、制度的规范，结合企业各种无形资产的特点，建立一套严格、规范的无形资产摊销控制制度。并且，建立定期（年终）检查无形资产减值情况的制度，发现确有问题时提出书面报告，以保证企业财务信息的真实、可信，经营成果的计算准确。

四、无形资产核算设计

企业的无形资产是通过设置"无形资产"账户进行核算的，为详细提供各种无形资产信息，该账户一般按无形资产的类别设置明细账。无形资产一般应按法定有效期限或受益年限进行摊销，摊销时不再直接冲减"无形资产"账户，而是贷记"累计摊销"账户；"无形资产"账户的期末余额是无形资产的原始价值。

无形资产的价值与固定资产价值减值一样，需要设置一个备抵调查账户"无形资产减值准备"进行核算，该账户不需设置明细账户。

第五节 投资会计的设计

一、投资业务会计设计的意义和目的

按照投资时间是否超过1年分类，投资可以分为短期投资和长期投资。把投资分为短期投资和长期投资时，应分别设置短期投资、债权投资和长期股权投资科目进行核算。此外，还需设置应收利息、应收股利及投资收益等账户对有关投资的业务内容进行核算。实行新的会计准则后,这种科目设计已经不再采用。

按照投资者的意图分类,投资可以分为交易性金融资产、持有至到期投资、可供出售金融资产、长期股权投资、投资性房地产等。交易性金融资产主要是指企业为了近期内出售而持有的以赚取差价为目的的有价证券。所以,交易性金融资产实质上属于短期投资,可供出售金融资产是介于长期和短期投资两者之间的投资,其余各项均属于长期投资。

通过投资业务内控制度和业务账务处理程序的设计,健全业务记录并按会计准则和会计制度的要求,正确进行会计核算,对于保护投资的安全与完整,正确计量投资价值,反映和监督各类投资的形成、权益及收益的取得、投资的收回情况,以及对投资效益进行分析等都具有重要意义。

投资业务会计设计的目的,一是防范投资决策风险;二是保护投资资产的安全;三是提供真实投资状况的财务信息;四是正确计算投资收益。

二、投资业务内部控制制度设计

(一)职务分离制度

投资业务职务分离制度主要体现在以下几个方面:

1. 投资计划的编制人员与投资的审批人员相分离,以保证审批人员客观地分析投资的可行性和合理性。

2. 投资业务的操作人员与会计人员相分离,以保证业务运行和会计记录的相互核对和控制关系。

3. 有价证券的保管人员与会计记账人员相分离,以保证会计账簿对有价证券的安全进行有效控制。

4. 投资红利利息和租金的经办人员与会计核算人员相分离,以保证红利、利息所获现金的全款入账。

(二)投资调查审批制度

由于投资活动存在着巨大的风险,在投资前必须进行充分的调查研究,并编制投资计划,详细说明准备投资的对象、投资理由、投资品种、数量、期限以及投资组合方案,影响投资收益的潜在利益、风险等,经决策部门审查批准后方可执行。

(三)财务分析制度

应由负责投资的部门和财务部门定期或不定期地对被投资企业的财务状况、证券市场行情等进行分析,掌握投资的运行状态,及时采取相应对策,规避投资风险。

(四)投资取得、保护和处置控制制度

对各种间接投资取得的有价证券和直接投资的合同、章程等需专人妥善保管,以保证投资资产的安全;对各项投资的出售、收回等处置,也需有相应的部门主管授权批准,并将处置的各项原始凭证及获取的款项交财会部门入账。

(五)投资核算控制制度

投资的会计核算控制制度包括投资的发生、期末计价,利息、租金及股利的收取,投资的收回、处置等投资业务全过程的会计核算控制制度。通过相应的账户设置、会计核算方法的选择确定,对各项投资业务进行真实、完整、系统的会计核算。

三、投资业务账务处理程序

投资按其形式可分为直接投资与间接投资两类。由于直接投资的投资期限较长、投资项目单一、投资金额较大、投资内容变动很少,又有合同、章程等法律文件的严格约束,因而业务账务处理程序比较简单,这里不再详细说明。投资性房地产的账务处理类似于固定资产和无形资产,也无详述的必要。而通过购买有价证券进行的间接投资则不同,它基于投资分散化、降低投资风险的原则,其投资往往呈多样化。企业可投资股票、债券等不同性质的证券,即使在同一种证券中还会有不同的若干品种。由于有价证券的高度流动性,尤其是短期投资的频繁交易所决定,投资企业必须建立规范、严密的投资业务账务处理程序,以便对交易活动实施有效控制,防止舞弊行为,并保证投资会计核算资料的真实、完整。

(一)有价证券购入的业务账务处理程序

1.由投资业务部门编制"股票或债券的投资计划书",经批准后据此填制"证券购入通知单",一式两联,一联留存,一联交财会部门审批后交出纳部门。

2.出纳根据"证券购入通知单"开出支票,经审核盖章并登记支票登记簿后交证券公司。

3.出纳收到证券公司的交割单后,根据交割单、支出存根及"证券购入通知单"编制付款凭证,并据以登记"银行存款"日记账。

4.会计部门收到付款凭证及有关单据后登记有关账簿及证券投资登记簿。

（二）有价证券处置业务账务处理程序

1. 投资业务部门根据证券市场价格及企业投资目标的实现程度,提出证券出售申请,经审批后办理证券的卖出手续。

2. 会计部门收到交割单和银行转来的收账通知审核后,交出纳部门编制收款凭证,并登记"银行存款"日记账。

3. 会计部门根据出纳部门转来的收款凭证及有关原始凭证,登记有关账簿及证券投资登记簿。

（三）有价证券投资收益的业务账务处理程序

1. 投资股票获得的股利投资收益的业务处理。

（1）财会部门根据上市公司股利分配公告和证券股利收入划账单编制股利收益表,并据以编制转账凭证、登记投资等有关账簿。

（2）部门根据银行转来的股利收入收账通知编制收款凭证。

2. 投资债券获得利息收益的业务账务处理程序。

（1）财会部门在期末根据债券的票面利率和面值计算期间利息收入,如果溢、折价购入的还应同时计算溢、折价的本期摊销额,填制债券溢、折价摊销表,并根据债券溢、折价的摊销表记录编制转账凭证登记投资收益等有关账簿。

（2）出纳部门根据银行转来的利息收入收账通知编制收款凭证。

四、投资业务会计核算设计

（一）交易性金融资产

金融资产应当在初始确认时划分为四类:①以公允价值计量且其变动计入当期损益的金融资产,包括交易性金融资产和指定为以公允价值计量且其变动计入当期损益的金融资产;②持有至到期投资;③贷款和应收款项;④可供出售金融资产。

根据《金融工具确认和计量》会计准则的规定,企业持有的以公允价值计量且其变动计入当期损益的其他金融资产,包括为交易目的所持有的债券投资、股票投资、基金投资、权证投资等和直接指定为以公允价值计量且其变动计入当期损益的其他金融资产。金融工具满足下列条件之一的,应当划分为交易性金融资产或金融负债:

1. 取得该金融资产或承担该金融负债的目的,主要是为了近期内出售或回购。

2. 属于进行集中管理的可辨认金融工具组合的一部分,且有客观证据表明企业近期采用短期获利方式对该组合进行管理。

3.属于非套期保值并须通过交付权益工具结算的衍生工具以外的金融工具。为了总括地核算和监督企业交易性金融资产的增减变动及结存情况,应设置"交易性金融资产"账户,该账户属于资产类账户,其借方登记购入股票、债券、基金等交易性金融资产时的初始入账金额;贷方登记企业出售交易性金融资产转出的成本等;期末余额在借方,反映企业交易性金融资产的公允价值。"交易性金融资产"账户应当按照交易性金融资产的类别和品种,分别"成本"、"公允价值变动"进行明细核算。

企业取得交易性金融资产时,按其公允价值(不含支付的价款中所包含的、已到付息期但尚未领取的利息或已宣告但尚未发放的现金股利),借记"交易性金融资产——成本"账户,按发生的交易费用,借记"投资收益"账户,按已到付息期但尚未领取的利息或已宣告发放但尚未发放的现金股利,借记"应收利息"或"应收股利"账户,按实际支付的金额,贷记"银行存款"等账户。

持有交易性金融资产期间被投资单位宣告发放现金股利或在资产负债表日按债券票面利率计算利息时,作投资收益处理。计算投资收益的票面利率与实际利率差异较大的,应采用实际利率计算确定债券利息收入。

资产负债表日,交易性金融资产的公允价值高于其账面余额的差额,借记"交易性金融资产——公允价值变动"账户,贷记"公允价值变动损益"账户;公允价值低于其账面余额的差额,作相反的会计分录。

企业处置交易性金融资产时,将处置时的该交易性金融资产的公允价值与其账面价值之间的差额确认为投资收益,同时调整公允价值变动损益。

(二)持有至到期投资的核算

持有至到期投资,是指到期日固定、回收金额固定或可确定,且企业有明确意图和能力持有至到期的非衍生金融资产。持有至到期投资具有四个特征:①到期日固定,回收金额固定或可确定;②持有至到期投资属于非衍生金融资产;③企业有明确意图将该投资持有至到期;④企业有能力将投资持有至到期。

为了核算企业持有至到期投资的价值,应设置"持有至到期投资"账户。该账户属于资产类账户。借方登记持有至到期投资的面值、溢价金额、到期一次还本付息债券投资按票面利率计算的应收未收利息以及折价的摊销金额;贷方登记持有至到期投资的折价金额、溢价的摊销金额,以及处置持有至到期投资时转出的账面余额;期末余额在借方,反映企业持有至到期投资的摊余成本。该账户应当按照持有至到期投资的类别和品种,分别"成本"、"利息调整"、"应计利息"进行明细核算。

资产负债表日,持有至到期投资为分期付息、一次还本的债券投资的,应按面值和票面利率计算确定的应收未收的利息,借记"应收利息"账户,按持有至到期投资的摊

余成本和实际利率计算确定的利息收入的金额,贷记"投资收益"账户,按其差额,借记或贷记"持有至到期投资——利息调整"账户。

持有至到期投资为到期一次还本付息的债券的,应于资产负债表日按面值和票面利率计算确定的应收未收的利息,借记"持有至到期投资——应计利息"账户,按持有至到期投资的摊余成本和实际利率计算确定的利息收入的金额,贷记"投资收益"账户,按其差额,借记或贷记"持有至到期投资——利息调整"账户。

出售持有至到期投资时或持有至到期的投资到期时,应按收到的金额,借记"银行存款"等账户,已计提减值准备的,借记"持有至到期投资减值准备"账户,按其账面余额,贷记"持有到期投资(成本、利息调整、应计利息)"账户,按其差额,贷记或借记"投资收益"账户。

(三)长期股权投资

长期股权投资是指通过投资取得被投资单位的股权,作为被投资单位的股东,投资者按所持股份比例享有权利并承担责任。长期股权投资的期限一般较长,不准备随时出售。长期股权投资分为四种类型:①企业持有的能够对被投资单位实施控制的权益性投资,即对子公司的投资;②企业持有的能够与其他合营方一同对被投资单位实施共同控制的权益性投资,即对合营企业投资;③企业持有的能够对被投资单位施加重大影响的权益性投资,即对联营企业投资;④企业对被投资单位不具有控制、共同控制或重大影响,或在活跃市场中没有报价、公允价值不能可靠计量的权益性投资。

1.设置的会计账户。为了总括地核算和监督长期股权投资的增减变动和结存情况,企业应设置"长期股权投资"账户。它属于资产类账户,用来核算企业投出的期限在一年以上(不含一年)的各种股权性质的投资,包括购入的股票和其他股权投资等。其借方登记长期股权投资的增加数;贷方登记长期股权投资的减少数;期末借方余额反映企业持有的长期股权投资的价值。本账户应按被投资单位进行明细核算。长期股权投资核算采用权益法的,应当分别"投资成本"、"损益调整"、"其他权益变动"进行明细核算。

2.企业合并取得的长期股权投资的核算。长期股权投资的取得方式不同,其初始投资成本确定也各不相同。具体来说,长期股权投资初始投资成本的确定,应当分为企业合并形成的长期股权投资和其他方式取得的长期股权投资两种形式。

在企业合并形成的长期股权投资中,还可进一步分为同一控制下的企业合并和非同一控制下的企业合并。

(1)同一控制下的企业合并取得的长期股权投资。同一控制下的企业合并是指参与合并的企业在合并前后均受同一方或相同的多方最终控制且该控制并非暂时性的。同一控制下的企业合并,合并方以支付现金、转让非现金资产或承担债务方式作为合并对价的,应当在合并日按照取得被合并方所有者权益账面价值的份额作为长期股权投资的初始投资成本。长期股权投资初始投资成本与支付的现金、转让的非现金资产以及所承担债务账面价值之间的差额,应当调整资本公积;资本公积不足冲减的,调整留存收益。

合并方以发行权益性证券作为合并对价的,应当在合并日按照取得被合并方所有者权益账面价值的份额作为长期股权投资的初始投资成本。按照发行股份的面值总额作为股本,长期股权投资初始投资成本与所发行股份面值总额之间的差额,应当调整资本公积;资本公积不足冲减的,调整留存收益。

同一控制下企业合并形成的长期股权投资,应在合并日按取得被合并方所有者权益账面价值的份额,借记"长期股权投资(投资成本)"账户,按享有被投资单位已宣告但尚未收取的现金股利或利润,借记"应收股利"账户,按支付的合并对价的账面价值,贷记有关资产或借记有关负债账户,按其差额,贷记"资本公积——资本溢价或股本溢价"账户;如果为借方差额,则借记"资本公积——资本溢价或股本溢价"账户,该账户不足冲减的,冲减留存收益。这一设计的目的,在于防止人为操纵利润。

(2)非同一控制下的企业合并形成的长期股权投资。非同一控制下的企业合并是指参与合并的各方在合并前后不属于同一方或相同的多方最终控制的情况下进行的合并。非同一控制下企业合并取得的长期股权投资以公允价值为基础计价,即购买方应当区别下列情况确定合并成本:一次交换交易实现的企业合并,合并成本为购买方在购买日为取得对被购买方的控制权而付出的资产、发生或承担的负债以及发行的权益性证券的公允价值;通过多次交换交易分步实现的企业合并,合并成本为每一单项交易成本之和;购买方为进行企业合并发生的各项直接相关费用也应当计入企业合并成本。购买方在购买日对作为企业合并对价付出的资产、发生或承担的负债应当按照公允价值计量,公允价值与其账面价值的差额,计入当期损益。

非同一控制下企业合并形成的长期股权投资,应在购买日按企业合并成本(不含应向被投资单位收取的现金股利或利润),借记"长期股权投资——投资成本"账户,按享有被投资单位已宣告但尚未发放的现金股利或利润,借记"应收股利"账户,按支付合并对价的账面价值,贷记有关资产或借记有关负债账户,按发生的直接相关费用,贷记"银行存款"等账户,按其差额,贷记"营业外收入"或借记"营业外支出"等账户。非同一控制下涉及以库存商品等作为合并对价的,应按库存商品的公允价值,贷记"主营业务收入"账户,并同时结转相关的成本。涉及增值税的还应进行相应的处理。

(3)长期股权投资的后续计量。长期股权投资会计核算方法有两种:成本法和权益法。通常情况下按照持股比例确定长期股权投资采用成本法,还是采用权益法来进行核算。当投资企业对被投资单位具有共同控制或重大影响时,长期股权投资应采用权益法核算。这种设计方法,目的在于使母公司通过合并报表将子公司未分配利润得到反映,而未被纳入合并范围的联营公司与合营公司未分配利润也因采用权益法在报表上得到反映。至于没有重大影响的长期股权投资在被投资单位的未分配利润,因其数额较小可以忽略。

首先,成本法核算设计一般应遵循的程序为:①初始投资或追加投资时,按照初始投资或追加投资时的投资成本增加长期股权投资的账面价值;②被投资单位宣告分派的利润或现金股利,投资企业按应享有的部分,确认为当期投资收益,但投资企业确认的投资收益,仅限于所获得的被投资单位在接受投资后产生的累积净利润的分配额,所获得的被投资单位宣告分派的利润或现金股利超过被投资单位在接受投资后产生的累积净利润的部分,作为投资成本的收回,冲减投资的账面价值。

其次,权益法核算设计一般应遵循的程序为:①初始投资或追加投资时,按照初始投资或追加投资时的投资成本增加长期股权投资的账面价值;②投资后,随着被投资单位所有者权益的变动而相应调整增加或减少长期股权投资的账面价值;③投资企业确认被投资单位发生的净亏损,除投资企业对被投资单位有其他额外的责任(如提供担保)以外,一般以投资账面价值减记至零为限。如果以后各期被投资单位实现净利润,投资企业应在计算的收益分享额超过未确认的亏损分担额以后,按超过未确认的亏损分担额的金额,恢复投资的账面价值。

为核算长期股权投资业务,可在"长期股权投资"账户下单独设置"投资成本"、"损益调整"等二级明细账户。其中:①"投资成本"账户反映初始投资成本及新投资成本,投资后分得的利润如果是投资前被投资单位实现的净损益,则冲减投资成本;②"损益调整"账户反映投资企业在被投资单位净损益中所占的份额。在被投资单位发生净亏损时,如果损益调整明细账户不够冲减的,应继续冲减,损益调整账户会出现负数。如果被投资单位实现的净利润中包括法规或企业章程规定不属于投资企业的净利润,应按扣除不能由投资企业享有的净利润部分后的金额计算。

(4)成本法与权益法的转换。投资企业对被投资单位的持股比例下降,或其他原因对被投资单位不再具有共同控制和重大影响时,应中止采用权益法,改按成本法核算。投资企业应在中止采用权益法时,按投资的账面价值(长期股权投资的"投资成本"加上"损益调整",再扣除减值准备)作为投资成本,转为"长期股权投资"账户的"投资成本"明细账户。

投资企业对被投资单位的持股比例增加,或其他原因使长期股权投资由成本法改为权益法核算的,投资企业应在中止采用成本法时,按投资的账面价值(长期股权投资的账面余额扣除减值准备)作为投资成本。

(四)投资性房地产

投资性房地产是指以赚取租金或资本增值为目的而持有的房地产。

1.设置的会计账户。为了核算投资性房地产的价值,应设置"投资性房地产"账户。该账户属于资产类账户。当采用成本模式计量时,该账户借方登记取得的投资性房地产的成本;贷方登记处置时转出的投资性房地产的成本。当采用公允价值计量模式时,该账户借方登记取得的投资性房地产的成本和拥有投资性房地产期间公允价值变动收益;贷方登记拥有投资性房地产期间公允价值变动损失以及处置时转出的投资性房地产的价值。该账户的期末余额在借方,反映企业拥有的投资性房地产的价值。当投资性房地产采用成本模式计量时,企业应当按照投资性房地产类别和项目进行明细核算;投资性房地产采用公允价值模式计量的,企业应当按照投资性房地产类别和项目并分别"成本"和"公允价值变动"进行明细核算。

2.采用成本模式核算投资性房地产。企业通常采用成本模式对投资性房地产进行后续计量,也可选择采用公允价值模式对投资性房地产进行后续计量。但是,企业不得同时采用两种计量模式。企业对投资性房地产的计量模式一经确定,不得随意变更。成本模式转为公允价值模式的,应当作为会计政策变更处理。已采用公允价值模式计量的投资性房地产,不得从公允价值模式转为成本模式。

在成本模式下,按照历史成本对已出租的建筑物和土地使用权进行计量,计提折旧或摊销,期末有确凿证据表明其价值已经减值的,也可计提减值准备。具体来说,当取得投资性房地产时,按取得时的成本借记"投资性房地产"账户,贷记"银行存款"等账户;投资性房地产中建筑物的折旧政策与固定资产一致,在计提折旧时,借记"其他业务成本"等账户,贷记"累计折旧"账户;对于投资性房地产中的土地使用权,其摊销政策与无形资产一致,在摊销时,借记"其他业务成本"等账户,贷记"累计摊销"账户;在计提投资性房地产的减值准备时,借记"资产减值损失——计提的投资性房地产减值准备"账户,贷记"投资性房地产减值准备"账户。

3.采用公允价值模式核算投资性房地产。当存在确凿证据表明投资性房地产的公允价值能够持续可靠取得时,可以采用公允价值计量模式。用公允价值模式计量的,不对投资性房地产计提折旧或进行摊销,应当以资产负债表日投资性房地产的公允价值为基础调整其账面价值,公允价值与原账面价值之间的差额计入当期损益。

采用公允价值模式计量的投资性房地产的主要账务处理如下:

(1)企业外购、自行建造等取得的投资性房地产,应按《投资性房地产》准则确定的成本,借记"投资性房地产(成本)",贷记"银行存款"、"在建工程"等账户。

(2)将作为存货的房地产转换为采用公允价值模式计量的投资性房地产时,应按该项房地产在转换日的账面价值,借记"投资性房地产(成本)"账户,已计提跌价准备的,借记"存货跌价准备"账户,按其账面余额,贷记"库存商品"账户。同时,按该项房产在转换日的公允价值与其账面价值的差额,借记"投资性房地产(公允价值变动)"账户,贷记"资本公积——其他资本公积"账户,或借记"公允价值变动损益"账户,贷记"投资性房地产(公允价值变动)"账户。

(3)将自用土地使用权或建筑物转换为采用公允价值模式计量的投资性房地产,按该项土地使用权或建筑物在转换日的账面价值,借记"投资性房地产(成本)",按已计提的累计摊销或累计折旧,借记"累计摊销"、"累计折旧"账户,已计提减值准备的,借记"无形资产减值准备"、"固定资产减值准备"账户,按其账面余额,贷记"无形资产"、"固定资产"账户。同时,按该项土地使用权或建筑物在转换日的公允价值与其账面价值的差额,借记"投资性房地产(公允价值变动)"账户,贷记"资本公积——其他资本公积"账户,或借记"公允价值变动损益"账户,贷记"投资性房地产(公允价值变动)"账户。

(4)投资性房地产进行改良或装修时,应按该项投资性房地产的账面余额,借记"在建工程"账户,按该项投资性房地产的成本,贷记"投资性房地产(成本)"账户,按该项投资性房地产的公允价值变动,贷记或借记"投资性房地产(公允价值变动)"账户。

(5)资产负债表日,投资性房地产的公允价值高于(或低于)其账面余额的差额,借记(或贷记)"投资性房地产(公允价值变动)"账户,贷记(或借记)"公允价值变动损益"账户。

(6)将采用公允价值模式计量的投资性房地产转为自用时,应按该项投资性房地产在转换日的公允价值,借记"固定资产"、"无形资产"账户,按该项投资性房地产的成本,贷记"投资性房地产(成本)"账户,按该项投资性房地产的公允价值变动,贷记或借记"投资性房地产(公允价值变动)"账户,按其差额,贷记或借记"公允价值变动损益"账户。

(五)可供出售金融资产

可供出售金融资产,是指初始确认时即被指定为可供出售的非衍生金融资产,以及除了贷款和应收款项、持有至到期投资、以公允价值计量且其变动计入当期损益的金融资产以外的金融资产。可供出售金融资产公允价值变动形成的利得或损失,除减值损失和外币货币性金融资产形成的汇兑差额外,应当直接计入所有者权益,在该金融资产终止确认时转出,计入当期损益。可供出售外币货币性金融资产形成的汇兑差额,应当计入当期损益。采用实际利率法计算的可供出售金融资产的利息,应当计入当期损益;可供出售权益工具投资的现金股利,应当在被投资单位宣告发放股利时计入当期损益。可供出售金融资产应当按取得该金融资产的公允价值和相关交易费用之和作为初始确认金额。支付的价款中包含的已到付息期但尚未领取的债券利息或已宣告但尚未发放的现金股利,应单独确认为应收项目。可供出售金融资产持有期间取得的利息或现金股利,应当计入投资收益。资产负债表日,可供出售金融资产应当以公允价值计量,且公允价值变动计入资本公积(其他资本公积)。处置可供出售金融资产时,应将取得的价款与该金融资产账面价值之间的差额,计入投资损益;同时,将原直接计入所有者权益的公允价值变动累计额对应处置部分的金额转出,计入投资损益。对于可供出售金融资产,企业应按实际利率法,采用摊余成本(类似于持有至到期投资的后续计量)进行后续计量。

第六节　资产减值会计设计

按照国际惯例,我国《企业会计准则》对资产的定义,突出"给企业带来经济利益"的实质。进而,在资产计价上部分地引入"公允价值"的概念,要求确认资产减值——当历史成本高于该资产的现行市价时以现行价值为准,并将该部分差额记入当期损益中。

出于谨慎性原则的考虑,企业必须定期或至少于年末对出现减值迹象的资产进行测试,确认减值的数额。但是,以公允价值计价的各项资产不需要计提减值准备,其他的财产物资则根据其不同的特点,减值的确认和计量也不一样。

一、流动资产减值准备

(一)应收款项

应收款项(包括应收账款、预付账款、其他应收款和应收票据)如果可收回性"较差"时,应提取减值准备。原则上计提的方法应当采用个别认定法;若应收款项的单位较多,也可以采用账龄分析法或余额百分比法。但按多大的比例计提,则需要会计人员的职业判断,并报企业董事会等权力机构批准。该计提减值使用的会计账户是"坏账准备"。

（二）存货

存货采用账面成本与"可变现净值"相比较,判断是否减值。可变现净值简单地说,就是减去各种销售成本后的存货价值(因为存货变现要花费相当的成本)。材料类存货可按现行购进价格计算可变现净值,库存商品可按已签订的销售合同价格计算可变现净值(超过合同数量的部分按公允市价计算),如果该存货是未达到可销售状态的在产品,可以计算将该存货进一步加工并销售所花费的成本,然后用"完工产品市价"减去这些成本,计算存货的可变现净值。

存货减值准备计提可以按照单个项目或一类存货来计算减值数,并借记"资产减值损失"账户,贷记"存货跌价准备"账户。

二、长期资产减值准备

（一）固定资产和无形资产

固定资产和无形资产是减值会计中的重点。固定资产和无形资产相对来说比重大,它的减值不但关系到资产总额,而且影响到利润额,所以,企业在资产已经长期闲置、过时、所产产品不合格、毁损等,实际上已经不能创造价值时,必须计提减值准备。长期资产减值准备的计量,应当是在期末将长期资产的账面价值与可收回金额之间的差额确认为减值损失。这里的"可收回金额"是指长期资产的公允价值减去处置费用与预期从该资产的持有和到期处置中形成的预计未来现金流量的现值两者中的较高者。实务中减值计提是由会计人员职业判断确认的,会计处理借记"资产减值损失"账户,贷记"固定资产减值准备"、"无形资产减值准备"账户。投资性房地产减值的账务处理设计比照固定资产和无形资产。

（二）长期股权投资

长期股权投资的减值,是指长期股权投资未来可收回金额低于账面价值所发生的损失。如果由于市价持续下跌或被投资单位经营状况变化等原因导致可收回金额低于投资的账面价值,应当计提减值准备。在核算长期股权投资的减值时,应将长期股权投资分为两类:一类是按成本法核算的、在活跃市场中没有报价、公允价值不能可靠计量的长期股权投资,由于公允价值不能可靠计量,所以期末应将这类长期股权投资的账面价值与按照类似金融资产当时市场收益率对未来现金流量折现确定的现值之间的差额确认为减值损失,计入当期损益;另一类是除此以外的其他长期股权投资,应当在期末将长期股权投资的账面价值与可收回金额之间的差额确认为减值损失。为了核算长期股权投资减值准备的计提情况,应设置"长期股权投资减值准备"账户。

长期资产确认并计提减值准备以后,原确认的减值损失不得转回。

三、其他资产减值准备

这里的其他资产是指生物资产、建造合同和递延所得税资产等项资产的减值准备。其中,生物资产应当划分为消耗性生物资产和生产性生物资产。消耗性生物资产的减值准备比照存货减值处理;生产性生物资产的减值准备比照固定资产减值处理。二者使用的账户分别是"消耗性生物资产跌价准备"和"生产性生物资产减值准备"账户,并且,消耗性生物资产的减值准备提取以后,若有证据表明其价值又有恢复的时候,可以转回多提取的减值准备,但生产性生物资产的减值准备不得转回。建造合同和递延所得税资产,若有证据表明符合会计准则规定的确认损失标准,也应计提减值准备。

四、资产减值设计的两个问题

第一,为什么要通过设立单独的"减值"账户来核算资产的减值? 可否不设"坏账准备"、"存货跌价准备"等账户,发生减值就直接冲减"应收账款"、"存货类"账户? 其实,之所以要通过这样一些间接账户,主要是考虑原材料、库存商品等资产的公允价值会经常地波动,从而发生确认的减值可能又冲回来的情况。这时,如果设计了减值准备的账户,就可以调整准备账户;否则,就不得不再次调整资产账户,带来的影响是使得资产账户反复变动,既不利于历史成本计价的体现,也容易造成人为操纵资产的可能。而对于应收账款则必须保持原值的形式,无论债权企业是如何地减值,甚至完全地冲销,但其仍然拥有事实上的所有权,否则,万一债务方又还款则无从处理。另外,计提减值、而不是在发生时直接冲销的另一个好处是"动态"地向股东这样的资产所有人报告资产的变化情况,不至于出现如"一觉醒来一无所有"的状况,这也是为什么直接转销法被取消了的原因。

第二,同样是减值,为什么有的作为"费用",有的作为"支出",有的作为"损益",而新准则却统一到"资产减值损失"账户? 比如,2001 年的《企业会计制度》规定,应收账款减值、存货减值记入"管理费用",固定资产减值、无形资产减值、在建工程减值记入"营业外支出",投资减值记入"投资收益"。我国这样处理的一个原因是保持了过去对资产盘盈(盘亏)处理的一致性,力求体现一种权责发生制。但这样设计会计处理也有弊端,因为从根本上说,同为资产、同为减值,性质上是相同的,人为地区别开来,只会造成实务中的困难——会计人员不得不去记住各个账户;另外,从几个账户的最终报表影响看都是损益类账户。所以,新会计准则统一设计一个"资产减值损失"账户以概之。

案例 7-1　　　　　　　　　　　几起特大经济案件的反思

一、胡珊、徐国艳侵吞公款案

2001 年 3 月 1 日,武汉市中级人民法院以贪污 320 万元、受贿 240 万元、挪用公款 200 万元判处原武汉海关胡珊、徐国艳死刑。

胡、徐两人原为武汉海关财务科长、副科长。1995 年,武汉海关有一个"1690"的账户,因武汉海关的领导频繁调动,该账户成为胡、徐二人控制的"小金库",共有金额 53 万元。后来银行清理账户时,明确单位不能以这种形式存款,胡、徐二人商议将该账户隐瞒并瓜分。1995 年,二人又将武汉海关存在招商银行武汉分行 500 万元的利息 105 406 元,以按活期计算出的小部分利息转给单位,而将差额 80 469 元侵吞。1995 年 12 月,徐指使他人出具假发票,并附上虚假的"汽车修理清单",将 30 万元转到某修理厂账户后予以侵吞。1995 年 12 月,二人合谋以虚假"房屋修缮费"发票和所谓"工程决算单",将海关 53 万元资金划入"南极公司",然后以假发票的形式从该单位核销据为己有。1996 年 6 月,二人将海关存在招商银行公款利息 44 万元转入个人账户。1996 年 9 月,二人私自将 1 000 万元公款以"国库券代保管"方式汇入武汉中信投资公司,收受贿赂 80 万元,等等。

武汉海关一位原副关长说:"所有的钱都应当在海关的账中,使用时应当经关长或关长办公会批准,决不允许转到外单位。"

二、何文志巨额贪污案

1999 年,厦门市开元区检察院反贪局查获,原厦门市地方外汇管理领导小组办公室副主任何文志贪污、挪用公款 5 000 万元。

1989 年,任厦门市地方外汇管理领导小组办公室副主任的何文志,利用掌握的外汇计划审批权,将 440 万美元的外汇额度按当时的汇率(1∶3.7)兑换成现汇,存入外汇办账户,供企业使用。不久,国家放开外汇市场,汇率上调至 1∶1.7,于是何文志将 440 万美元的现汇以多个企业的名义外借,并注明归还时按 1∶3.7 的汇率。1992 年,何将这笔钱按 1∶1.7 的汇率转借,由此产生了 600 万元汇率差。之后,何又指使人将 357 万美元的额度以国家外汇牌价买为现汇,再转手以市场牌价卖出,获利570万元,截至1993年外汇办撤销,共截留公款1 600万元。

1995年,何带着千万公款"下海",担任厦门国投财务经理。1998年,何按公司要求,将厦门国投3 500万元款项转入厦门国际信托投资公司委托理财,双方签订的理财协议规定年利14.4%,但何将上述协议利率改为10.2%,因此,侵吞公款169万元。1995年,何又将800万元公款转存中国农业信托投资公司厦门代表处,在正常银行利息外,将112万元账外高息侵吞。1997年,何挪用公款1 672万元申购新股,获利200万元。

何挪用公款的手段是借用亲友的名义注册私营公司,然后将公款转入这些公司,并被其提走,案发后,查获此类公司50多家。

三、挪用公款4 000万元、被判坐牢19年的张雄

1997年,张雄任深圳某银行下属天硕丰投资公司经理。在公司开办之初,张找到某私人公司经理黄某,将天硕丰公司的开办费用300万元汇到黄某的公司,用于个人炒股,获利12万元。1997年2月,张私自将公款458万元划到他的私用账户上,委托丁某为其炒股,获利47万元,等等。

资料来源:摘自吴晓求:《中国证券市场典型案例》,中国人民大学出版社,2002年。

案例分析:以上案例违背了哪些资金使用规定? 并从内部控制的角度谈谈如何设计货币资金的管理程序。

案例7-2　　　　　岁宝热电:掀起你的盖头来

岁宝热电(600864)2007年上半年扭亏为盈! 公司上半年交易性金融资产的投资收益大幅增长,公司年初至上半年末的累计净利润继续盈利。

岁宝热电持有的民生银行2.2亿法人股在2006年10月26日解禁流通。岁宝热电公布的2006年年报显示,当年共减持民生银行500万股,实现投资收益3 029万元。本来公司的主营业务热电供应乏善可陈,年报中的营业利润为亏损1 831万元。当初岁宝热电对民生银行的持股成本每股仅0.23元,而其后蹿升至每股35元。截至2007年初,岁宝热电手中还有民生银行2.15亿股。

案例分析:1.评价岁宝热电公司的发展前景。

2.如果岁宝热电公司将持有的民生银行股票分类为可供销售的金融资产,情况会有什么不同?

案例 7-3　　　　　　　　　**DT 公司蒸蒸日上背后的真相**

　　DT 公司是我国少数拥有自主知识产权的电信企业,2001 年之前,DT 公司在上市公司中更是以优良业绩著称。2004～2007 年上半年,DT 公司的主要财务指标如下:

项目名称(万元)	2004 年	2005 年	2006 年	2007 年上半年
业务收入	90 382	108 874	239 762	205 145
净利润	9 876	12 631	17 844	3 610
经营活动产生的现金流量	-17 191	-21 248	-53 576	-2 594

　　从上表可以看出:①2004～2007 年上半年,DT 公司的主营业务收入和净利润可谓"蒸蒸日上",业务收入和净利润分别比以前均有增加;②在经营业绩形势一片大好的同时,DT 公司的现金流量却令人担忧,与业务收入和净利润的大幅增长形成巨大反差,可见其利润质量并不高;③2007 年中期,该公司净利润增长的幅度明显地比业务收入增长的幅度低。

　　对此,在 2007 年中报中,DT 公司的董事会报告对存货计价作出了说明:以前年度的存货资产采用后进先出法计价,2007 年初按照新会计准则的规定,将存货计价方法改为先进先出法。由于电信设备及其元器件市场竞争激烈,物价呈不断下降趋势,2007 年度公司执行新的会计政策,使存货成本上升,进而使已销产品营业成本增加;另外,作为一家以技术为主的高科技公司,在新产品研发方面的资金投入较大(不具备资本化条件),研发费用一次性列入费用对公司利润影响明显。

　　案例分析:1.DT 公司经营业绩的变化,原因何在? 其董事会报告对存货计价方法变更影响的解释是否成立?
　　　　　　　2.DT 公司 2007 年中报披露的信息可能存在哪些问题?

思 考 题

　　1.如何设计货币资金的内部控制制度?
　　2.存货的核算方法有哪些? 如何进行设计?
　　3.如何设计固定资产的核算制度?
　　4.如何设计无形资产的内部控制制度?
　　5.如何设计长期股权投资的核算方法?
　　6.存货减值制度如何设计?

第八章

采购会计的设计

📖 本章要点

本章将讲述存货采购业务的会计核算设计方法,介绍存货订货、验收、入账、付款等整体业务的核算方法以及相关凭证的设计,对比分析采购业务按照实际成本计价与按计划成本计价的特点。通过本章的学习,应当熟练地掌握存货采购业务的控制制度设计,保证存货价值的真实、完整。

第一节 采购业务内部控制制度

为了保证对存货业务的正确核算,确保存货的安全完整,应加强相关内部控制的力度。存货内部控制制度的基本内容如下:

一、职务分离制度

存货采购环节中的主要业务有提交请购单、签订采购合同、订货、收货和入账等。在这些业务中需要进行职务分离的主要有下述各项:

1. 在请购单中,对需要采购的存货品种、数量由生产或销售部门、保管部门根据需要量和现有库存量共同制定,然后交采购部门进行公开询价。

2. 采购合同应由生产或销售部门、采购部门、财务部门和法律部门会同供货单位共同签订。

3. 存货的采购人员不能同时负责存货的验收保管。

4. 存货的采购人员、保管人员、使用人员不能同时负责会计记录。

5. 采购人员应与负责付款审批的人员相分离。

6. 审核付款人员应与付款人员相分离。

7. 记录应付账款的人员应与付款人员相分离。

二、存货采购的请购单控制制度

为了使存货既能满足需要又不造成积压,在确定存货采购时,必须由存货的使用部门根据未来一定期间的需要量提前通知存货保管部门,由保管部门再根据现有存货的库存量计算出请购量后,正式提交请购单。经过存货使用部门和存货保管部门主管签字的请购单还必须通过采购部门和财务部门的确认后方可生效。采购部门确认的目的在于两个方面:一是防止已经采购的存货又重复执行;二是咨询现行市场价格,对所需采购资金进行估算。采购部门签署同意采购的意见并将估算的资金需要、付款时间说明后交财务部门,由财务部门根据企业的经营目标、资金预算范围和企业的现有资金状况进行综合审查后批准。存货采购的请购单由代使用部门、保管部门、采购部门和财务部门签署同意执行的意见后,再交采购部门将请购单存档备案,并办理相关招标订货手续。

三、订货控制制度

采购部门凭被批准执行的请购单办理订货手续时,首先必须向多家不同的供应商发出询价单,待获取报价单后比较供应货物的价格、质量标准、可享受折扣、付款条件、交货时间和供应商信誉等有关资料,初步确定适合的供应商并准备谈判;然后,根据谈判结果签订订货合同及订货单,并将订单及时传送给生产、销售、保管和财会等有关部门,以备合理安排生产、销售、收货和付款。在订货控制制度中,核心点是对询价、签订合同的控制和订货单的控制。

四、货物验收控制制度

企业所订购的货物到达时必须由与采购部门、使用部门和会计部门相分离的保管部门进行验收保管。所收货物的检验包括数量和质量两个方面。根据订货单和供货方发货单验收合格的货物入库后,仓库保管部门必须及时填制收货单一式数联,并分别传送给采购部门和财会部门。货物验收控制制度的核心是保证所购货物符合预定的品名、数量和质量标准,明确保管部门和有关人员的经济责任。

五、入账付款或应付账款控制制度

由采购请购单、订货单和收货单共同构成的收货业务完成后,会计部门就取得了供货方的发票和收货单等表示货物已经验收入库并应支付货款或应付账款已经发生的原始凭证。这些原始凭证经过审核无误后,财会部门应及时记录存货的增加和银行存款的减少或应付账款的增加。对存货的核算,必须根据企业的整体管理要求设置一级账户和明细账户并正确地进行记录。会计入账时应注意两个方面的问题:一是记入适当的账户和适当的会计期间;二是正确地进行计量。

企业采购存货过程中会有"折扣"现象发生,折扣有商业折扣与现金折扣两种形式。发生商业折扣时,直接在购货价格中体现,无须单独反映;发生的现金折扣,会计核算可以有"总价法"与"净价法"两种方法备选(两种方法的特征在"销售收入"核算中介绍)。企业进行折扣业务的设计,一要考虑在内部控制设计上防止"折扣"的暗箱操作,防止产生腐败;二要结合我国现行的企业会计惯例,现金折扣宜采用总价法核算。

六、会计稽核与对账制度

无论是货款的支付还是应付账款发生的记录,对进货业务涉及的所有原始凭证、记账凭证,都必须经过稽核人员或会计主管审核后才能记账;另外,对进货业务发生的应付账款必须及时、定期地与客户对账,防止债务虚列及由此造成业务人员的舞弊行为。

第二节 采购业务的凭证流转程序设计

一、存货采购凭证的设计

企业采购业务涉及的凭证主要有材料请购单、收料单和收料汇总表三种基本凭证，其基本格式如表8－1、表8－2、表8－3所示。

表8－1 材料请购单

请购部门　　　　　　　　　　　年　　月　　日　　　　　　　　字第　号

材料种类		规格		用途	
请购数量		最低储量		现存数量	
前次购价		替代材料名称		替代材料单价	
需用日期		备注			

表8－2 收料单

供货单位　　　　　　　　　　　年　　月　　日　　　　　　　凭证编号
发票号码　　　　　　　　　　　　　　　　　　　　　　　　　收料仓库

材料名称			计量单位	数量		实际成本				计划成本	
类别	编号	规格		应收	实收	单价	发票价格	运杂费	合计	单价	金额
合　计											
备　注											

表 8 – 3　收料汇总表

表 8 – 3　收料汇总表
年　　月

材料类别	本月实际				本月计划	备注
	上旬	中旬	下旬	合计		
合计						
收料单张数						

二、凭证流转程序的设计

采购业务的凭证流转程序如图 8 – 1 所示。

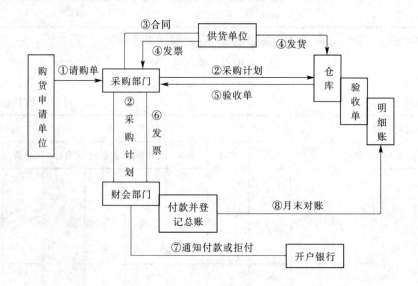

图 8 – 1　采购业务凭证流转程序

第三节　采购业务的会计核算方法设计

本节以原材料的核算为例,介绍存货采购业务的具体核算方法。商品流通企业的商品采购业务,以及其他行业企业的各种存货采购业务,可以参照本节介绍的核算方法进行设计。

一、按实际成本计价的会计核算

(一)总分类核算

由于材料采购地点和结算方式的不同,材料入库时间和货款支付时间不一定相同,存在以下几种可能:

1.结算凭证和发票等单据与材料同时到达(单、货同时到)。企业应根据结算凭证、发票账单等凭证在支付货款后,借记"在途物资"、"应交税费——应交增值税(进项税额)",贷记"银行存款"。若尚未付款或尚未开出商业承兑汇票,则贷记"应付账款";若开出商业承兑汇票,则贷记"应付票据"。材料验收入库后,根据收料账单等凭证,借记"原材料",贷记"在途物资"账户。

2.已支付货款或已开出、承兑商业汇票,但材料尚未到达或尚未验收入库(单到货未到)。企业应根据结算凭证、发票账单等单据,借记"在途物资"、"应交税费——应交增值税(进项税额)",贷记"银行存款"或"应付票据"。待以后收到材料时,再根据收料单,借记"原材料",贷记"在途物资"账户。

3.材料已到,结算凭证未到,货款尚未支付(货到单未到)。由于一般在短时间内发票账单就可能到达,为了简化核算手续,在月份之中发生的,可以暂不进行总分类核算,只将收到的材料登入明细分类账,待收到发票账单时,再按实付货款登记总账,进行总分类核算。到月末,对于那些结算凭证和发票账单尚未到达的入库材料,可以按材料的合同价格或计划成本计价,暂估入账,借记"原材料",贷记"应付账款"账户;下月初,用红字做同样的记账凭证,予以冲回,以便下月付款或开出、承兑商业汇票时,按正常程序进行记录。

4.采用预付货款的方式采购材料。根据有关规定预付材料价款时,按照实际预付金额,借记"预付账款",贷记"银行存款"账户;已经预付货款的材料到达时,根据发票账单等所列的金额,借记"在途物资"、"应交税费——应交增值税(进项税额)账户",贷记"银行存款"账户;预付货款不足而补付时,按补付金额借记"预付账款",贷记"银行存款"账户;退回多付的货款时,借记"银行存款",贷记"预付账款"账户;根据收料单等凭证,借记"原材料",贷记"在途物资"账户。

企业在组织材料采购的总分类核算时,可以根据本企业的具体情况,分别采用不同的核算方式。如果材料采购业务较少,总分类核算可以根据收料凭证逐日编制记账凭证,并据以登记总分类账;如果材料采购业务较多,也可以根据收料凭证整理汇总,定期编制"收料凭证汇总表",并于月度终了一次登记总分类账。

(二)明细分类核算

材料的明细分类核算包括数量核算和价值核算两个部分。

1.明细分类账的种类。按实际成本计价的明细分类核算,所使用的明细账包括材料卡片和材料明细分类账(数量金额式)。

材料卡片是登记材料收发结存数量的明细记录,应按材料的品种、规格设置,根据收发料凭证,按日逐笔登记,序时地反映各种材料收发结存的实物数量。

材料明细分类账应按材料的品种和规格设置,采用收、发、余三栏式账页,根据收发料凭证序时登记。从该明细账中,既可以取得各种材料的数量资料,又可以取得各种材料占用资金及其增减变化的资料。

2.明细分类账的设置方法。根据材料卡片和材料明细账登记的部门,明细分类核算的方法分为两种:一是两套账方式;二是一套账方式。

两套账方式是指由仓库设置和登记材料卡片,由财会部门设置和登记材料明细分类账。这种方式的优点是,两套账可以起到互相控制的作用,并且仓储部门可随时掌握库存材料的可供应数量,而会计部门可随时掌握库存材料所占用的资金数量;缺点是重复记账,工作量大。这种设账的方式适用于仓储和会计部门距离较远的企业。

一套账方式是指将材料卡片和材料明细分类账合并为一套账,实行账卡合一。账册平时放在仓库,由保管人员负责登记材料的数量,财会人员定期到仓库稽核收发料凭单,并在收发料凭单上标价,登记材料的金额。这种方式的优点是节约记账的人力和物力;缺点是经常稽核,工作量大,尤其是保管人员的记录出现差错时,查找起来有困难。这种设账的方式适用于仓储和会计部门距离较近、能够经常检查的企业。

二、按计划成本计价的会计核算设计

（一）总分类核算

按计划成本计价与按实际成本计价一样,购进材料的入库时间和货款支付时间不一定相同,存在以下几种可能:结算凭证和发票等单据与材料同时到达;已支付货款或已开出商业承兑汇票,但材料尚未到达;采用预付货款方式采购材料;材料已到,结算凭证未到,货款尚未支付。前三种情况的账务处理与实际成本计价法下的账务处理方法完全相同。只是在月份终了,对于以上三种情况验收入库的材料,要根据其收料凭证,按计划成本计价汇总入账,借记"原材料",贷记"材料采购"账户。同时,计算并结转材料成本差异,当实际成本小于计划成本时,应按节约额,借记"材料采购",贷记"材料成本差异"账户;当实际成本大于计划成本时,应按超支额,借记"材料成本差异",贷记"材料采购"账户。

在材料已到、结算凭证未到、货款尚未支付的情况下,与按实际成本计价一样,为简化核算手续,在月份内发生的,可以暂不进行总分类核算,待收到发票账单时再进行总分类核算。到月末,对于那些结算凭证和发票账单尚未到达的入库材料,可以按材料的计划成本暂估入账,借记"原材料",贷记"应付账款"账户;下月初,用红字作同样的记账凭证,予以冲回,以便下月付款或开出商业承兑汇票时按正常程序借记"材料采购",贷记"银行存款"或"应付票据"账户。然后,再根据验收入库凭证按计划价格借记"原材料",贷记"材料采购",贷记或借记"材料成本差异"账户。

（二）明细分类核算

1.“原材料”明细分类账。仓库和财会部门应分别设置“原材料”明细分类账。仓库按材料的品种和规格设置一套既有数量又有金额的材料明细分类账(或材料卡片),它的收入和发出栏只记数量,不记金额,结存栏分别记数量和金额,但金额栏不必逐笔计算登记,可以在月末时,根据材料的结存量和计划单价计算登记。财会部门按仓库和材料的种类设置,根据仓库转来的材料收发凭证及其计划成本,只登记金额的材料明细账,按期归类汇总登记。两套明细分类账可以互相核对和互相控制。

2.“材料采购”明细分类账。财会部门应设置材料采购明细分类账。对于每一笔物资采购业务,其借方金额根据付款凭证等有关单据按实际采购成本登记,其贷方金额根据计划成本计价的收料单登记。月终,对于既有借方金额又有贷方金额的业务,将借方合计数与贷方合计数相比的差异,一次结转到“材料成本差异”明细分类账中去。对于只有借方金额而无贷方金额,即已付款但尚未验收入库的在途材料,应逐笔转入下月的"材料采购"明细分类账,以便材料验收入库时进行账务处理。该明细账提供了外购材料实际成本与计划成本的详细核算资料。

3."材料成本差异"明细分类账。财会部门应设置"材料成本差异"明细分类账。该明细分类账的设置,应与材料采购明细分类账的设置口径一致,其账页格式,一般采用三栏式。它用来反映各类或者各种材料的实际成本与计划成本之间的差异额和差异率,为调整发出材料计划成本提供依据。

三、按实际成本计价与按计划成本计价的比较

按实际成本计价时,所计算的材料成本相对来说较准确,而且对于中小型企业来说核算工作较为简单。但是在这种计价方式下,看不出采购材料的实际成本与计划成本相比是节约还是超支了,难以从账簿中反映物资采购业务的经营成果;由于材料价格变动对产品成本产生的影响得不到反映,所以也不利于考核生产车间的经营成果;同时,对于材料收发业务频繁的企业,材料计价的工作量非常大,因此,这种计价方法一般只适用于材料收发业务较少的中小型企业。

与按实际成本计价相比,按计划成本计价的方法具有以下一些优点:第一,便于考核各类或各种物资采购业务的经营成果,分析材料成本发生节约或超支变动的原因,有利于改进物资采购环节的经营管理工作;第二,可以剔除材料价格变动对产品成本的影响,有利于分析生产环节材料消耗发生节约或超支的原因,有利于考核车间的经营成果;第三,可以加速和简化材料收发凭证的计价和材料明细分类账的登记工作。其缺点是材料成本计算的准确性相对差一些,因为它起到了平滑采购成本的作用。因此,这种计价方法适用于材料收发业务频繁,且具备材料计划成本资料的大型企业。

亚星公司的比价管理体系

潍坊亚星集团有限公司是一家生产聚氯乙烯、氯化聚乙烯和烧碱的国家重点企业,现有资产12亿元,下属5家控股和全资子公司。从1994年起,该公司开始采用购销比价管

理,至1998年物资采购累计节省7 092万元,其中仅1998年物资采购就节省了1 810万元。2000年,该公司实现利税11 003万元,销售收入和经济效益已连续16年增长。

亚星公司的购销比价包括两个方面:一是在满足企业质量要求的前提下通过比价实现低成本采购;二是在满足用户质量需求的情况下争取较高价位出售。在采购环节,该公司每一种物资都选择两家以上的供货单位,同样的价格比质量,同样的质量比价格,价格、质量都相同比供货单位的信誉。为保证采购质量,该公司还规定,主要生产用物资必须从通过产品质量认证的合格单位定点采购。该管理体系具体包括以下几个方面:

1. 物资采购价格的决策根据采购物资类别和金额的大小实行分类管理。具体有以下内容:

(1)主要生产消耗性物资采购价格的制定,先由供应部门提出建议,提交经营调度会研究,主管副总经理负责审核;然后,审计处物价科和公司信息中心根据所掌握的市场行情,将同类产品的市场价格及分析情况直接提供给总经理;最后,经营副总经理审核的价格与总经理掌握的价格通过经理办公会成员比较,比价后总经理签字形成价格表,由供应部门严格执行。

(2)其他采购物资价格的制定,金额在5 000元以下的,由供应部门处级负责人确定;5 000元至30 000元的报分管副总经理审定;30 000元以上的报总经理审定。金额无论大小都要受到审计处物价部门的监督。

2. 建立物价信息中心,保证信息的交换、沟通和反馈。公司的信息中心建立物价信息的收集网络,在经营公司设立综合部门,负责市场价格的调研与信息的采集、处理;审计处的物价科通过订阅大量的信息报刊,建立价格信息网络和台账,将大宗物资的采购价格输入计算机,这些信息通过公司内部的网络可以相互利用、查询。

3. 严格控制审批过程。审计处物价科对采购价格实行过程监控,对违反规定或不合理的购价有否决权。

(1)采购计划审核。计划处对分厂、车间、供应处、设备处以及物管处报来的物资采购计划进行分口分类把关和汇总后,在分管副总经理审批前要报审计处物价科审核一次。

(2)价格审核。物资采购部门在最终确定主要物资供货单位前,需填报"采购物资价格申报单",包括物资名称、规格、型号、数量、单价、技术要求、供货单位及货比三家的情况,报经物价科审核,采购物资价格高于控制价格时需重新报批。

(3)票据审核。所采购的物资须经过审计处对合同、增值税发票、"采购物资价格申报单"和"检验报告单"等进行审核确认,以达到价格和质量要求;审计处物价科除开具"采购物资审核通知单"外,还要在购货发票上加盖"审计专用章",财务部门才能办理结算手续。

4. 严格办理采购物资的质量检查。所有的采购物资都要经过严格的质量检验和验证,对主要原料和燃料实行"封闭式检验"。主要程序是:进厂物资首先由物管处开临时收据,然后通知质检处到现场取样,质检处将样品编号后,随即指定检验员检验,采购部门不能介入检验过程。样品检验后需留样存档,以备复核。物管处收到"检验报告单"后,方可办理入库手续。达不到质量要求的,坚决退回或折价处理,两次达不到质量要求的,取消供货单位资格。

5. 严格采购台账管理。采购部门建立采购台账制度,每一笔业务都要登记备案。同时,每一名采购人员都有一本业务记录手册,对自己经手的业务包括供货单位名称、商品名、规格型号、价格、质量以及付款方式等要详细记录。对可以轮换的采购岗位实行岗位轮换制度,以避免"人情采购",实行交叉监督。人若换岗,台账保留,以备查询。

6. 严格考核机制。在比价管理中实行承包责任制,详列考核细则,严格奖惩制度。采购价格低于最高控制价格的,按节约额的一定比例提奖;对私自收受回扣、损公肥私的行为,一经发现,将根据情节轻重给以通报批评、调离岗位、罚款、记过以至除名等处分。

资料来源:摘自中国企业国际化管理课题组:《企业财务国际化管理案例》,中国财经出版社,2002年。

案例分析:1. 采购比价管理的实质是什么?如何实现采购过程的内部控制?
2. 比价管理适用于怎样的市场环境?如何保证比价管理的贯彻落实?

思 考 题

1. 采购业务内部控制制度包括哪些要点?
2. 如何设计存货采购核算的实际成本法?
3. 如何设计存货采购的计划成本核算?
4. 存货采购账务处理程序如何设计?
5. 计划成本核算为什么要设置"材料采购"账户而实际成本法则不需要?

第九章

负债会计的设计

本章要点

　　本章将讲述流动负债和长期负债的核算设计，详细介绍应付职工薪酬、短期借款、应交税费、长期借款、应付债券和长期应付款的业务核算设计。通过本章的学习，应当掌握以上项目核算的设计方法，并在此基础上，理解借款费用和或有负债的核算原理及设计原则。

负债是企业获取非产权性生产经营资本的一个重要途径。按期限划分,负债包括流动负债和长期负债两大类。其中,流动负债主要包括短期借款、应付及预收账款、应付票据、应交税费、应付职工薪酬、应付利息、应付股利等项目;长期负债则包括长期借款、应付债券、长期应付款、递延所得税负债等。

第一节　流动负债业务账务处理程序的设计

一、流动负债业务账务处理程序的一般要点

流动负债是指偿还期限在 1 年或超过 1 年的一个营业周期以内的各种债务。它的突出特点是偿还期限短。设计流动负债业务账务处理程序应注意下列基本要点:

1. 流动负债业务应经过批准和办理一定的手续。如因购货而发生的应付账款应经采购部门和财务部门主管核准。

2. 应加强流动负债业务的明细分类核算。一般而言,结算往来形成的流动负债业务,应按对方单位名称开设明细账户,进行明细核算;短期借款则可根据借款的性质及金融机构的名称设立明细账户,组织明细核算。同时,明细记录应经常与总账记录核对相符。

3. 应健全及时办理结算的制度,防止丧失可能获取的现金折扣,或增加利息负担,同时保持良好的企业信誉。

4. 应设计完善的偿付结算手续,防止各种人为差错。为避免多付或重付现象,每清偿一笔流动负债业务,应在相应的记账凭证和原始凭证上加盖"付讫"(或"现金付讫"或"转账付讫")戳记。

5. 建立和健全清查核对制度,经常定期或不定期核对账面记录,并向对方单位询证核实,发现问题应及时处理。

6. 有条件的企业,可以实行付款凭单制。在这种制度下,企业的一切款项支付业务,除日常零星支出可视具体需要采用备用金制度外,均应根据与该项业务有关的原始凭证填制付款凭单,按照一定的程序经有关部门主管审批确认。经审核批准后,登记付款凭单登记簿,并将其立卷编号保存。实际支付款项时,根据付款凭单进行,付款完讫,随即注销付款凭单登记簿的相应记录。采用付款凭单制度,应对会计科目和相关账簿稍作调整。这时,应设置"应付凭单"科目,统一核算各类负债项目,不再按照负债类型分设会计科目;同时,运用付款凭单登记簿分卷编目登记,以取代各类负债项目的明细

分类核算。付款凭单制是西方企业会计中流行的付款制度,对于加强付款业务的授权管理和程序控制具有积极作用,但付款凭单制需要变动会计核算组织体系,对于核算水平不高的企业,容易导致会计核算中的混乱和差错。

此外,在设计会计处理方法时,应注意对各种流动负债按照实际发生数额记账;对于负债已经发生而数额需要预计确定的,如产品质量担保债务等,应当合理进行预计,待实际金额确定后,再予以调整。

以上是流动负债业务账务处理程序设计的要点。应付账款和应付票据与购货环节密切相关,其他如应付利息、应交税费等项目,一般应在会计期末决算后才能计算确定。下面主要介绍应付职工薪酬、短期借款和应交税费核算的设计问题。

二、应付职工薪酬

职工薪酬是指企业为获得职工提供的服务而给予各种形式的报酬以及其他相关支出。职工薪酬包括:职工工资、奖金、津贴和补贴;职工福利费;医疗保险费、养老保险费、失业保险费、工伤保险费和生育保险费等社会保险费;住房公积金;工会经费和职工教育经费;非货币性福利;因解除与职工的劳动关系而给予的补偿;其他与获得职工提供的服务相关的支出。在职工为企业提供服务的会计期间,企业应当根据职工提供服务的受益对象,将应确认的职工薪酬(包括货币性薪酬和非货币性福利)计入相关资产成本或当期费用,同时确认为应付职工薪酬。

为防止错弊发生,办理应付职工薪酬要符合下列要求:分清劳动用工、薪酬计算与薪酬支付三种工作职能,落实各自的职责,防止虚列滥支或串通舞弊;人力资源部门应当提供有关员工劳动、工薪方面的记录,财会部门据以办理职工薪酬的核算和支付业务;薪酬支付时应由领取人签章,以防虚报冒领;未支付工薪应当挂账,而不宜由发放人员代领。

为核算职工薪酬,企业应当设置“应付职工薪酬”科目。该账户的贷方登记本月实际发生的薪酬总额,即职工薪酬的分配数;借方登记本月实际支付的职工薪酬数以及从应付薪酬中代扣代缴的各种款项;期末贷方余额,反映企业应付未付的职工薪酬并列于资产负债表中单独反映。该账户应当按照“工资”、“职工福利”、“社会保险费”、“住房公积金”、“工会经费”、“职工教育经费”、“非货币性福利”、“辞退福利”、“股份支付”等“应付职工薪酬”项目进行明细核算。

三、短期借款

短期借款业务应事先向有关金融机构提交借款申请或与其签订借款合同,约定借款期限、利率及其他有关事项。短期借款一般都应在当年归还,归还时还应加计利息。利息支出应由企业当期损益列支,如果借款项目按季度计息,则在进行利息的会计处理时按月预提。按规定,企业短期借款一般只能在本企业的开户银行申办,因而借入款项时只需由开户银行将相应金额的资金划入企业存款户中;借款到期时,由银行从企业存款户中扣取相应款项即可;至于利息,则由银行按期从企业存款户中扣取。这样一来,短期借款业务实际上通过企业与银行之间的资金划转与扣缴活动进行,因而其具体程序和手续应按国家对银行结算的有关规定设计。

四、应交税费

企业在一定时期内取得的营业收入和实现的利润,要按照规定向国家交纳各种税费,这些应交的税费,要按照权责发生制的原则预提计入有关科目。这些应交的税费在尚未交纳之前暂留在企业形成一项负债,在会计上设置"应交税费"科目对这种负债进行核算。

企业由于经营活动而应向国家交纳的税金种类较多,在"应交税费"科目下应按税费种类设置二级科目,对不同种类的应交税费进行核算。下面主要介绍消费税和增值税的会计处理。

(一)消费税

消费税实行价内征收,企业交纳的消费税计入销售税金,抵减产品销售收入。企业按规定应交的消费税,在"应交税费"科目下设置"应交消费税"明细账户核算。"应交消费税"明细账户的借方发生额反映企业实际交纳的消费税和待扣的消费税;贷方发生额反映按规定应交纳的消费税;期末贷方余额,反映尚未交纳的消费税;期末借方余额,反映多交或待扣的消费税。

(二)增值税

增值税是就其货物或劳务的增值部分征收的一种税。按照增值税暂行条例的规定,企业购入货物或接受应税劳务支付的增值税(即进项税额),可以从销售货物或提供劳务按规定收取的增值税(即销项税额)中抵扣。

企业应交的增值税,在"应交税费"科目下设置"应交增值税"明细账户进行核算。"应交增值税"明细账户的借方发生额,反映企业购进货物或接受应税劳务支付的进项税额、实际已交纳的增值税等;贷方发生额反映销售货物或提供应税劳务应交纳的增值税额、出口货物退税、转出已支付或应分担的增值税等;期末借方余额,反映企业尚未抵扣的增值税。

"应交税费——应交增值税"科目应分别设置"进项税额"、"已交税金"、"销项税额"、"出口退税"、"进项税额转出"、"转出未交增值税"、"转出多交增值税"等专栏。其账户格式设置如表9-1和表9-2所示。

表 9 – 1　应交税费——应交增值税

略	借　方					
	合计	进项税额	已交税金	减免税款	出口抵减内销产品应纳税额	转出未交增值税

表 9 – 2　应交税费——应交增值税

贷　方					借或贷	余额
合计	销项税额	出口退税	进项税额转出	转出多交增值税		

上述账户各专栏所反映的经济内容为：

"进项税额"专栏,记录企业购入货物或接受应税劳务而支付的、准予从销项税额中抵扣的增值税额。企业购入货物或接受应税劳务支付的进项税额,用蓝字登记;退回所购货物应冲销的进项税额,用红字登记。

"已交税金"专栏,记录企业已交纳的增值税额。企业已交纳的增值税额,用蓝字登记;退回多交的增值税额,用红字登记。

"销项税额"专栏,记录企业销售货物或提供应税劳务应收取的增值税额。企业销售货物或提供应税劳务应收取的销项税额,用蓝字登记;退回销售货物应冲销的销项税额,用红字登记。

"出口退税"专栏,记录企业出口货物,向海关办理报关出口手续后,凭出口报关单等有关凭证,向税务机关申报办理出口退税而收到退回的税款。出口货物退回的增值税额,用蓝字登记;出口货物办理退税后发生退货或者退关而补交已退的税款,用红字登记。

"进项税额转出"专栏,记录企业购进货物、在产品、产成品等发生非正常损失以及其他原因而不应从销项税额中抵扣,按规定转出的进项税额。

"转出未交增值税"专栏,反映企业月份终了转出的未交的增值税。

"转出多交增值税"专栏,反映企业月份终了转出的多交的增值税。

"减免税款"专栏,反映企业按规定减免的增值税款。

"出口抵减内销产品应纳税额"专栏,反映企业按照规定计算的出口货物的进项税额抵减内销产品的应纳税额。

第二节 长期负债业务账务处理程序的设计

长期负债是指偿还期限在1年或超过1年的一个营业周期以上的债务。它主要包括长期借款、应付债券、长期应付款等基本类别。企业举债或发生长期负债之前,应当进行周密详尽的研究论证,包括长期借款投资项目经济效益评价、发行债券的可行性论证、到期偿付方案评价等。

一、长期借款业务的基本程序和手续

企业申请长期借款时,应向金融机构提交借款申请,说明借款事由、金额、期限等内容。此外,一般应附列企业借款项目可行性报告和还款计划;金融机构根据企业的申请,对有关情况进行调查核实,决定是否发放该笔贷款;金融机构同意企业借款后,双方应签订借款合同,明确双方的权责关系,列明违约责任,必要时企业应提供财产担保或履行委托信用担保手续;企业应根据经过金融机构核准的用资计划,一次或分次取得借款款项,转入企业结算户或有关专户,以供借款项目调用;期限届满,企业应按合同约定条款还本付息。

企业取得长期借款时,应根据借款合同副本及表明借款到位的银行存款进账单进行账务处理。在借款期内发生的借款利息及相关费用(如外币折算差额等)视不同情况分别处理,应予资本化的借款利息及相关费用,先在有关在建工程项目成本中归集,待工程项目完工后转入所形成资产的成本中去;应予费用化的借款利息及相关费用,直接计入当期损益。另一方面,由于借款利息须待期限届满时随同本金一并归还,因而平时应将每期发生的利息一并归入长期借款项目统一反映。

企业举借的长期借款应按约定用途使用,不得移做他用。同时,应合理调度资金,保证如期偿还本息。一般而言,对于将于1年到期的长期负债项目,在编报资产负债表时,应转至流动负债项下,以便准确反映当期偿付债务所需资金数额。

长期借款业务应分别以金融机构名称、借款种类或借款用途开设明细分类账,进行明细核算。

二、应付债券业务的基本程序和手续

企业为了筹集长期资金,可以按照法定程序申请公开发行债券。在我国现阶段,国有大中型企业中的转制试点企业、股份制企业可以申请发行债券。对于发行企业而言就是应付债券。企业应付债券的发行应按国家法律、法规规定的程序申请报批。获准发行后,应按核准数额印制债券并公开发售,一般可委托证券经营机构发行。企业在实际收到债券金额时,应按收款的原始凭证、债券发售清单以及有关的手续费、印刷费、发行费凭证,进行应付债券发行的账务处理。

企业发行的长期债券,应设置"应付债券"科目,用以核算企业为筹集长期资金而实际发行的债券及应付的利息。在"应付债券"科目下应设置"债券面值"、"债券溢价"、"债券折价"和"应计利息"四个明细账户。

无论债券是按面值发行,还是溢价或折价发行,均按债券面值记入"应付债券"科目的"债券面值"明细账户;实际收到的价款与面值的差额,记入"债券溢价"或"债券折价"明细账户。债券的溢价或折价,在债券的存续期间内进行摊销,摊销方法可采用直线法,也可以采用实际利率法。但实际利率法比直线法计算的结果更为科学、准确,因为其考虑了货币时间价值的因素。债券的应计利息,应按照权责发生制的原则按期预提。

为了加强对应付债券业务的核算和管理,企业应设"应付债券登记簿",详细登记企业发行的各种债券的票面金额、票面利率、偿还期限及方式、发行日期、发行总额和发售机构等,以备查对。

债券到期,应按票面金额和约定的利率还本付息。如果企业发行可转换股票的债券,则应在"应付债券"入账之初,将该笔长期负债拆分为负债和所有者权益两部分。属于所有者权益的部分无须偿还,记入"资本公积"账户。此时,在"应付债券登记簿"中除了登记上述信息之外,还应注意遇持券人办理转换业务时,应进行相应的注销应付债券和增加股本的会计处理。

三、长期应付款业务的基本程序和手续

我国目前的长期应付款业务主要包括两大类:其一为采用补偿贸易方式引进国外设备应付价款;其二为应付融资租入固定资产的租赁费。对于这两类业务,都应根据业务类型、项目名称及对方单位开设明细账户,进行明细分类核算。

企业采用补偿贸易方式引进国外设备,应与外方签订补偿贸易合同。实际引进设备时,应按有关原始凭证(销货发票、海关报关文件副本、运单等)所列明的外币金额(包括设备和随同设备一起进口的工具、零配件等价款以及在国外发生的各种有关费用)和规定的汇率折合为人民币金额记账。对于这部分长期应付款的归还,则按合同

有关条款的规定进行。一般企业利用该项引进设备生产出来的新产品归还,此时,应履行销售发货的各种手续,并据此冲减应付引进设备款项和确认产品销售收入。如采用货币资金归还,则与企业偿还一般外币借款的程序和手续无异。

　　企业融资租入固定资产,事先应与租赁公司或其他机构订立租赁合同,约定租金、利息、手续费、偿付期限和方式、违约责任等内容。租入固定资产投入使用之前若需安装、调试,应归集安装、调试工程的支出,一并计入固定资产原值。企业于实际租入时,按合同规定的数额确认应付融资租赁费这项长期负债,并按合同规定的偿还期限和方式偿还,同时相应注销应付融资租赁费项目。企业采用融资租赁方式租入固定资产时,为了准确反映应付款项的实际情况,一般应编制融资租入固定资产应付款项计算表(见表9-3)。其中年租金采用租赁费总额除以租期年数求得,年利息金额根据应付款项余额和约定利率求得,年手续费按年租金的一定比例求得,年付款额为年租金、年利息、年手续费之和。此表可作为按期付款的依据,并可随同付款的有关凭证一道作为进行付款业务会计处理的原始凭证。

表9-3　融资租入固定资产应付款项计算表

租赁合同编号:

租入设备名称:　　　　　　　　规格:

租期自　　年　　月　　日至　　年　　月　　日

期数(年)	年租金	年(实际)利率	融资费用分摊	已付本金	应付本金余额
合计					

审核:　　　　　　　　　　　　　　　　　　　制表:

第三节　借款费用会计核算设计

　　借款费用是指企业因借款而发生的利息、折价或溢价的摊销和辅助费用,以及因外币借款而发生的汇兑差额。

对借款费用资本化还是费用化,长期以来存在争议。改革开放之前,我国的企业基本上是国有企业,企业的资金由国家拨付,在这种体制下企业没有借款和借款费用问题。实施"拨改贷"后,企业的资金来源渠道发生了质的变化,银行借入资金开始起到举足轻重的作用。在此情况下,银行借款费用的发生可以确认为财务费用,满足一定条件时还可以资本化,计入一定资产的成本。但是,同样一项资产的生产和购建,利用借款和不利用借款的结果不同,导致其取得成本存在明显差异,造成信息不可比。同时,随着我国证券市场的建立和发展,也出现了某些企业利用借款费用的会计处理操纵利润的现象。个别企业利用拖延工程竣工时间的办法延迟"在建工程"账户金额转增固定资产,以调节当年利润;还有的企业将应当资本化的利息费用计入当期财务费用,旨在隐瞒利润。这些处理会直接影响到企业资产和费用的确认和计量,进而影响到企业的财务状况和经营成果。我国的《企业会计准则》规定借款费用资本化,体现了与国际会计惯例的趋同。为此,借款费用资本化的会计核算设计需要明确以下几个问题:

1. 符合借款费用资本化条件的资产,是指需要相当长时间的生产活动才能达到预定可销售状态的固定资产、存货(如商品房、大型船舶和航空器、大型设备等)以及投资性房地产等。可予资本化的借款既包括专门借款,也包括符合借款费用资本化条件的资产所占用的一般借款。

2. 企业应正确计算每期实际发生的借款费用,并严格区分每期应予资本化的借款费用和应计入当期损益的借款费用。企业为购建或者生产符合资本化条件的资产而借入专门借款的,应当以专门借款当期实际发生的利息费用,减去将尚未动用的借款资金存入银行取得的利息收入或进行暂时性投资取得的投资收益后的金额确定。为购建或者生产符合资本化条件的资产而占用了一般借款的,企业应当根据累计资产支出超过专门借款部分的资产支出加权平均数乘以所占用一般借款的资本化率,计算确定一般借款应予资本化的利息金额。资本化率应当根据一般借款加权平均利率计算确定。会计处理应当依据经过审批的利息费用计算表进行。

3. 企业应正确确定借款费用资本化的期间。资本化的期间,是指借款费用从开始资本化到停止资本化的这一段时期。《企业会计准则》规定,开始资本化的时点为三个条件同时具备:①资产支出已经发生;②借款费用已经发生;③为使资产达到预定可使用或者可销售状态所必要的购建或者生产活动已经开始。购建或者生产符合资本化条件的资产达到预定可使用或者可销售状态时,借款费用应当停止资本化。购建或者生产符合资本化条件的资产达到预定可使用或者可销售状态,可从三个方面进行判断:①符合资本化条件的资产的实体建造(包括安装)或者生产工作已经全部完成或者实质上已经完成;②所购建或者生产的符合资本化条件的资产与设计要求、合同规定或者生产要求相符或者基本相符,即使有极个别与设计、合同或者生产要求不相符的地方,也不影响其正常使用或者销售;③继续发生在所购建或生产的符合资本化条件的资产上的支出金额很少或者几乎不再发生。购建或者生产符合资本化条件的资产需要试生产或者试运行的,在试生产结果表明资产能够正常生产出合格产品,或者试运行结果表明资产能够正常运转或者营业时,应当认为该资产已经达到预定可使用或者可销售状态,并应停止借款费用的资本化。

4.还需要注意的是,在借款费用从开始资本化到停止资本化这一段时期内,如果由于某种原因导致资产的购置或建造过程发生中断,则应根据中断的性质和时间长短,确定中断期间是否应暂停借款费用的资本化。如果属于非正常中断,并且中断时间连续超过3个月的,应于中断期间暂停借款费用的资本化,将这段时期发生的借款费用计入当期损益直至购置或建造活动重新开始。但如果中断是使资产达到预定可使用状态所必要的程序,则借款费用的资本化应当继续进行。

第四节　或有负债的设计

或有负债的定义是:过去的交易或事项形成的潜在义务,其存在须通过未来不确定事项的发生或不发生予以证实;或过去的交易或事项形成的现实义务,履行该义务不是很可能导致经济利益流出企业或该义务的金额不能可靠地计量。

或有负债这个概念在设计上采用了一种"排除"法,即以否定负债确认条件的手法来定义"或有"的债务。负债确认的标准是"过去的交易或事项形成的现实义务,履行该义务预期会导致经济利益流出企业"。比较两个概念中的差别就不难理解"或有"的意思了。

现实中常见的或有负债有:已贴现商业承兑汇票,未决诉讼、仲裁,为其他单位提供担保等。由于此类项目极有可能给企业带来损失,所以,从谨慎性原则的角度考虑,应当将此类信息向外部使用人披露,故此,要求在报表附注中加以揭示。同时,对于在报表报出日已经确定、将来支付的债务,可以设计"预计负债"纳入表内披露,比如,已确定失败的诉讼案赔偿。一旦或有负债转变成现实负债的条件出现时,就应当将其记入"预计负债"账户。

案例 9 - 1　　　　　　　　隧道股份：会计艺术还是魔术？

　　隧道股份(600820)2005 年实现净利润 1.05 亿元,同比仅增长 9.86%,净资产收益率也只有 5.45%,看似平淡无奇。但问题是,隧道股份在 2005 年年报中披露了会计估计变更,"根据稳健性原则,本年度对宁波常洪隧道折旧方法从按车流量法计提折旧,若实际车流量与预计车流量不一致时,按孰高者计提折旧的方法变更为按直线法计提固定资产折旧。"

　　由于此项会计估计变更,隧道股份 2005 年的净利润减少约 658 万元。也就是说,比起原来已经很稳健的估计,现在的方法更加稳健了。

　　隧道股份对坏账准备的计提方法是"除个别认定法外,按应收账款、其他应收款期末余额的 5% 计提坏账准备。"然而,从 2005 年的情况来看,隧道股份加大了计提的比例,从平均 6.30% 上升到 7.05%。如果隧道股份不同账龄段的应收账款仍按 2004 年度的比例计提坏账准备,那么与现在公布出来的数据相比,公司 2005 年度可以少提1 758 万元坏账准备。

　　然而,对投资者而言,重要的是公司已经连续两年盈利却没有分红了。隧道股份近三年的经营活动现金流并不差,按理,流动资金不会有较大缺口。但事实上,在隧道股份收入增长幅度最大的 2004 年,公司经营活动产生的现金流量净额反而是所有年度中最高的。

　　2003 ~ 2006 年一季度,隧道股份的经营性应收项目增加了 13.75 亿元,经营性应付项目增加了 13.24 亿元。这似乎可以说明公司的资金运行有困难,即应收款大幅增加,于是公司迫不得已只好通过增加应付款的方法来应对。然而,结合资产负债表分析发现,隧道股份应收应付款项的变动并不像现金流量表显示得那样巨大,且变动较大的是与经营活动不是很相关的其他应收款和其他应付款。

　　近年来,隧道股份其他应付款增加异常迅速,金额之大也令人生疑。2006 年一季度末,隧道股份其他应付款已达 14.52 亿元,占总资产的比例也由 2003 年末的 7.22% 增加到 2006 年一季度末的 16.40%。那么,这些其他应付款来自何方？其具体内容是什么？隧道股份为什么能够无偿使用这些资金？对此,年报中披露得非常简单,"年末余额中无持本公司5%以上(含5%)表决权股份的股东欠款"。问题是,隧道股份在2005年年报中还披露了如下内容:"未纳入合并报表范围的子公司加总的资产总额为340 409 083.42元。"显然,只有3.40亿元总资产的未纳入合并报表范围的子公司不可能为隧道股份9.84亿元其他应付款(2005年末值)作出多少贡献。至于关联方,根据年报披露,上海隧道工程质量检测有限公司其他应付款余额为97万元、上海隧道股份(香港)有限公司为199万元,加起来不足300万元而已。显然也不能支持公司的说法。

案例分析:1.隧道股份公司披露的业绩是否真实?如不真实,可能存在什么问题?
　　　　　2.遂道股份公司掩盖真实信息的主要手段是什么?违背了什么会计准则?

案例9-2　　　　　　　　**这项利息费用该不该计入工程成本**

　　1997年上市公司渝汰白被出具了我国审计市场的第一份否定意见书,企业与审计事务所争论的焦点是:一条汰白粉生产线是否应停止将利息费用继续资本化的问题。

　　问题是这样的:1995年渝汰白贷款建了一条汰白粉生产线,1996年开始生产,但公司认为生产线未能达到设计生产能力,属于试运行,所以始终没有进行竣工结算,贷款利息也一直资本化为工程成本。

　　但审计人员坚持认为,该生产线事实上已经能产出合格的产品,未达到设计生产能力并不是生产线本身的问题,而是开工不足等原因造成的,所以企业应当停止将利息资本化,并将8 000万元利息作为费用处理。

案例分析:这项利息费用该不该计入工程成本?为什么?

思 考 题

1.流动负债账务处理程序的设计应遵循哪些要点?
2.长期借款账务处理程序如何设计?
3.应付债券账务处理程序如何设计?
4.借款费用的核算设计要注意哪些问题?
5.或有负债的核算如何设计?

第十章

业主权益会计的设计

本章要点

本章将讲述合伙企业、独资企业和公司制企业的业主权益的核算制度设计,详细介绍合伙企业与独资企业权益核算的特征,讲述公司制企业的实收资本、资本公积、盈余公积和未分配利润的具体核算方法。通过本章的学习,应当掌握不同性质的企业业主权益核算设计的差别,重点理解业主权益组成内容的性质与核算原理。

业主权益又称所有者权益,是所有者在企业资产中享有的经济利益,其金额是资产减去负债后的余额,即净资产。由于受企业组织形式的影响,不同类型企业的业主权益有所不同。常见的企业组织形式有三种,即合伙企业、独资企业和公司制企业。与此相应,应设计出与三种企业组织形式相适应的会计制度。

第一节　合伙企业、独资企业业主权益会计设计

一、合伙企业及其业主权益概述

(一)合伙企业

合伙企业是由各合伙人订立合伙协议,共同出资、合伙经营、共享收益、共担风险,并对合伙企业债务承担无限连带责任的营利性组织。合伙企业有下述一些特征:

1.合伙企业易于组织。合伙企业是由两个或两个以上的合伙人以书面合伙协议形式设立的。在该协议中,明确规定合伙企业的经营范围,合伙人出资方式、数额、交付出资的期限,损益分担办法,合伙企业事务的执行,入伙与退伙、解散、经营期限等。合伙企业只要是合伙人在自愿平等的原则下共同协商签订协议而设立的,即为有效。

2.合伙人共同拥有企业的财产。在合伙企业存续期内,合伙人的出资和所有以合伙企业的名义取得的收益均为合伙企业的财产,由合伙人统一管理和使用,不经其他合伙人同意,任何合伙人不得将合伙财产移为私用。

3.合伙人相互代理。在合伙企业中,任何一位合伙人都有权在企业的正常经营范围内代表企业进行活动,其行为后果由全体合伙人承担,其他合伙人均需为该合伙人的行为负连带责任。对于合伙企业的事务,可由全体合伙人共同执行,也可由合伙契约约定或全体合伙人决定,委托一名或者数名合伙人代表合伙企业来执行。

4.合伙企业寿命有限。合伙企业会由于约定的年限到期、合伙人破产或丧失合伙能力、合伙人的变动等原因而终止。另外,当合伙人变动(有入伙或退伙发生)时,从形式上看企业的经营活动并未停止,但从法律上看,这个企业已是一个新的合伙企业了。

5.合伙人的无限连带责任。每个合伙人对合伙企业的债务都负有无限责任,当合伙企业不能以企业资产清偿债务时,合伙人必须用其个人财产还清债务;当其他合伙人

无法偿还其债务时,合伙人有责任偿还任何合伙人无法偿还的合伙债务。

6. 合伙企业的所得税。我国的法律规定,雇工 8 人以上的合伙企业为纳税主体,需缴纳企业所得税,8 人以下的无须缴纳企业所得税。国外合伙企业不交企业所得税,合伙企业的净收益被分配后成为合伙人的应税收入,由各合伙人分别缴纳个人所得税。

(二)合伙企业的业主权益

合伙企业的业主权益由合伙人投资和经营收益组成。由于合伙企业为无限责任企业,合伙企业债权人的利益是以合伙企业的资产和各合伙人的财产为保障的,且法律对合伙企业的利润分配以及资本的抽回无严格限制,因此,合伙企业的所有者权益就无须像公司组织那样作详细的区分。另外,由于合伙企业的出资者至少在两个以上,要在会计上揭示各个出资者权益以及出资者之间的权益关系,就要分别按出资人设置资本账户,以反映每个出资人投资额的变动情况。

为反映合伙人投资额及其享有净收益的变化情况,可以设置"合伙人资本"、"合伙人提款"和"合伙人往来"等账户。

1. "合伙人资本"账户。本账户核算合伙人投入的资本以及分享的经营累积财产。原始投资投入时,按投入资产的公允价值,借记所投入的资产账户,贷记"合伙人资本"账户。开始经营以后,合伙人追加的投资额贷记该账户,合伙人提用的资产借记该账户,按照合伙人分享权益的比例,从净收益或净亏损中转入的部分,增减该账户的金额。此外,合伙人的权益,还可能因合伙人的变动而增减。

需要说明的是,由于合伙人投入企业的资产特征不同,在具体计价方法上应按以下原则确定:①现金出资以实际收到的现金同时增加现金和合伙人资本。②非现金资产出资可以按出资当时的公允价值入账,用以正确反映合伙人在合伙企业的权益,公平地对待每一个合伙人。公允价值可以由全体合伙人协商确定,也可由全体合伙人委托法定的评估机构评估确定,实务中通常都是由合伙人协商确定的,在会计上反映为有关资产的增加和合伙人资本的增加。③以原独资企业的净资产投资(合伙人根据合伙协议,可以用原有的独资企业的资产扣除负债后的净资产投资),原独资企业的资产按照公允价值反映,原负债按账面价值反映。

2. "合伙人提款"账户。本账户是核算合伙人从合伙企业提用资产情况的账户,是"合伙人资本"账户的备抵账户。提款时记在借方,期末的结转额从贷方转到"合伙人资本"账户,结转后该账户无余额。合伙人在预计盈利时的提款,视为合伙人工资的提款,应按约定的提款数,借记"合伙人提款"账户,但是将使合伙人的所有者权益永久减少的巨额提款,则应直接记入"合伙人资本"账户。

3. "合伙人往来"账户。本账户反映合伙人与合伙企业之间的往来情况,具体可分为"应收合伙人借款"和"应付合伙人贷款"两个账户。前者为资产账户,后者为负债账户。合伙人有时可能从合伙企业提取一笔款项,其金额巨大,并且有意偿还,这种交易应借记"应收合伙人借款"账户,而不记入"合伙人提款"账户。有时合伙人也可能贷款给合伙企业,此时不能认为是"合伙人资本"账户的增加,而应贷记"应付合伙人贷款"账户。这种关联方交易,在资产负债表内不论日期长短,一律作为非流动项目。

"合伙人资本"、"合伙人提款"、"合伙人往来"的核算范围有一定的弹性,对所发生的业务应记入哪个账户需作具体分析。例如,可以将"合伙人提款"账户并入"合伙人往来"账户,平时,简单地反映合伙人与合伙企业之间的业务,期末,将引起合伙人资本变动的项目和数额从"合伙人往来"账户转入"合伙人资本"账户。

【例10-1】A、B两个合伙人共同向企业投资,各自投资资产明细情况如表10-1所示。

表10-1

资产项目	A		B	
	原始价值	公允价值	原始价值	公允价值
现金	20 000	20 000		
存货	30 000	25 000	40 000	45 000
固定资产	150 000	200 000	190 000	200 000
合计	200 000	245 000	230 000	245 000

假如A、B各占50%的权益,双方的会计处理为:

借:现金　　　　　　　　　　　　　　　　　　　　20 000
　　存货　　　　　　　　　　　　　　　　　　　　70 000
　　固定资产　　　　　　　　　　　　　　　　　　400 000
　　贷:合伙人资本——A　　　　　　　　　　　　　　245 000
　　　　合伙人资本——B　　　　　　　　　　　　　　245 000

【例10-2】假设B将其独资企业投资入伙,投资日原企业的资产负债情况如表10-2所示。

表 10 - 2

项目	账面价值	公允价值
现金	50 000	50 000
存货	30 000	25 000
固定资产	200 000	220 000
应付账款	40 000	40 000

假设按照 B 企业投资额确认其所占权益份额:

借:现金   50 000
  存货   25 000
  固定资产   220 000
  贷:合伙人资本——B   255 000
    应付账款   40 000

二、合伙企业业主权益会计核算设计

(一)正常经营情况下合伙企业业主权益的会计核算设计

正常经营是指合伙企业没有发生入伙、退伙的经营情况,包括合伙人的增资、提款以及合伙企业损益的分配。

1.合伙人的增资。增资时,应按合伙契约中规定的关于合伙企业开始经营后增资的各项规定,确定记入"合伙人资本"账户。

2.合伙人提款。由于合伙企业是以合伙利润的形式给予各合伙人报酬,所以合伙人与有工资可领的合伙企业职员并不一样,执行业务的合伙人通常按周或月从预计可分得的合伙利润中提取适当的金额,这种提取被称为提款,记入"合伙人提款"账户。在会计期间结束时,应将该账户转到"合伙人资本"账户,这与最初直接记入"合伙人资本"账户的结果是相同的。但是,使用"合伙人提款"账户,可反映各合伙人在一定期间的提款情况,然后与合伙契约上所允许的提款数相比较,便可对超额提用进行控制。合伙人提款应与合伙企业的费用区别开来,合伙人的私用提款不是合伙企业的费用,而应最终作为合伙人资本的减项。

3.合伙企业损益的分配。合伙企业以合伙人共同盈利为目的,在创业经营后,无论是盈利还是亏损,均应由合伙人共同享受或分摊。损益分配的原则与方法通常必须在合伙协议中约定。在协议中可能规定亏损的分担与利润的分配比率不相同,也可能相同。如果合伙人之间由于私利原因不能达成协议的话,利润或亏损就应当平均分配。我国的《合伙企业法》规定:"合伙企业的利润和亏损,由合伙人依照合伙协议约定的比例分配和分担;合伙协议未约定利润和亏损分担比例的,由各合伙人平均分配和分担。"由此可见,损益分配的依据是合伙协议。在制定合伙协议分配方案时,考虑的主要因素是合伙人的投资额、合伙人的能力及其在合伙企业中付出的时间和精力。

【例10-3】A、B组成的合伙企业年内实现的利润为60 000元,假设双方协议中约定的利润分配比例为1:1,则:

借:利润分配 60 000
  贷:合伙人资本——A 30 000
    合伙人资本——B 30 000

(二)入伙与退伙引起合伙权益变动的会计核算设计

1. 新合伙人入伙引起的权益变动。我国的《合伙企业法》对新入伙的规定有:新合伙人入伙时,应当经全体合伙人同意,并依法订立入伙协议;订立入伙协议时,原合伙人应当向新合伙人告知原合伙企业的经营状况和财务状况;入伙的新合伙人与原合伙人享有同等权利,承担同等责任;新合伙人对入伙前合伙企业的债务承担连带责任。新合伙人入伙可通过两种方法:一种是直接向合伙企业投资入伙;另一种是购买现任合伙人的部分或全部伙权入伙。

(1)直接投资入伙。新合伙人向原合伙企业投资入伙时,合伙企业既要反映合伙人及其权益的变化,又要反映合伙企业接受的投入资产。由于原合伙企业已经过一段时期的经营,因此,各项资产的账面价值与新合伙人入伙时的公允价值往往不一致。对于新合伙人来讲,其投入的资产价值存在以下三种情况:

第一,投入资产的价值等于所获得的资本权益的账面价值。此时不存在两者之间差额的确认和记录问题,只需反映合伙企业业主资本的变化和资产的增加。

【例10-4】A、B组成的合伙企业中,有新合伙人C投入现金40 000元,取得新企业1/4的权益份额。C投资时,A、B资本额分别为40 000元、80 000元。

C投资后企业总资本为:40 000 + 80 000 + 40 000 = 160 000(元)

C取得的份额为:160 000 × 1/4 = 40 000(元)

借:库存现金 40 000
  贷:合伙人资本—— C 40 000

第二,投入资产的价值不等于所获得资本权益的账面价值。此时,新合伙人投入资产的价值与其所获得的资本权益的差额部分,作为新合伙人给原合伙人的红利或者商誉。原因在于合伙企业已经经营多年,获利能力比一般企业高,原合伙人可要求新合伙人付出较高的金额来取得加入合伙企业的资格。处理这一会计问题的方法有红利法和商誉法两种。

红利法,也称净资产不重估法。这种方法先计算出原合伙企业资本额与新合伙人投资额的合计数,然后按该合计数总额乘以新合伙人伙权比例,计算出新合伙人的资本额作为入账金额,而不是按新合伙人的实际投资数额入账,最后将实际投资额与已入账金额之间的差额,在原合伙人之间按损益分配比例当作红利分配并记入资本账户。红利法坚持了历史成本的计价原则。在会计核算上,合伙企业接受投资时,增加合伙企业的资产金额,同时增加新合伙人的资本金额;给原合伙人分配"红利"时,一方面增加合伙企业的有关资产,另一方面增加原合伙人的资本。

商誉法,又称净资产重估法。这种方法认为,新合伙人入伙导致原有合伙企业在法律形式上解散,转移到新合伙企业的资产应当以公允价值入账。因此,新的合伙企业所取得的有形资产和无形资产(包括商誉)均应确认入账。所以,采用商誉法时需要对原合伙企业的资产进行重估(往往是用新合伙人的投资额除以其所占的权益比例计算出的),然后用重估的资产总额减去企业实际的资本额(即原合伙人的账面资本与新合伙人的投入资本之和)而计算出商誉,再把商誉在原合伙人之间平分,这就增加了原合伙人的资本。这种方法由于要将所确认的商誉在以后年度计提减值或摊销,因而会使其净收益下降。在会计核算上,由于进行了资产重估,首先要把增值(或减值)资产,按损益分配比例记入原合伙人的资本账户;对于接受的投资,一方面要增加合伙企业的有关资产金额,另一方面增加新合伙人的资本;给原合伙人分配商誉时,借记"商誉",贷记原"合伙人资本"账户。

当投入资产的价值小于所获得资本权益的账面价值时,红利法确认的红利可以说是负红利,用来冲减原合伙人的资本。而这种情况下的商誉法,计算重估的资本总额是用原合伙人的资本额除以其所占权益比例,再用重估资本总额乘以新合伙人的权益比例得出新合伙人的入账资本额,通过入账资本额与新合伙人的投入资本之差计算出商誉,再将其在原合伙人之间平分,这将减少原合伙人的资本。

【例10 – 5】接例10 – 4,若 C 投资 60 000 元,则:

红利法下:

C 投资后企业总资本为:40 000 + 80 000 + 60 000 = 180 000(元)

C 取得的份额为:180 000 × 1/4 = 45 000(元)

差额为:60 000 – 45 000 = 15 000 元。假设 A、B 损益分配比例为1:1:

借:现金   60 000

　　贷:合伙人资本—— A   7 500

合伙人资本——B　　　　　　　　　　　　　　　　　　　　7 500

合伙人资本——C　　　　　　　　　　　　　　　　　　　45 000

商誉法下：

重新计算企业资本为：60 000÷1/4 = 240 000(元)

商誉为：240 000 – 180 000 = 60 000(元)

假设 A、B 损益分配比例为1∶1，则：

借：现金　　　　　　　　　　　　　　　　　　　　　　　　60 000

　商誉　　　　　　　　　　　　　　　　　　　　　　　　60 000

　　贷：合伙人资本——A　　　　　　　　　　　　　　　　30 000

　　　合伙人资本——B　　　　　　　　　　　　　　　　30 000

　　　合伙人资本——C　　　　　　　　　　　　　　　　60 000

(2)购买现任合伙人的部分或全部伙权入伙。新合伙人向一个或多个现任合伙人付款，购买他们的一部分或全部现有的权益，这使得原有的资本从一个或多个现任合伙人那里转移到新合伙人名下，合伙企业的资本总额并没有改变。我国的《合伙企业法》规定：现任合伙人向新合伙人转让全部或部分伙权必须经过全体合伙人一致同意后才能成立。从会计核算上看，只需反映业主权益在合伙人之间转移，而对于新合伙人向原合伙人缴付资产的业务，则与合伙企业无关，也不属于合伙企业会计主体的业务。下面将分两种情况来分析购入伙权业务。

第一，向一位合伙人直接付款购入伙权。不论新合伙人向现任合伙人支付的金额高低，都是他们之间的私事，与合伙企业无关，合伙企业不会由于这项交易而使净资产发生变动。因此，会计上只反映资本所属的合伙人的变化(即减少卖出伙权的合伙人的资本，增加新合伙人的资本，二者金额相等)，不反映其他变化。

【例10 – 6】 在 A、B 组成的企业中，经协商同意，C 以 49 000 元购买 A 权益总额 245 000 元的 1/5 份额，则：

借：合伙人资本——A　　　　　　　　　　　　　　　　　　49 000

　贷：合伙人资本——C　　　　　　　　　　　　　　　　　49 000

第二，向一位以上的合伙人购入伙权。此时，新合伙人与各位合伙人之间的关系会引发与合伙企业相连的问题。处理这样的问题可以用商誉法和红利法。商誉法下，对合伙企业的净资产进行重估，从而确认合伙企业存在的商誉，并引起原合伙人权益的增加，这些会计事项要在合伙企业的账面上反映，即在会计上，一方面增加合伙企业的商誉，另一方面增加原合伙人的资本；再将原合伙人的资本转到新合伙人名下。红利法下，从会计上来看，不考虑新合伙人投资额大于(或小于)其所获得的资本权益额，二者之间的差额在合伙企业的账面上不反映。另外，当原合伙企业的合伙人之间的资本余额比例与损益分配比例不一致时,在新合伙人入伙时要予以调整,使得新的合伙企业的合伙人之间的资本余额比例与损益分配比例一致,以便他们以同样的身份参与合伙企业。

【例10-7】 A、B组成的合伙企业,二者资本均为40 000元,现有C向A、B各支付25 000元以取得他们50%的权益额。

商誉法:

将投资时A、B权益重估,可以推算为:50 000÷50% = 100 000(元)

商誉为:100 000 - 80 000 = 20 000(元)

借:商誉	20 000
合伙人资本——A	15 000
合伙人资本——B	15 000
贷:合伙人资本——C	50 000

红利法:

C获得的权益份额为:80 000×50% = 40 000(元)

借:合伙人资本——A	20 000
合伙人资本——B	20 000
贷:合伙人资本——C	40 000

【例10-8】 A、B组成的合伙企业,如A、B的资本余额分别为:40 000元、60 000元,损益平均分配。现有C向A、B各支付30 000元以取得他们50%的权益额。

商誉法:

将投资时A、B权益重估,可以推算为:60 000÷50% = 120 000(元)

商誉为:120 000 - 100 000 = 20 000(元)

A转让的权益份额为:40 000 - 120 000×25% = 10 000(元)

B转让的权益份额为:60 000 - 120 000×25% = 30 000(元)

借:商誉	20 000
合伙人资本——A	10 000
合伙人资本——B	30 000
贷:合伙人资本——C	60 000

这样处理后,A、B资本额均为30 000元,C资本额为60 000元,在总资本中所占比例为1:1:2。

红利法:

C获得的权益份额为:(40 000 + 60 000)×50% = 50 000(元)

A转让的权益份额为:40 000 - 100 000×25% = 15 000(元)

B 转让的权益份额为:60 000 - 100 000 × 25% = 35 000(元)

借:合伙人资本——A   15 000

　合伙人资本——B   35 000

　贷:合伙人资本——C   50 000

这样处理后,A 资本额为 25 000 元,B 资本额为 25 000 元,C 资本额为 50 000 元,在总资本中所占比例为 1∶1∶2。

2. 原合伙人退伙引起的权益变动。当出现退伙事由时,现有合伙人可以退出合伙企业。退伙人在合伙企业中财产份额的退还方法,由合伙协议约定或者由全体合伙人决定,可以退还货币也可以退还实物。合伙人退伙,如果企业继续经营,那么就要与退伙人结清账目。在结清账目时,要选择账目的截止日期(通常是退伙人正式退出企业的日期)。具体的退伙方式有两种:一是退伙人将伙权售予其他合伙人或新合伙人;二是合伙人从合伙企业抽出资本,合伙企业向退伙人退付资产。

(1)退伙人将伙权售予其他合伙人或新合伙人。无论是售予原合伙人还是新合伙人,由于只涉及合伙人之间的权益交易,属于个人事务,而不涉及合伙企业资产和资本的增减变化,因此,合伙企业只需作反映合伙人变更的资本转账的会计处理。

(2)退伙人从合伙企业抽出资本,合伙企业向退伙人退付资产。对合伙企业来讲,这种退伙会引起合伙企业资本和资产的同时减少。如果退付的资产价值与退伙人的资本额相等,则以同样的数额减少业主资本和有关的资产项目。如果退付的资产价值与退伙人的资本额不等,则会有以下两种情况:

第一种情况:退付的资产价值大于退伙人的资本。合伙企业超额退款给退伙人可能有以下原因:合伙企业的资产价值被低估了;有些资产未加以记录;留在企业的其他合伙人急于让准备退出的合伙人离开企业;或者由于退伙人特殊的才能、声望而使合伙企业赢得过较好的声望使企业利润水平超过其他企业等。这样,退伙人实际上不仅将自己的账面资本全部拿走,而且还带走了留在企业的其他合伙人的一部分权益。在商誉法下,会计核算时,资产重估增值借记有关资产(即该资产的增加额),贷记全体合伙人的资本(或资产的减少额);商誉增加的同时也增加了退伙人的资本,借记退伙人的资本,贷记有关资产。在红利法下,合伙人把退伙人多带走的部分作为红利分给退伙人,使得合伙企业在资产减少的同时合伙人的资本也减少了。在会计上,借记退伙人的资本以及原合伙人的资本(作为红利),贷记有关资产。

【例 10 - 9】A、B、C 组成的合伙企业,资本总额分别为:50 000 元、40 000 元、30 000 元,损益分配比例 4∶4∶2,现 C 退伙,分得现金 35 000 元。退伙时对企业资产重估,设备增值 1 000 元。

商誉法下:

```
借:固定资产                                    1 000
    贷:合伙人资本——A                                   400
       合伙人资本——B                                   400
       合伙人资本——C                                   200
```

商誉为:35 000 - (30 000 + 200) = 4 800(元)

商誉总额:4 800 ÷ 20% = 24 000(元)

```
借:商誉                                       24 000
    贷:合伙人资本——A                                 9 600
       合伙人资本——B                                 9 600
       合伙人资本——C                                 4 800
借:合伙人资本——C                                 35 000
    贷:库存现金                                       35 000
```

第二种情况:退付的资产价值小于退伙人的资本。合伙企业退款低于退伙人的资本额的原因可能有:退伙人急于退出合伙企业,宁肯少得一部分资产;预计合伙企业的经营状况会有所恶化等。这样,退伙人实际上是将自己的账面资本给合伙企业留下了一部分,没退出企业的其他合伙人按照损益分配比例来分配这部分资本,会计上也是按照红利法和商誉法来核算。此时的商誉是负商誉,红利为退伙人给合伙企业的。会计核算可以参照上一种方法。

总之,合伙企业的业主权益在合伙企业的设立和经营过程中会发生变化。设立阶段的初始投资在会计上反映为业主权益的原始资本额,并体现了各合伙人之间的资本比例关系。经营过程是业主权益发生变化的过程,引起业主权益发生变化的经济事项有:合伙人的增资、提款、损益分配和入伙退伙。这是合伙企业会计核算最为复杂之处,因而也是会计核算程序设计的难点所在。另外,在现实经济生活中存在有限责任的合伙企业,即只有特定的合伙人对债务负无限责任,而其他合伙人以自己的出资额为限只负有限责任,这从法理上来讲是不合乎要求的,但既然存在了,就应按照合伙企业的会计核算规则来处理会计业务。

三、独资企业及其业主权益设计

独资企业是由单一的投资者投资而成立的企业。它与合伙企业有许多相似之处,如易于组织、企业寿命有限等;从投资人角度来看,独资企业可以说是合伙企业的特殊形式。

与合伙企业相比,独资企业的业主权益的会计核算要简单得多(独资企业只有一个投资人,合伙企业有几个投资人),在会计核算上完全可以参照合伙企业。独资企业也可以设置类似"业主投资"、"业主提款"账户,但不用像合伙企业那样按合伙人设置明细科目,因为它只有一个投资人。经营过程的业主权益方面的业务不像合伙企业那样复杂,它只有增资、提款(减资)这样的业务,并且由于投资人惟一,所以不必分配损益,也无入伙退伙发生。需要说明的是,我国的国有独资企业是独资企业中的特例,与自然人独资企业不同,它是国家代表人民投资的企业。根据经济体制改革的要求,国有企业正在按照现代企业制度逐步改造成为公司制企业。

第二节 公司制企业所有者权益的会计设计

公司制企业是最常见的企业组织形式,它的基本特征在于企业与出资者在法律上是相互独立的,出资者只以其出资额为限对公司承担责任,公司再以其全部资产对公司的债务承担责任。这类企业包括有限责任公司和股份有限公司。在我国,有限责任公司中包括国有独资公司这种形式。

公司制企业的所有者权益包括实收资本、资本公积、盈余公积和未分配利润。其中实收资本和资本公积基本是由所有者直接投入的,而盈余公积和未分配利润是由企业在生产经营过程中所实现的利润留存于企业所形成的,因此又被称为留存收益。本节将集中介绍实收资本的会计核算设计,资本公积与留存收益的核算设计将在下两节中讲述。

实收资本是指投资人作为资本投入到企业中的各种资产的价值。所有者向企业投入的资本,在一般情况下无需偿还,可以长期周转使用。除股份有限公司对股东投入资金应设置"股本"科目外,其余公司制企业均设置"实收资本"科目,核算企业实际收到的资本。

一、实收资本的来源及会计核算设计

投资人可以用现金投资,也可以用现金以外的其他有形资产投资,符合国家规定比例的,可以用无形资产投资。企业在实际收到投资时,一方面增加企业的资产,另一方面增加企业的实收资本。下面将按国有独资公司、有限责任公司、股份有限公司的顺序来分别设计实收资本会计核算程序。

(一)国有独资公司的投入资本及会计核算设计

我国《公司法》规定,国有独资公司是由国家授权投资的机构或部门单独投资设立的有限责任公司。在《公司法》公布前已设立的国有企业,符合《公司法》规定设立有限责任公司条件的,也可以改建为国有独资的有限责任公司。国有独资公司把所有者投入的资本,全部作为实收资本,即投入资本等于实收资本。与股份公司相比,国有独资公司不发行股票,不会产生股票溢价发行收入,也不会在追加投资时,为维持一定的投资比例而产生资本公积。

当企业接受现金资产投资时,应以实际收到或存在企业开户银行的金额作为实收资本;当企业收到投资者以非现金资产投资时,在办理完有关产权转移手续后,应按投资各方确认的价值作为实收资本入账;当企业接受无形资产投资时,应按照投资各方确认的价值入账。在会计核算上,借记有关资产的价值,贷记实收资本。

(二)有限责任公司的投入资本及会计核算设计

有限责任公司是指由两个以上股东共同出资,每个股东以其所认缴的出资额对公司承担有限责任,公司以其全部资产对其债务承担责任的企业法人。我国《公司法》将国有独资公司也划入有限责任公司范围。由于有限责任公司的股东至少两人以上,各股东怎样出资、出资额及何时出资必须在公司章程中作出规定,共同遵守。一旦出资者中某一方未按规定缴纳出资,企业有权向该出资者追缴,经追缴仍不履行义务的,企业可依法追究其违约责任。

有限责任公司对投入的资本,应通过"实收资本"进行核算,但在不同的投资阶段,核算方法也不尽相同。在公司初建时期,各股东投入的资本,应全部记入"实收资本"账户,企业的实收资本应等于注册资本;在企业增资时期,如有新投资者介入,新介入的投资者缴纳的出资额大于按约定比例计算的其在注册资本中所占的份额部分,不记入"实收资本"账户,而应作为资本溢价记入"资本公积"账户。投资者可用现金或者非现金资产投资,其具体核算办法与国有独资企业基本相同。

此外,对外商投资企业而言,在接受外币资本投资时,一方面将实际收到的外币款项等作为资产入账,另一方面将接受的外币资产作为实收资本入账。外币资产作为资产入账时,要按收到出资额当日的汇率折算为人民币,差额记入资本溢价;作为实收资本入账时,如果合同中约定汇率的,应按合同中约定的汇率折算为人民币;如果合同中没有约定汇率的,则按收到出资额时的汇率折算为人民币。

(三)股份有限公司的投入资本及会计核算设计

股份有限公司,简称股份公司,是指全部资本由等额股份构成并通过发行股票筹集资本,股东以其所持股份对公司承担有限责任,公司以其全部资产对公司债务承担责任的企业法人。股份公司的全部资本划分为等额股份,以股票的方式筹集资本;股票可以自由转让或买卖;股东人数有下限(最少两人),没有上限;股票的面值与股份总数的乘积即为公司股本,也就是股份公司的注册资本。

股份公司设立有两种方式,即发起式和募集式。发起式由发起人认购全部股份,不向发起人之外的任何人募集股份;募集式是除了由发起人认购不得少于公司发行股份总数的35%以外,还可以向其他法人或自然人发行股票进行募集资金。发起式筹集资本的筹资费用很低,如股份证明、印刷费等少量费用,可直接计入开办费或管理费用。而募集式筹集资本的费用则很高,除股票发行费用外,还要发生聘请中介机构的费用,支付给证券商的发行费用。在会计上处理为:股票溢价发行时,从溢价收入中支付;平价发行时,列做长期待摊费用。

依据国家有关规定,股份公司应当在核定的股本总额及核定的股票总额的范围内发行股票,并将股本总额、股份总额、每股面值,在股本账户中作备查记录,而且应设置"股本"科目核算股东投入企业的资本。为提供股份的构成情况,企业应在"股本"科目下,按普通股和优先股及股东单位或姓名设置明细账。股票的发行收入与股本总额往往不一致,发行收入大于股本总额的,称为溢价发行;小于股本总额的,称为折价发行;等于股本总额的,为面值发行。在我国不允许折价发行。对于溢价发行,企业应将相当于股票面值的部分记入"股本"账户,超额部分在扣除发行手续费、佣金等费用后记入"资本公积"账户。

境外上市公司和境内发行外资股公司,在收到股款时,应按照收到股款当日的汇率折合的人民币金额,借记"银行存款"等账户,按照股票面值与核定的股份总额的乘积计算的金额,贷记"股本"账户,按照收到股款当日的汇率折合的人民币金额与按人民币计算的股票面值总额的差额,贷记"资本公积——股本溢价"账户。

二、实收资本增减变动的会计核算设计

一般情况下,企业的实收资本应相对固定不变,但在某些特殊情况下,实收资本也可能发生变化。除国家另有规定外,企业的注册资本应当与实收资本相一致。《企业法人登记管理条例》规定,企业法人实有资本比原注册资本数额增加或减少超过20%时,应持资金证明或者验资证明,向原登记机关申请变更登记。因此,企业的实收资本如有必要增减,首先应具备一定的条件,即一是符合增资条件,并经有关部门批准;二是按法定程序报经批准,以减少注册资本。

(一)公司增资的会计核算设计

一般来说,公司增加资本的途径主要有三条:一是将资本公积转为实收资本,在会计上借记"资本公积"账户,贷记"实收资本"账户。二是将盈余公积转为实收资本,在会计上借记"盈余公积"账户,贷记"实收资本"账户。由于资本公积和盈余公积均属所

有者权益,转为实收资本时,如果是独资企业,可以直接转入;如果是股份公司或有限责任公司,则应按原投资者所持股份同比例增加各股东的股权。三是所有者投入(包括原公司所有者和新投资者的投入),企业在收到投资者投入时,一方面增加银行存款等资产,另一方面增加实收资本。

对于股份公司来说,可以通过发放股票股利的方法实现增资,即减少未分配利润的金额,增加实收资本的金额,而从所有者权益整体来看,只是未分配利润减少了,实收资本增加了,而所有者权益的金额并没有发生变化。在发放股票股利时,要按照股东原来持有的股数分配,而且应采用恰当的方法处理。

(二)公司减资的会计核算设计

企业减少资本的原因一般有两个:一是资本过剩;二是企业发生重大亏损。企业减资时必须先通知所有债权人,债权人无异议才可以减资,然后经股东大会决议并修改公司章程。减资后的注册资本不得低于法定注册资本的最低限额。

有限责任公司和国有独资公司减资比较简单,发还投资时,同时减少实收资本和银行存款。股份公司由于采用发行股票的方式筹集股本,因此减少资本时,要回购发行的股票,回购后必须在10日内注销。股本是按股票面值计价的,回购股票时也应按面值注销。由于股票发行的价格与股票面值可能不同,回购时股票的价格也可能与发行价格不同。股票回购价与面值的差额,不能作为损益处理(因为这是非生产经营活动产生的),而应区别情况处理。回购的股票凡是溢价发行的,要首先冲销原溢价收入(资本公积),不足部分冲销盈余公积,如果盈余公积仍不足以支付收购款的,再冲销未分配利润。

外商投资企业由于在投资协议中通常规定投资时限,所以,会计制度设计可以设置"已归还投资"科目,用来反映归还外商的投资额。

第三节　资本公积及其会计核算设计

资本公积是指由投资者投入但不能构成实收资本,或从其他来源取得并由所有者享有的资金,它属于所有者权益的范畴。资本公积要保留在企业内部不予分配。它不是由企业实现的利润转化而来的,而属于投入资本。资本公积与留存收益有根本的区别,在核算时,应与收益项目相区分。资本公积与实收资本也有区别。实收资本是投资者对企业的投入,并由此而谋求一定的经济利益,法律上对实收资本的来源和金额都有一定的限制;而资本公积相对有较多的来源,如既有投资者投入,也有捐赠者的捐赠,不一定需要投资回报,它不属于某一特定的投资者,而是由全体投资者共同享有。

资本公积作为公司全体所有者的共有财产,主要用途是转增资本。因为我国采用注册资本制度才导致了资本公积的产生,所以将资本公积转增股本就可以更好地反映投资者的权益。

由于资本公积的来源不同、特点不同,会计核算程序的设计也各不相同,下面分别阐述资本公积各项目的核算程序设计。

一、资本溢价或股本溢价的核算设计

1. 关于资本溢价。对于一般企业而言(有限公司和国有独资企业),在其创立时,出资者认缴的出资额即为其注册资本,全部计入实收资本中,此时不会出现资本溢价。但是,在企业重组并有新的投资者加入时,为了维护原有投资者的权益,新加入的投资者的出资额,不一定全部作为实收资本处理。原因在于:在企业正常经营过程中,由新投资者投入的资金即使与企业创立时投入的资金在数量上一致,但其获利能力却不一致。企业创立时要经过筹建、试生产经营、开辟产品销售市场等过程,从资金投入到取得投资回报需要较长的时间,并且这种投资具有风险性,而且这个过程的资本利润率较低。一般来说,企业进入正常生产经营后,资本利润率要高于企业创立阶段。高于创立阶段的资本利润率是因创办者的原始资本和苦心经营带来的,因此,相同数量的投资,由于出资时间不同,其对企业的影响程度不同,由此而带给投资者的权利也不同,往往前者大于后者。所以,新加入的投资者要付出大于原有投资者的出资额,才能取得与投资者相同的投资比例。

另外,原投资者的初始投资不仅在质量上发生了变化(由于生产经营的原因),就是在数量上也可能发生变化。这是因为在新投资者加入前,企业的所有者权益中除了初始投资(即实收资本)外,还有在企业创立后的生产经营过程中实现的利润留在企业所形成的留存收益(包括每年提取的盈余公积和各年累计的未分配利润),也许还有因接受他人捐赠资产等所形成的资本公积。显然,留存收益和资本公积属于原投资者的权益,但没有转入实收资本,如果新投资者一旦加入,则将与原投资者共享该部分权益。为了补偿原投资者的权益损失,新投资者如果需要获得一定的投资比例,就需要付出比原投资者在获取该投资比例时投资额更多的出资额。再者,在企业重组活动中,除了上述原因外,新投资者为了获得对企业的控制权、为了获得行业准入、为了得到政策扶持或者税收优惠等原因,也会导致其投入资本高于其按投资比例计算的出资额。凡此种种就产生了资本公积。为此,会计上应作如下处理:新投资者投入的资本中按其投资比例计算的出资额部分作为"实收资本"入账,超额部分作为"资本公积"入账。

2.关于股本溢价。股份公司是以发行股票的方式筹集股本的,股票是企业签发的证明股东按其所持有股份享有的权利和承担的义务的书面证明。由于我国采用注册资本制,因而股份公司的股本总额应当与注册资本相等,而且应当等于股票的面值和股份总数的乘积。我国企业股票面值统一为1元。

股票面值是确定的,股票发行规模在我国一般也是事先确定的。在这种情况下,如果投资者看好企业的发展前景,踊跃认购股票,就会导致股票的发行价格高于股票面值,出现股票溢价发行的情况。当然股票溢价发行的原因还有很多方面,如资金供求、不同投资者对股票价值的评估不同、补偿原投资者在企业资本公积和留存收益中享有的权益等原因。当股票溢价发行时,企业取得的超面值的溢价收入应记入"资本公积"账户,新老股东共享。对于委托证券商代理发行股票而支付的手续费、佣金等,由于直接导致了股东权益的减少,应首先从溢价收入中予以扣除,再将净额作为资本公积入账。

上市公司配股或增发新股,其股东以其所拥有的其他企业的全部或部分股权作为配股资金,或作为认购新股的股款的,该上市公司对于所接受的这些股权,应按照配股或增发新股所确定的价格,确认为初始股权投资额,按照该股东配股或增发新股所享有的股份面值总额作为股本,按其差额作为资本公积(股票溢价)。

上市公司配股或增发新股,其股东以实物资产和可辨认的无形资产作为配股资金,或作为认购新股的股款的,该上市公司所接受的实物资产和可辨认的无形资产,应当按照配股或增发新股所确定的价格作为其接受资产的入账价值,按照该股东配股或增发新股所享有的股份面值总额作为股本,其差额作为资本公积(股票溢价)。

二、其他资本公积的核算设计

企业受赠的资产,在一般情况下,其所有权也都一并转移过来。由此而导致的资产的增加并不是由企业的经营活动而带来的,所以,对于受赠的资产不应作为损益,而应作为所有者权益的增加处理。由于捐赠人不是企业的所有者,不会对企业提出某种权利要求,不能参与企业的经营决策和收益分配,因此不应作为实收资本确认。而且企业接受捐赠的资产也不属于收益性质,不能用于分配,所以也不应作为留存收益确认。根据资本公积的定义可知,企业接受的捐赠资产符合这一定义,应将其纳入资本公积中核算更为恰当。

企业接受捐赠的资产通常是现金和非现金实物,有时也会有企业的股东或债券持有人赠与的本公司股票或债券。当企业接受捐赠资产时,应按实际收到的金额,在增加银行存款的同时也增加"资本公积——其他资本公积"。但外商投资企业接受现金捐赠的核算要求与其他企业有所不同,当外商投资企业发生这类业务时,除了要像其他企业一样处理外,还应按接受捐赠的现金与现行所得税税率的乘积计算应交的所得税,即企业接受的现金是为此而交所得税与资本公积之和。

当企业接受非现金资产捐赠时,应按非现金资产的价值(有捐赠方提供凭据的按凭据入账,没有凭据的按市场价或该非现金资产的预计未来现金流量的现值)入账,由于这项非现金资产在处置时要交纳所得税,为了避免虚增企业净资产,公允反映企业财务状况尤其是负债情况,在将接受的非现金资产记入"资本公积"时,需要从其价值中扣除未来应交的所得税。会计核算上,在增加企业非现金资产的同时增加"资本公积——其他资本公积",并按照确定的价值与现行的所得税税率计算未来应交所得税,增加"递延所得税负债"明细账户的金额。

除上述资本溢价以外所形成的资本公积,均应记入"其他资本公积"明细账户。

资本公积除了可以用来核算上述项目外,对于企业收到国家拨补流动资本或无偿调入或调出固定资产的,也都在此明细账户中核算。

第四节　留存收益及其会计核算设计

留存收益是指企业从各年实现的利润中提取或形成的留存于企业的内部积累。它与实收资本和资本公积的区别在于实收资本和资本公积来源于企业的资本投入,而留存收益来源于企业生产经营活动中所实现的净利润。具体来说,留存收益包括盈余公积和未分配利润两类。美国的留存收益分为已拨定用途的留存收益和未拨定用途的留存收益,与我国盈余公积和未分配利润不是一一对应关系。如美国的已拨定用途的留存收益,既包括按照法律、法规提取的留存收益,又包括为偿还债务而专门拨出来的留存利润等。

企业提取留存收益目的在于保证企业实现的净利润不全都分配给投资者,而是有一部分留在企业,以满足企业维持或扩大再生产经营活动的资金需要,保持或提高企业的获利能力,也可以保证企业有足够的资金弥补以后年度可能出现的亏损,保证企业有足够的资金用于偿还债务,保护债权人的权益。国家对留存收益的提取和使用有很多限制和规定,如企业要提取法定盈余公积金。当然,企业也可以根据自己的需要提取留存收益,如提取任意盈余公积金。

一、盈余公积及其会计核算设计

(一)提取盈余公积的会计核算设计

盈余公积是指企业按照规定从净利润中提取的各种积累资金,包括法定公积金、任意公积金。盈余公积的提取实际上是限制企业向投资者分配当期实现的净利润的一种方法。提取盈余公积本身也属于利润分配的一部分,盈余公积提取后所对应的资金,在一般情况下不得用于向投资者分配利润或股利。此外,盈余公积的提取比例在一定程度上反映了企业的分配政策和再筹资政策。提取比例越高,企业的资金积累越多,对债权人的权益保障程度也越高;反之,对债权人的保障程度就越低。而过高的提取比例会降低投资者的利润分配额,会增强企业的发展后劲;反之,会提高投资者的利润分配额,影响到企业的发展后劲。

1. 法定公积金。根据我国《公司法》的规定,企业必须按照净利润的10%提取法定公积金,计提的法定盈余公积累计达到注册资本的50%时可以不再提取。对于非公司制企业(独资企业和合伙企业)而言,也可以按照超过净利润10%的比例提取。提取法定公积金时,在会计上一方面增加利润分配,另一方面增加盈余公积(法定盈余公积)。

2. 任意盈余公积。任意盈余公积是指公司在提取法定公积金之后,根据股东大会的决议,从净利润中提取的资金。它与法定盈余公积的区别在于提取比例由企业自行决定。如果公司有优先股,按照有关规定,必须在支付了优先股股利后,才可以提取任意盈余公积。公司提取任意盈余公积的目的有多种,如为了少发放股利,或为将来的某项重大投资聚集资金等,任意盈余公积的提取额应视企业的实际情况而定。提取时,会计上一方面增加利润分配,另一方面增加盈余公积(任意盈余公积)。

(二)盈余公积使用的会计核算设计

盈余公积的用途,并不是指其实际占用形态,不论是用于补亏、转增资本还是分配利润(或股利),都只是在企业所有者权益内部结构的转换,并不引起所有者权益总额的变动。盈余公积的结存数,实际上只是企业所有者权益的组成部分,是企业生产经营资金的一个来源,这部分资金在企业中可能表现为一定的货币资金,也可能是实物资产(如存货等)。盈余公积主要用于三个方面。

1. 弥补亏损。企业发生亏损时,由企业自行弥补,但应遵守国家会计制度和有关法规。弥补亏损的来源主要是用以后年度税前利润弥补。根据现行制度规定,企业发生亏损,可以用以后5年内实现的税前利润弥补,当发生的亏损在5年内仍未补足的,需使用随后所实现的所得税后利润弥补。用盈余公积补亏时应由董事会提议,股东大会批准。由于亏损在会计上表现为"利润分配"账户的借方余额,因此,用盈余公积补亏时,应将盈余公积金从借方转入"利润分配——盈余公积补亏"账户的贷方,利润分配账户的借贷方余额相等,二者自行抵消。

2. 转增资本。当企业的盈余公积累积较多时可将其转增资本,但须经股东大会决议批准。转增资本时要按股东原有持股比例结转。转增资本后,盈余公积余额不得少于注册资本的25％。企业转增资本时,一方面减少盈余公积,另一方面增加实收资本。

3.分派现金股利或利润。在特殊情况下,当企业积累的盈余公积比较多,未分配利润比较少,而又不得不分配利润或股利以维护企业形象时,在用盈余公积补亏后,经股东大会特别决议,可以用盈余公积分配现金利润或股利。用于分配股利的盈余公积不得超过股票面额的6％,法定盈余公积不得低于注册资本的25％。用盈余公积分配现金股利时,会计上一方面减少盈余公积,另一方面增加应付股利;用盈余公积分配股票股利时,会计上一方面减少盈余公积,另一方面增加股本。

二、未分配利润及其会计核算设计

未分配利润是指企业实现的净利润经过弥补亏损、提取盈余公积和向投资者分配股利后留存在企业的、多年结存的利润。资产负债表上的未分配利润实际上由两部分构成:一部分是企业以前年度累积没有分配的利润;另一部分是本年度没有分配的利润。从数量上来说,未分配利润是期初未分配利润,加上本期实现的税后利润,减去提取的各种盈余公积和分出利润后的余额。未分配利润通常留待以后年度向投资者分配。由于未分配利润相对于盈余公积而言,属于未确定用途的留存收益,所以,企业在使用未分配利润上有较大的自主权,受国家法律、法规的限制比较少,如企业可以用它弥补亏损、分配股利(或利润)、偿还借款等。

未分配利润是个结余数字,在会计期末,企业将会计期间内实现的所有收入和成本费用、支出项目都归集到"本年利润"科目下,计算出净利润(或净亏损),然后转入"利润分配——未分配利润"账户,再对实现的净利润进行分配(即提盈余公积,向投资者分配股利),分配之后,"利润分配——未分配利润"账户的余额如果在贷方,即为累积未分配利润,如果在借方,即为累积未弥补亏损。

案例 10－1　　　　　　　　　　　　**绿岛咖啡屋**

2001年6月30日,合伙企业——绿岛咖啡屋需要解散,解散前必须编制与解散有关的资产负债表。

绿岛咖啡屋是由达西夫妇和珍妮女士创办的,他们是在旧金山一个餐馆工作时认识的。2000年9月30日,三位合伙人每人向餐馆投资20 000美元,达西夫妇的出资实际上是他们的全部积蓄,珍妮女士的出资是她已故丈夫的保险赔偿收入。同一天,合伙企业签署了对之后为绿岛咖啡屋的店铺的一年期租约,该店铺坐落在娱乐区附近。咖啡屋的年租金为1 500美元,它的设施之所以吸引了合伙人是因为在餐馆上面的楼层内有住宿场所,达西夫妇住一间,另一间由珍妮女士居住。

合伙人从当地银行借入20 000美元,并用这20 000美元加上合伙人资金中的38 000美元买断了前任经营者的所有权,所支付价款中55 000美元用于购买设备,3 000美元用于购买当时咖啡屋的食品和饮料存货。为获得经营许可证,合伙人支付了1 500美元,该许可证从6月30日开始生效。他们又花了1 500美元购买了一台新的收款机。80 000美元中的剩余部分存入了合伙企业的银行账户。

领取营业执照后,餐馆开始营业。达西先生是厨师,达西夫人和珍妮女士是服务员,达西夫人还负责订购食品、饮料和物料,看管收款机并主管支票账户。

餐馆开业后一直营业,但不是很景气。2001年6月30日上午,达西夫人发现达西先生和珍妮女士不见了,珍妮女士带走了她的全部财产,但达西先生却留下了他的大部分衣物,大概是因为怕惊动达西夫人而不敢拿走。新收款机和所收的全部款项都不见了。达西夫人决定当天就终止合伙关系。达西夫人继续经营绿岛咖啡屋,她知道必须对6月30日的财务状况作一个会计记录,就请来了一位熟知会计知识的熟人让·吉普森。吉普森了解到收款机中有500美元,支票户头的余额为2 000美元,滑雪教练赊欠餐费900美元(后来全部偿还了)。绿岛咖啡屋欠供货商款项合计为1 800美元,吉普森先生估计餐馆资产的折旧费用达到了3 000美元,餐馆现有的食品和饮料价值2 500美元。达西先生留下的衣物价值1 000美元,合伙企业还偿还了3 000美元的银行贷款。

吉普森先生说,为了说明合伙人的权益,他要编制一份资产负债表。他将列出他人欠合伙企业的款项和合伙企业欠他人的款项,两者之差就是三位合伙人的权益,每位合伙人都拥有这个数额的三分之一的权益。

案例分析:1. 为绿岛咖啡屋编制2001年6月30日的资产负债表。

2. 你认为吉普森先生的做法正确吗?合伙人得到了资产负债表中的权益了吗?为什么?

案例 10－2

实收资本惹的祸？
——三个上市公司的问题

1. 出资不实的"闽福发"。闽福发前身是国营福州发电机厂,1993 年上市发行股票。2000 年的中报披露显示:资产负债率 57.65%,银行借款 45 930 万元,对外担保 20 433 万元。造成闽福发出现以上问题的主要原因在于:国有股比重大,但国有股东出资不实。例如,1997 年第一股东福州财政局配股 10 694 801 股,应缴资金 45 294 115 元,但根本未到位。1998 年,福州财政局又将原福州蓄电池总厂全部实物资产作为国有股配股款配入闽福发。而该厂不但未创造利润,反而迫使闽福发为其偿还了 1 600 万元债款,并为其进行了 1 400 万元的贷款担保。但最终蓄电池厂仍然破产,闽福发还不得不承担连带债务责任。

2. 伪造文件的"蓝田股份"。1999 年 10 月 28 日,中国证监会发布公告,披露蓝田股份 1996 年上市时,伪造银行对账单,虚增银行存款 2 770 万元;伪造沈阳市土地局关于土地使用权的批复与地价核准批复,虚增无形资产 1 100 万元。该公司将股本由 8 370 万股改为 6 696 万股,对国有股、法人股和内部职工股进行缩减,但在上市后未作公开披露。

3. 募股资金无投向的"大庆友谊"。1996 年 12 月该公司发行 A 股募集资金 32 900 万元,但 2000 年的中报显示,该公司尚有 15 364 万元的资金没找到用途,当初筹划的几个项目在具体实施时发现不可行。这样,超额股本扩张反而导致了净资产收益率下降。

资料来源:中国上市公司咨询网

案例分析:1. 依据现行法规,企业的实收资本应当怎样入账?

2. 根据不实的凭证入账实收资本会带来什么危害?

3. 盲目增资扩股会给企业带来什么影响?

思 考 题

1. 试比较商誉法与红利法的特点。

2. 资本公积是如何产生的? 它与实收资本有何不同?

3. 如何设计资本公积的核算内容?

4. 留存收益的设计应包含哪些内容?

5. 合伙企业业主权益核算如何设计?

第十一章

销售会计的设计

✍ **本 章 要 点**

本章将讲述销售业务会计制度的设计,包括内部控制制度设计、销售凭证与业务流程的设计和会计核算方法的设计。通过本章的学习,应当掌握通过严密的流程设计实现销售活动的内部控制,并且熟悉销售业务主要确认与计量方法间的差别与特征,从而进行合理的政策选择。

存货发出业务,主要是指各种材料的耗用、物料用品的领用、产品销售等。生产领用存货的业务流程相对简单,主要是领料单、定额领料单或委托加工材料出库单等凭证在领料部门、仓库保管部门和财会部门间的传递,本章对此不作详细说明,而是重点介绍销货业务的内部控制制度和凭证流转程序。

第一节 销货业务内部控制制度设计

一、职务分离制度

销售业务环节需要办理的主要事项有制定商业折扣标准、接受客户订单、核准付款条件、填制销货通知、发出商品、开具发票、核准现金折扣、核定销售折让或退货条件并办理退款或接受退货、收取货款以及各环节相应的会计记录等。在这些事项中需要进行职务分离的有下述几种:

1. 接受客户订单的人员,不能同时负责核准付款条件和客户信用调查工作。

2. 填制销货通知的人员,不能同时负责发出商品工作。

3. 开具发票的人员,不能同时负责发票的审核工作。

4. 办理各项业务的人员,不能同时负责该项业务的审核批准工作。

5. 记录应收账款的人员,不能同时负责货款的收取和退款工作。

6. 会计人员不能同时负责销售业务各环节的工作。

二、订单控制制度

企业产品的销售一般是从接受客户的订单开始的,建立订单控制制度是销售业务控制的重要环节。订单控制制度包括以下三个方面:

1. 根据不同的客户和销售形式设计多种订单格式,以满足企业内部各个部门协调工作、相互制约的经营管理需要。

2. 规定订单在企业内部各环节的流转程序,并规定相应的授权批准程序。

3. 实行订单顺序编号法,对已执行的订单和尚未执行的订单分别进行管理和控制,以便随时检查订单的执行情况和每一订单的处理过程。

三、销售价格政策控制制度

产品的销售价格一方面直接影响着产品的销售市场,同时也影响着企业当期利润

指标的实现。因此,企业必须制定一个良好的销售价格政策控制制度。这项制度至少包括以下两个方面:

1.制定统一的产品销售价格目录。

2.规定灵活的商业折扣、现金折扣标准,并建立相应的授权批准权限。

四、销售发票控制制度

产品发出后向客户开具销售发票既是企业销售成立的标志,也是向客户收取货款的依据。如果在向客户开出销售发票和账单时缺乏有效的控制,不但会导致营私舞弊行为的发生,还会使会计的营业收入记录不真实。销售发票控制制度主要包括四项:

1.指定专人负责发票的保管和使用,明确发票管理制度。

2.发票使用人员领用发票时应签字注明所领用发票的起讫号码。

3.发票使用人员所开具的发票必须以发货通知单等有关凭证上载明的客户名称、日期、数量、单价和金额等为依据如实填列各项内容。

4.财会部门必须指定独立于发票使用人的专人,定期或不定期地对所有使用过的发票与会计记录和有关手续凭证进行核对检查。

五、收款业务控制制度

根据订单的规定期限和结算方式收取销售款项是销售业务的最终环节,它直接影响着企业的财务状况。保证足额、安全地收取款项是收款业务控制制度的根本目标。关于一手钱、一手货的现款销售控制制度已在货币资金的内部控制制度中作了详细论述,这里只就应收账款控制问题进行阐述。对应收账款的控制主要体现在以下几个方面:

1.客户信用审查。收到客户订单后,首先应由负责客户信用调查的部门进行客户信用审查,然后才能决定是否接受订单,应将信用差的客户排除在赊销的范围之外。

2.现金折扣政策。研究切实可行的现金折扣政策,鼓励客户及早付款。

3.应收账款记录。会计部门的应收账款记录必须严格地以销售部门销售业务的原始凭证为依据,防止应收账款的虚计;应收账款的总分类账记录和明细分类账记录应由不同的会计人员负责。

4.对账制度。会计部门应建立定期或不定期地与客户对账的制度,及时了解客户的财务状况,并将对账结果和对客户财务状况的了解通报给销售部门、客户信用部门,以便及时采取有效措施,减少坏账损失。

5.账龄分析。客户信用部门应定期编制应收账款账龄分析表,对账龄较长的客户采取重点措施。

六、退货业务控制制度

企业发生的销货退回相对于正常销售来说是少量的、不经常发生的业务,但由于其直接影响着企业的信誉和销售收入、应收账款的确认,直接抵减了企业的经济效益,也可能产生舞弊行为。因此,建立退货业务的控制制度依然是至关重要的。退货业务的控制制度主要有以下几个方面:

1. 建立退货损失惩罚制度。在整个销售控制制度中明确每一个环节的责任人,当发生退货业务时能够找到承担损失的责任人,并给予相应的处罚,以加强生产、销售等各环节业务人员的责任意识,减少不必要的退货损失。

2. 设立独立于销售部门的销货争议处理机构。当客户验收商品发现问题并通知企业时,销货争议处理机构应当立即展开调查,积极与客户协调,确认责任方。对由于本企业责任而造成客户争议的,应拿出双方都能够接受的解决方案。

3. 建立销售折让优先制度。对确认为本企业的责任的,第一解决方案应是给予客户销售折让,以减少可能发生的退货损失。

4. 理顺销售折让和销售退回的凭证流转程序。它可使会计记录所使用的原始凭证真实可靠,从而保证相应会计记录的客观性。

5. 建立退货、索赔、销售折让审批制度。任何退货、索赔及销售折让的执行,必须有授权领导的批准。

6. 建立退货验收制度和退款审查制度。这个制度的具体内容与进货验收制度和付款制度基本相同。

七、售后服务控制制度

在激烈的市场竞争中,企业为树立信誉、扩大销路,必须对售出商品进行质量担保。在规定的范围内既要为客户服务好,又要将保修费用降到最低,这是售后服务控制制度的核心。为此,企业必须根据自身商品的特点,对服务对象、服务时间、服务范围、服务标准、服务单位、服务业务的手续等建立相应的内部控制制度。

第二节　销货业务凭证流转程序的设计

销货业务按销货地点的不同可以分为同城销货和异地销货两种。它们的业务手续和凭证流转程序都与货物交接方式和货款结算方式密切相关。由于销货业务的货物交接方式与货款结算方式不同,加之企业的经营性质、规模大小和机构设置的差异,每个企业的销货凭证及其流转程序设计都不可能完全相同,无论哪类企业都必须根据自身情况和销货业务的特点,建立一套严密的销货业务手续制度、规范的销货凭证及合理的凭证流转程序,使销货业务在业务、物价、储运和财会等部门既相互配合,又相互制约。

一、销货凭证设计

企业销货业务涉及的凭证主要有发货单和销货日报表两种基本凭证。发货单和销货日报表的一般格式如表11-1、表11-2所示:

表11-1 发 货 单

购货单位:　　　　　　　　　　年　月　日　　　　　　　　字第　号

货号	品名规格	计量单位	数量	单　价						金　额					
				…	佰	拾	元	角	分	…	佰	拾	元	角	分
合计金额(大写)			拾万	万	仟	佰	拾	元	角	分					

提货人:　　　　保管部门主管:　　　　出纳:　　　　发货人:　　　　业务:

表11-2 销货日报表

报送:　　　　　　　　　　年　月　日　　　　　　　　金额单位:

品名及规格	计量单位	数量	单价	金　额			本月累计销售
				合计	现销	赊销	
合计							

销售部负责人:　　　　复核:　　　　制表:

二、销货业务凭证流转程序的设计

销售业务凭证流转的基本程序如图 11 – 1 所示：

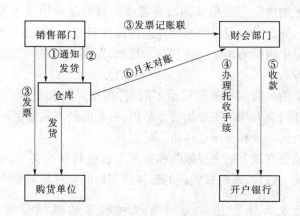

图 11 – 1　销售业务凭证流转程序

第三节　销货业务会计核算方法的设计

一、销售收入的确认和计量

销售收入作为特定的一类收入,其确认首先要符合基本的确认条件,即与销售商品相关的经济利益能够流入企业,以及销售商品收入能够可靠地加以计量。其次,由于收入必须与费用进行配比,因而销售商品收入的确认应符合为赚取收入所发生的成本能够可靠地计量这项条件。此外,由于销售商品交易的复杂性,在实践中仅有以上两点还不足以判断销售商品交易是否已经实现。一般说来,在其他需要考虑的因素中,销售商品交易是否已经完成对销售商品收入的确认具有重要的影响。因此,在考虑设立销售商品收入确认的条件时,要考虑销售商品交易是否真正地完成,以及是否存在较大的不确定性。而判断销售商品交易是否已完成的标志是销售方是否已将商品所有权上的主要风险和报酬转移给了购货方,是否保留有通常与所有权相联系的继续管理权,以及是否仍对售出的商品实施控制。会计制度规定,销售商品的收入只有同时符合以下四项条件时才能得以确认。

(一)企业已将商品所有权上的主要风险和报酬转移给购货方

商品所有权上的风险主要指商品所有者承担该商品价值发生损失的可能性。比如,商品发生减值、商品发生毁损的可能性。商品所有权上的报酬,主要指商品所有者预期可获得的商品中包括的未来经济利益。比如,商品价值的增加以及商品的使用所形成的经济利益等。

商品所有权上的风险和报酬转移给了购货方,指风险和报酬均转移给了购买方。一项商品发生的任何损失均不需要销货方承担,带来的经济利益也不归销货方,则意味着该商品所有权上的风险和报酬已移出该销货方。

判断一项商品所有权上的主要风险和报酬是否已转移给买方,需要关注每项交易的实质而不是形式。通常,所有权凭证的转移或实物的交付是需要考虑的重要因素。

(二)企业既没有保留通常与所有权相联系的继续管理权,也没有对已售出的商品实施控制

对售出商品实施继续管理,既可能源于仍拥有商品的所有权,也可能与商品的所有权没有关系。如果商品售出后,企业仍保留有与该商品的所有权相联系的继续管理权,则说明此项销售商品交易没有完成,销售不能成立,不能确认收入。如果商品售出后,企业仍可以对售出的商品实施控制,也说明此项销售没有完成,不能确认收入。

(三)与交易相关的经济利益能够流入企业

在销售商品的交易中,与交易相关的经济利益主要表现为销售商品的价款。销售商品的价款能否有把握收回,是收入确认的一个重要条件。企业在销售商品时,如估计价款收回的可能性不大,即使收入确认的其他条件均已满足,也不应当确认收入。

销售商品的价款能否收回,主要根据企业以前和买方交往的直接经验,或从其他方面取得的信息,或政府的有关政策等进行判断。例如,企业根据以前与买方交往的直接经验判断买方信誉较差;或销售时得知买方在另一项交易中发生了巨额亏损,资金周转十分困难;或在出口商品时,不能肯定进口企业所在国政府是否允许外币汇出,等等。在这些情况下,企业应推迟确认收入,直至这些不确定因素消除。

(四)相关的收入和已发生或将发生的成本能够可靠地计量

收入能否可靠地计量,是确认收入的基本前提,收入不能可靠地计量则无法确认收

入。企业在销售商品时,售价通常已经确定。但销售过程中由于某些不确定因素,也有可能出现售价变动的情况,则新的售价未确定前不应确认收入。

根据收入和费用配比原则,与同一项销售有关的收入和成本应在同一会计期间予以确认。因此,成本不能可靠计量,相关的收入也不能确认,即使其他条件均已满足。如已收到价款,收到的价款应确认为一项负债。

销售商品收入的确认比较复杂,企业在运用以上四项条件进行销售商品收入确认时,必须仔细地分析每项交易的实质。只有交易全部符合这四项条件才能确认收入。

将收入的确认规定为必须符合以上四项条件是有其原因的。在此之前,确认收入的标准是"发出商品、提供劳务,同时收讫价款或索取价款的凭据",这会带来相当多的企业只追求法律形式上的收入实现,却忽视经济实质上的收入实现。

销售收入的计量是指为了在资产负债表上和利润表上确认和列报财务报表各要素而确定其金额的过程。销售商品收入的金额,应根据企业与购货方签订的合同或协议金额确定,无合同或协议的,应按购销双方都同意或都能接受的价格确定。在采用分期收款销售或延期收款销售的条件下,交易明显地带有融资的性质,则销售收入额应以销售总额的现值入账,该总额与现值的差额记为"未实现融资收益"进行递延,而不应虚夸营业收入。

在对销售商品收入进行计量时,应注意区别商业折扣、现金折扣和销售折让三个概念。商业折扣不影响销售商品收入的计量,因为商业折扣是销货方给购货方提供的一种优惠,不构成最终成交价格的一部分。现金折扣是债权人为鼓励债务人在规定的期限内付款,而向债务人提供的债务折扣。销售折让是指企业因售出商品的质量不合格等原因而在售价上给予的减让。销售折让在实际发生时冲减当期销售收入。现金折扣是否影响销售商品收入的计量,取决于所采用的会计处理方法是总额法还是净额法。

二、总额法与净额法的比较与选择

在采用总额法的情况下,企业在确定销售商品收入金额时,不考虑各种预计可能发生的现金折扣,现金折扣在实际发生时计入当期财务费用。总额法可以较好地反映企业销售总过程,但如果客户在未来能够得到该项折扣时,在销售发生时的计价则导致高估了资产和收入。

在采用净额法的情况下,企业在确定销售商品收入金额时,应将现金折扣予以扣除,净额部分确认为销售商品收入。净额法的处理实际上建立在客户都会尽力得到该折扣的假设基础上,防止了虚增资产或收益,但同时也存在虚减资产与收益的可能,尤其当客户全额付款时,会出现应收款与实收款不一致的情况,这时,必须设立备查账,以起到辅助作用。

考虑到现在我国大陆地区现金折扣业务少,并且企业间往来款项拖欠较为普遍的现实,一般要求企业采用总额法对现金折扣进行会计处理。

在国际上,除上述两种方法通用外,还有一种混合法。混合法在理论上采用了前两种方法的特点,对它们做了折中。它按照总额法反映应收款,按净额记销售收入,二者间差额作为备抵折扣。这种方法的优点是既防止了虚增收入,又能反映企业销售的全过程,但核算上比较复杂,而且缺乏理论上的依据,应用得并不广泛。

三、应收及预付款项的核算

应收与预付款项是指企业在日常生产经营过程中发生的各项债权,包括应收账款、应收票据、其他应收款和预付账款。其他应收款和预付账款的核算比较简单,在其他书籍中也多有论述,所以本书主要讲述应收账款和应收票据的设计。

(一) 应收账款

应收账款是企业在生产经营活动中,由于销售商品、产品或提供劳务,而应向购货单位或接受劳务单位收取的款项,包括代垫的运杂费。应收账款的设计主要涉及入账金额的确定和坏账准备的提取方法。

1. 应收账款入账金额的确定。一般情况下,应收账款应按照历史成本入账,包括发票金额和代垫的运输费,但如果涉及现金折扣时,就存在不同的核算方法:总价法、净价法和混合法。企业可以在这三种方法中进行选择,但我国《企业会计准则》鼓励选用总价法。

2. 应收账款的坏账准备计提方法。坏账准备计提方法包括直接转销法和备抵法两种方法。前者在日常核算中对可能发生的坏账不予考虑,只在发生时计入发生当期的损益。其优点是核算简便,缺点在于不符合权责发生制与配比原则。备抵法是采用一定的方法按期估计坏账损失,计入当期费用,并建立坏账准备,待坏账发生时,冲销已提的坏账准备金。备抵法的优点是较好地体现了配比的原则,避免企业虚盈实亏,并使得应收账款的账面价值更能体现它的可变现价值。

3. 备抵法的计算。我国《企业会计准则》要求企业采用备抵法核算坏账准备,除采用个案分析计提的个别认定法外,坏账准备的计算还有三种方法可以选择:余额百分比法、销货百分比法和账龄分析法。

余额百分比法是按照应收账款的余额一定比例计提坏账准备。销货百分比法是以赊销金额的一定百分比作为估计的坏账损失。这两种方法计算比较简单,但由于其不区分应收账款的时间长短与坏账发生可能性之间的关系,统一按照相同的比例计提坏账准备金额,不够合理。账龄分析法是根据应收账款账龄的长短来估计坏账金额的方法。应收账款时间越长,计提坏账的比例越大。这种方法的优点是考虑到坏账与应收账款之间的联系,缺点是计算工作量比其他两种方法大。

（二）应收票据

应收票据是企业持有的、尚未到期兑现的商业汇票,它的会计核算设计主要包括两个方面。

1. 入账价值的确定。应收票据对于带息的,可以按照账面价值入账,也可以按照资产的定义,采用应收票据未来能够收到的现金流量（包括票面价值和利息）的折现值入账。从理论上说,后者更科学一些,但存在的问题是计算起来烦琐,而且不够"谨慎"（将利息提前确认）。我国《企业会计准则》要求采用前者。

2. 贴现的会计核算。在应收票据到期前,企业可以将其持有的商业汇票到银行加以贴现。贴现时,如果银行采取买断式贴现,则企业应按收到的贴现款额借记"银行存款",贷记"应收票据"账户,借贷之差借记"财务费用"账户;如果银行要求企业"背书"承担连带责任,企业反映这种责任的会计核算就存在两种方法:一是设立"应收票据贴现"账户,贴现时先贷记到该账户中,待连带责任解除时,借记该账户,并贷记"应收票据"账户;二是不设立"应收票据贴现"账户,贴现时也不冲销"应收票据"账户,而是贷记"短期借款"账户,以便在当期资产负债报表中反映因贴现产生的或有负债数额。如若到期未发生银行退票,则企业解除了退款责任时,再将"应收票据"的借方余额与"短期借款"的贷方余额对冲。

第一种方法单独设置一个备抵会计科目,在表内反映出资产的数量减少;第二种方法虽然不需设置单独的科目核算,但需纳入"短期借款"中一并反映,使负债增加。我国《企业会计准则》要求采用后一种方法。

四、特殊情况下的商品销售收入的确认与计量

在商品需要安装和检验销售的情况下,购买方接受交货以及安装和检验完毕前一般不应确认收入。但如果安装程序比较简单,或检验是为最终确定合同价格而必须进行的程序,则可以在商品发出时,或在商品装运时确认收入。

1. 附有销售退回条件的商品销售。如果企业能够按照以往的经验对退货的可能性作出合理估计的,那么应在商品发出时,将估计不会发生退货的部分确认为收入,估计可能发生退货的部分不确认收入;如果企业不能合理地确定退货的可能性,则在售出商品的退货期满时确认收入。

2. 代销商品。①视同买断的代销业务,即由委托方和受托方签订协议,委托方按协议价收取所代销的货款,实际售价可由受托方自定,实际售价与协议价之间的差额归受

托方所有。由于这种销售本质上仍是代销,委托方将商品交付给受托方时,商品所有权上的风险和报酬并未转移给受托方。因此,委托方在交付商品时不确认收入,受托方也不作为购进商品处理。受托方将商品销售后,应按实际售价确认销售收入,并向委托方开具代销清单。委托方收到代销清单时再确认收入。②收取手续费的代销业务,即受托方根据所代销的商品数量向委托方收取手续费,这对受托方来说实际上是一种劳务收入。这种代销方式与视同买断方式相比,主要特点是受托方通常应按照委托方规定的价格销售,不得自行改变售价。在这种代销方式下,委托方应在受托方将商品销售后向委托方开具代销清单时确认收入;受托方在商品销售后,按应收取的手续费确认收入。

3. 分期收款销售。分期收款销售的特点是销售商品价值较大,如房产、汽车、重型设备等;收款期限较长;收取货款的风险较大。在分期收款销售方式下,企业应按合同约定的收款日期分期确认营业收入和融资收入。同时,按商品全部销售成本与全部销售收入的比率计算出当期应结转的营业成本。

4. 售后回购。售后回购在一般情况下不应确认收入。但如果卖方有回购选择权,并且回购价以回购当日的市场价为基础确定,在回购可能性很小的情况下,也可在售出商品时确认为收入的实现。

5. 售后租回。售后租回是指在销售商品的同时,销售方与购买方达成协议日后再租回所售商品。在这种方式下,应当分别情况处理。①如果售后租回形成一项融资租赁,售价与资产账面价值之间的差额应当单独设置"递延收益"科目核算,并按该项租赁资产的折旧进度分摊,作为折旧费用的调整。这样做的原因在于:融资租回的资产价值大小取决于当初销售时售价的高低,售价高、融资租赁资产价值大、折旧数额大,按照权责发生制的原则,应将"超额"折旧费用与"超额"收入做配比。②如果售后租回形成一项经营租赁,售价与资产账面价值之间的差额也通过"递延收益"科目核算,并在租赁期内按照租金支付比例分摊。

6. 以旧换新销售。以旧换新销售是指销售方在销售商品的同时,回收与所售商品相同的旧商品。在这种销售方式下,销售的商品按照商品销售的方法确认收入,回收的商品作为购进商品处理。

7. 商品销售退回。销售退回是指企业售出的商品,由于质量、品种不符合要求等原因而发生退货。销售退回可能发生在企业确认收入之前,这时处理比较简单,只要将已记入"发出商品"等账户的商品成本转回"库存商品"账户;如果企业确认收入后又发生销售退回的,不论是当年销售的,还是以前年度销售的,除特殊情况外,一般应冲减退回当月的销售收入,同时冲减退回当月的销售成本;如该项销售已经发生现金折扣或销售折让的,应在退回当月一并调整;企业发生销售退回时,如按规定允许扣减当期销项税额的,应同时用红字冲减"应交税费——应交增值税"账户的"销项税额"专栏。

案例 11-1　　　　　　　**W 企业的年末"杀手锏"**

W 企业 1996 年由国有企业改制上市,主营房地产。上市之初,企业上下士气高涨,决心大干一场,于是投资兴建了一批高档房屋。然而,市场反映冷淡,全年销售情况极不乐观,房屋积压严重。

"必须想个办法",年终的高层会议上,总裁 L 深吸一口烟说,"如果年末报表每股收益达不到 10%,明年配股就很难,现在公司可是急需现金哪!"

与会人员都默不作声,谁都清楚公司的现状,死马如何能够"医活"?

L 总裁的目光巡视一圈,最后落到公司新任 CFO 的脸上,这是一位在业内以精通"资本运营"而闻名的员工。

"办法倒是有一个",CFO 说,"L 总,你不是有个好朋友 P 总吗? 我们和他的公司倒签一份销售合同,将房屋卖给他,但不需要他付款,我们做应收款;然后,我们再和他签一份明年以相同价格回购的协议,然后,明年两项交易一冲销,我们互不相欠,但今年的收入不就留在我们企业了吗?"

众皆愕然,想不到收入的确认会如此之容易。那年,在那样的会计制度规定下,W企业就那样"死里逃生"了。

案例分析:W 企业能确认"收入"吗? 该项"收入"从性质上看属于什么事项?

案例 11-2　　　　　　　**约翰公司的信用管理制度**

约翰公司是一家大型的百货公司,其年销售额超过 1 000 万美元。为扩大销售额,公司决定采用赊账的政策。但为防止因此产生的拖欠货款的风险,公司在制定赊账政策时非常谨慎,并取得了非常好的效果。

约翰公司制定的信用制度有 10 项:

1. 每个信用申请表必须完整而又没有歧视性条款,同时还要有三个以上的信用担保人。申请人的信用历史、地址和职业都明确标明,这样,在他们违约时就可以随时找到他们。

2. 建立信用分级制度。根据每个顾客的级别分别给予合理的信用额度,并且规定提高额度的特定条件。

3. 设立清除边缘账户的分系统。

4. 对那些允许客户的累积信用收取国家法律所许可的最高利息。

5. 对价格昂贵商品的分期付款信用期限不超过3年。

6. 建立快速有效的评估系统,既不影响公司的销售,又不产生不合格的客户。

7. 建立准确、及时的反映应收账款变化情况的系统,可以随时了解信用的偿还情况。同时信用部门的信息放到一台计算机中,以及时获得所需要的所有信息。

8. 建立信息发布系统,使那些按时支付的客户可以通过邮件获得账单以及一些宣传品(如广告宣传册等)。

9. 对那些超过45天还未支付的客户,在不求助收款代理人和信用公司律师的情况下,制定一套催收标准程序。

10. 对信用卡客户的使用权限能进行有效鉴别。

对那些应收账款的附设分类账应每天持续记录下去,这一点非常重要。要及时开出账单,如果账单不按时发出,那么支付也就很难保证。

案例分析:1. 约翰公司的信用政策体现出哪些信用控制要点?
　　　　　2. 信用政策的正、负面影响有哪些?

案例 11-3　　　　　　　　高为电子公司

高为电子公司的业务是组装并销售电脑系统,系统生产包括提供硬件及外围设备说明书、软件说明书以及相关的操作标准。顾客经常要求高为公司提供设备说明书、硬件测试、软件安装以及软件测试等业务,在这之后,顾客才会接受该系统,并支付议定的价格。完成一份订单通常需要3~8个月。

为了内部会计核算的方便,高为公司将顾客订单分成硬件和软件两个部分实行分别核算。生产订单被分成两个部分,就像两个单独的订单一样分别进行标准生产过程和成本会计核算。

当硬件经过安装和测试后(不论顾客接受或不接受),高为公司就将一部分合同价格作为销售收入,同时也确认相关的销售成本。与确认的这部分销售收入相对应,顾客应付款就被确认计入一个资产账户——"未开发票合同收入",而这时公司并未向顾客送交任何发票单据。

当软件部件完成安装、测试并为顾客接受后,公司就将剩余的合同价格计做收入,而软件的成本则作为销售成本,并将发票送交顾客,而未开发票的合同收入账户中的金额就转入"应收账款"账户。

顾客订单及合同包含了与技术说明书、接受测试和顾客付款时间相关的所有条件。技术说明书部分的复印件粘附在硬件和软件生产通知单上,在生产、安装、测试过程中,每张生产通知单都是产品累计成本和在产品存货的明细记录的基础。最后,根据生产报告与累计成本记录得出生产成本报告,也就是销售成本的支持文件。

分析:高为公司管理当局实行分别计价的会计政策,与会计准则对收入确认的原则要求有不尽一致之处。根据高为公司的质量保证承诺和顾客接收其软件安装的记录表明,产品销售之后,系统工程师往往需要寻找并消除软件中的问题以达到顾客在合同上的要求,以至于有时顾客会延迟几个月才收货。在个别情况下,高为公司甚至需要通过从其他开发商处购买软件包来解决问题。

资料来源:摘自张建军:《审计学案例》,高等教育出版社,2000年。

案例分析:1. 高为公司将合同中硬件部分和软件部分分别核算,是否起到了提前确认销售收入和提前确认相应销售成本的结果?

2. 高为公司的收入确认政策,对当期的利润和税金有什么影响?

3. 高为公司的收入确认政策与会计准则的规定有哪些不一致?

思 考 题

1. 销货业务内部控制制度应如何设计?

2. 销售收入的计量方法可以怎样设计?

3. 售后租回的会计核算如何设计? 为什么?

4. 如何选择总额法或是净额法?

5. 销售收入的确认标准是如何反映"实质重于形式"原则的?

第十二章

会计报表的设计

本章要点

　　本章将讲述会计报表结构、内容的设计方法,详细介绍资产负债表、利润表、现金流量表及相关附表的设计。通过本章的学习,应当全面地了解会计报表的设计原则,掌握会计报表编制的方法,并可以结合企业的实际情况设计满足内、外部需要的会计报表。

第一节 会计报表的作用和设计要求

一、会计报表的作用

会计报表是企业根据日常会计核算资料和其他有关资料加以整理、加工、分析、编制而成,反映企业在某一时期的资产、负债、所有者权益状况以及在某一经营期间的经营成果和现金流动信息的综合性书面文件。

通过阅读和分析企业的会计报表,投资者、债权人、宏观经济管理部门以及企业管理当局能够全面、系统地了解本会计主体一定期间的会计信息:①企业的资产总额及其构成状况,与资产相对应的负债和所有者权益,以及引起这些资产和相应负债与所有者权益变动的经济交易和经济事项;②企业在一定期间经营成果及其形成过程;③企业现金流动的金额、时间分布和偶然因素;④企业经营者对受托资产进行经营的责任履行情况。

通过利用、分析上述财务信息,企业会计报表可以发挥如下几个方面的作用:

(一)对企业投资者和债权人的作用

企业投资者和债权人根据会计报表分析企业的财务状况,掌握企业的偿债能力,了解企业的经营过程、结果以及经营成果的分配情况等信息,从而作出合理的投资决策,以维护自己对企业资产所拥有的合法权益。

(二)对宏观经济管理部门的作用

宏观经济管理部门根据企业的财务信息和统计部门提供的统计信息,判断企业各项财务指标及其变动情况,企业管理水平以及经济效益的好坏,作出合理的宏观经济调控决策,促进社会资源的有效配置,提高资源利用率。

(三)对企业管理当局的作用

企业管理当局借助会计报表及其他财务报告提供的财务信息,作出正确的生产经营决策,改善企业管理,协调好企业与某些利益集团的关系,促进企业发展,很好地完成对所有投入企业资产的受托经营责任。

二、会计报表设计原则

为了更好地发挥会计报表的作用,在设计报表时应遵守以下原则:

(一)充分反映原则

充分反映原则是会计核算的一般原则之一,也是会计报表设计应遵循的重要原则。按此原则的要求,设计的会计报表必须全面、概括地反映企业的财务状况和经营情况。具体而言包括以下含义:

1.能反映企业的资产和权益总额及其增减变化情况。

2.能反映企业的经营成果及其形成情况,包括收入情况、费用情况、利润总额及构成情况、全部产品的总成本、主要产品的单位成本、各项费用的归集与分配、利润的分配等情况。

3.能反映企业与国家、企业与其他利益关系人(如投资人、债权人等)的财务关系情况,如各项税金缴纳情况、分给投资人利润情况、债权债务清偿情况、可转换债券的转换情况等。

值得注意的是,资产负债、利润表、现金流量表等会计报表一般只反映价值资料,而企业的许多经济信息往往难以用货币来衡量或者用数字进行定量化描述,因此,那些对分析财务状况和经营成果有重大影响的非数量资料,以及上述会计报表不能揭示的数量资料,如企业的经营承包方针、经营范围、市场变化、资产计价基础、会计处理方法的变更以及物价变动影响等,应通过补充资料,如附表、会计报表附注等形式加以充分表述,以便使用者正确理解某些会计报表数据变动的原因,从而提高报表的使用效能。

(二)有利于信息快速生成原则

会计报表是根据总分类账户和明细分类账户编制的,在设计报表项目时,各项目名称最好能与会计科目名称一致,以便直接从有关账户中取得数据;另外,在设计报表时最好有一栏用来注明数字来源,从而进一步提高编报速度,做到及时地报送报表。目前资产负债表和损益表的绝大多数项目与会计科目是一致的,实际上设计时遵循了快速生成原则。

(三)明晰性原则

明晰性原则要求报表能清晰地反映企业的财务状况和经营情况。具体而言,包括下述四层含义:

1.表内各项目的排列要清晰,项目的排列顺序要有逻辑性。

2.有关数字的勾稽关系要清晰。

3.报表格式要标准,各行业内部、各企业的同一报表格式应相同,各行业之间主要的报表格式也应相同或基本相同,以便数据的汇总。

4.简明扼要。

(四)有利于经济活动分析原则

为方便会计报表使用者的分析,在会计报表设计时,可以设置一些比较指标,以提高报表的分析性。不仅是外部报表要做到便于各会计期间相同指标的分析比较,内部报表也要做到这一点,以便满足宏观管理和微观管理的需要。另外,贯彻这一原则,就要坚持会计报表设计的可比性和一贯性。会计报表的可比性是指报表要按照规定的方法编制,项目指标口径要一致,以便使同一期间企业与企业会计报表之间相互可比。会计报表一贯性是指报表编制方法前后各期应当一致,不得随意变更,以便使同一企业的不同时期会计报表相互可比。

第二节　会计报表的种类设计

一、会计报表按编制用途分类设计

会计报表按用途不同,可分为外部报表和内部报表两类。目前《企业会计准则》规定的对外报送报表有资产负债表、利润表、现金流量表、所有者权益增减变动表等,其格式与编制方法由国家统一规定。外部报表是定期报出的,因此,它们也是定期报表。

内部报表是为企业内部各职能管理部门提供会计信息而编制的会计报表。这类会计报表一般都涉及企业的经营秘密,如生产成本及经营计划等,因而不宜公开,由财务部门组织设计,财务人员或车间、班组核算人员定期或不定期编制。内部报表有成本报表、预测和决策方面的报表等。设计的内容有成本核算、成本控制、资金分析、利润分析等方面。内部报表有定期的,如成本报表;也有不定期的,如管理者要求财务部门编制的为满足内部管理需要的其他报表。

二、会计报表按编报时间分类设计

会计报表按编报时间划分,可分为定期报表和不定期报表,前者又可分为日报、月报、季报和年报。其中,短于一个会计年度的报表被称为中期报表。

三、会计报表按其内容分类设计

会计报表按反映的内容划分,可分为反映财务状况的报表、反映经营成果的报表和反映成本费用的报表以及预测决策报表。资产负债表、现金流量表是反映财务状况的报表;利润表和所有者权益增减变动表是反映经营成果及其分配情况的报表;成本计算表和某些费用明细表是反映成本费用情况的报表;其他内部报表则多为预测决策用报表。

四、会计报表按报表结构分类设计

会计报表按结构划分,可分为账户式报表和报告式报表。如《企业会计准则——应用指南》中资产负债表是账户式结构,而现金流量表、利润表和所有者权益增减变动表是报告式结构。报告式结构又可分为一步式和多步式两种。

五、会计报表按编制单位分类设计

会计报表按编制单位不同,分为基层报表是和汇总报表。基层报表是由各基层企事业单位编制、反映各单位经营活动和财务收支情况的报表;汇总报表是由行政管理部门根据基层报表汇总编制的。

通过对会计报表分类的设计,可以看出会计报表设计的重点。从编制重点来看,主要是内部报表(因为外送报表一般由国家统一规定);从编制单位看,主要是基层报表。

第三节 基本会计报表的设计

基本会计报表是反映企业财务状况和经营成果的主要报告文件,包括资产负债表、利润表、现金流量表。

一、资产负债表设计

资产负债表是反映企业在某一特定日期财务状况的报表。它是把企业在一定日期的资产、负债和所有者权益项目,依照一定的分类标准和次序编制而成的。

(一)资产负债表表首的设计

资产负债表的表首包括报表名称、编制报表的单位名称、日期以及金额单位四项内容。特别值得一提的是,资产负债表是静态报表,反映的是某一特定日期的财务资料,因此,其时间必然是一个时点而非时期。报表的日期应是会计期间确定的结账日期,而不是编制资产负债表的日期。为了便于阅读分析,应在表首中标明金额单位。关于表首的结构,即它的四项内容的排列顺序一般有两种方式:一是将编制报表的单位名称列在表首的左侧,如表 12 – 1 所示;二是将编制报表单位的名称列示于表名之上,如表 12 – 2所示。国际会计惯例一般采用后者,而我国的企业则习惯于采用前者,或是将编表单位名称列在报表名称之前,二者置于一行。

表 12 –1　资产负债表
年　　　月　　　日

编制单位:××公司　　　　　　　　　　　　　　　　　　　　　　　　单位:元

资产	负债和所有者权益
(具体项目略)	(具体项目略)

表 12 –2　×××公司
资产负债表
年　　　月　　　日　　　　　　　　　　　单位:元

资产	负债和所有者权益
(具体项目略)	(具体项目略)

(二)资产负债表表体的设计

1.资产负债表格式的设计。资产负债表的格式通常有两种,即账户式和报告式。其中,账户式也叫横式,是根据"资产＝负债＋所有者权益"这一会计等式,将报表分为左右两方,左方列示资产,右方列示权益。权益部分又可分为上下两块,上面列示负债,下面列示所有者权益。资产负债表的左右双方金额必定相等。这种左右结构的格式,形式如同"T"字型账户,所以称为账户式。这种格式的优点在于:最后一行数字平衡,便于阅读和对比分析资产、负债、所有者权益各项目的相互关系,也可以避免表身太长,因而其采用较为普遍。其简化格式如表12－3所示。

表12－3　×××公司

资产负债表(账户式)

年　　月　　日　　　　　　　　　　　　　　单位:元

资　产	金额	负债和所有者权益	金额
资产: 　具体项目(略)		负债: 　　具体项目(略) 所有者权益: 　　具体项目(略)	

报告式资产负债表,也称直式或顺序式或叙述式资产负债表,是根据"资产－负债＝所有者权益"这一会计等式,按从上到下的顺序排列的:上面为资产,中间为负债,下面为所有者权益。运用这种格式编制的资产负债表篇幅过长,不便于阅读。其简化格式见表12－4。

表12－4　×××公司

资产负债表(报告式)

年　　月　　日　　　　　　　　　　　　　　单位:元

项　　目	金　　额
资产: 　具体项目(略)	
负债: 　具体项目(略)	
所有者权益: 　具体项目(略)	

2.资产负债表项目分类的设计。报表项目名称应简要清楚,不能含糊或容易引起误解。在报表项目分类方面:首先,可将资产分为流动资产、非流动资产两大类;将负债分为流动负债和长期负债两大类;将所有者权益分为实收资本、资本公积、盈余公积、未分配利润四大类。其次,为了便于分析、利用资产负债表的有关数据,可对上述类别再作进一步详细的分类。如将流动资产分为货币资金、交易性金融资产、应收账款、预付

账款、存货、其他流动资产等;将货币资金又分为库存现金、银行存款和其他货币资金三类等等。报表项目的分类要适当,分类过于详细,会使报表冗长,重点得不到突出;分类过于简单,则不能充分揭示企业的财务状况。在进行资产负债表项目分类的具体设计时,企业可以在遵循会计准则的前提下,根据本身的具体情况和实际需要,进行繁简粗细适当的分类。还有很重要的一点,就是在分类时要选择一个客观的标准,且具体分类时其标准只能是惟一的,这样既可避免分类重叠,又可避免将某些项目遗漏。

3.资产负债表项目排列次序的设计。表内各项目如何排列,是依据一定的理论决定的。资产负债表项目的排列方法一般有两种:按重要程度排列和按流动性的大小排列。

按照重要程度排列,就是按各分类项目在总体中所占的比重大小和在生产经营过程中的重要性排列,即从前到后,各项目的重要性程度由大到小。例如,1993年前我国的资金平衡表是资金占用项目排在左方,资金来源各项目排在右方。在前后顺序上是:固定资产在先,流动资产在后。这是考虑到固定资产是企业生产经营的最重要的物质基础,可以说它比劳动对象等流动资产在生产过程中所起的作用更为重要,故排在前面是有一定道理的,这种排列方法对加强计划管理有一定的作用。

按照流动性排列,就是按各项目的流动性程度的大小,即变现能力的强弱排列,流动性大的项目排在前面,流动性小的项目排在后面。从国际惯例看,在市场经济中,由于竞争激烈,优胜劣汰是普遍规律,当企业以举债作为主要筹资方式时,负债占总资产的比重较大,经常都有到期债务需立即偿还,这时企业是否有足够的偿债能力就成为债权人十分关心的问题,也是企业管理者关注的重点。因此,按资产变现速度快慢来排列资产项目就很有必要,将变现速度快的排在前,稍慢的次之,最慢的排在最后,恰恰反映出市场经济的竞争规律。因此,我国会计改革后资产负债表各项目的排列也按此惯例进行。至于表右方的权益项目,将临时性权益(负债)排在前,永久性权益(所有者权益)排在后,恰好与表左方的排列形成一种对应关系,显示出该表设计上的科学性。我国目前会计准则规定的资产负债表格式项目采用流动性排列。如资产部分的排列顺序依次为流动资产、非长期资产,其中流动资产中各项目又是按货币资金、交易性金融资产、应收账款、预付账款、存货等依次排列,从前到后,流动性由大到小。负债部分则将流动负债排在长期负债之前。

账户式资产负债表、报告式资产负债表项目次序按流动性排列设计格式分别见表12-5、表12-6。

4.资产负债表各项目金额的设计。为了总结经营管理的业绩和查找存在的缺陷,有必要将企业一定时期的资产负债表数据与上期相同项目的数据加以比较,确定各项目的增减金额和增减幅度。出于便于比较财务状况的需要,实务工作中的资产负债表都采用比较资产负债表的格式。其特点是将金额栏分为两个部分——"年初数"和"期末数"。报告期的"年初数"一栏根据上年期末资产负债表的"期末数"填写;报告期的"期末数"则根据该表编制当期月末的各项目实际金额填写。

表 12 – 5   资产负债表

编制单位: 年   月   日   单位:元

资产	期末数	年初数	负债和所有者权益	期末数	年初数
流动资产:			流动负债:		
货币资金			短期借款		
交易性金融资产			交易性金融负债		
应收票据			应付票据		
应收账款			应付账款		
预付款项			预收款项		
应收利息			应付职工薪酬		
应收股利			应交税费		
其他应收款			应付利息		
存货			应付股利		
一年内到期的非流动资产			其他应付款		
其他流动资产			一年内到期的非流动负债		
流动资产合计			其他流动负债		
非流动资产:			流动负债合计		
可供出售金融资产			非流动负债:		
持有至到期投资			长期借款		
长期应收款			应付债券		
长期股权投资			长期应付款		
投资性房地产			专项应付款		
固定资产			预计负债		
在建工程			递延所得税负债		
工程物资			其他非流动负债		
固定资产清理			非流动负债合计		
生产性生物资产			负债合计		
油气资产			所有者权益:		

续表

资产	期末数	年初数	负债和所有者权益	期末数	年初数
无形资产			实收资本(或股本)		
开发支出			资本公积		
商誉			减:库存股		
长期待摊费用			盈余公积		
递延所得税资产			未分配利润		
其他非流动资产			所有者权益合计		
非流动资产合计					
资产总计			负债和所有者权益总计		

表 12 – 6　资产负债表(简化格式)

编制单位:　　　　　　　年　　月　　日　　　　　　　单位:元

项　　目	年初数	期末数
资产:		
流动资产		
长期股权投资		
固定资产		
无形资产		
资产总额		
负债及所有者权益:		
流动负债		
长期负债		
负债合计		
所有者权益		
负债及所有者权益总额		

5. 资产负债表在财务报表体系中的重要地位。早在借贷记账法产生以后不久,随着企业的出现就产生了资产负债表。早期的资产负债表不但用来反映企业在一定时点的财务状况,而且用来反映一定时期(一个会计年度)的财务成果。因为那时的企业均为独资企业,企业的资产均属于业主个人所有,所以编表采用的基本等式是"资产 = 业主权益"。利用该表计量收益时,采用"期末资产总额－期初资产总额"的公式计算确

定。后来,随着企业规模的扩大,业主自有资本不能满足经营所需时便开始举借债务。这时,编表采用的基本等式便改为"资产 = 债权人权益 + 业主权益",即相当于现在的"资产 = 负债 + 所有者权益"。从而,收益计量也就改为"期末净资产 – 期初净资产"的计算公式确定。再后来,随着新业主的投资入股,以及年度之内向股东分配股利,利用资产负债表进行收益计量所采用的算式逐渐演化为"期末净资产 – 期初净资产 – 当期业主增加投资 + 当期分配给业主款"的计算公式确定。因此,资产负债表具有十分强大的功能,是企业财务报表体系中最基本的报表。只是到了 19 世纪,所得税的开征需要以会计计算的利润为计税基础,为了计税的便利才使收益的计量功能从资产负债表中分离出来,单独形成了利润表。

二、利润表设计

利润表是反映企业在一定期间的经营成果的报表。它是一张动态报表,反映了企业在一定时期内盈亏的实际情况。利润表可以用来分析利润增长变化的原因,检查利润计划的执行情况,评价企业的经营业绩。

(一)利润表表首的设计

利润表同样包括表首和表体两部分。利润表表首也由报表名称、编表单位名称、时期以及金额单位四项内容构成。除了反映的时间不同外,利润表表首的设计基本上类似于资产负债表表首的设计。该报表的名称很多,有"利润表"、"损益表"、"收益表"、"损益计算表"、"利润计算表"等。我国的《企业会计准则》选用了"利润表"这一名称。由于利润表是反映企业在一定期间的经营成果的动态报表,其时间单位应是某特定时期的。其表达方式可以为"自××年××月××日至××年××月××日止",或"×月份"、"×季度"或"×年度",或"截至××月××日止的××年度"。利润表表首的结构与资产负债表一样,即既可将编制报表的单位名称列示于表首的左侧,也可将编制报表单位的名称列示于表名之上。

(二)利润表表体的设计

1.利润表项目的设计。利润表把一个会计期间的营业收入与同一会计期间的营业费用进行配比,从而求出报告期的净收益或利润。因此,利润表是根据分类账中收入与费用账户的本期发生额编制的。利润表中利润形成部分一般应分别列示出收入和抵减的项目。如企业将收入划分为营业收入、投资收益、营业外收入;将抵减项目分为营业成本、营业外支出和所得税费用等。根据上述收入和抵减项目的先后顺序,可分别列示营业利润、利润总额和净利润项目。

2. 利润表格式的设计。

(1)多步式结构。利润表格式的设计有两种形式:报告式(多步骤报告式、单步骤报告式)和账户式。目前我国企业会计准则中采用的是报告式中的多步骤报告式结构。多步骤报告式结构是根据利润的组成内容分多步计算出总利润的方式。这种结构的优点是可以清楚地看出利润的组成情况,有利于分析利润的内部结构;缺点是不便于了解企业的总收入、总成本费用。

利润表的基本格式(参见表12-7)是多步骤结构,其分步计算公式为:

营业收入-营业成本-营业税金及附加-销售费用-管理费用-财务费用-资产减值损失±公允价值变动损益±投资收益=营业利润

营业利润+营业外收入-营业外支出=利润总额

利润总额-所得税费用=净利润

资产负债表与利润表的连接关系是:

期末资产=期末负债+期初所有者权益+本期收入-本期费用

表 12-7 利润表

编制单位: 年   月   单位:元

项　　　目	本期金额	上期金额
一、营业收入		
减:营业成本		
营业税金及附加		
销售费用		
管理费用		
财务费用		
资产减值损失		
加:公允价值变动收益(损失以"-"号填列)		
投资收益(损失以"-"号填列)		
其中:对联营企业和合营企业的投资收益		
二、营业利润(亏损以"-"号填列)		
加:营业外收入		
减:营业外支出		
其中:非流动资产处置损失		

续表

项 目	本期金额	上期金额
三、利润总额(亏损总额以"－"号填列)		
减:所得税费用		
四、净利润(净亏损以"－"号填列)		
五、每股收益		
(一)基本每股收益		
(二)稀释每股收益		

多步骤报告式结构的利润表在项目排列上显然贯彻了重要性原则,将企业的主要利润来源项目(营业利润)排在最前面,将其他来源排在后面。不过美中不足的是,如果企业的利润总额中有纳税调整项目,则不能在该表中得到反映,从而使利润总额减去所得税费用就不等于净利润,这就导致勾稽关系不清。因此,在利润总额项目下增加"纳税调整数额"一项是必要的,同时还应进而增加一项"应纳税所得额"。这样就可以根据应纳税所得额计算出所得税,使数字之间的勾稽关系一目了然。

(2)单步骤结构。单步骤利润表是将所有收入项目排在一起,所有成本费用项目排在一起,不加以分段,然后计算出利润总额和净利润的结构。这种结构的优点是比较简单,符合传统的思维方式;其缺点是不能反映利润的组成情况。但对私营企业或个体、集体企业而言,也不失为一种设计方法。单步骤利润表的格式如表12－8所示。

表12－8　利润表

编制单位:　　　　　　　　　　年　　月　　　　　　　　　　单位:元

项 目	行次	本月数	本年累计数
一、收入			
营业收入			
投资收益			
公允价值变动收益(损失以"－"号填列)			
营业外收入			
收入合计			
二、成本费用			

续表

项　　目	行次	本月数	本年累计数
营业成本			
营业税金及附加			
销售费用			
管理费用			
财务费用			
营业外支出			
资产减值损失			
成本费用合计			
三、利润总额			
减:所得税费用			
四、净利润			
五、每股收益			
（一）基本每股收益			
（二）稀释每股收益			

（3）账户式利润表。利润表除采用报告式结构设计外,还可采用账户式结构。采用这种结构时,可将收入各项目列在左方,将支出或成本费用各项目列在右方。若本期为盈利,将其列在右方的"支出合计"或"成本费用合计"项目下,使支出合计加上盈利数等于左方的"收入合计";反之,若为亏损,则将亏损数列在左方"收入合计"项目下,是收入合计加上亏损数等于支出合计。我国会计改革前银行企业的"损益明细表"就是采用账户式结构设计的,其格式见表 12 -9 所示。私营企业（个体企业或合伙企业）可以采用这种结构设计利润表。我国一些单位中运用的传统收支平衡表也是根据这一原理设计的。

表 12 -9　利润明细表

编制单位:　　　　　　　　　自　年　月　日至　年　月　日止　　　　　　　单位:元

科目及账户名称	收入金额	科目及账户名称	支出金额
1.		1.	
2.		2.	
3.		3.	
收入合计		支出合计	
纯　损		纯　益	
总　计		总　计	

除了上述三种格式的利润表外,近年来在国外出现了一种新的利润表编制格式,称为贡献毛利格式损益表。这种方法基本上是把成本与费用分为固定部分和变动部分,其中变动部分先从收入中扣除,计算出贡献毛利,然后再扣除固定部分,其余额就是净收益。这种方法的优点是对费用进行了细分,可以让使用者了解费用与数量的关系,便于管理部门使用。其格式如表12-10所示。

表 12-10　利润表

编制单位：　　　　　　　　　　××年度　　　　　　　　　　单位：元

一、营业收入净额
减：变动成本及费用
销售商品的变动成本
变动销售费用和管理费用
二、贡献毛利
减：固定成本和费用
固定销售成本
固定销售费用和管理费用
三、净收益

3. 利润表各项目金额的设计。不论哪一种格式的利润表,在金额栏的设计上都必须设有"本月数"和"本年累计数"两列数据。"本月数"依据各个收入和费用类账户的报告当月发生额直接或计算填写;"本年累计数"则依据各个收入和费用类账户的报告当月发生额与上月该表的"本年累计数"之和填写。在那些计划与内部控制制度比较完善的企业中,为了反映和监督实际比计划或预算完成情况,也可以把利润表的金额栏设计成"计划(或预算)"栏与"实际"栏,进而每一栏再分成"本月数"和"本年累计数",以便于分析比较。为了便于与上年或上年同期盈利情况的对比分析,现行《企业会计准则》要求利润表中各项目的余额设计成"本期余额"和"上期余额"两栏。

4. 利润表在财务报表体系中的地位和作用。利润表作为一定会计期间的收益计量报表,虽然从资产负债表中分离出来了,但仍然与资产负债表存在着千丝万缕的联系。报表使用者在了解企业财务信息的时候,往往会将这两张财务报表上的数据结合起来作比较分析。然而,有的时候人们会发现,当企业的利润表上报告有很多利润,可是资产负债表上却没有多少货币资金。他们就会提出疑问:"利润是真的还是假的"?"企业的钱跑到哪里去了?"于是,实务中的会计人员又设计出了用于解释利润表与资产负债表之间关系的"财务状况变动表"。我国企业从1993年开始编制财务状况变动表,后来该表又改为"现金流量表"。

三、现金流量表设计

1. 使用现金流量表的原因。现金流量表是反映在一定会计期间现金收入和支出情况的一张动态报表。现金流量表取代财务状况变动表,是会计适应社会经济环境变化的结果。现金流量表取代财务状况变动表有以下四个方面的原因:

(1)财务状况变动表有各种不同的编制基础,使企业间的会计信息缺少可比性,而现金流量表则可弥补此缺陷。

(2)在通货膨胀条件下,货币价值不变的假定受到了严峻的挑战,传统的会计模式扩大了利润与现金资源之间的差距。在这种复杂的、不确定的经济环境条件下,报表的使用者,尤其是投资者、债权人,他们更关心其持有的资产是否具有高度的变现能力,从而要求报表提供有关现金流量的信息。

(3)财务状况变动表仅以营运资本来衡量财务状况优劣和评估企业的资产流动性和偿债能力越发显得不全面。由于流动与非流动的划分标准很难明确界定,对同一经济业务有多种会计处理方法可供选择,再加上营运资本比率本身的局限性,因此,财务状况变动表的作用在很大程度上得不到发挥。

(4)由于利润指标的计算不可避免地要受到所选用的会计方法的影响,因此,它包含了太多的估计因素,不能全面、客观地反映企业的经营业绩,而现金流量表正好弥补了这一不足。

2. 现金流量表的作用。现金流量表的重要作用有四个方面:首先,帮助投资者、债权人评估企业未来的现金流量;其次,帮助投资者、债权人评估企业偿还债务、支付股利的能力以及对外筹资的能力;再次,便于报表使用者分析本期净利润和经营活动现金流量之间存在差异的原因;最后,便于报表使用者评价报告期内与现金有关和无关的投资及筹资活动。

3. 现金流量表的设计。现金流量表的设计同样包括表首设计和表体设计两部分。现金流量表表首与利润表表首的设计基本相同,也包括报表名称、编制报表的单位名称、时期以及金额单位四项内容。除了报表名称与利润表的表首不同外,其余三项均与利润表一致。因此,现金流量表表首的设计,可仿照利润表的表首进行,这里不再重复。

(1)现金流量表项目分类的设计。现金流量表将企业现金按其交易的性质分为三类:经营活动的现金流量、投资活动的现金流量、筹资活动的现金流量。其中每一类又可分为现金流入、现金流出、净现金流入三部分。现金流量表的项目分类结构如表 12-11 所示。

表 12 – 11　现金流量表项目分类结构

一、经营活动产生的现金流量

　　1. 经营活动的现金流入

　　　……

　　2. 经营活动的现金流出

　　　……

　　3. 经营活动产生的现金流量净值

　　　……

二、投资活动产生的现金流量

　　1. 投资活动的现金流入

　　　……

　　2. 投资活动的现金流出

　　　……

　　3. 投资活动产生的现金流量净值

　　　……

三、筹资活动产生的现金流量

　　1. 筹资活动的现金流入

　　　……

　　2. 筹资活动的现金流出

　　　……

　　3. 筹资活动产生的现金流量净值

　　　……

四、汇率变动对现金的影响

五、现金及现金等价物净增加额

　　（2）现金流量表格式的设计。现金流量表格式的编制方法有两种：一种为直接法；另一种为间接法。其中直接法是以本期营业收入为起算点，调整与经营活动有关的流动资产与流动负债的增减变动，列示营业收入及其他收入的收现，营业成本与其他费用的付现，以现金收支表达各项经营活动的现金流量。表 12 – 12 就是按直接法编制的现金流量表格式。

表 12 – 12   现金流量表(直接法)

编制单位：   年   月   单位:元

项　　　　目	行次	金额
一、经营活动产生的现金流量		
销售商品、提供劳务收到的现金		
收到的税费返还		
收到其他与经营活动有关的现金		
经营活动现金流入小计		
购买商品、接受劳务支付的现金		
支付给职工以及为职工支付的现金		
支付的各项税费		
支付其他与经营活动有关的现金		
经营活动现金流出小计		
经营活动产生的现金流量净额		
二、投资活动产生的现金流量		
收回投资收到的现金		
取得投资收益收到的现金		
处置固定资产、无形资产和其他长期资产收回的现金净额		
处置子公司及其他营业单位收到的现金净额		
收到其他与投资活动有关的现金		
投资活动现金流入小计		
购建固定资产、无形资产和其他长期资产支付的现金		
投资支付的现金		
取得子公司及其他营业单位支付的现金净额		
支付其他与投资活动有关的现金		
投资活动现金流出小计		
投资活动产生的现金流量净额		
三、筹资活动产生的现金流量		
吸收投资收到的现金		
取得借款收到的现金		
收到其他与筹资活动有关的现金		

续表

项　　目	行次	金额
筹资活动现金流入小计		
偿还债务支付的现金		
分配股利、利润或偿付利息支付的现金		
支付其他与筹资活动有关的现金		
筹资活动现金流出小计		
筹资活动产生的现金流量净额		
四、汇率变动对现金及现金等价物的影响		
五、现金及现金等价物净增加额		
加:期初现金及现金等价物余额		
六、期末现金及现金等价物余额		

编制现金流量表的间接法,是以本期的盈亏金额为起点,调整部分不涉及现金的收入与费用和营业外收支以及与经营活动有关的流动资产与流动负债的增减变动。通常把用间接法编制的现金流量表作为用直接法编制的现金流量表的补充资料。表12－13就是按间接法编制的现金流量表格式。

表12－13　现金流量表(间接法)

补充资料	行次	金额
1.将净利润调节为经营活动现金流量		
净利润		
加:资产减值准备		
固定资产折旧、油气资产折耗、生产性生物资产折旧		
无形资产摊销		
长期待摊费用摊销		
处置固定资产、无形资产和其他长期资产的损失(收益以"－"号填列)		
固定资产报废损失(收益以"－"号填列)		
公允价值变动损失(收益以"－"号填列)		
财务费用(收益以"－"号填列)		
投资损失(收益以"－"号填列)		
递延所得税资产减少(增加以"－"号填列)		

续表

补充资料	行次	金额
递延所得税负债增加(减少以"-"号填列)		
存货的减少(增加以"-"号填列)		
经营性应收项目的减少(增加以"-"号填列)		
经营性应付项目的增加(减少以"-"号填列)		
其他		
经营活动产生的现金流量净额		
2.不涉及现金收支的重大投资和筹资活动		
债务转为资本		
一年内到期的可转换公司债券		
融资租入固定资产		
3.现金及现金等价物净变动情况		
现金的期末余额		
减:现金的期初余额		
加:现金等价物的期末余额		
减:现金等价物的期初余额		
现金及现金等价物净增加额		

从表12-12与表12-13的比较中可知,直接法与间接法对营业活动现金流量的计算方法不同,而对投资活动、筹资活动的现金流量的计算方法则是相同的,最终的结果即期末现金余额也是相等的。

四、三张主表的内部勾稽关系

资产负债表、利润表和现金流量表三者之间的关系如图12-1所示:

图 12-1　三张主表之间的关系

其中,期初资产负债表列示了企业在会计期初的资产、负债和所有者权益状况;利润表和现金流量表揭示了企业在本期间内使用、保持、增加资本等经营活动的结果。这将对企业的资产、负债、所有者权益带来不同程度的影响,而期末资产负债表则报告了会计期末的变动结果,反映了企业在经过一个时期的经营后的财务状况。各财务报表之间的这种内部联系,具体说来还可表示为如图 12 – 2 所示。

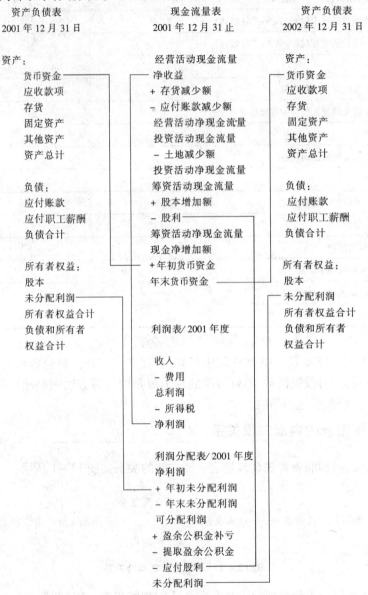

图 12 – 2　财务报表的内部联系

第四节　财务报表体系按照功能分类的设计

一、现行财务报表的缺陷

1. 现行资产负债表的缺陷。首先,现行资产负债表相当于复式记账方法下总括的"丁字账",将"借方余额"和"贷方余额"分列在"丁字帐"的两边,使之左右对等。因此,英文称之为余额表或者平衡表(Balance Sheet)。该表分类简单,只说明是什么,从性质上分为资产、负债,不反映干什么;没有按照功能详细分类,不能说明资产、负债用于何种活动? 该活动与企业的核心目标是何关系? 与企业获利能力有何联系? 对企业现金流量有何影响? 从国际上看,有的企业资产负债表呈左右平衡结构,有的企业资产负债表呈上下平衡结构;有的按顺流动性顺序列示,有的按逆流动性顺序列示。其次,该报表名称不能代表反映其财务状况的功能。

2. 现行利润表的缺陷。首先,现行利润表只是反映按照"收入 - 费用 + 利得 - 损失 = 利润"的公式计算的结果,没有清楚地划分已实现损益与未实现损益、持续经营活动损益与非持续经营活动的损益。殊不知,不同性质的损益信息对报表使用者进行经济预测有着十分重要的意义。其次,现行利润表实际上是把营业活动、投资活动和融资活动都合并为经营活动,殊不知,这三种不同性质的企业活动对于损益的影响程度和影响方向大相径庭(营业活动是企业的核心业务,其获利能力具有持续性;投资活动虽然能够为企业盈利,但具有风险性大的特点;融资活动形成企业负债与融资费用,不创造收益),不能混为一谈。最后,非持续经营损益如果不单独列示,会误导报表使用者的决策。

3. 现行现金流量表的缺陷。首先,现行现金流量表按照功能划分现金流量,虽然结构优于资产负债表和利润表,但由于资产负债表和利润表没有按照功能划分而导致其作为连接这两张报表的桥梁作用打了折扣,不能说明资产负债变化的原因以及持续经营与非持续经营所产生的现金流量。其次,即使在资产负债表和利润表内项目按照活动的功能分类,实际上与现金流量表内的"经营"、"投资"概念口径也不尽一致(如现金流量表中"投资"概念较宽,包括金融资产以外的长期投资,而资产负债表和利润表中"投资"概念较窄,仅包括对外投资),不能辨别各项活动损益与现金流量之间的对应关系,进而不能直观地揭示利润质量的优劣。最后,国际会计准则允许现金流量表的编制在"直接法"和"间接法"中选择使用(我国是两种方法都要用),增加了报表使用者对采用不同方法的企业间现金流量表的认知难度。

二、财务报表设计变革的总体框架

1.财务报表设计变革的目标。目前,财务会计的目标已经在财务信息相关性方面达成了共识,因此,财务报表设计变革的目标显然应该是提高报表信息使用者的相关性,即决策有用性。而提高财务报表的有用性,首先必须加强各报表之间的联系,从各个不同的角度反映企业经济活动,使各张报表遵循一个统一的结构,使各张报表之间密切相连,信息贯通。其次,要适度地分解财务信息,以便用于评估企业价值、股利分配以及未来现金流量的金额、时间和不确定性。最后,要反映评价企业流动性与财务弹性信息,有助于报表使用者评估企业到期债务的偿还能力和把握投资商机的能力。

2.财务报表变革的总体框架设计。首先,"资产负债表"改为"财务状况表(Statement of Financial Position)",这一变革能够更加直观地说明此表的作用。除了列示资产、负债、所有者权益的余额之外,该表还要与"利润表"和"现金流量表"形成紧密联系,用统一标准揭示企业财务的流动性和财务弹性。其次,"利润表"改为"综合收益表(Statement of Comprehensive Income)",这一变革弥补了"利润表"损益信息不完整的缺陷。该表不但要反映一定时期企业的收入、费用及其经营损益,而且要揭示计入股东权益的增值或减值而形成的"利得"和"损失",以便全面披露经营者受托责任的履行情况。最后,"现金流量表"中文名称不变,仅英文名称改为"Statement of Cash Flow",并且使这三张报表都要按照功能分为四段(亦称四部分),即经营活动、筹资活动、所得税活动和所有者活动。其中,经营活动又包括营业活动和投资活动两部分。其总体设计框架如表12-14所示:

表12-14 财务报表变革总体设计框架表

财务状况表	综合收益表	现金流量表
经营活动	经营活动	经营活动
营业活动资产、负债	营业活动收入、费用	营业活动现金流量
投资活动资产、负债	投资活动收入、费用	投资活动现金流量
筹资活动	筹资活动	筹资活动
筹资活动资产	筹资资产收入	筹资资产现金流量
筹资活动负债	筹资负债费用	筹资负债现金流量
所得税资产、负债	所得税(持续经营)	所得税
非持续经营资产、负债	非持续经营(税后净收益)	非持续经营
	其他综合收益	
所有者权益	税后综合收益总额	所有者权益

三、财务报表的结构设计

1. 财务报表结构设计的目标特征。财务报表结构设计的目标可以概括为紧密联系性、充分分解性、流动性和财务弹性。

(1)紧密联系性是指客观地反映一个企业的财务图像,这样才能使人了解企业活动的真实情况。反映财务图像的信息越紧密地联系实际,就越能够清晰地将企业的财务状况、财务成果和现金流量在各张报表中得到揭示,并且将各张报表各项目之间的关系互为补充地连接起来。因为每一张报表可能包括全部的经济活动,如现金流量表不能反映可供出售金融资产公允价值变动,资产负债表就能够补充这一信息的不足。

(2)充分分解性是指报表提供的信息应该对企业的经济预测有用,应该对评价未来现金流量的金额、时间和不确定性有充分的分解数据,以便提供有效的信息使用价值。财务报表分析要求对财务信息中性质相似的项目进行合理的分解与归类,如果各个项目的经济性质不同,报表使用者就会在预测未来现金流量时提出对其分别列示的要求。

(3)流动性和财务弹性是指报表的设计应该能够提供有助于使用者评价企业流动性和财务弹性的信息,即能够让报表使用者正确地评价企业偿还到期债务的能力和适应商机、应对意外需求的能力。

2. 财务报表结构设计的内容。该具体内容包括上述财务报表结构设计目标特征的全面落实及其采用的方法。

(1)报表体系的分部设计。由于现行会计准则中规定的各个财务报表之间关系比较松弛,例如经营活动产生的现金流量在现金流量表中是单独列示的,而利润表和资产负债表中经营活动却没有单独列示,这就让报表使用者很难比较经营收入与经营现金流量,难以评价企业的利润质量优劣;也不便于分析各种资源的获利能力(如资金利润率等关键财务指标),以及各种经营活动对净资产带来的影响。于是,可以把新的财务报表体系按照表12-14的结构首先分为四个部分,即经营活动、筹资活动、所得税活动和所有者权益活动。然后,在此基础上再把每一活动内部分解为几类,分别反映长期或短期活动的项目情况。最后,在每一项目内再分为若干行项目,以便具体揭示每一项目的数据。

(2)各类活动的界定。经营活动是创造企业价值的活动,代表着企业的核心竞争力,通常包括与客户、供应商、雇员等交易相关的资产负债活动,如生产产品、提供服务等。经营活动分部包括管理层作为持续经营的资产负债活动及变化。经营活动中的分类可以分为营业类和投资类活动。营业活动是指管理层认为与企业核心目标相关的资产负债及其变化和与之相关的现金收支。企业使用资产负债在核心业务活动中取得收入、产生费用。因此，应将所有因营业活动而引起的资产负债变化列示在综合收益表中的营业活动和现金流量表的营业活动类别中。投资活动是指管理层认为经营中与企业核心目标无关的资产负债及其变化。投资活动的特点是通过股利或市场价值上升的方式从其投资的资产负债中获得收益。因此，应将投资活动导致的资产负债变化在综合收益表和现金流量表的投资类别中列示。

筹资活动是为企业经营活动和其他活动提供资金的活动。筹资活动分类包括筹资活动资产类和筹资活动负债类。筹资活动资产是指管理层认为与为企业经营活动和其他活动提供资金活动有关的金融资产，如现金。筹资活动负债是指管理层认为与为企业经营活动和其他活动提供资金有关的金融负债，如银行借款、企业债券等。在确定筹资资产或筹资负债是否为企业筹资活动的组成部分时，管理层应该考虑这些项目与其他使用资源的经营活动项目互相交换——可互换性。例如，企业可以使用现金、租赁或银行借款获取设备。持续经营活动下的筹资活动主要产生负债，因为通常资金是用于经营活动创造增加值的。筹资资产和筹资负债的变化应该在综合收益表和现金流量表的筹资活动类别中列示。需要说明的是，如果无法判断某项活动应该属于哪一类别时，通常将其归为营业活动类。从概念上说，所有的负债都与筹资活动有关，都是企业的筹资渠道，但是不等于说可以将全部负债都归入"筹资活动"类。因为企业的负债在不同的活动中发挥着不同的功能，如果将全部负债都归为"筹资活动"类，就会降低信息的有效性。如应付账款可能用来为购买存货提供资金，这就具有经营功能；而长期借款可能用来从事企业并购或运营垫支，这就具有筹资功能。如果将为经营活动产生的采购义务类负债划分为筹资活动部分，便容易使人产生迷惑。

所得税活动是企业履行法律义务的行为。之所以要将其单独列示在财务报表中，是因为管理层对所得税的可控性远远小于经营活动和筹资活动。尽管所得税活动与经营活动密切相关，但与经营活动和筹资活动相比较，发生作用的程度要小得多。所得税活动受《企业会计准则》和《所得税法》的直接影响，需要将《企业会计准则》与《所得税法》对资产负债确认计量的暂时性差异确认为"递延所得税资产"和"递延所得税负债"。按照《所得税法》的规定，企业还要确认当期"应交所得税"和当期"所得税费用或收益"。递延所得税影响当期所得税费用或收益，但不影响当期的现金流量，却影响未来的现金流量与损益。应交所得税影响当期所得税费用或收益，也影响当期的现金流量和未来的现金流量，但不影响未来损益。根据递延所得税影响未来的时间长短，可以划分为"长期递延所得税"与"短期递延所得税"，以便分别揭示财务报表中递延所得税资产和负债的流动性信息。

所有者权益活动是企业与所有者之间的交易。就其性质而言，所有者权益属于筹资功能，但是所有者权益反映的所有者对企业投资和企业取得的收益留存部分都属于股东投资。尽管股东的投资已经日益证券化，并且权益性证券与债务性证券越来越具有互换性，但为了财务分析的便利，仍然需要单独列示。因为综合收益表只反映与非所有者之间的交易，即使在筹资类中可以分别列示"所有者筹资"与"非所有者筹资"，也只能解决财务状况表与现金流量表的对应（此两张报表均包含所有者权益类），却无法与综合收益表相对应。为了符合紧密性目标，有必要将所有者筹资部分单独列示为"所有者权益类"，将非所有者权益筹资列示为"筹资类"。在财务状况表中做这种区分能够帮助报表使用者理解企业的净资产，因为所有者筹资部分就等于净资产总额。现金流量表中区分所有者和非所有者筹资部分能够帮助报表使用者分辨清非所有者交易、所有者交易产生的现金流量。所有者权益活动与其他活动分别列示，其中，财务状况表中的所有者权益分部包括股本（注册资本和股本溢价）、留存收益（盈余公积和未分配利润）、其他综合收益（资本公积——其他资本公积）等项目；现金流量表中的所有者权益分部列示与所有者权益相关的现金流量；综合收益表中列示非所有者之间权益的变动。

　　企业还应该分别列示非持续经营活动与持续经营活动。非持续经营是指符合非持续经营的条件，带有偶发性和不可连续性特征的业务活动。非持续经营部分应包括与非持续经营活动相关的所有符合会计准则和有关规定的资产和负债，并且单独列示在报表中。非持续经营包括两种情况：一是进入终止状态、经营活动不再需要、等待处理的资产负债，如"持有待售资产"；二是完成非持续经营，即处置资产负债的利得或损失，如"营业外收入和支出"。因为非持续经营与持续经营对企业未来现金流量的影响不同，进入非持续经营状态的资产负债只对下期的现金流量、损益产生影响，而不会影响以后；完成持续经营的资产负债只影响本期的现金流量，而不对下期及以后产生影响。我国现行会计准则不太重视非持续经营的分类，没有单独的非持续经营准则，在报表中也不突出地单独提供这些信息。显然，出于财务信息相关性的要求，对此必须改革。

　　财务信息分类应该反映企业经营的特点。当一个企业的经营活动仅限于营业活动时，经营活动的分类就无需进行二次分解，不再分为营业活动与投资活动。当一个企业由多种业务组成时，就可能需要更多层次的分解。例如：一个企业同时经营制造业、流通业、房地产业和金融投资业，如果这些经营活动不构成"报告分部"，就应该在财务报表中进行多层次分解，即在经营活动中分解"营业活动"与"投资活动"，再对"营业活动"分解为"制造业务"、"流通业务"、"房地产业务"和"金融投资业务"。在不同的业务中再分部列示各自的资产负债和收入费用及其现金流量。

　　3. 报表内容的分类。报表内容的分类应该与资产和负债在企业内部的用途与企业对其使用的方式相一致，以"财务状况表"分类作为"现金流量表"和"综合收益表"分类的基础,使管理层能够将经营活动的独特性传达给财务报表使用者。分类的原则是管理层决定、适度分类。分类的理由作为会计政策在报表附注中予以披露。之所以贯彻这一原则,是因为只有管理层才知道资产和负债在企业活动中的详细部署,如一笔资金是用于经营还是用于投资? 再如,一个制造业企业会将应收账款、存货、设备、应付账款、无形资产划分到营业活动类别,而一个金融业企业则可能将现金、商业票据、可供出售证券、交易性资产和负债组合、存款、贷款和保险证券划分到营业类别;再如,制造业企业会将其拥有的与其核心业务不相关的用于交易的证券组合划分到投资或筹资类中,而金融业企业则会将其拥有与其核心业务无关的价值较高的收藏品划分到投资类中。

尽管上述分类在现金流量表中早有雏形,但是这次财务报表结构设计的革新有更大的举措,即要求通过两张时期报表说明两个时点的财务状况变动原因及其过程。所以说,"财务状况表"分类决定了"综合收益表"和"现金流量表"的分类。在三张报表中列示每一分部下的每一分类小计,以使报表使用者能够对财务状况变化有一个总括的印象;将本质相同的项目归类进行合计,使三张报表之间形成横向对应的关系。

新设计的报表内容,把现金与现金等价物分开列示。因为现金比现金等价物更具有流动性和随意性,对企业财务流动性与财务弹性影响不同。鉴于企业通常都对现金采取集中管理的方式,而不能像应收账款、存货和长短期投资那样分类,对于一个企业来说,区分某一功能的现金与另一功能现金并非绝不可能,但却非常困难,并且会带来较大操作成本,还无助于报表的紧密性。于是,没有理由硬性规定现金必须划归为营业活动、投资活动或是筹资活动类,但是一般认为工商企业应将现金归入筹资活动,而金融服务企业则应将现金归入营业活动。

四、财务报表的格式设计

1.财务状况表的格式设计。财务状况表是对资产负债表的改革。该表的改革不仅在于列示资产负债的流动性信息,更主要的是反映资产负债的财务弹性信息。该表在格式设计方面的变化(参见表12-15)主要体现在:

(1)财务状况表按照主要企业活动(营业活动、投资活动和筹资活动)进行归类,而不是按照资产、负债和所得者权益归类。

(2)在营业活动、投资活动和筹资活动分部中列示相关的资产和负债,清晰地反映管理层在经营和筹资活动中使用的净资产及其使用效果——净资产期初、期末的变化。

(3)综合收益表和现金流量表与财务状况表配套,将经营活动和筹资活动分部列报,以便于报表使用者计算企业经营活动或筹资活动的关键财务比率。

(4)每一类资产和负债进一步细分类为"长期"和"短期",以便企业按照流动性来列报资产和负债的相关信息,用以计算财务弹性指标。

报表中体现的各项目之间平衡关系如下式所示:

$$资产总额=经营短期资产合计+经营长期资产合计+投资活动资产合计+$$
$$筹资活动资产合计+非持续经营资产+递延所得税资产$$
$$负债总额=经营短期负债合计+经营长期负债合计+$$
$$筹资活动负债合计+非持续经营负债+所得税负债$$

这一报表设计模式的优点在于:分段平衡,各项活动资产合计 – 各项活动负债合计 = 各项活动净资产合计;各项活动净资产合计 = 所有者权益总额;该表积极地反映资产、负债都用于哪些活动? 相同资产用于不同的活动产生了哪些不同的效益? 这些资产、负债存在的金额有多少? 哪些活动使用了多少负债? 各种活动创造了多少增量的净资产。该表比原有的资产负债表所提供的企业资产、负债及所有者权益的余额信息更加具有使用价值。该模式的缺点在于:资产与负债、所有者权益在同一栏中分段列示,不便于总括地反映"资产 = 负债 + 所有者权益"的平衡关系。

表 12 – 15　企业财务状况表

项　目	期末	期初
经营活动		
营业活动		
应收账款		
存货		
预付账款		
外币现金流量套期		
短期资产合计		
固定资产		
在建工程		
无形资产		
商誉		
长期资产合计		
应付账款		
预收账款		

续表

项　　目	期末	期初
应付职工薪酬		
应付股利		
应付租金		
应付利息		
短期负债合计		
应计养老金负债		
长期应付款		
其他长期负债		
长期负债合计		
营业活动净资产		
投资活动		
交易性金融资产（短期）		
可供出售金融资产（长期）		
长期股权投资（投资合营联营企业）		
投资资产合计		
投资活动净资产		
筹资活动		
筹资活动资产		
现金（货币资金）		
筹资资产合计		
筹资活动负债		
短期借款		
应付利息		
应付股利		
短期筹资负债合计		
长期借款		
应付债券		
筹资活动负债合计		

续表

项　　目	期末	期初
筹资活动净负债		
非持续经营		
持有待售资产		
持有待售负债		
持有待售净资产		
所得税		
短期递延所得税资产		
应交所得税		
长期递延所得税资产		
所得税净资产		
净资产总额		
所有者权益		
股本（股本＋溢价）		
留存收益		
其他累计综合收益		
所有者权益总额		

2.综合收益表的格式设计。综合收益表是对原有利润表（损益表）的改革。所谓综合收益，除了利润表直接确认的收入、费用、利得、损失、净利润以外，还包括利润表中未予揭示的其他利得和损失。

在综合收益表中，企业应该按照功能分解成经营资产、投资资产、筹资资产和筹资负债类别产生的收入和费用，新的功能分类主要侧重各种活动对企业创造价值的影响。在按功能分类的基础上，还需要按照性质进一步分解收入和费用项目。某项收入或费用，如果单独列报会提高预测未来现金流量信息的有用性，则该项目就应在综合收益表中单独列示。为什么既按照功能又按照性质分类？按功能分类虽然能够实现报表之间的紧密性联系目标，但是由于汇总了不同经济原因产生的收入和成本费用，降低了信息的预测价值，因此再按照经济性质将其分解。

所得税活动与企业持续经营活动、非持续经营活动和其他综合收益活动有关。尽管也有观点建议企业在持续经营、非持续经营、其他综合收益和直接与所有者权益相关的项目之间分配所得税费用或收益,但是多数人认为所得税的分解不能按照经营活动、筹资活动进行。因为筹资活动涉及所得税不多,即使涉及,也因分解所依据的会计备查记录比较复杂而不符合成本效益原则。

关于其他综合收益如何列示的问题,目前存在争议。主张归类列示的观点认为,其他综合收益与直接确认损益相同,都来源于不同功能的企业活动。如果按照功能归类,可以提高报表之间的紧密性。但是,这样做也存在着与现行会计准则规定的矛盾,例如可供出售金融资产公允价值的确认等。主张单独列示的观点认为,将"其他综合收益"单独作为一个项目列示于该表中,不再分解,比较简单,操作性强,节约成本,但报表之间的紧密性显然较差。一般人倾向于归类列示,主张"对于其他综合收益中的每一项,除了子公司合并(包括合营企业的比例合并)的外币折算调整以外,企业应该在综合收益表中确认并指明是否这个项目与经营活动、投资活动、筹资活动或筹资负债相关(或将会相关)"。那么,为什么外币折算调整不归类?原因是:这种调整的差异产生于合并报表的过程之中,该外币报表折算差额与企业的各个活动均无对应关系,所以只能单独列示。另外,套期保值如何归类?套期保值可能与确认的资产负债的未来现金流量相关,如果现金流量套期与预期购买的存货相关,则因存货被分类为经营资产,就应该把该套期保值项目列示在经营活动类。

综合收益表格式设计的特点是,该表列报模式与财务状况表相对应,分部、分类列示项目,并分部、分类进行小计(详细参见表 12 – 16)。在该表中,综合收益被分成利润、损失、净收益和其他综合收益,这与现行《企业会计准则》要求将利润、损失、净收益作为综合收益的组成部分是完全一致的。

该表格式设计的优点在于:首先,这一改革能够反映企业一定时期完整的损益情况,改变了原有企业的综合收益需要通过"利润表"和"所有者权益变动表"两张报表分别反映所导致信息分散的弊端,提高了报表使用者对其他综合收益的关注程度。其次,增强了与财务状况表和现金流量表的紧密性,能够使人看清不同活动产生的不同损益,以及不同损益导致了怎样的现金流量和多少金额的资产负债。最后,提高了不同企业之间损益指标的可比性。

表 12 – 16　企业综合收益表

项目	本期	上期	项目	本期	上期
经营活动			转让应收账款损失		
营业活动			资产减值损失		
批发收入			其他业务利润合计		

续表

项目	本期	上期	项目	本期	上期
零售收入			营业利润总额		
销售收入总额			投资活动		
销售成本			股利收入		
材料费			可供出售金融资产实现收益		
人工费			享有联营企业利润份额		
制造费用			投资收益合计		
其他间接费用			经营活动利润总额		
存货变动			筹资活动		
存货减值损失			现金利息收益		
销售成本总额			筹资资产收益总额		
销售毛利			筹资负债费用		
销售费用			筹资负债费用总额		
广告费			净筹资费用合计		
工资费用			所得税和其他综合		
坏账损失			所得税		
其他费用			所得税费用		
销售费用总额			持续经营利润		
管理费用			非持续经营		
工资费用			非持续经营损失		
折旧费用			净利润		
股份支付			其他综合收益(税后)		
财务费用			可供出售金融资产未实现收益		
研究与开发费用			重估增值		
其他费用			现金流量套期未实现收益		
管理费用合计			外币报表折算调整		
其他业务收入前利润			投资分部外币折算调整		
其他业务利润			其他综合收益总额		
享有分部利润份额			综合收益总额		
处置非流动资产收益			基本每股收益		
现金流量套期实现收益			稀释后每股收益		

4. 现金流量表的格式设计。新的现金流量表是以财务状况表的分类为基础,对原有的现金流量表分类结构进行调整。其结构层次的变化表现在:考虑到与综合收益表"行项目"之间的联系,把现金流量表的经营活动进一步分解为"营业活动"和"投资活动",将其作为经营活动的次级分类,从而克服了现行利润表和现金流量表对投资活动分类的混乱。该表的基本部分,按照直接法分别披露经营活动现金收入和支出的主要类别,并且再按照现金收入和支出的性质进行再一次的分解,使之与综合收益表的"行项目"相对应。这样,该表便能够提供更加有用的,与财务状况表、综合收益表横向贯通的现金流量信息(详细格式参见表 12 – 17)。

表 12 – 17　现金流量表

项　　　目	本期	上期
经营活动		
营业活动		
批发业务现金收入		
零售业务现金收入		
销售现金流入合计		
采购现金支出		
购买材料		
支付工资		
支付运输费		
支付其他费用		
现金采购支出合计		
销售现金支出		
广告费		
支付薪酬		
其他		
销售活动现金支出合计		
管理活动现金支出		
支付薪酬		
财务费用		
支付租金		

续表

项　　目	本期	上期
研发费用		
支付股利		
其他		
管理活动现金支出合计		
主营业务活动现金流量		
其他业务活动现金		
处置非流动资产损益		
投资分部		
转让应收款项		
现金流量套期结算		
其他营业活动现金支出合计		
营业活动净现金流量		
投资活动		
购买可供出售金融资产		
销售可供出售金融资产		
收到股利		
投资活动净现金流量		
经营活动现金流量净额		
筹资活动		
短期债券利息收入		
长期债券利息收入		
筹资资产现金流入合计		
支付利息		
支付股利		
筹资负债现金流入合计		
筹资活动现金净流量		
所得税、权益前持续经营现金变动		
所得税		

续表

项　　目	本期	上期
支付所得税		
所得税、非持续经营现金变动		
非持续经营		
非持续经营现金支付		
非持续经营现金流量净额		
所有者权益前的现金变动		
所有者权益		
发行股票的现金流入		
所有者权益现金净流入		
汇率变动对现金影响		
本期现金变动合计		
期初现金余额		
期末现金余额		

需要说明的是,国际会计准则鼓励现金流量表采用直接法编制,但是也允许采用间接法编制;我国的《企业会计准则》规定,现金流量表主表部分用直接法编制,但补充资料部分仍然要求采用间接法再编制一次,并且两种方法编制的结果相互印证。而这里改革后的现金流量表只采用直接法编制。这种列报方式并没有完全否定间接法的优点,因为同时建议企业增加一张"现金流量与综合收益之间的调整表",作为反映企业全部活动由权责发生制调整为收付实现制的过程与结果的附表。该表采用间接法编制原理,以综合收益表各项活动的"行项目"为基础,以现金流量、非现金流量摊销和重新计量分解综合收益,揭示企业活动的两种不同会计基础确认的差异,说明哪些收入、费用与现金流量有关,哪些无关,为报表使用者评价利润质量提供重要信息。

调整表是将当期综合收益调整为当期现金流量的说明表,是将期初资产负债通过当期损益调节为期末资产负债的说明表,或者是将期初资产负债通过当期损益和当期现金流量调节为期末资产负债的说明表。该表的作用是把财务状况、损益和现金流量的关系在一张表中横向贯通地展现出来,为财务信息使用者提供一种有用的分析工具。该表的格式参见表12-18。

表 12−18　现金流量与综合收益调整表

现金流量表 A	除所有者交易外的资产负债变化				综合收益表	
	原始数据		重新计量		综合收益 B + C + D + E	综合收益表
	现金流量 B	应计摊销及其他 C	重估值调整 D	其他 E		综合收益表项目 F
经营活动						经营活动
营业活动						营业活动
现金批发流入						批发收入
现金零售流入						零售收入
现金销售流入合计						营业收入合计
现金采购						营业成本
购买材料						材料
支付工资薪金						人工
支付运输费						间接运输费
支付其他费用						其他间接费用
						间接折旧费
						存货变动
						存货减值损失
现金采购流出合计						营业成本总额
购销活动现金流量净额						营业毛利
销售活动现金流出						销售费用
广告费						广告费
工资薪酬						工资薪酬
						坏账损失
其他						其他
销售活动现金流出合计						销售费用总额
管理活动现金流出						管理费用
工资薪酬						工资薪酬

现金流量表 A	除所有者交易外的资产负债变化				综合收益表	
	原始数据		重新计量		综合收益 B + C + D + E	综合收益表项目 F
	现金 流量 B	应计 摊销及 其他 C	重估值 调整 D	其他 E		
资本化支出						
						折旧费
股利支出						股利
租金支出						租赁费
研发费用						研发费用
其他						其他
管理活动现金支付合计						管理费用总额
主营业务活动现金流量						主营业务利润
其他营业活动现金						其他业务收益(费用)
投资业务分部						享有业务分部利润
转让应收款项						转让应收款项损失
现金流量套期结算						现金流量套期收益
						商誉减值损失
其他业务活动支付现金合计						其他业务收益总额
营业活动净现金流量						营业利润总额
投资活动						投资活动
购可供出售金融资产						收益
售可供出售金融资产						股利收益
						享有被投资企业利润
投资活动净现金流量						投资活动总收益
经营活动现金流量净额						经营活动总收益
筹资活动						筹资活动
收到利息						现金利息收益
源于筹资资产现金合计						筹资资产收益总额

续表

现金流量表 A	除所有者交易外的资产负债变化				综合收益表	
	原始数据		重新计量		综合收益 B + C + D + E	综合收益表项目 F
	现金流量 B	应计摊销及其他 C	重估值调整 D	其他 E		
支付股利						
支付利息						利息费用
发行债券流入现金						
源于筹资负债现金合计						筹资负债费用合计
筹资活动现金净流量						筹资负债净费用总额
所得税前持续经营现金变化						所得税前持续经营利润
所得税						所得税
支付所得税						所得税费用
非持续经营前现金变动						持续经营利润
非持续经营						非持续经营
非持续经营现金支付						非持续经营损失
						所得税收益
非持续经营现金流量净额						非持续经营净损失
所有者权益前现金变动						净利润
						其他(税后)综合收益
						可供出售金融资产未实现收益
						现金流量套期未实现收益
						合并外币报表折算调整
						业务分部外币报表折算调整
						重估增值
						其他综合收益总额
所有者权益后现金变动						综合收益总额

第五节 特殊会计报表的设计

除基本会计报表外,随着企业投资规模和经营范围的扩大,尤其企业集团公司建立以后,还需设计合并报表和分部报表等特殊会计报表,以进一步了解企业投资控股的财务状况和经营成果,以及跨行业、跨地区经营的状况。

一、合并会计报表设计

合并会计报表,是指由母公司编制,将母公司和子公司形成的企业集团作为一个会计主体,综合反映企业集团整体经营成果、财务状况及其变动情况的会计报表。我国《企业会计准则》规定,企业对外投资如占被投资企业资本总额半数以上,或者实质上拥有被投资企业控制权的应当编制合并会计报表。合并会计报表由拥有一个或一个以上子公司的母公司,以母公司和子公司个别的会计报表为依据,在对内部往来项目进行相互抵消的基础上,合并报表各项目的余额编制而成。合并会计报表一般包括合并资产负债表、合并利润表、合并现金流量表、合并所有者权益变动表。

(一) 合并资产负债表的设计

合并资产负债表是反映母公司和子公司所形成的企业集团某一特定日期财务状况的会计报表。合并资产负债表的格式与个别资产负债表的格式基本相同,所不同的只是在所有者权益类项目下分别设置了"归属于母公司所有者权益"和"少数股东权益"两个项目,用于反映纳入合并范围的非全资子公司的所有者权益中不属于母公司所拥有的净资产权益数额。另外,在"未分配利润"项目之后,"归属于母公司所有者权益"项目之前,增加了"外币报表折算差额"项目,用于反映纳入合并范围的外币资产负债表折算为母公司记账本位币表示的资产负债表时所发生的折算差额。其格式见表12-19-1所示。

表 12-19-1 合并资产负债表

编制单位: 年 月 日 单位:元

资 产	期末余额	年初余额	负债和所有者权益（或股东权益）	期末余额	年初余额
流动资产:			流动负债:		

续表

资　　产	期末余额	年初余额	负债和所有者权益 （或股东权益）	期末余额	年初余额
货币资金			短期借款		
结算备付金			向中央银行借款		
拆出资金			吸收存款及同业存放		
交易性金融资产			拆入资金		
应收票据			交易性金融负债		
应收账款			应付票据		
预付款项			应付账款		
应收保费			预收款项		
应收分保账款			卖出回购金融资产款		
应收分保合同准备金			应付手续费及佣金		
应收利息			应付职工薪酬		
其他应收款			应交税费		
买入返售金融资产			应付利息		
存货			其他应付款		
一年内到期的非流动资产			应付分保账款		
其他流动资产			保险合同准备金		
流动资产合计			代理买卖证券款		
非流动资产：			代理承销证券款		
发放贷款及垫款			一年内到期的非流动负债		
可供出售金融资产			其他流动负债		
持有至到期投资			流动负债合计		
长期应收款			非流动负债		
长期股权投资			长期借款		
投资性房地产			应付债券		
固定资产			长期应付款		

资　产	期末余额	年初余额	负债和所有者权益（或股东权益）	期末余额	年初余额
在建工程			专项应付款		
工程物资			预计负债		
固定资产清理			递延所得税负债		
生产性生物资产			其他非流动负债		
油气资产			非流动负债合计		
无形资产			负债合计		
开发支出			所有者权益（或股东权益）：		
商誉			实收资本（或股本）		
长期待摊费用			资本公积		
递延所得税资产			减：库存股		
其他非流动资产			盈余公积		
非流动资产合计			一般风险准备		
			未分配利润		
			外币报表折算差额		
			归属于母公司所有者权益合计		
			少数股东权益		
			所有者权益合计		
资产总计			负债和所有者权益总计		

（二）合并利润表的设计

　　合并利润表是反映母公司和子公司所形成的企业集团在一定时期内经营成果的会计报表。合并利润表的格式与个别利润表的格式基本相同。所不同的是合并利润表增加了一个项目，即在"所得税"项目之后，在"净利润"项目之前增加了"少数股东本期收益"项目，用于反映纳入合并范围的非全资子公司当期实现的利润中少数股东所拥有的数额，即不属于母公司所拥有的数额。其格式见表 12-19-2 所示。

表 12 - 19 - 2 合并利润表

编制单位: 年 月 单位:元

项 目	本期金额	上期金额
一、营业总收入		
其中:营业收入		
利息收入		
已赚保费		
手续费及佣金收入		
二、营业总成本		
其中:营业成本		
利息支出		
手续费及佣金支出		
退保金		
赔付支出净额		
提取保险合同准备金净额		
保单红利支出		
分保费用		
营业税金及附加		
销售费用		
管理费用		
财务费用		
资产减值损失		
加:公允价值变动收益(损失以"-"号填列)		
投资收益(损失以"-"号填列)		
其中:对联营企业和合营企业的投资收益		
汇兑收益(损失以"-"号填列)		
三、营业利润(亏损以"-"号填列)		
加:营业外收入		
减:营业外支出		

续表

项　　目	本期金额	上期金额
其中:非流动资产处置损失		
四、利润总额(亏损总额以"－"号填列)		
减:所得税费用		
五、净利润(净亏损以"－"号填列)*		
归属于母公司所有者的净利润		
少数股东损益		
六、每股收益:		
(一)基本每股收益		
(二)稀释每股收益		

注:①合并利润表收入、费用项目按照各类企业利润表的相同口径填列。

　　②同一控制下企业合并的当期,还应单独列示被合并方在合并前实现的净利润。

(三)合并现金流量表的设计

合并现金流量表是反映母公司和子公司所形成的企业集团在一定期间现金流入、流出量以及现金净增减变动情况的会计报表。合并现金流量表与个别现金流量表相比,一个特殊的问题就是子公司与其少数股东之间发生的现金流入和现金流出的处理问题。对于子公司与其少数股东之间发生的现金流入和现金流出,从整个企业集团来看,也影响到其整体的现金流入和流出数量的增减变动,必须在合并现金流量表中予以反映。子公司与其少数股东之间发生的影响现金流入和现金流出的经济业务包括:少数股东对子公司增加权益性投资、少数股东依法从子公司中抽回权益性投资、子公司向其少数股东支付现金股利等。为了便于母公司的股东、债权人等投资者了解掌握其现金流量的情况,则有必要将与子公司少数股东之间的现金流入和现金流出的情况单独予以反映。①对于少数股东对子公司增加的权益性投资,在合并现金流量表中应当在"筹资活动产生的现金流量"之下的"吸收权益性投资收到的现金"项目之后单列"子公司吸收少数股东权益性投资收到的现金"项目反映。②对于子公司向少数股东支付现金股利,应在合并现金流量表中,在"筹资活动产生的现金流量"之下的"分配股利或利润所支付的现金"项目之后单列"其中:子公司支付少数股东的股利"项目反映。③对于子公司的少数股东依法抽回在子公司中的权益性投资,应在合并现金流量表中,在"筹资活动产生的现金流量"之下的"减少注册资本所支付的现金"项目之后单列"其中:子公司依法减资支付给少数股东的现金"项目反映。合并现金流量表的格式见表12-20所示。

表 12-20　合并现金流量表

编制单位:　　　　　　　　　　　　　　年　　月　　　　　　　　　　　　　单位:元

项　　　目	本期金额	上期金额
一、经营活动产生的现金流量		
销售商品、提供劳务收到的现金		
客户存款和同业存放款项净增加额		
向中央银行借款净增加额		
向其他金融机构拆入资金净增加额		
收到原保险合同保费取得的现金		
收到再保险业务现金净额		
保户储金及投资款净增加额		
处置交易性金融资产净增加额		
收取利息、手续费及佣金的现金		
拆入资金净增加额		
回购业务资金净增加额		
收到的税费返还		
收到其他与经营活动有关的现金		
经营活动现金流入小计		
购买商品、接受劳务支付的现金		
客户贷款及垫款净增加额		
存放中央银行和同业款项净增加额		
支付原保险合同赔付款项的现金		
支付利息、手续费及佣金的现金		
支付保单红利的现金		
支付给职工以及为职工支付的现金		
支付的各项税费		
支付其他与经营活动有关的现金		

续表

项　　目	本期金额	上期金额
经营活动现金流出小计		
经营活动产生的现金流量净额		
二、投资活动产生的现金流量		
收回投资收到的现金		
取得投资收益收到的现金		
处置固定资产、无形资产和其他长期资产收回的现金净额		
处置子公司及其他营业单位收到的现金净额		
收到其他与投资活动有关的现金		
投资活动现金流入小计		
购建固定资产、无形资产和其他长期资产支付的现金		
投资支付的现金		
质押贷款净增加额		
取得子公司及其他营业单位支付的现金净额		
支付其他与投资活动有关的现金		
投资活动现金流出小计		
投资活动产生的现金流量净额		
三、筹资活动产生的现金流量		
吸收投资收到的现金		
其中:子公司吸收少数股东投资收到的现金		
取得借款收到的现金		
发行债券收到的现金		
收到其他与筹资活动有关的现金		
筹资活动现金流入小计		
偿还债务支付的现金		
分配股利、利润或偿付利息支付的现金		
其中:子公司支付给少数股东的股利、利润		
支付其他与筹资活动有关的现金		
筹资活动现金流出小计		

续表

项　　目	本期金额	上期金额
筹资活动产生的现金流量净额		
四、汇率变动对现金及现金等价物的影响		
五、现金及现金等价物净增加额		
加:期初现金及现金等价物余额		
六、期末现金及现金等价物余额		

二、分部报表设计

　　分部报表是企业对原有的会计资料按照新的标准归类划分所进行的信息揭示。随着经济的发展,企业规模不断扩大,企业的经营方式日趋多样化,经营范围日趋扩大,经营涉及多个不同的行业和地区。这样,合并会计报表不能反映企业各行业、地区分部的经营情况,只能反映企业整体的经营状况。企业对外提供分部报表,不仅有助于投资者作出更为明智的决策,而且也有助于国家及管理部门的宏观调控及统筹安排。

　　分部报表设计首先要确定分部基础。常用的分部报表有业务分部和地区分部两种,分别反映企业各项业务和各个地区的经营情况,可以更清晰地反映各分部信息。业务分部是指企业内可区分的组成部分,该组成部分提供单项产品或劳务,并且承担着不同于其他业务分部所承担的风险或回报,即根据有关产品和劳务的类别或客户的类型来划分;地区分部是指企业内可区分的组成部分,该组成部分在一个特定的经济环境内提供产品或劳务,并且承担着不同于在其他经济环境中经营的组成部分所承担的风险和回报,即根据企业营业地点、市场,或营业地点和市场来划分。

　　分部报表所要披露的内容有多项:①分部营业收入,分为对外部客户的营业收入和对其他分部的交易收入;②分部销售成本;③分部期间费用;④分部营业利润;⑤分部资产;⑥分部负债;⑦披露的分布信息与在合并报表或个别报表中的总和信息之间的调节情况。这里所披露的收入、成本、费用、资产和负债不同于通常的资产负债表和利润表所呈现的数据,而是加以适当的调整得出的。如资产仅指可辨认的资产,负债是指与经营活动有关的并且可直接归属于特定分部的经营负债。表 12－21 和表 12－22 为分部报表的两种格式。

表 12－21　分部报告表(业务分部)

编制单位：　　　　　　　　　　年度　　　　　　　　　　单位:元

项　　目	××业务		××业务		…	其他业务		抵销		未分配项目		合计	
	本年	上年	本年	上年		本年	上年	本年	上年	本年	上年	本年	上年
一、营业收入合计													
其中:对外营业收入													
分部间营业收入													
二、销售成本合计													
其中:对外销售成本													
分部间销售成本													
三、期间费用合计													
四、营业利润合计													
五、资产总额													
六、负债总额													

表 12－22　分部报告表(地区分部)

编制单位：　　　　　　　　　　年度　　　　　　　　　　单位:元

项　　目	××地区		××地区		…	其他业务		抵销		未分配项目		合计	
	本年	上年	本年	上年		上年	本年	本年	上年	本年	上年	本年	上年
一、营业收入合计													
其中:对外营业收入													
分部间营业收入													
二、销售成本合计													
其中:对外销售成本													
分部间销售成本													
三、期间费用合计													
四、营业利润合计													
五、资产总额													
六、负债总额													

第六节 内部会计报表的设计

一、内部会计报表的特点与设计要求

为了满足企业内部管理的需要,企业除按规定编报统一的对外会计报表外,还需编制内部会计报表。内部会计报表是为满足企业内部管理需要的信息资料而编制,供企业管理使用的。

1. 内部会计报表的特点。与对外会计报表相比,内部会计报表的服务和使用对象不同,因此,报表的内容、种类、格式、编报时间以及报送对象也不相同。企业内部会计报表的特点可以概括为以下几点:

(1)从报表反映的内容和格式看,内部会计报表具有较大的灵活性。它可以根据企业内部管理的需要,由企业自行决定报表的编制内容和格式。

(2)从报表提供的指标看,内部会计报表既可提供价值指标,也可提供实物量指标,而对外会计报表一般只能提供价值指标。

(3)从报表的编制时间看,内部会计报表具有一定的机动性,其编制的时间既可按年、季、月定期编制,也可根据内部管理需要不定期随时编制。

(4)从报送对象看,内部会计报表是无须对外报送的报表。

2. 内部会计报表的设计要求。内部会计报表一般是根据企业的生产特点与管理的需要自行设计的,并可随着情况的变化对报表的种类、格式进行调整。为使内部报表能为企业经营决策和生产管理提供较多有用的信息,在设计企业内部会计报表时,除了遵循会计报表设计的一般原则外,还应注意以下几点:

(1)报表的专题性。内部报表主要反映内部核算与管理某一方面的问题。因此,专题性是内部报表的重要特点。专题性在内部报表设计中体现为更突出重点,报表有较强的针对性。

(2)报表指标内容的实用性。成本报表指标的设计要以适应企业内部管理的需要为准,成本指标可按全部成本反映,也可按变动成本反映,还可以考虑将成本指标与生产工艺规程及各项消耗定额对照,以便从最原始的资料入手,分析成本升降的原因,挖掘降低成本的潜力。

(3)报表格式的针对性。内部报表格式的设计要能针对某一具体业务的特点及其存在的问题,重点突出,简明扼要。

（4）报表编报的及时性。内部报表有些定期编制,有些不定期编制,多数是不定期编制,无论是定期编制或不定期编制,都要求及时编制,及时反馈。

二、内部会计报表设计

1. 出纳报告单设计。出纳报告单又称"库存现金、银行存款收支日报表",是对货币资金每日的收入、支出和结存情况进行详细反映的报表。出纳报告单一般由出纳人员在每日工作结束时编制并报送财务负责人,使其及时掌握企业货币资金变动情况,以便准确地作出使用货币资金的决策。

设计出纳报告单时,应当按货币资金的种类(库存现金、银行存款、票据存款等)划分栏次,分别反映它们每日的收入、支出和结存情况。出纳报告单的一般格式如表12－23所示。

表 12－23　出纳报告单

报送：　　　　　　　　　　　　年　月　日　　　　　　　　　　　单位:元

项　　目	库存现金	银行存款	票据存款	合　计
一、本日结存				
二、本日收入合计				
其中:销货收入				
回收应收款				
银行借入				
其他收入				
三、本日支出合计				
其中:购货支出				
归还应付款				
归还银行借款				
上交税费				
支付工资				
其他支出				
四、本日结存				

2. 银行借款报告单设计。银行借款报告单是对企业各种银行借款的借入、归还和借款情况进行详细反映的报表。银行借款报告单一般由主管银行借款的人员在每月末编制并报送财会负责人,使其及时了解和掌握银行借款的增减变动情况,以便加强对银

行借款的管理,合理有效地使用借入资金,并按期予以归还。银行借款报告单格式如表 12 – 24 所示。

表 12 – 24 银行借款报告单

报送: 　　　　　　　 年　 月　 日　　　　　　　 单位:元

项　　目	合计
一、上月欠款总额	
其中:逾期未还数	
二、本月借款总额	
三、本月还款总额	
四、月末欠款总额	
其中:逾期未还数	

3.进货日报表设计。进货日报表是对企业每日材料购进的详细情况进行反映的报表。进货日报表一般由主管材料及应付款的人员在每日工作结束时编制并报送物资供应部门和其他有关部门,使其及时了解物资供应计划的执行情况,加强对材料采购业务的管理。为了反映材料采购资金的结算情况,应将购入材料的金额按现购和赊购等分别列示。进货日报表的一般格式如表 12 – 25 所示。

表 12 – 25 材料采购日报表

报送: 　　　　　　　 年　 月　 日　　　　　　　 单位:元

品名及规格	计量单位	数　　量	单价	金　额			本月累计购进
				合计	现购	赊购	
总计							

4.存货日报表设计。企业中,存货是一项品种多、数量多、金额大,而且流动性较强的资产。为便于对存货的管理,可编制存货日报表,将各种材料或产品的入库、出库和结存情况详细反映出来。其格式见表 12 – 26 所示。

表 12 – 26　存货日报表

编制单位：　　　　　　　　　　　　年　　月　　日　　　　　　　　　　　单位:元

项　目	收入			发出			结存			盘存		
	数量	单价	金额	数量	单价	金额	数量	单价	金额	数量	单价	金额
库存商品												
⋮												
产成品												
⋮												
半成品												
⋮												
在产品												
⋮												
材料												
⋮												
燃料												
⋮												
包装物												
⋮												
低值易耗品												
合　计												

　　5.销售日报表设计。销货日报表是对企业产品销售的详细情况做出反映的报表，一般由主管销售及应收款业务的人员在每日工作结束时编制并报送有关部门,使其及时掌握产品销售计划的执行情况。若发现问题,可以及时调整销售方式,提出改进措施,进而扩大销售量,增加销售收入,回收货款。为了反映销货款的结算情况,也应按现销和赊销等分别列示。其格式见表 12 – 27 所示。

表12－27　销售日报表

报送：　　　　　　　　　　　年　　月　　日　　　　　　　　　　单位:元

品名及规格	计量单位	数　量	单价	金　额			本月累计购进
				合计	现购	赊购	
总计							

6.利润分析表设计。利润分析表是根据利润表的有关资料,对利润计划的完成情况进行分析和考核的报表。利用此表,可以反映利润实际数比计划数或上期数的增减变化情况及其各利润项目对利润总额变化的影响程度,据此查明利润升降的原因,总结经验,发现问题,提出措施,改进工作。

为了反映利润计划的本期和本年累计执行情况,设计利润分析表时,应按本期数和本年累计数分设栏目,并按利润的构成项目分别反映它们的计划数(或上期数)、实际数、实际比计划的增减数及其比例。利润分析表一般在月末编制。如果以本期实际数与上期(或上年同期)数比较,则可将表中的"计划"数改成上期(或上年同期)数。利润分析表的一般格式如表12－28所示。

表12－28　利润分析表

报送：　　　　　　　　　　　年　　月　　　　　　　　　　　　单位:元

项　目	本期数				本年累计数			
	计划	实际	增或减	%	计划	实际	增或减	%
产品销售利润								
其他销售利润								
⋮								
⋮								
合　计								

7.产品销售利润分析表设计。产品销售利润分析表是采用因素分析法,对产品销售利润计划完成情况进行重点分析所使用的报表。设计该表时,应把影响产品销售利润的各个因素及其影响程度反映出来。产品销售利润分析表的一般格式如表12－29

所示。

表 12 – 29　产品销售利润分析表

报送：　　　　　　　　　　　　　年　月　　　　　　　　　　　　　单位:元

影响产品销售利润变动的因素	影响利润表变动金额	各影响因素占总变动额(%)
销售价格变动影响		
销售税金变动影响		
销售数量变动影响		
销售成本变动影响		
销售结构变动影响		
合　计		

8.利润预测表。利润预测表是实行目标利润管理制度时必须编制的报表。它是向企业管理决策部门提供事前信息所使用的,并用来作为制定各种经营计划的基础或依据。

利润预测表是根据过去的利润实现情况和近期或将来的变化,提出目标利润以及要达到目标利润所必须完成的销售额和目标成本。一般情况下,该表使用变动成本法编制。这种方法将企业的全部费用划分为变动费用和固定费用,并假设固定费用在一定条件下不变,而企业的利润额随着贡献毛利的增加而变动。当固定费用、各种产品的销售额和变动成本确定后,就可测算出利润额,供企业管理部门作出决策,选择生产经营最佳方案,确保目标利润的实现。利润预测表的格式如表 12 – 30 所示。

表 12 – 30　利润预测表

报送：　　　　　　　　　　　　年　月　日　　　　　　　　　　　单位:元

项　目	总额	A 产品		B 产品		C 产品	
		金额	占总额(%)	金额	占总额(%)	金额	占总额(%)
销售收入							
减:变动费用							
贡献毛利							
减:固定费用							
净利润							

三、成本报表设计

1. 产品成本及销售成本表设计。产品成本及销售成本表是反映年度内生产和销售的全部产品的生产成本和销售成本的报表。该表可以分析产品成本的构成。报表结构可以设计为上下两大段：上段反映全年已完工产品的生产成本；下段反映全年已销售的产品成本。从上下段反映的数字中可以比较企业产销平衡情况，同时还可以通过设"上年实际"栏，与本年实际数相对比，比较前后两年成本的变动情况。其格式如表12－31所示。

表12－31　产品成本及销售成本表

<table>
<tr><td>　　　　　　　　　　年度</td><td></td><td align="right">单位:元</td></tr>
</table>

项　　　目	本年实际	上年实际
生产成本：		
直接材料		
直接人工		
制造费用		
合计		
加：在产品及自制半成品年初余额		
减：在产品及自制半成品年末余额		
产品生产成本		
加：产成品年初余额		
减：产成品年末余额		
产品销售成本		

2. 主要产品生产成本及销售成本表设计。设计该表可以反映企业生产和销售的主要产品的单位生产成本、生产总成本、销售收入和销售成本，以及这些产品在季末、年末的结存情况，也可以考察企业产品品种的主要构成情况，以及单位生产成本的升降情况，利润水平，产、销、存之间的比例关系，还可以为企业管理部门提供研究利润升降、资金占用、产销计划、产品成本管理等方面的资料。其结构设计为多栏式，格式如表12－32所示。

表 12 –32   主要产品生产成本及销售成本表

年度

单位:元

产品名称	规格	计量单位	累计产量	单位生产成本		本年累计生产成本				本年累计销售			期末结存	
				上年实际	本年累计实际	按上年实际平均单位成本计算的本年累计生产总成本	本年累计实际生产总成本	成本降低额	降低率	数量	销售收入	销售成本	数量	生产成本
主要产品														
小计														
非主要产品														
合计														

3. 制造费用明细表设计。制造费用明细表是反映企业在年度内实际发生的各项制造费用明细情况的报表。编制该报表是为了分析制造费用的构成及增减变动情况,考核制造费用预算的执行情况,以便加强监督,采取措施,节约开支,降低费用。为便于与本年计划数和上年实际数分别比较,表内可以设"本年计划"、"上年实际"栏。其格式见表 12 –33 所示。

表 12 –33   制造费用明细表

年度

单位:元

项　　目	本年计划	本年实际	上年实际
工资			
福利费			
折旧费			
修理费			
办公费			
水电费			
机物料消耗			
劳动保护费			
租赁费			

续表

项 目	本年计划	本年实际	上年实际
保险费			
低值易耗品摊销			
季节性、修理期间的停工损失			
其他			
合计			

4.制造费用预算执行情况表设计。制造费用中对固定费用部分实行预算控制,控制方法有两种:一是按各个编制预算的部门进行控制,格式见表 12-34;另一种是按费用预算项目进行控制,格式见表 12-35。

表 12-34 制造费用预算执行情况表(部门预算)

年　　月　　　　　　　　　　　　　　　　　　单位:元

日期	摘要	A 部门		B 部门		C 部门	
		预算数		预算数		预算数	
		支付数	余额	支付数	余额	支付数	余额

表 12-35 制造费用预算执行情况表(费用预算)

年　　月　　　　　　　　　　　　　　　　　　单位:元

日期	摘要	××费用		××费用		××费用	
		预算数		预算数		预算数	
		支付数	余额	支付数	余额	支付数	余额

5.成本分析表设计。成本分析表是对影响成本升降的各个因素进行分析的报表。

它是由会计部门根据成本核算资料作出分析之后编制的报表,主要报送给企业领导和生产部门。成本分析表包括对全部产品生产成本的分析以及对主要产品生产成本的分析。成本分析表提供的指标有:成本升降总额,产量变动对成本升降的影响,产品生产结构变动对成本的影响,单位成本的变动对成本的影响。成本分析表根据成本资料每月编制一次。其格式见表12-36所示。

表12-36　成本分析表

年　　月　　　　　　　　　　　　　　　　　　　　　单位:元

影响成本变动因素	全部产品成本变动		全部产品成本变动	
	金额	占总金额(%)	金额	占总金额(%)
成本升降总额				
产量变动影响				
产品结构变动影响				
单位成本变动影响				

6.在产品成本明细表设计。在产品成本明细表是反映各车间尚未完工的在产品和半成品的数量和成本的报表。该报表由各车间核算员报送生产部门、财会部门。生产部门将其作为对在产品和下期生产进行控制的依据;财会部门将其作为计算产品成本的依据,并与生产资金计划进行对照,考核资金使用情况。该报表提供在产品数量、在产品约当产量、在产品应负担的生产成本等项指标。其格式见表12-37所示。

表12-37　在产品成本明细表

车间:　　　　　　　　　　　　年　　月　　日

在产品名称	数量				原材料		人工		费用		合计
	班组	数量	完工程度	约当量	数量	金额	工时	工资	分配率	金额	

7.生产情况表设计。生产情况表是反映一定时期整个企业或一个部门、一个车间或一种产品的生产数量和成本的报表。该表可采用成本和产量对比的方式进行成本控制,并按照每种产品编制。其格式见表12-38所示。

表 12 - 38　生产情况表

车间产品名称：　　　　　　　　　年　　月　　　　　　　　　单位:元

日期	摘要	直接材料	直接人工	制造费用	合计	生产数量		
						日期	完工入库数	在产品数

8.材料成本考核表设计。反映材料成本的内部报表可分别由仓库、财会部门编制。仓库主要反映材料消耗的数量,编制"材料用量月报表"。其格式如表 12 - 39 所示。

表 12 - 39　材料用量月报表

材料名称：　　　　　　　　　　年　　月　　日　　　　　　　　单位:元

日期	本日数			本月累计数			本年累计数		
	实际用量	标准用量	差异数	实际用量	标准用量	差异数	实际用量	标准用量	差异数

材料耗用量报表一般逐日编制。实际用量根据领料单汇总,标准用量以实际产量乘消耗定额计算,二者之间的差额计入差异数栏。

财会部门根据班组、车间和各职能部门编制材料耗用成本表,汇总反映各部门材料耗用金额,并与标准成本进行比较。格式如表 12 - 40 所示。

表 12 - 40　材料耗用成本表
年　　月　　日

部门	实际成本 (实际用量×计划单价)	标准成本 (标准用量×计划单价)	差异数	差异率
(略)				
合　计				

材料价格差异分析表也是材料成本表的一种,该表用于分析材料采购成本的变化。其格式见表12-41所示。

表12-41　材料价格差异分析表

年　月　日至　年　月　日

采购单编号	供货单位	材料名称	计量单位	采购数量	实际成本		计划成本		差异	
					单位成本	总成本	单位成本	总成本	单位成本	总成本

9.人工成本考核表设计。人工成本的考核可以分析工人在生产时间内的工作效率,编制工人工作效率月报表有利于管理者协调人力资源,降低劳动用工成本。其格式见表12-42所示。

表12-42　人工成本考核表

年　　月

工人姓名或工号	实际动用工时	完成定额工时	工作效率

人工成本考核表可以由生产班组编制并逐级汇总,不仅可以作为成本考核的资料,也可以作为计算工资的依据之一。

会计披露的市场影响

(一)

2002年6月25日,美国第二大长途电话公司——世界通讯公司发表声明,承认自

2001 年初到 2002 年第一季度,通过将大量的收益性费用支出记入资本支出项目的手法,共虚增收入 38 亿美元,虚增利润 16 亿多美元。其中,2001 年度虚增收入 30.6 亿美元,2002 年第一季度虚增收入 7.97 亿美元。该公司原报告的 2001 年度 14 亿美元和 2002 年第一季度 1.3 亿美元的利润,实际是净亏损。

据报道,这是美国有史以来最大的会计欺诈事件。由于世界通信公司负有 300 亿美元的巨额债务,其破产的命运在所难免,破产的资产总额将达到 1 000 亿美元,是安然公司的 2 倍,从而将成为美国历史上最大的破产案。

世界通讯公司的假账丑闻报出后,该公司的股票在华尔街股市上一路狂泻,4 年前每股曾高达 64.50 美元的股价已跌至 6 月 26 日收盘时的 9 美分。同时,美国投资者的信心也再受重创,道 - 琼斯指数因此下跌 11.2%,纳斯达克指数则跌至"9.11 事件"后的最低水平。欧洲及亚洲股市也同样受到严重影响,出现较大跌幅。

(二)

1998 年 10 月中国证监会对红光实业股份有限公司作出处罚决定,认为该公司严重违反了证券法规规定,违规情况如下:

1. 编造虚假利润,骗取上市资格。红光公司在股票发行上市申报材料中称 1996 年度盈利 5 400 万元。经查实,红光公司通过虚构产品销售、虚增产品库存和违规账务处理等手段,虚报利润 15 700 万元,1996 年实际亏损 10 300 万元。

2. 少报亏损,欺骗投资者。红光公司上市后,在 1997 年 8 月公布的中期报告中,将亏损 6 500 万元虚报为净盈利 1 674 万元,虚构利润 8 174 万元;在 1998 年 4 月公布的 1997 年年度报告中,将实际亏损 22 952 万元(相当于募集资金的 55.9%)披露为亏损 19 800 万元,少报亏损 3 152 万元。

3. 隐瞒重大事项。红光公司在股票发行上市申报材料中,对其关键生产设备彩玻池炉废品率上升,不能维持正常生产的重大事实未作任何披露。

案例分析:结合以上实例,谈谈为什么要规范会计信息的披露? 如何规范? (提示:会计报表及其附表和附注,作为重要的信息披露工具,在引导资金流向和维护证券市场的健康发展方面起着重要作用。虚假的信息将损害投资者利益和证券市场的健康发展)。

思 考 题

1. 资产负债表在格式上为什么通常选择"T"型账户式而不是垂直式?
2. 损益表格式有几种? 其作用有什么不同?

3. 内部会计报表包括哪些内容,如何设计?

4. 成本报表包括哪些内容,如何设计?

5. 分部报告的设计应包括哪些内容?

6. 内部报表与外部报表在设计上有什么差别?

第十三章

成本业务核算程序的设计

本章要点

本章将讲述成本核算设计涉及的基本理论问题,例如,成本核算的程序、核算范围、费用计量方法,并以此为基础介绍成本核算的主要方法及其设计,包括品种法、分批法、分步法、分类法、定额法、作业成本法、逆流成本法和质量成本法等。通过本章的学习,应当掌握不同成本核算方法中的成本归集与分配,并结合实际选择和设计企业的成本核算制度。

第一节　成本核算制度的设计

一、成本核算设计的要求

企业的产品成本,是指企业为生产产品和提供劳务而发生的各种耗费,是以货币表现的综合性经济指标。成本核算的最终目标是控制开支、提高经济效益,成本业务核算制度的设计将有助于这一目标的实现。因此所设计的成本核算制度应达到如下要求:

1. 成本核算制度能正确及时地反映生产中的各项耗费(作为价值补偿的标准),以维持正常生产。

2. 所核算的产品成本能作为产品价格的最低经济界限。

3. 成本核算制度能作为控制各种生产耗费的手段。

4. 成本核算制度能作为审计工作的重要依据。

5. 成本核算制度能正确计算产品实际总成本和单位成本。

6. 成本核算制度能正确反映在产品增减变动和结存情况,保护企业财产的安全和完整。

二、成本核算基础工作的设计

为更好地完成成本管理工作,应事先设计好下列基础工作:

1. 制定消耗定额。制定原材料、燃料、动力和工时等项消耗定额,既是编制成本计划的依据,又是审核控制生产费用的重要依据,同时也是按照产品的定额消耗量比例分配费用、计算产品成本的依据。各项消费都应制定定额,并随着技术的进步、劳动生产率的提高,不断地加以修订。

2. 做好成本原始记录工作并定期盘点财产物资。原始成本记录是进行成本预测、编制成本计划、进行成本核算、分析消耗定额和成本计划执行情况的依据。成本核算人员要会同企业内的计划部门、生产部门、人事部门以及采购销售部门等,共同制定原始记录制度,如材料领退制度,低值易耗品领用、保管、摊销制度,职工考勤制度,固定资产使用、维修、折旧制度等。还要组织相关人员做好原始记录的登记、传递和保管工作。成本原始记录工作包括对原材料的领用、动力与工时的耗费、废品的发生、在产品内部转移和产成品入库等的记录。另外,还要定期对原材料、在产品和产成品等财产物资进行清查盘点,以便账实相符。

3. 制定和修订企业内部计划价格。在规模大、管理基础较好的企业中,应将原材料、半成品、修理运输、供水供电部门制定企业内部的计划价格,作为企业内部结算和考核的依据,以便分清内部各单位的经济责任,简化和加速企业内部的成本核算工作。这也是进行成本控制、考核的基础。

三、成本核算程序的设计

进行成本核算可以按照以下程序进行:

1. 对费用进行确认,确定产品成本的核算范围。

2. 将应计入本期产品成本的各种要素费用,在各种产品之间按照成本项目进行归集和分配,计算出各种产品成本。

3. 对既有完工产品又有在产品的产品,将月初在产品成本和本月生产费用之和,在完工产品与月末在产品之间进行分配和归集,计算出该种完工产品成本。

4. 结转已销售产品的成本和期间费用。

四、成本开支范围的设计

成本核算必须首先确定哪些支出可以计入产品成本,明确了成本开支范围也就明确了成本开支和非成本开支的界限,即生产费用支出与资本支出、生产费用支出与营业外支出的界限。

在我国,为便于各企业按照同一口径进行核算,相互之间可比,也便于国家进行宏观控制,国家统一制定了成本开支范围。企业在设计本企业的成本核算制度时,要以国家规定的成本开支范围为基础,结合自身特点制定适合于本企业的具体规定。常见的成本开支范围包括下述三个方面:

1. 直接计入生产经营成本的费用。包括直接材料、直接人工等为生产经营商品和提供劳务等发生的直接支出。

2. 企业为生产经营商品和提供劳务而发生的各项间接费用,如制造费用分配计入生产经营成本。

3. 不得列入成本的支出。包括期间费用,固定资产购置,对外投资的支出,被没收的财物,各项罚款、赞助、捐赠支出以及按规定不得列入成本、费用的其他支出。

成本确认标准的设计可以参照如下三条标准:

第一,按成本费用与收入的因果关系加以确认。凡是与本期收入有直接因果关系的耗费,就应确认为本期的费用,这种因果关系表现在两个方面:一是经济性质上的因果性,即所发生的费用与本期收入项目具有必然的因果关系,也就是所得必有所费,这种费用就应计为本期的费用,例如,本期销售商品的成本可以随同本期实现的销售收入而作为本期的费用;二是时间上的一致性,即应予以确认的费用与某项应确认的收入同时入账,这一过程也就是收入与费用的配比过程,例如,企业采用分期收款方式销售商品,应按合同约定的收款日期分期确认收入,同时,按商品全部销售成本与全部销售收入的比率,计算本期应结转的营业成本,并与本期所确认的营业收入相配比。

第二,直接作为当期费用确认。在企业中,有些支出不能提供明确的未来经济利益,并且,如果对这些支出加以分摊也没有意义,这时就应采用这一标准,直接将这些费用作为当期的费用予以确认,例如,办公费、会议费、工会经费等。

第三,按系统合理的分摊方式确认。如果费用的经济效益有望在若干个会计期间发生,并且能够大致和间接地确定其与收入的联系,此时就应按合理的分配程序,在利润表中确认为一项费用。例如,固定资产的折旧费用和无形资产的摊销费用。

五、成本费用计量的设计

成本费用是通过所使用或所耗用的商品或劳务的价值来计量的,计量标准通常是实际成本。例如,作为劳动对象的原材料,如果被耗费形成了产成品,则原材料的成本便转化成为生产费用,进而转化成为产成品成本的一部分;如果作为存货的产成品被销售出去,则产成品成本又转化为商品销售费用的一部分。有些资产将会使多个会计期间受益,这样,在计量通过系统、合理的分摊而形成的费用时,是以其资产取得的实际数进行计量的,并且以后按照受益期间分摊。例如,无形资产的摊销、长期待摊费用的摊销都属于这种情况。有些可以立即确认的费用,可以按其实际发生额进行计量。所以,企业应按实际成本来计量费用,不得以估计成本或计划成本代替实际成本。要正确地计量费用,需处理好以下两个关系:

1.费用和收入的关系。费用指为取得营业收入而直接或间接发生的耗费,与营业收入无关的各种耗费都不作为费用。因此,企业的费用往往是指构成产品成本的费用和期间费用,即在生产经营过程中为取得销售商品、提供劳务等收入而发生的耗费。

2.费用和损失的关系。在生产经营过程中所发生的耗费,通常与收入之间有一定的因果关系,但是有些耗费并不一定产生收入,如投资发生的损失,从严格意义上来讲,它就是一种负收入,而不能确认为费用。但在实务中,有些损失和费用不好区分,都将其作为费用处理,如坏账损失等。

第二节　产品成本的归集和分配设计

产品成本核算最主要的问题就是生产费用的归集和分配问题。生产费用按经济用途不同可分为生产成本和期间费用。其中生产成本主要指与生产产品直接有关的费用,包括原材料成本、燃料和动力成本、工资和福利费以及制造费用。此外,为基本生产车间、企业行政管理部门等单位服务而进行的产品生产和劳务供应所发生的辅助生产费用,要经过分配最终计入产品成本和期间费用。

一、产品成本归集与分配设计原则

1.生产成本归集时,如果能够直接判断归属对象的,要直接记入相关对象的成本科目;如果不能分清,或在发生时就分清的成本较高,可以先通过中间科目归集,然后,在一定时间后按合适的方法加以分配。

2.成本费用的分配要本着"谁受益、谁分配"的原则,如材料费用在不同使用部门之间,或同一部门内不同产品之间,或同一产品的产成品与在产品之间等,都要作清晰的划分。

3.成本科目的设计要符合管理的需要。如果企业采用分步法中的综合结转分步法,则需要设置"自制半成品"账户;如果生产需要考核废品损失情况,可以设置"废品损失"账户。

4.成本科目的设计还要符合重要性原则。费用数额较大时单独列示,否则可合并反映,以减少核算成本。比如,如果外部加工费用较高,可以设置"外部加工费用"账户;如果燃料和动力数额大,可单独设置"燃料"和"动力"账户。

5.成本的核算必须要以实际成本为计价基础,也就是说,计划成本核算出来的产品价值最终必须调整为实际成本,以满足企业管理需要。

二、成本归集与分配项目的设计

1.原材料成本核算设计。原材料是指直接用于产品生产并构成产品实体的原料、主要材料与外购半成品、燃料动力、包装物等有助于产品形成的辅助材料。原材料的来源主要有自制和外购两个途径。在实际工作中,根据原材料取得的情况不同,其入账价值的构成也各不相同。购入的原材料的成本按买价加运输费、装卸费、保险费、包装费、仓储费,运输中的合理损耗,入库前的挑选整理费用和按规定应计入成本的税金以及其他费用作为实际成本。商品流通企业购入的商品,按照进价和按规定应计入商品成本的税金作为实际成本,采购过程中发生的运输费、装卸费、保险费、包装费、仓储费,运输中的合理损耗,入库前的挑选整理费用等直接计入当期损益。自制的原材料,按制造过程中的各项实际支出作为实际成本。

由于原材料的计价方法有计划成本与实际成本之分,所以耗用原材料时首先采用一定的计价方法确认材料的价值,然后按照用途归类为"基本生产成本"、"辅助生产成本"、"制造费用"、"管理费用"和"销售费用"账户。材料费用的具体分配情况见表13-1。

表 13-1　材料费用分配表

车间或部门名称:　　　　　　　　　　20××年××月

应借账户	直接计入金额（元）	分配计入		材料费用合计(元)
		材料消耗量（千克）	分配金额（元）	
生产成本——基本生产成本				
生产成本——辅助生产成本				
制造费用				
管理费用				
销售费用				
合　计				

构成产品实体的材料,通常可以直接计入成本,但是用一种材料生产几种产品时,要将所耗材料的成本在这几种产品之间进行分配。分配的标准很多,常见的有按材料的定额消耗量比例分配(这种方法主要适用于材料消耗定额比较健全的企业),按标准产品产量系数或产品毛重、产品产量等比例分配,或按定额成本分配。

2. 燃料和动力成本核算设计。燃料和动力成本是指直接用于产品生产的各种燃料和动力费用。燃料成本的分配与原材料成本的分配相同,可以参照原材料的分配方法进行。动力包括电力和热力等,这些费用有的直接用于产品生产,有的用于照明、取暖等。在有仪表记录的情况下,直接根据仪表所示耗用数量和单价计算。在没有仪表计量的情况下,要按照一定的标准,在各种产品之间进行分配,直接用于产品生产的动力计入各种产品"基本生产成本——燃料和动力"成本项目。其分配方法与材料费用分配方法基本相同。分配标准主要有生产工时、机器工时和机器功率时数等。

3. 工资和福利费的核算设计。工资和福利费指直接参加制造产品的生产工人工资以及福利费。工资总额包括工资、奖金、各种津贴和补贴等,以及应付福利费,在实际工作中,按其用途和发生部门进行归集和分配。其中生产人员的工资及福利费,应该直接计入各种产品成本,即计入"生产成本——基本生产成本"账户,其他各部门人员的工资及福利费,应分别计入"制造费用"、"管理费用"、"销售费用"账户。具体的分配情况见表 13 – 2。

表 13 –2　工资及福利费分配表
20 × ×年 × ×月

应借科目	生产人员工资			工资及福利费		合计
	生产工时	分配率	分配金额	工资	福利费	
生产成本——基本生产成本						
生产成本——辅助生产成本						
制造费用						
管理费用						
销售费用						
合　　计						

计入产品成本的生产人员工资及福利费,如果采用计件工资形式的生产工人工资,可根据工资结算凭证直接计入有关产品的成本;采用计时工资形式的生产工人工资,如果只生产一种产品,就可直接计入该种产品成本,如果生产多种产品,则采用一定的分配标准分配后再计入各产品成本。通常是按各种产品的生产工时(实际或定额)比例进行分配。

4. 制造费用核算的设计。制造费用指企业各生产单位为组织和管理生产所发生的各种管理费用,以及机器设备的修理费、折旧费等。制造费用是一项间接费用,在发生时一般无法直接判定它应归属的成本核算对象,因而不能直接计入所发生的产品成本中去,它必须按费用发生的地点进行归集,月度终了,再采用一定的标准在各成本核算对象间进行分配,然后才能计入各成本核算对象的成本中去。制造费用常用的分配标准有:按生产工时进行分配、按机器工时进行分配和按工资成本进行分配。具体分配情况见表13－3。

表 13－3　制造费用分配表

20××年××月

分配对象		分配标准	分配率	分配金额
总账账户	明细账户			
合　计				

5.废品损失核算的设计。生产中的废品有可修复的和不可修复的两种:可修复废品是指技术上、工艺上可以修复,而且所支付的修复费用在经济上合算的废品;不可修复废品是指技术上、工艺上不可修复,或虽可修复,但所支付的修复费用在经济上不合算的废品。企业应具体地规定废品废损到什么程度才应当修复或不应当修复,使成本计算有一定的标准可遵循。企业发生的废品损失可在"基本生产成本"二级科目下设置"废品损失"三级明细科目,以归集和分配基本生产车间所发生的废品损失。

废品损失包括在生产过程中发现的、入库后发现的各种废品的报废损失和修复费用。其中,报废损失是指不可修复的废品的实际成本减去回收材料和废料价值后的净损失;修复费用是指可以修复的废品在返修过程中所发生的修理费用。由造成废品的过失人负担的赔款,应从废品损失中减去。

经检验部门鉴定不需要返修而可以降价出售的不合格品,其成本与合格品相同,其售价低于合格品售价所发生的损失,应在计算销售损益中体现,不作废品损失处理。产品入库后由于保管不善等原因而损坏变质的损失,应作为企业管理费用处理,也不列作废品损失。

6.辅助生产成本核算的设计。辅助生产是指为基本生产车间、企业行政管理部门等单位服务而进行的产品生产和劳务供应,由此发生的成本(费用)就是辅助生产成本(费用)。所发生的辅助生产费用都归集在"生产成本——辅助生产成本"账户中,生产的辅助产品完工时,这些费用要从辅助生产成本账户转入"低值易耗品"或"原材料"账户。而提供的劳务作业,如修理和运输等所发生的费用,要从辅助生产成本账户转入"制造费用"、"管理费用"或"销售费用"账户。其具体的分配情况见表13－4。

表 13 – 4 辅助生产费用分配表

20 × ×年× ×月

辅助生产车间	待分配费用	分配数量	分配率	分配对象							
				生产成本		制造费用		管理费用		销售费用	
				数量	分配金额	数量	分配金额	数量	分配金额	数量	分配金额
合计											

　　由于辅助生产提供的产品和劳务,主要是为基本生产车间服务的,但在某些辅助生产车间也有相互提供产品和劳务的情况,为了正确计算辅助生产产品和劳务的成本,在分配辅助生产费用时,应首先在各辅助生产车间之间进行费用的交互分配,然后才是对外(即辅助生产车间以外的各受益单位)分配费用。辅助生产成本的分配,直接影响到企业的生产成本和制造费用,进而影响产品成本高低,因此应予以重视。

　　对只有一个辅助生产车间的企业,如供电、供水、供汽、供风、运输等辅助生产,可根据辅助车间计算的产品或劳务的单位成本,乘以各受益基本生产车间耗用量,计算分配到各受益车间。如果企业有几个辅助车间,首先要考虑各辅助车间之间相互提供产品和劳务的情况,以确定是否在各辅助生产车间之间相互分配辅助生产费用。如果辅助生产车间之间相互提供的产品和劳务不多,为简化核算手续,可不在各辅助生产车间之间分配,而直接分配给基本生产车间。如果辅助生产车间之间相互提供的产品和劳务较多,则需要先在各辅助车间之间分配,然后再对受益的基本生产车间分配。辅助生产费用的分配通常采用直接分配法、顺序分配法、交互分配法、代数分配法、计划成本分配法。

第三节　成本计算程序的设计

一、成本核算方法设计的原则

　　成本计算方法主要受企业生产特点和成本管理要求的影响。企业的生产特点不同,其成本以及费用发生的形式、归集的方法也不同。而且随着技术进步和管理水平的提高,企业也会采用新的成本费用核算方法,如作业成本法、质量成本法以及逆流成本法等。工业企业的一般生产特点按工艺过程分为单步骤生产、多步骤生产;按生产组织特点分为大量生产、成批生产和单件生产。为便于核算和监督各项耗费,在设计成本计算方法时,要与企业的生产特点相结合。例如,大量大批的单步骤生产,可考虑采用品种法;大量大批的多步骤生产,可考虑采用分步法;单件、小批的单步骤生产可考虑采用分批法。企业只有根据生产特点设计相应的成本计算方法,才能更好地对各环节的成本进行反映和监督。一般来说,不同生产特点的成本计算对象和成本计算方法如表13–5所示。

表 13 – 5　　不同生产特点的成本计算对象和成本计算方法

生产特点		成本计算对象	成本计算方法
生产组织	工艺过程		
大量生产	多步骤生产	产品加工步骤或产品品种	分步法或品种法
大量生产	单步骤生产	产品品种	品种法
成批生产	多步骤生产	批别或产品加工步骤	分批法或分步法
成批生产	单步骤生产	产品批别	分批法
单件生产	单步骤生产	产品品种	品种法

从成本管理要求看,为了进行成本的预测、计划、控制、分析和考核,应设计与企业的实际生产情况相适应的成本计算方法。例如,小批、单件生产,由于其生产的产品批量小,一批产品一般可以同时完工,因而可以按照产品的批别或件别,归集生产费用,计算产品成本。同时,为了分析和考核各批产品成本,也要求按批别来归集生产费用和产品成本。再如,虽然企业属于大量大批多步骤生产产品,但由于半成品不对外销售,管理上不要求分步骤计算每一生产步骤半成品的成本,因此也可以采用品种法核算。

另外,在产品品种、规格繁多的工业企业中,为了简化成本计算工作,还应采用分类法;在定额管理工作基础较好的工业企业中,为了配合和加强定额管理,加强成本控制,发挥成本计算的分析和监督作用,还可采用定额法,即将符合定额的费用和脱离定额的差异分别核算的成本计算方法。另外,随着高科技企业中人工费用的比重加大,又出现了一种新的针对制造费用的分配方法——作业成本法。

二、成本核算方法的设计

(一)品种法的设计

品种法主要适用于大量大批的单步骤生产,如采掘、发电等生产。在大量大批的多步骤生产中,如果企业或车间的规模较小,或者车间是封闭式的,管理上不要求按照生产步骤计算成本,也可以采用品种法,如饼干厂、制砖厂等。

1.品种法核算程序。品种法的特点是按照产品品种归集生产费用,以产品品种为成本计算对象,并设置成本计算单,定期在每月月末计算产品成本,其主要核算程序是:

(1)根据各项生产费用发生的原始凭证和其他有关资料,编制各要素费用分配表,分配各要素费用。

分配表的格式可参见表13-6(以其他费用为例)。

表13-6 其他费用分配表

××年×月

会计账户		明细账户	办公费	劳动保护费	修理费	其他	合计
	制造费用	一车间					
		二车间					
生产成本	辅助生产成本	供水车间					
		机修车间					
	管理费用						
合 计							

(2)根据各要素费用分配表,登记基本生产成本明细账、辅助生产成本明细账和制造费用明细账。明细账格式如表13-7所示。

表 13 – 7　制 造 费 用 明 细 表

车间：××车间

××年		凭证号数	摘　　　要	机物料消耗	工资及福利费	水电费	折旧费	修理费	办公费	劳动保护费	其他	合计
月	日											
		略	其他费用分配表									
			材料费用分配表									
			外购动力分配表									
			折旧费分配表									
			工资及福利分配表									
			辅助生产费用分配表									
			本期发生额									
			期末转出									

（3）根据辅助生产成本明细账的全月发生额，按受益部门耗用量编制辅助生产费用分配表，分配辅助生产费用，并据以登记有关成本费用明细账。辅助生产费用分配表的格式可参见表13-8（以两个辅助生产车间、两种产品为例）。

表13-8　辅助生产费用分配表

项　目			交　互　分　配			对　外　分　配		
			供水车间	机修车间	合　计	供水车间	机修车间	合　计
辅助生产车间								
待分配费用								
供应数量								
单位成本								
辅助生产	供水车间	耗用数量						
		分配金额						
	机修车间	耗用数量						
		分配金额						
基本生产	甲产品	耗用数量						
		分配金额						
	乙产品	耗用数量						
		分配金额						
基本生产车间	一车间	耗用数量						
		分配金额						
	二车间	耗用数量						
		分配金额						
企业管理部门		耗用数量						
		分配金额						
合　计								

（4）根据制造费用的全月发生额，编制制造费用分配表，分配制造费用，并据以登记基本生产成本明细账。

（5）根据基本生产成本明细账（或产品成本计算单）所归集的生产费用，在完工产品成本和月末在产品成本之间进行分配。

（6）编制完工产品成本汇总表。

根据各项费用分配表，将制造产品所发生的生产费用记入按产品品种设置的"基本生产成本明细账"中，其格式见表13-9。

品种法成本计算的基本程序可用图13-1表示：

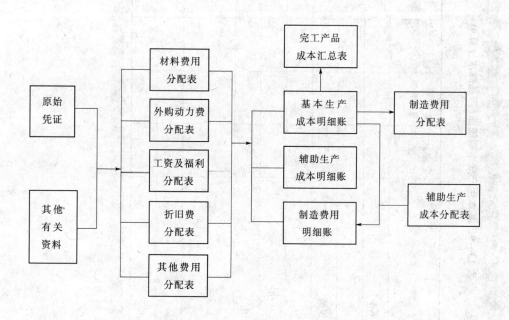

图13-1 品种法核算程序

产品名称：×产品

表 13 - 9　基本生产成本明细账（产品成本计算单）

×× 年		凭证号数	摘要	产量（件）	直接材料	直接人工	废品损失	直接燃料和动力	制造费用	合计
月	日									
		略	月初在产品成本							
			分配材料							
			分配工资及福利							
			分配外购动力							
			分配辅助生产费用							
			分配制造费用							
			合计							
			完工产品成本							
			单位成本							
			月末在产品成本							

2.实务中采用品种法设计核算程序时应注意以下几点:

(1)如果企业只生产一种产品,那么,只需为这种产品开设一本产品成本计算单(作为基本生产明细账),在计算单内,按成本项目设立专栏或专行,而且在这种情况下所发生的全部生产费用都是直接费用,可以直接计入成本计算单有关成本项目。

(2)如果企业生产多种产品,就要按产品品种分别设置产品成本计算单,所发生的各种产品的直接费用直接计入各产品的成本计算单有关成本项目,间接费用则要在各种产品之间进行分配后,再计入各产品成本计算单的有关成本项目。

(3)月末如果没有在产品或在产品很少时,可以不计算在产品成本。如果有在产品,而且数量较多,则需将成本计算单中归集的生产费用,按适当的分配方法,在完工产品和月末在产品之间分配,以便计算出完工产品总成本和月末在产品成本。

(二)分批法的设计

分批法是一种按照产品的订单或批别来归集生产费用、计算产品成本的方法,也称订单法。这种方法主要适用于单件小批生产的企业,如船舶制造、重型机械制造,另外也适用于新产品试制、专项工程、工业修理作业和高档时装生产等。

1.分批法的核算可按下述程序设计:

(1)根据原始凭证及有关资料,编制各要素费用分配表,将直接费用直接记入各批产品成本计算单,间接费用按一定的标准分配记入各批产品成本计算单。

(2)根据辅助生产明细账上所归集的辅助生产费用,分配辅助生产费用。

(3)根据制造费用明细账,将发生的制造费用分别记入各批产品成本计算单。

(4)如果该批产品全部完工,该批产品所归集的生产费用都是完工产品成本;如果该批产品没有全部完工,则该归集的生产费用都是在产品成本;如果该批产品部分完工,则费用要采用一定的分配方法,在完工产品和在产品之间进行分配。

2.分批法核算设计中应注意以下几点:

(1)如果订单中只有一种产品且其价值较大、生产周期较长(如船舶制造),也可以按照产品的组成部分分批组织生产。

(2)如果企业在同一时期内接到不同购货单位的订货单,但订购的是同一种产品,那么也可将这些订单合并为一批组织生产,以便节约成本。

(3)分批法的成本计算期与生产周期一致,通常是当每批产品或每一张订单完工时才计算成本,产品未完工时,成本计算单上所归集的生产费用就是在产品成本。因此,一般不计算批别或订单上尚未完工的在产品成本,也不存在完工产品和在产品之间分配费用的问题。

(三)分步法的设计

分步法主要适用于大量大批的多步骤生产,如冶金企业生产可分为炼铁、炼钢、轧钢等步骤。为计算产品成本,不仅要按照产品品种归集生产费用,计算产品成本,而且要求按照生产步骤归集生产费用,计算各步骤的产品成本。

分步法设计的基本程序如下:

第一,以每一种产品及其所经过的各生产步骤为成本计算对象。

第二,成本计算期是定期的,于每月月终进行。

第三,一般都需要将生产费用在完工产品和期末在产品之间进行分配。

在实际工作中,由于成本管理要求不同,分步法在结转各步骤的成本时,可以设计两种不同的方法:一种是逐步结转分步法;一种是平行结转分步法。

1.逐步结转分步法。逐步结转分步法的设计要点有三项:

第一,按照产品的加工顺序分别计算各生产步骤成本计算对象的成本,并依次结转。

第二,各生产步骤生产的半成品,都是由上一个生产步骤转来的完工半成品成本加上本步骤发生的直接材料费用及其他费用构成。

第三,前面各生产步骤归集的生产费用,要在完工半成品和在产品(狭义在产品)之间进行分配,只有最后一个生产步骤归集的生产费用要在完工产成品和在产品(狭义在产品)之间进行分配。

在将上一个生产步骤的半成品成本以何种方式结转下一个生产步骤时,具体还有两种方法可供选择:

(1)综合结转分步法。该方法将上一个生产步骤的半成品成本以"直接材料"或"半成品"项目综合记入下一个生产步骤,其方法如图13-2所示。

综合结转分步法计算出的完工产品成本中,绝大部分是耗用上步骤半成品的费用,其他费用只是最后一个生产步骤发生的费用,这显然不符合成本结构的真实情况,不能提供原始成本项目反映的核算资料。为满足按原始成本项目考核和分析产品成本计划完成情况的要求,还要进行成本还原的设计。

成本还原可以采用下述公式进行:

$$还原分配率 = \frac{本月产成品耗用上一步骤半成品合计}{本月所产该种半成品成本合计}$$

$$某成本项目还原数 = 上一步骤本月所产该种半成品的某成本项目数额 × 还原分配率$$

(2)分项结转分步法。该方法是指上一生产步骤转入的半成品成本,分别按照成

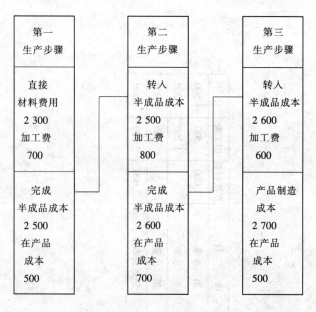

图 13 – 2　综合结转分步法程序

本项目记入下一个生产步骤成本计算单相同的成本项目中,并与下一生产步骤该成本项目直接发生的生产费用合并反映的一种方法。

　　分项结转的优点是能直接提供按成本项目反映的成本资料,不必进行成本还原,便于按照成本项目考核和分析产品成本计划的完成情况。缺点是各步骤费用结转比较麻烦,从各步骤完工产品成本中看不出所耗上一步骤半成品成本,不便于考核和分析各步骤成本水平。

　　2. 平行结转分步法。该方法不计算上一步骤的半成品成本,只计算本生产步骤发生的各项生产费用及其应计入产成品成本的份额。然后将各生产步骤应计入产品成本的份额平行汇总,计算出产成品成本的一种方法。

　　(1)平行结转分步法的设计要点是:①各生产步骤计算本步骤各种产品发生的费用,并将其划分为两部分:一是耗用于产成品部分,即应转入产成品成本中的"份额";二是耗用于广义在产品部分。②将各生产步骤应计入产品成本中的"份额",按成本项目进行汇总,即为产成品的生产成本。

　　平行结转分步法的程序如图 13 – 3 所示。

第一步骤成本计算单

项　目	直接材料	加工费	合　计
月初在产品成本	800	400	1 200
本月发生费用	1 200	600	1 800
计入产成品成本份额	1 000	500	1 500
月末在产品成本	1 000	500	1 500

第二步骤成本计算单

项　目	直接材料	加工费	合　计
月初在产品成本		600	600
本月发生费用		1 000	1 000
计入产成品成本份额		1 200	1 200
月末在产品成本		400	400

第三步骤成本计算单

项　目	直接材料	加工费	合　计
月初在产品成本		450	450
本月发生费用		750	750
计入产成品成本份额		800	800
月末在产品成本		400	400
在产品成本	1 000	1 300	2 300

项　目	直接材料	加工费	合　计
第一步骤	1 000	500	1 500
第二步骤		1 200	1 200
第三步骤		800	800
制造成本	1 000	2 500	3 500

图13-3　平行结转分步法程序

平行结转分步法的计算公式如下：

$$
\begin{array}{l} \text{某步骤应计入产} \\ \text{成品成本的份额} \end{array} = \begin{array}{l} \text{产成} \\ \text{品产量} \end{array} \times \begin{array}{l} \text{单位产成品耗用该} \\ \text{步骤的半成品数量} \end{array} \times \begin{array}{l} \text{该步骤半成} \\ \text{品单位成本} \end{array}
$$

其中：

$$
\begin{array}{l} \text{该步骤半成} \\ \text{品单位成本} \end{array} = \frac{\text{该步骤月初在产品成本} + \text{该步骤本月发生费用}}{\text{产成品耗用半成品数量} + \text{广义在产品约当产量}}
$$

（2）实务中还可以设计一种简易的平行结转分步法，其设计方法为：①按生产步骤设置明细账归集本步骤当月生产费用，但不计算产成品中该步骤的份额；②半成品成本仍不随半成品实物的转移而结转，但月末各步骤应根据材料定额、累计工时定额和计划单价计算本步骤在产品成本；③厂部财会部门将产品在各步骤的生产费用平行汇总后，按下列公式计算：

$$
\begin{array}{l} \text{产成} \\ \text{品成本} \end{array} = \begin{array}{l} \text{各步骤汇总} \\ \text{月初在产品成本} \end{array} + \begin{array}{l} \text{各步骤汇总} \\ \text{本月生产费用} \end{array} - \begin{array}{l} \text{各步骤汇总月} \\ \text{末在产品成本} \end{array}
$$

3. 逐步结转分步法与平行结转分步法的比较。

（1）逐步结转分步法与平行结转分步法的不同之处在于：①成本计算对象不同；②费用结转和成本的汇总程序不同；③产成品和在产品之间的费用分配不同。

（2）逐步结转分步法与平行结转分步法的相同之处在于：①二者都是按照产品加工步骤开设成本计算单，按照产品加工步骤归集和分配生产费用；②二者都是按月计算产品成本；③生产费用都需要在完工产品与在产品之间进行分配。

（四）分类法的设计

分类法是按照产品类别设置成本计算单，先按类别归集和分配费用，计算各类产品成本，再按一定标准分配计算类内各种产品生产成本。这种方法适用于产品品种或规格较多的企业，如鞋帽、针织、无线电元件等类型的企业。在这些企业中，如果按照产品品种或规格作为成本计算对象，成本计算的工作量非常大。而分类法合并了成本计算对象，简化了成本计算手续。

1. 分类法设计程序。分类法可以按照以下步骤设计：

（1）以产品类别作为成本计算对象。设计该方法时，可以按产品所耗用的原材料和工艺技术过程的相近性将产品分为若干类别，按类别开设成本计算单。

（2）选择合理的标准分配计算类内各种产品的成本。按照是否与产品成本有直接关系，可以采用如下分配标准：产品重量、体积、长度、计划成本、定额成本、生产工时和售价。

在实际工作中,一般是将分配标准折合成系数,系数可分为综合系数和单项系数。以定额成本为例,其产品单位成本系数计算公式如下:

$$单位成本系数 = \frac{某种产品的单位定额成本}{标准产品的单位定额成本}$$

$$直接材料成本系数 = \frac{某种产品的直接材料定额成本}{标准产品的直接材料定额成本}$$

分类法不是一种独立的成本计算方法,它与生产类型无直接关系,只是为了简化产品品种的成本计算而采用的一种辅助成本计算方法。它必须结合品种法、分批法或分步法使用。

2. 联产品、副产品和等级品核算设计。在设计分类法的核算过程中,会遇到联产品、副产品和等级品的成本计算问题,对这类问题的处理可以遵循以下程序。

(1)联产品。联产品是指同样的原材料在同一生产过程中,生产出两种或两种以上性质、用途不同的主要产品。对其核算时,首先,将联产品的生产过程分为联合生产阶段和分离后继续加工阶段;其次,对联合生产阶段的综合成本按分类法的程序分配计算各种联产品的成本;第三,联产品在分离后还需继续加工的,还要在已分摊的综合成本基础上加上继续加工成本。

(2)副产品。副产品是指在主要产品的生产过程中,附带生产出的一些非主要产品。当然,事实上副产品与联产品并非一成不变,二者有时随着时间、地点的变化会相互转换。

由于副产品是生产主要产品过程中附带生产出来的,因此很难区分哪些成本是主产品发生的,哪些成本是副产品发生的,所以,可以采用简化的方法,将主产品与副产品合并为一类,设置成本计算单,归集生产费用,计算产品成本,然后将副产品按照一定的方法计价,从总成本中扣除,扣除后的余额即为主要产品的成本。

(3)等级品。等级品是指经过相同的生产过程,采用相同的原材料,生产出性质相同但等级或质量有所差别的产品。等级品的核算设计可以区分为人为等级品和自然等级品,二者应区别对待。

人为等级品(如技术操作不当等主观原因),可以按照产量来分配生产费用。这是因为在市场上往往质优价高、质低价廉,优质与次质产品负担相同的成本,才能体现出利润上的差别,从而发现技术和管理中的问题。

自然等级品指等级产生的原因是自然因素,如技术条件差别等,应按分类法计算等级品的成本,具体可以采用售价分配和含量分配法。

(五)定额法的设计

定额法核算的一般步骤是事前制定产品的消耗定额、费用定额,以定额成本作为降低成本的目标,在生产费用发生的当时,将符合定额的费用和发生的差异分别核算,以加强对成本差异的日常核算、分析和控制。月末,在定额成本的基础上,调整各种成本差异,计算产品的实际成本,为成本的定期考核和分析提供数据。

1.定额成本的设计。定额成本可以设计定额成本计算表。一般来说,在零、部件不多的情况下,可以先编制零件的定额成本计算表,然后汇编部件与产成品定额成本表。在零、部件较多的情况下,为简化计算,可以不编零、部件定额成本计算表,直接编制每种产品的车间单位产品定额成本表,然后汇编企业单位产成品定额成本表。

(1)"直接材料"项目,是根据现行消耗定额及计划价格计算的。

(2)"直接人工"项目,是根据该产品现行工时定额及每小时计划直接人工计算的。

(3)"直接燃料和动力"项目,是根据该产品现行工时定额及每小时直接燃料和动力计算的。

(4)"制造费用"项目,是根据该产品现行工时定额及每小时计划制造费用计算的。

2.定额差异的核算设计。在定额法下,实际发生费用可以按符合定额的定额费用(即定额成本)和脱离定额的费用(即定额差异)两部分计算和反映。

定额差异包括直接材料定额差异、直接人工定额差异和其他费用定额差异三个部分。

(1)直接材料定额差异的核算。直接材料定额差异可以设置限额领料制度,对于发生的超额领料,应填写超额领料单,并以不同颜色或加盖专用标记加以区别。

(2)直接人工定额差异的核算。在计件工资情况下,将脱离定额差异登记在专设的补付单等差异凭证中,并注明产生差异的原因。在计时工资形式下,脱离定额差异可以用该种产品的实际生产工人工资同实际产量的定额工资比较确定。其计算公式如下:

$$\begin{array}{l}某种产品直接\\工资的定额差异\end{array} = \begin{array}{l}该种产品实际\\生产工人工资\end{array} - \begin{array}{l}该种产品\\实际产量\end{array} \times \begin{array}{l}单位产品\\定额工资\end{array}$$

$$\begin{array}{l}某种产品直接\\工资的定额差异\end{array} = \left(\begin{array}{l}该种产品实际产量\\的实际生产工时\end{array} \times \begin{array}{l}实际每小时\\平均工资\end{array}\right) - \left(\begin{array}{l}该种产品实际产量\\的定额生产工时\end{array} \times \begin{array}{l}计划小时\\平均工资\end{array}\right)$$

(3)其他费用定额差异的核算。以制造费用的定额差异为例可按以下公式计算:

$$\begin{array}{l}某产品制造费\\用的定额差异\end{array} = \begin{array}{l}该产品实\\际制造费用\end{array} - \begin{array}{l}该种产品实际\\产量的定额工时\end{array} \times \begin{array}{l}计划每小时\\制造费用\end{array}$$

3.定额变动差异的核算。定额变动差异是指因劳动生产率的提高和生产条件的变化,企业对定额进行修改而产生的新旧定额之间的差额。

对消耗定额的修改,一般在年初进行,如果某些定额变动较大,在年度内也可以调整,变动后的定额一般在月初实行。如果消耗定额降低,应在月初按旧定额计算的产品定额成本中扣除定额差异,同时,还应将这些差异记入当月产品成本;反之,在月初定额成本上加上这项变动差异,但由于实际上并未发生这部分支出,所以应从本月生产费用中扣除。

一个企业有时可能同时采用几种成本计算方法。例如,纺织厂的主要产品往往是采用大量大批的多步骤生产方式,因此生产车间的成本计算方法一般采用逐步结转分步法。而纺织厂的运输车间主要向生产车间和管理部门等提供运输服务,为此,该运输车间应采用品种法计算成本。有的企业是以一种成本计算方法为主,结合其他几种成本计算方法的某些特点而综合应用。

(六)作业成本法的设计

作业成本法是以作业为核算对象,根据作业对资源的消耗情况将资源的成本分配到作业,再由作业按照成本动因追踪到产品成本的形成过程,最终计算出产品成本的一种成本计算方法。这种方法能将间接费用(主要指制造费用)更准确地分配到作业、生产过程、产品和劳务中去。与传统成本计算法相比,它的最大特点是在制造费用的分配上,增加了制造费用的分配标准,由原来传统成本计算法下的直接人工工时、机器工时、直接人工成本等常见的分配标准,改为多种分配标准,按照引起制造费用发生的各种成本动因进行分配,如按检验次数、材料移动次数、每批整理准备次数、购货订单、产品分类次数等作为分配标准,企业可以根据自己的实际情况使用恰当的分配标准。

作业成本计算法的一般步骤是:首先,确认耗用资源的所有作业和相应的作业中心。作业就是企业为了特定目的而消耗资源的活动或事项。作业中心是生产过程中的一个部门,如质检部门等。其次,将资源分配到每个作业中心的成本库中。成本库所代表的是它所在的作业中心执行的作业。这一步成本动因是确认每个作业中心的作业所耗用的资源,作业量的多少决定着资源的耗用量。资源耗用量与作业量之间的关系就是"资源动因"。"资源动因"是本步骤分配的基础。再次,将每个作业中心的成本(即作业成本)分配到最终产品或劳务(或顾客)上。产出量的多少决定着作业的耗用量,作业的耗用量与企业的产出量之间的关系就是"作业动因"。

"资源动因"和"作业动因"都是成本动因。成本动因的数量多少与企业生产经营过程的复杂程度密切相关,生产经营过程越复杂,其成本动因就越多。成本动因的选择对企业极为重要,直接关系到成本计算的相对准确性,因此应简单易懂并有代表性和全面性。在设计成本动因时,企业应结合自己的实际情况,使成本动因能更准确地归集和分配制造费用,提高产品或劳务成本的相对真实性。

作业成本计算法是一个"二维"的观念,即成本分配观和过程分配观。成本分配观说明成本对象引起作业需求,而作业需求又引起资源的需求。这是成本分配的"资源流动"。成本分配观的"成本流动"却恰好相反,它从资源到作业,而后从作业到成本对象。成本分配观从"成本流动"与"资源流动"两个侧面全面地提供有关资源、作业和成本对象的信息。过程分析观为企业提供有关何种原因引起作业(成本动因)以及作业完成得如何的信息。企业利用这些信息,可以改进作业链,提高从企业外部顾客获得的价值。作业成本计算法根据这两种观念为企业改进作业链,减少作业耗费,提高作业的效益而提供信息。

(七)逆流成本法的设计

逆流成本法(Backflush Costing),又可称为倒推成本法、倒流成本法、回流成本法。逆流成本法与传统的成本计算方法不同。传统的生产成本的记录、归集和分配,是随材料与产品实体的转移而转移,也就是说,生产成本的会计分录和生产成本发生的实物流是同步的。而在逆流成本法下,日记分类账是在产品加工完成后或销售时才进行的,然后再按预算成本或标准成本将制造费用分配到生产出的产品上,同时计算在产品、产成品等生产成本。在这种核算制度下,没有任何在产品的记录,是一种比较简化的生产成本计算方法,可以与各种制度相配套应用,尤其适合与适时制生产制度相结合。采用适时制制度的企业,从收到原材料到产品制成所耗用的时间大幅缩短,而且期末存货量也变得很小,因此,适宜采用这种方法。

在适时制制度下,由于存货水平很低,产品成本就会直接进入销售成本,而不必经过存货环节。所以,企业管理人员认为不值得在在产品、产成品及销售成本的追踪上浪费时间。这样,在那些由于采用适时制而使存货水平很低的企业中,逆流成本法便具有很大的吸引力。即使存货水平较高,只要它是相对稳定的,那么,传统成本法与逆流成本法也会产生基本一致的结果,所以逆流成本法也适用于不采用适时制但各期末存货水平稳定的企业。

之所以称为"逆流"成本法,是因为存货计算分录可以推迟到时间尺度以后去进行,成本最终是通过会计系统"逆流"计算得出的。因此,一个企业若想采用逆流成本法必须满足以下几个条件:

第一,企业管理当局需要一个简化的会计系统,不需要过细的、一步一步的费用项目追溯。

第二,每种产品都具有一套预算费用或标准成本。

第三,逆流成本法下的财务结果与传统成本法下的财务结果相差不大。

1. 逆流成本法的设计。在传统成本制度下,一般需要设置"原材料"、"生产成本"(在产品、库存商品、主营业务成本等)会计科目;在适时制制度下,由于它不同于传统成本制度,因而在账户设置与会计处理上也有所不同,现说明如下。

(1)设立"原材料与在产品"账户。由于在产品在适时制制度下数量极少,没有必要分设账户,因而将其与原材料合并为一个账户,当购入材料时,直接记入"原材料与在产品"账户。

(2)设立"加工成本"账户。加工成本是指直接人工成本与制造费用。在适时制制度中,由于直接人工成本的金额很少,因而与各项制造费用合并记入"加工成本"账户。

(3)分配制造费用的时点。在传统成本制度下,有关制造费用的分配时点,一般都是在产品生产完成或月底时,而且都是先记入"生产成本",再转入"库存商品"。然而,在纯粹的适时制环境下,产品生产完成时即为出售产品之时。因此,将使用的材料与加工成本直接计入销售成本即可。但是,这种纯粹的适时制在现实中很难实现,因此,若发生生产量大于销售量,或存在未加工完成的在产品,则可将销售成本账户中的一部分转出,作为"库存商品"与"原材料与在产品"账户中的一部分。

【例13-1】假设甲公司采用适时制制度,并用逆流成本法进行成本核算。该公司只生产一种产品,当月没有直接材料差异,原材料期初余额为零,在产品也没有期初与期末余额。该公司1月份发生下列交易:

(1)赊购原材料115 000元。

(2)本期实际发生加工成本85 000元。

(3)本期生产完工A产品1 000个,A产品的标准单位成本为直接材料110元,加工成本80元,两者之和为190元。

(4)本期出售A产品990个。

有三种基本类型的逆流成本方法,这三种方法的区别在于记账时点不同。

方法一:以材料购进、产品完工为记账时点,则甲公司1月份业务交易的会计分录如下:

(1)赊购原材料:

借:原材料与在产品   115 000

　贷:应付账款   115 000

(2)本期发生加工成本:

借:加工成本   85 000

　贷:其他账户(应付工资、累计折旧等)   85 000

(3)计算完工产品成本:

借:库存商品　　　　　　　　　　　　　　　　　　190 000(1 000×190)

　　贷:原材料与在产品　　　　　　　　　　　　　110 000(1 000×110)

　　　　加工成本　　　　　　　　　　　　　　　　80 000(1 000×80)

(4)结转销售成本:

借:主营业务成本　　　　　　　　　　　　　　　　188 100(990×190)

　　贷:库存商品　　　　　　　　　　　　　　　　188 100(990×190)

(5)在会计期间内发生的实际加工成本可能分配不足或分配过多,于是许多公司会在年末或月末进行调整,假定甲公司是月末调整,则会计分录为:

借:主营业务成本　　　　　　　　　　　　　　　　5 000

　　贷:加工成本　　　　　　　　　　　　　　　　5 000(85 000 – 80 000)

于是,1月各存货账户余额为:原材料与在产品为5 000元,库存商品为1 900元,共计6 900元。

方法二:以材料购进、产品出售为记账时点。这种方法与第一种方法的区别是记账时点是产品出售而不是产品完工。这样进行会计处理的目的是为了消除各生产单位为存货而生产的动机,从而更着眼于产品销售。在这种方法下,将"原材料与在产品"及"库存商品"两个账户合并为一个"存货"账户。

甲公司1月份会计分录如下:

(1)赊购原材料:

借:存货　　　　　　　　　　　　　　　　　　　　115 000

　　贷:应付账款　　　　　　　　　　　　　　　　115 000

(2)发生加工成本:

借:加工成本　　　　　　　　　　　　　　　　　　85 000

　　贷:对应账户　　　　　　　　　　　　　　　　85 000

(3)产品出售时,结转销售成本:

借:主营业务成本　　　　　　　　　　　　　　　　188 100(990×190)

　　贷:存货　　　　　　　　　　　　　　　　　　108 900(990×110)

　　　　加工成本　　　　　　　　　　　　　　　　79 200(990×80)

(4)由于加工成本不计入存货,但85 000元的加工成本只分配79 200元,其中差额5 800元便是分配不足,所以,月末调整分录如下:

借:主营业务成本　　　　　　　　　　　　　　　　5 800

　　贷:加工成本　　　　　　　　　　　　　　　　5 800

于是,1月末存货余额为6 900元。

方法三:以产品出售为记账时点,这种方法是适时制环境下所采用的最简单的会计处理方法,也是逆流成本法中"逆流"的由来。

(1)赊购原材料:

借:主营业务成本   115 000

  贷:应付账款   115 000

(2)发生加工成本:

借:加工成本   85 000

  贷:对应账户   85 000

借:主营业务成本   85 000

  贷:加工成本   85 000

(3)将销售成本倒推出期末存货。由于本期生产1 000个A产品,但只出售990个,还剩10个,则10个A产品按标准成本方法来确认在产品的成本。但是,逆流成本法的支持者往往引用重要性原则为之分辩:即使存货水平很高,如果各期之间存货水平没有重大变化,那么,营业收入和存货水平的数值在逆流成本法下和传统成本法下并无重大差别。

但如果逆流成本法和传统成本法之间存在着重大差别,那么,可通过调整分录使逆流成本法的数值符合外部报表的要求。例如,方法二中的分录(4)将加工成本差额全部转入销售成本。若假设部分加工成本进入存货,那么,分录(4)应调整为:

借:主营业务成本   5 000

  存货   (80×10)800

  贷:加工成本   5 800

2. 逆流成本法的评价。逆流成本法最吸引人之处是它的简单易行,但这种简化的成本核算方法,必须是在真正的适时制环境下进行,即会计期间结束时几乎不存在存货。否则,一旦有期末存货存在,就一定要清点存货,并在原材料、在产品与完工产品之间分配本期间的生产成本,那么所谓的简化方法与传统的方法相比就毫无长处可言了。因此,逆流成本法虽然简化了成本核算过程,但其实际应用的范围还是十分有限的。

另外,简易的会计系统一般不能像复杂的会计系统那样能够提供更多的信息,不便于成本决策及业绩考评,所以,逆流成本法的不足还在于它缺乏审计追踪的能力,即它无法确认生产中每一步的资源使用情况。当然,企业管理当局可以通过监测、计算机控制和其他非财务手段加以控制。而且,在个别部门或作业领域,实际成本是可以得到确认并能和标准成本进行比较分析的,这种比较分析至少可以按月进行,有时甚至可以按天进行。

（八）质量成本制度

20世纪80年代以来,许多美国公司发现,持续经营越来越难了。在竞争中,质量起着越来越重要的作用。为了避免被激烈的质量竞争和价格竞争所淘汰,也为了增强质量管理能力,越来越多的公司采用质量成本法,为此企业必须创立一套质量成本体系。

1.质量成本。对于质量的涵义,质量管理专家都有着自己的看法,有人强调适用性,有人则认为是对顾客需求的符合,等等。一般来说,质量有狭义与广义之分,狭义的质量指的仅仅是产品本身的质量,产品质量反映的就是产品在满足用户需要时所应具备的基本要求,他们可以用适用性来概括。而从广义上来看,质量既包括上述狭义的产品质量,又包括了得到并使用产品整个过程中的质量。因此,广义的质量还包括由顾客所评判的产品本身的质的规定性,即由此带来的附属品质。如享受的产品包装、运输、"三包"、担保等。

所谓质量成本,是在质量管理实践中逐渐形成和发展起来的一个新概念,对于它的含义、内容目前还没用一个比较统一的认识。有的学者认为,质量成本是直接用于企业质量工作的全部费用;有的学者则认为,质量成本是为了保证和改进产品品质而发生的成本以及因未达到质量标准而发生的一切损失之和;还有的学者提出了一种新的质量成本观念,认为质量成本不仅应当包括有形的质量成本,还应当包括无形的质量成本,即由于质量问题而失去的市场和为了防止质量问题而进行的市场调查的费用,以及开发新产品的费用;等等。

在本书中,我们所采用的质量成本概念就是为了保证该产品质量而发生的费用以及没有达到质量标准而发生的一切损失之和。

2.质量成本的内容及其构成。具体内容如下:

（1）预防成本。预防成本是指用于预防不合格产品与故障等产生所支付的各项费用。它主要包括:①质量工作费:为保证和控制产品质量,开展质量管理所支出的办公费和宣传费,以及为搜集情报,制定质量标准,编制质量手册、质量计划,开展质量小组活动、工序能力研究和质量审核等所支付的费用。②质量培训费:为达到质量要求,提高人员素质,对有关人员进行质量意识、质量管理、检测技术、操作水平等培训所支付的费用。③质量奖励费:为改进和保证产品质量而支付的各种奖励,如产品升级创优奖,及有关质量的合理化建议奖等。④产品评审费:新产品在设计、研制阶段对设计方案评价、产品质量的评审所发生的费用。⑤质量改进措施费:建立质量体系、提高产品及工作质量、改变产品设计、调整工艺、开展上序控制、进行技术改进等的措施费用。⑥工资及福利费:质量管理科室和车间从事专职质量管理人员的工资及福利费。

（2）鉴定成本。鉴定成本指的是判定产品是否满足事先规定的质量要求所支出的费用。它主要包括:①检测试验费:对于进厂的材料和外购零部件、工具量具以及生产过程中半成品、在产品及产成品,按质量标准进行检测、试验和设备维修、校正所支出的费用。②工资及福利费:专职检验计量人员的工资及福利费。③办公费:为检验、试验所发生的办公费用。④检验设备折旧费及修理费用:用于质量检测的设备折旧及大修理费用。

(3)出厂前成本。出厂前成本指的是产品出厂前由于不能达到事先规定的质量标准而支出的费用。它主要包括:①废品损失:无法修复或在经济上不值得修复的在产品、半成品及产成品报废而造成的净损失。②返修损失:对不合格的产成品、半成品等进行返修所耗费的原材料、人工费。③停工损失:由于质量事故所引起的停工损失。④事故分析处理费:对质量问题进行分析处理所发生的直接损失。⑤产品降级损失:产品由于外在或局部缺陷达不到质量标准,但还不至于影响产品的主要性能因而降级处理的损失。

(4)出厂后成本。出厂后成本指的是产品出厂后由于不能达到事先规定的质量要求而导致用户要求索赔、修理、更换或信用损失等而支付的费用。它主要包括:①索赔费用:产品出厂后由于质量缺陷而赔偿用户的费用。②退货损失:产品出厂后由于质量问题造成的退货、换货所支出的费用。③保修费:根据合同规定或在保修期内为用户提供修理服务所发生的费用。④诉讼费:用户由于产品质量缺陷而提出诉讼,要求赔偿,企业为处理申诉而发生的费用。⑤产品降价损失:产品出厂后由于无法达到质量标准而降价出售所造成的损失。

对于生产不同产品的企业,其质量成本内容的构成比例是不同的,不同市场、不同的用户对于质量的要求也有所不同。一般来说,企业如果在预防成本和鉴定成本上多下些功夫,会在很大程度上避免出厂前后的成本损失。

3.质量成本核算方法的设计。质量成本计算就是通过对预防成本、检验成本,以及对出厂前后成本进行确认、计量、分类和汇总等,最终计算出总的质量成本,以求得能达到质量要求成本的综合财务计量。质量成本制度要求有一套专门的方法来计算质量成本,多数质量成本的归集与分类都可以利用企业现有的传统成本计算方法。如果必要,还可以建立专门的账簿来分类、记录、汇总。目前,质量成本核算方法主要分为两种:一种是在账外用统计的方法进行核算,目前大部分企业的质量成本核算都是采用这种方法。另外一种是利用会计方法进行核算,这种方法又可分为三种情况:①单独进行质量成本会计核算;②单独设置"质量成本"总账科目核算;③在现行财务会计所设总账科目下单设二级科目进行核算。这三种做法都同时兼用统计方法进行核算,实际上是以会计为主、统计为辅进行质量成本核算。下面具体介绍这三种方法:

(1)单独进行质量成本会计核算。单独进行质量成本核算首先要建立一套质量成本会计核算的组织体系,在企业内部按照质量管理工作的内容及要求,建立质量成本会计核算与管理网点;制定相应的质量成本计划及管理目标,决定控制、核算与监督的方法,明确质量成本核算的范围,设计出合理可行的内部原始记录、凭证的传递程序;由企业的质量管理部门、财务部门对各核算网点及时传递成本信息。

为了单独进行质量成本核算,应设置"质量成本"总账科目,下设"预防成本"、"鉴定成本"、"出厂前成本"、"出厂后成本"四个二级科目。在二级科目下,再按照质量成本明细项目分设子目录进行核算。

在预防成本下设质量计划工作费用、新产品评审费用、工序能力研究费用和培训费用四个子目录。在鉴定成本下设进货检查费用、工序检查费用和成品检查费用三个子目录。在出厂前成本下设废品损失、停工损失、事故分析处理费和产品降级损失四个子目录。在出厂后成本下设索赔费用、退货费用、保修费用和折价损失四个子目录。

在日常工作中,企业可以根据不同的原始凭证进行质量成本核算。在生产中出现返修品时,要填写"返修品通知单"。出现废品时,经检验员检验确实无法修复决定按废品处理后,填写"废品通知单",按照耗用的工时和材料进行废品损失处理。核算因质量原因造成停工损失时,要由检查员会同定额员、调度员等做出停工损失记录后,进行停工损失核算。其他各项质量成本的有关费用,都按照不同性质,由财务部门会同各有关部门制订各种原始凭证,按照费用内容要求,填制原始凭证进行会计处理。最后,企业应当在会计期末按照上述四个二级科目编制相应的质量成本会计报表。

(2)单独设置"质量成本"总账科目与生产成本同时核算。传统的工业企业会计制度中,成本费用类科目只有两个——"生产成本"和"制造费用"。为了使质量成本从普通的成本费用科目中独立出来单独考核,企业可以另外设置一个"质量成本"科目。凡是属于质量成本的费用应当直接计入"质量成本"账户,将原来属于"生产成本"、"制造费用"以及"销售费用"和"管理费用"账户中的有关质量成本的内容分离出来单独汇集在"质量成本"账户中。当质量费用发生时先汇集计入"质量成本"的借方,然后根据"质量成本"账户汇集的费用编制质量成本报表,最后再将质量成本的内容转入相关的账户,即将质量成本的有关项目返回到产品成本中。具体核算如下:

质量费用发生时,财会部门根据各个部门传递过来的质量成本信息编制如下分录:

借:质量成本——二级科目

　　贷:银行存款等相关科目

发生废品损失时,根据分厂或车间转来的废品净损失和返修费凭证编制如下分录:

借:质量成本——出厂前成本——废品损失

　　贷:生产成本——××车间

经销售部门同意从银行存款中支付的保修费和赔偿费编制如下分录:

借:质量成本——出厂后成本

　　贷:银行存款

分配质检人员工资时编制如下分录：

借：质量成本——鉴定成本——人工工资

　　贷：应付职工薪酬

期末,将质量成本核算的各项费用分别转入有关账户：

借：生产成本

　　制造费用

　　管理费用

　　销售费用

　　贷：质量成本

（3）在现行会计账户下设二级科目进行核算。采用这种核算方法,不需要再单独设置"质量成本"账户,而是在现有的会计账户下设置相应的二级乃至三级科目进行核算;另外,应当在有关质量成本的记账凭证上加盖"质量成本"的戳记,在账簿上也应当加印标记以示区别。其具体核算如下：

发生技术人员培训费时作如下分录：

借：管理费用——职工教育经费

　　贷：银行存款

对产品评审、研究分析时作如下分录：

借：管理费用——评审员研究分析费

　　贷：银行存款

发生废品损失、返修损失等出厂前损失作如下分录：

借：生产成本——基本生产成本——出厂前损失

　　贷：生产成本——基本生产成本——×产品

发生修理费、索赔费等出厂后损失时作如下分录：

借：销售费用

　　贷：银行存款

由于某些质量成本如降价损失、降级损失并不反映为费用的增加,而是销售收入的减少,因此,在采用上述三种会计核算方法的同时还必须兼用统计方法,这样核算出的质量成本才是完整的。

在采用质量成本核算方法时,应注意对以下成本进行控制：

第一,材料采购、耗用的质量成本控制。原材料和外购零部件的质量问题对质量故障成本的影响也比较大。对于买方来说,这部分成本主要包括显见成本和隐含成本,显见成本比较直观,而且可以将责任划归到相应的供应商,而隐含成本则相对不易鉴别。对于买方来说,应该使用质量成本计划或专项研究,以鉴别供应商是否存在重大问题,并通过与供应厂的协商解决存在的问题。

第二,产品生产工艺质量成本控制。企业在产品生产过程中,要使其生产工艺达到完全合理的水平是很难的,其工艺过程总是或多或少地存在一些不合理以及不稳定的环节。因此对于那些生产工艺比较复杂的生产线以及那些投产时间不长的生产线要重点加强质量成本管理,认真研究分析各工艺环节对成本的影响和相应的改进措施。

第三,生产制造过程质量成本控制。制造过程中的质量成本主要是通过出厂前后发生的成本及故障成本来考核的。其成本控制主要包括控制废品损失、返修损失和停工损失。

废品损失包括在生产过程中发现的以及入库后发现的各种废品的报废损失和修复费用。废品的报废损失是指不可修复商品的生产成本扣除回收的材料和废料价值后的损失。废品的修复费用指可修复废品在返修过程中所发生的修理费用。

对于废品损失及返修费的控制,应从技术上加强管理,尽量安排技术水平高的工人进行生产,并加强考核和检验。

对于由于质量事故所造成的停工损失,也要进行预先的控制工作,事先要有预防措施,上下工序之间不至于因质量问题而停工。

第四,销售过程质量成本控制。销售过程质量成本控制是指产品完工入库后在保管、发运以及用户使用的全过程的成本控制,主要是指"三包"损失,即销售后用户在使用中发现质量问题,而应由企业承担的修、退、换的经济损失。"三包"损失发生后,要分析原因,分清经济责任,按经济责任转移承担损失。

对于一个企业来说,产品质量的提高是一个循序渐进的过程,其首要的问题是必须提高企业全体员工的质量成本意识,在此基础上建立符合自身生产特点的质量成本制度。

案 例

案例 13 - 1　　　　　　　　　**广西柳工的标准作业成本设计**

广西柳工机械股份有限公司是以生产销售装载机为主的大型机械制造企业,是广西第一家上市公司。自1997年开始,广西柳工开始采用以内部转移价格为中心、标准成本与作业成本相结合的模式,按照产品设计、工艺路线以及分厂的责任,制定直接材料、直接人工、制造费用等的标准成本,并以独立的作业中心为单位进行核算。划分作业中心的标准是同时满足下列五项条件:①不同的责任主体;②不同的加工手段;③不同的加工对象;④不同的加工工艺;⑤加工工艺可以间断。

为了便于成本的核算和控制,他们采用了"树型"结构,先自下而上地汇总零部件、整机的成本,形成事前的标准作业成本;然后将生产产品实际发生的直接材料与辅助材料的成本,记入各项产品单独的"基本生产"明细账、总括的"直接材料用量差异"和"辅助材料用量差异"账,对燃料动力、直接人工、制造费用按实际发生额记入"基本生产"账户,月末将差异按产出法加以分配。

在这种分权控制的基础上,该厂又建立了相对独立的内部财务控制制度,设计了一条"分厂与分厂间、分厂与公司外部单位之间存在物流,但不存在资金流和信息流"的机制,提高了企业内部成本核算与成本管理水平。

资料来源:摘自陈蔚:《成功企业如何做好财务管理》企业管理出版社,2001年。

案例分析:作业成本法设计的核心内容是什么?

案例 13-2　　　　　　　　　**ABC 公司的成本核算制度设计**

背景资料:

ABC 公司是一家生产多种电子设备系统和软件的公司,主要生产便携式示波镜,这种工具可以用来测量并以绘图方式显示电子现象的时间推进和强度变化。由于该公司的技术水平高,因而它的产品成为市场上同类产品的标准参照物。其竞争对手往往会仔细分析它的每一代新产品,以便以更低的成本生产出来。为了能在竞争中立于不败之地,公司不得不经常改进产品,使产品的性能更优良,以保持和扩大市场占有率。1988 年,公司开始采用适时制生产制度。这种制度能够持续不断地消除浪费。除了将这一制度应用于生产场地的活动之外,公司还在新产品引进、获取、库房、供应商以及产品等多个方面应用,因为这些环节都是生产过程的组成部分。例如,采购部门要为生产部门提供适用的材料并及时发送,为此需要工人与供应商一起工作,去筛选材料以防止出现废品,同时确保生产部门对材料的需求及时得到满足。起初,原材料的库存和成本上升了,但及时发送适用材料的目标达到了。只要能达到这个目标并加以保持,就可以把重点放在解决供应商的材料规格和设计问题上。最终,与材料相关的成本和原材料的库存水平也大大降低了。适时制对生产的直接好处就是能保证持续的高质量部件的供应以满足生产的需要。这样,生产部门就能将精力放在自身的问题上,如技术问题、低素质工人及设备和工具不足的问题等。生产部门很快就解决了这些问题,生产周期也随之缩短,生产效率得到了极大提高。

成本核算系统:

便携式工具厂共有200个成本中心,其中包括50个生产成本中心。2500型产品共包括14个生产成本中心,不过其中生产的一些产品不属于2500系列。

现行系统按直接人工工时分配制造费用,每一个制造成本中心有一个独立的计算比率。计算分配率时要考虑每一个生产成本中心的每一项产品的固定标准工时(FSH)和实际标准工时(CSH)。单件固定标准工时是一项产品在一周或更长的一段时间内实际直接人工工时的平均数。这项指标在每个会计年度终了时计算一次,按最近一期实际标准工时设定。CSH与FSH的不同之处在于它是经常更新的(通常每周一次),以反映人工的效率。

生产成本中心的制造成本包括直接成本和间接成本。直接成本在成本中心内发生可以直接归到成本中心。全部间接制造费用则按照预算的FSH在各个成本中心间分摊。成本核算系统通过确定每一生产成本中心一个固定标准小时的耗费来计算产品成本。这可以由某个成本中心一个季度内发生的实际制造费用除以该成本中心上一季度的总耗费固定标准小时数得到。每种产品的FSH由生产出的产品数量乘以单件产品的FSH而得到,以此计算产品成本。这项比率每季度更新一次。CSH用来反映直接人工的效率。人工效率报告要非常详细,每月或每日准备一次。人工效率是根据成本中心的每一生产过程的主要工序和每一员工来衡量的。

各成本中心每月要计算三种效率差异,即工艺改变差异、数量差异和效率差异。相当于标准成本系统中的总差异、数量差异和效率差异。

为计算这些数据而花费了大量的人力、物力。员工经常抱怨他们要做大量的报告工作,一线管理者也抱怨他们要检查的报告量太大。库存部门也因为库存记录的不准确和乐观报告对库存水平估计的负面影响感到不快。会计师和生产经理也在抱怨类似的问题。

上述现象表明目前的系统已经过时,不能适应生产过程的新变化。特别是出现了一种独立于财务系统的非公开的技术成本系统,使得许多管理人员开始不相信任何财务系统提供的产品成本。这种技术成本系统采用CSH而不是FSH,并将制造维持费用看成是期间费用,而在标准成本系统中这种费用是被看成产品成本的。另一个更换现有系统的原因是它的复杂性和低效性,很难为员工掌握和发挥。

鉴于此,1989年管理层开始把注意力集中到新的成本会计系统的设计上。管理层明确了成本有三种用途:特殊的、管理的和法律的。特殊成本反映特殊情况的出现,比如自制与购买决策,这时成本系统提供的一般成本信息就显得不够。管理成本数据是产品成本计算系统提供的成本,用于设计产品和指导降低成本的活动。法律费用是出于财务会计目的评估库存的成本。

原有的成本系统没有反映新生产过程的实际情况。直接人工只占制造成本的4%,然而会计系统却把人工工时作为分配制造费用的基础。公司产品中直接人工的比例近年来持续下降,制造费用却一直在持续上升。结果以人工工时为基础的制造费用分配率一直在持续上升,以至于后来高得难以解释。为解决制造费用分配率居高不下的问题,公司将降低成本的重点放在了减少直接人工上,然而由于大部分制造费用并不是由直接人工引起的,这种削减并没有产生预期的效果,制造费用分配率继续上升。

公司管理层不得不寻找新的解决办法。经过各部门人员组成的项目小组研究发现,制造费用中有一半是与材料相关的(称为材料制造费用成本,MOH),另一半可暂时仍按人工分配。制造费用的分配可以选择的分配基础为:材料的价值、部件的数量和部件种类的数量。

方法一:按材料的价值分摊费用,即计算每1元材料成本的制造费用。例如,年预算MOH为50万元,而材料预算总成本为400万元,则材料制造费用分配率为0.125元。即每1元的材料成本负担0.125元的制造费用。

方法二:按每一种零部件来分配制造费用。如果材料清单中列出了10种不同的零部件,每种零部件耗用材料5个单位,那么材料的装配制造费用将是每一零部件分配率的50倍。

方法三:根据每种零部件的不同用量来确定分配率。如果有1 000种零部件,就会有1 000个分配率。经过以下两步计算确定:

持有某一零部件的年成本 = 材料制造费用成本(MOH)/有效零部件种类的数量
每种零部件的MOH分配率 = 持有某一零部件的年成本/该零部件的年用量

这种计算方法使得高用量零部件的分配率低,而低用量的零部件分配率高。下表列示了按零部件种类计算的制造费用成本。

MOH总费用 = 1 100万元

有效零部件种类 = 16 000(种)

持有每种零部件的年成本 = 1 100万元/16 000 = 687.5(元)

高用量零部件:年用量 = 70 000(件)

零部件的MOH分配率 = 687.5/70 000 = 0.01(元)

低用量零部件:年用量 = 700(件)

零部件的MOH分配率 = 687.5/700 = 1(元)

为了在这三种方式中作出选择,项目小组需要考虑MOH应包含的成本,以确定成本的组成和这些成本的相对重要性。在与管理层商量后,MOH分成了以下几个独立的部分:

1. 由于零部件价值引起的成本。
2. 由于零部件的绝对数量引起的成本。
3. 由于维护和管理不同种类零部件引起的成本。
4. 由于不同种类零部件的使用次数引起的成本。

这种分解表明,由于零部件使用的次数引起的成本(2和4)相对于持有不同种类零部件引起的成本(3)是次要的,而由于零部件价值引起的成本(1)更微不足道。持有不同种类零部件的成本是与该种零部件有关的一系列活动引起的。这些活动包括每一种零部件的计划、时间安排、与供应商谈判、采购、验收货物、装卸、运输、存储和付款。零部件种类越多,要做的工作也就越多。

因此,项目小组得出了以下结论:使用较少的零部件种类可以降低总的MOH成本。这种成本降低是由两个因素引起的:第一,用高用量的一般零部件代替低用量的专用零部件可以获得数量折扣。随着零部件种类的减少,供应商的数量也减少,这将减少与零部件供应有关的工作量。第二,使用更少的专用零部件可以降低目前支持运作的总制造成本。虽然这样做不能很快降低总成本,但管理层相信,零部件种类分配方法将引起对零部件种类增加产生成本的更多注意,这种注意将影响工程技术决策并逐步降低成本。考虑到这些情况后,管理层决定把选择MOH分配方法的重点放在第二个因素上,即通过减少零部件的种类来降低成本。他们还认为,第三种方法,即以零部件种类为基础,为每一种类零部件设定一个分配率的分配方法,很好地反映了材料制造费用与零部件种类的关系。因此,在项目小组向管理层作了多次说明并演示后,这种方法得到了普遍接受。在这种方法中,每种产品的材料制造费用成本都可通过对材料清单中的零部件种类计算得到。每种零部件的分配比率乘以该零部件在产品中使用的次数得出成本,然后再按清单中的所有零部件加总。下表列示了按照材料分摊成本方法得到的产品成本信息。

类型＼项目	A	B	C	D	E
合 计 产 量(件) 14 900	6 000	6 000	1 500	800	600
成 本 材 料(元) 32 100	4 000	4 800	6 700	8 200	8 400
人 工(元) 3 200	500	520	640	760	780
LOH (元)	600	720	500	1 000	1 080

续表

类型 \ 项目	A	B	C	D	E
3 900					
MOH（元）	300	320	640	1 300	1 400
3 960					
其 他（元）	400	500	700	900	920
3 420					
总成本(元)	5 800	6 860	9 180	12 160	12 580
46 580					

注:LOH 为人工制造费用;MOH 为材料制造费用。

零部件种类分配方法有两个优点:一是这种方法是三种方法中最准确的,因为它反映了产品所需的与材料相关的不同的工作量;二是这种方法可以为工程师提供一个所有零部件的清单和与每种零部件相关的材料制造费用成本。这些信息对确定新零部件的价值很有帮助,同时鼓励减少零部件的种类和增加产品中一般零部件的比例。如果没有这些清单,工程师就只能依据自己的主观判断作出估价。

但是这种方法也有缺点:首先,某些产品会分到过多的制造费用,例如,那些正在被淘汰而没有耗费什么工作量的产品也有可能被过高地估计成本。其次,它是三种方法中最难执行的,需要大量计算机资源来支持。最后,它是复杂的,很难为管理层理解和掌握,例如,管理层会错误地认为,687.5 元的材料制造费用成本分配率是随零部件种类变化的,因为从数据库中删除一种零部件并不会减少总的材料制造费用成本。然而,与材料相关的工作量和制造费用却会日益下降。

案例分析:

1.本案例体现出成本核算设计的哪些原则?

2.零部件种类分配方法为什么是最佳方案? 它给人们什么样的启发?

思 考 题

1.成本核算制度的设计要实现什么目标?

2.成本核算方法的设计应遵循哪些原则?

3.如何设计原材料成本的归集和分配程序?

4.如何设计辅助生产成本的计算和分配程序?

5.如何设计逆流成本的计算程序?

第十四章

企业集团会计制度设计

本章要点

　　本章将着重讲述企业集团的会计核算制度,分别介绍企业集团组建期间和经营期间会计核算的设计问题,包括合并报表的设计、分部报告的设计、关联方交易披露的设计。通过本章的学习,应当掌握集团会计核算的主要特点,以及由此产生的主要会计核算方法。

第一节 企业集团会计制度概述

一、企业集团概述

(一)企业集团的含义

企业集团是由跨行业、跨部门、跨地区的若干单位所组成的联合经营体。它是主要以资金为纽带而组成的多层次结构的经济组织,是适应市场经济和社会化大生产的客观需要而出现的,一般由核心层(母公司)、紧密层(实质上是被母公司控制的全资或由母公司部分出资的子公司)、半紧密层和松散层四个层次组成。其核心层是自主经营、独立核算、照章纳税并能够承担经济责任、具有法人资格的经济实体。除经营主体业务外,核心层又是紧密层的参股公司,以及松散层协作配套的主管单位,同时集团的成员也是具有法人资格的企业。其特点是:集团可以通过控股、参股或协作配套的形式,将不同经济类型的企业联合起来,以达到资金有效集中、生产要素合理流动、规模效益充分发挥的目的。

(二)企业集团经营管理的特点

1. 在集团内,技术开发、产品生产和产品销售形成了一个有机整体,企业集团具有将科研成果直接转换为社会所需产品的能力,也为其产品销售创造了非常有利的条件。

2. 横向、纵向和复合性多元化经营使企业集团可以灵活地调整其经营方向和内部产品结构;跨地区、跨国经营使企业集团有了更大的发展空间。

3. 统一计划和分工协作在整个集团经营管理中发挥了更重要的作用。

4. 事前、事中管理在集团经营中更加重要。应予指出,这里的事前、事中管理是建立在单个企业管理基础之上的厂际管理,具有法人之间相互约束的强制力。因此,这种管理难度更大,需要有全新的管理手段、现代的科学技术和更强的信息处理能力。

二、企业集团会计制度概述

企业集团是一种特殊的经营方式,它与独资经营企业、股份制企业、承包租赁企业和联营企业有所不同,即它可能是上述的某一种经营方式,也可能是几种经营方式的集合。因此,企业集团会计制度要将多种经营方式融为一体,为控股、参股、承包、租赁、国有资产授权经营、行政性合并等相关的会计事项制定规范。

企业集团各成员企业应有其各自的会计制度,而作为统一经济实体的企业集团也应有其会计制度。企业集团的会计制度只限于企业集团内部,其实际实施范围仅限于核心层和紧密层企业。企业集团的会计制度是多个企业会计工作的实际业务规范,起到将集团的会计事项统一起来的协调作用。

企业集团财务会计的内容取决于企业集团的经济业务。企业集团的经济业务主要包括企业集团组建业务、成员企业之间的业务往来等。由这些会计事项的发生或完成所引起的对企业集团资产、负债、所有者权益、成本、费用、利润等会计要素的变动及其结果的确认、计量、记录和报告,就构成了财务会计的主要内容。企业集团财务会计的主要内容也是企业集团会计制度设计所要规范的内容。

企业集团的组建业务是企业集团的特有事项。组建企业集团的方法不同,相应的会计处理也不同。在通过合并组建企业集团的情况下,采用购买法会涉及产权评估、交易价格确定等一系列问题;在通过分立的方式组建企业集团的情况下,会计处理则相对简化。无论通过何种形式组建企业集团,这里主要的会计处理是在母公司——控股公司或实施合并的公司中进行的,既包括有关的账务处理,也包括合并后合并会计报表的编制等。

成员企业日常经营活动中发生的经济业务及其对各项会计要素产生的影响,应由企业财会部门按企业会计准则和相关的法规进行确认、计量、记录与报告。从广义的角度来看,这些会计处理属于企业集团财务会计工作的组成内容。但是这些业务不属于企业集团特有的会计事项,即便是非企业集团的公司,日常也会大量发生此类业务。因此,与这类事项相关的会计问题不构成本章的主要内容。

企业集团成员企业之间的业务往来主要包括:资产交易、资产租赁、劳务交易、互相持有股权和债权,以及提供担保、借贷、抵押等。对这些会计事项的处理,以及由此产生的内部债权债务,内部未实现损益,内部推定损益的确认、计量、记录与报告,及其对企业集团合并会计报表的影响等问题,构成了企业集团财务会计的特有内容。

企业集团各成员企业之间由于存在控股、参股关系,必然会涉及利润的分配。企业集团的利益分配往往构成企业集团会计管理体系的中心环节。企业集团各有关成员企业,尤其是母公司,应根据所采用的股权投资核算方法,正确反映实现的投资损益。

在企业集团合并纳税的情况下,所得税税基的确定、税额的计算与分摊,成为企业集团财务会计要解决的特殊问题。即便是各成员企业分别纳税,集团内部交易产生的关于未实现损益、推定损益等对纳税的影响如何处理等问题也是企业集团所得税会计要探讨的问题。

企业集团信息披露是企业集团财务会计的主要内容。企业集团信息披露的方式有合并会计报表、分部信息披露、关联方关系及交易的披露等。

企业集团合并会计报表的编制,是企业集团财务会计的主要内容。合并会计报表的编制依据、原则、方法、程序等,均与个别会计报表有异;采用不同的合并理论,合并会计报表中对少数股东权益和合并商誉等内容会有不同的报告方法;对于不同交易方向的未实现损益,合并会计报表有不同的抵销方法等。

合并会计报表的局限性要求企业集团在编制合并会计报表的基础上,再编制分部会计报告。关联方关系及其交易的披露,将未纳入合并范围的子公司及其他与企业有关联的各方企业间的关系及重大交易予以报告,在一定意义上弥补了合并会计报表的不足。

在跨国企业集团编制合并会计报表的过程中,由于境外子公司与母公司采用不同的报告货币,需要将按非母公司报告货币报告的境外子公司的会计报表予以折算,以便与母公司会计报表合并。外币报表折算方法及其产生的折算差额的处理方法等,构成了企业集团财务会计的又一重要组成部分(本部分在跨国公司会计制度设计中予以阐述)。

第二节　企业集团特有事项的会计制度设计

一、企业集团组建时的会计制度设计

(一)企业集团组建概述

由母公司和子公司组成的企业集团,可以由母公司采取直接投资或按照企业合并的方式来组建,其中企业合并是企业集团快速成长和壮大的主要手段。企业合并按其法律形式可分为吸收合并、创立合并和控股合并,但只有控股合并才可能形成企业集团的紧密层。控股合并是指一家企业通过长期股权投资而取得另一家企业有投票表决权的股份或出资证明书,且已能够控制后者经营和财务政策并依此谋利的一种合并形式。合并后,每个企业仍然继续存在,都是独立的经济主体和法律主体,各自从事生产经营活动,分别编制本企业的会计报表。可以说,这种合并并不是法律意义上的合并(我国现行《公司法》也只将合并分为吸收合并和新设合并两类)。但通过控股合并,投资企业成为控股的母公司,被投资企业相应成为投资企业的子公司,与投资企业共同组成企业集团,成为集团的紧密层。同时由于它们之间的控股关系,在经营决策和财务政策上母公司可以对子公司间接实施控制,使二者在生产经营方面成为事实上的一个整体。为了反映这一整体的财务状况和经营成果,就需要另外编制会计报表,即包括核心层和紧密层在内的企业集团合并报表。

集团核心层一般通过长期股权投资将没有控股合并的被投资企业吸收进入集团,使其成为集团半紧密层,有时甚至可以采取合同、协议的形式将某些相关企业吸收进入集团,使其成为集团的松散层。

集团之中的企业在生产工艺、产品、劳务方面相同或相近时称为横向合并或水平合并;当其在生产工艺、产品、劳务方面不相同或不相近,但具有前后联系时,即产品生产企业与供货商及购货商之间的联合称为纵向合并或垂直合并;而当其在生产工艺、产品、劳务方面没有内在联系时称为混合合并,即多角合并或多种经营合并。

(二)企业并购时的会计制度设计

企业集团组建时的会计处理,主要是集团核心层(母公司)由于吸纳集团成员所引起的相关会计事项的处理。当母公司采取合同、协议的形式将某些相关企业吸收进入集团,使其成为集团的松散层时,由于没有资金运动,故不必进行会计处理;当母公司通过长期股权投资将没有控股合并的被投资企业吸收进入集团,使其成为集团半紧密层或松散层时,根据其拥有被投资企业净资产的比例(或控制程度)可按照核算长期股权投资的成本法或权益法进行处理;当母公司通过长期股权投资采取控股合并方式将被投资企业吸收进入集团,使其成为集团紧密层时,其核算方法也就是控股合并方式下投资方(母公司)和被投资方有关合并事项的处理。对企业合并的会计处理有购买法和权益结合法两种方法。

1.购买法下的企业合并。购买法假定企业合并是一家企业购买另一家企业,即将被合并企业视为一个整体,被实施合并的企业如同购进商品一样被购入。由于合并的结果不同,其具体的会计处理亦有所区别。对于吸收合并和创立合并而言,被合并企业按清算会计的相应程序处理,而实施合并的企业在记录其取得的资产和负担的债务时,均按被合并企业资产、负债的公允价值入账,购买成本与被合并企业净资产公允价值之间的差额被确认为商誉或负商誉。负商誉在我国会计实务和世界大多数国家中都要求贷记"当期损益",但理论上认为还可采用其他方法,如将净资产公允价值超过合并成本的差额直接记入"资本公积",或先将差额分摊到除长期有价证券之外的可辨认非流动资产,如果这些非流动资产已降低至零值后,仍有未分摊的差额,再将未分摊的差额贷记"资本公积"。上述两笔分录也可合并为一笔分录。需要说明的是,这样合并的结果并不形成企业集团,而是产生一个企业。

对于控股合并来说,被合并的企业(子公司)仍然存在,对被合并事项的处理应借记"银行存款"等资产账户,贷记"股本"、"资本公积"等账户;而实施合并的企业(母公司)在合并时并没有直接获取子公司具体形态的资产或债务,只是从此拥有相应的控股权,故合并时只需记录合并成本和费用,借记"长期股权投资"账户,贷记"银行存款"(或贷记"股本"、"资本公积"用于记录股权相互交换业务)等账户。自此,母子公司在生产经营方面已成为事实上的一个整体,为了反映这一整体在合并日的财务状况就需要编制合并报表——合并日(即集团组建时)的合并资产负债表。

2.权益结合法下的企业合并。权益结合法也称权益合并法或权益联营法,其前提是,有些企业合并是参与合并各方所有者之间业已存在控制与被控制关系,实质是现有所有者权益在新会计个体中的联合和继续,故将参与合并各方的资产、负债仍按其账面价值记录,而不考虑其公允价值。对于换入股权高于换出股权的差额部分应调增资本公积;对于换入股权低于换出股权的差额部分应首先调减资本公积,不足部分再依次冲减盈余公积和未分配利润。

对于控股合并,被合并的企业(子公司)仍然存在,实施合并的企业(母公司)在合并时并没有直接获取子公司具体形态的资产或债务,只是从此拥有相应的控股权,故合并时只需编制吸收合并和创立合并情况下的第一笔会计分录,即按换入股权的面值借记"长期股权投资"账户,按换出股权的面值贷记"股本"账户,对换入股权与换出股权面值差额按相同方法处理。为了反映这一整体在合并日的财务状况,仍需编制合并日的合并资产负债表。

二、企业集团经营过程中的会计制度设计

(一) 企业集团日常经营会计的特点

企业集团经营过程的会计处理与一般企业会计相比,具有以下主要特点:

1.核算与监督的资金吞吐规模大。由于企业集团是由若干个经济实体组成的一个经济联合体,其资金吞吐规模必然较单个企业大。

2.核算与监督的范围广、层次多。企业集团的四个层次在经济关系上的紧密程度不同,决定了对其核算和监督的要求与具体方法有所区别,因此涉及的范围广、层次多。一般来说,企业集团经营过程会计处理的基本原则是:对核心层采取集团直接核算与监督;对紧密层采取投资与合并会计报表的核算与监督;对半紧密层采取投资核算与监督;对松散层采取往来核算与监督。

3.成本和盈亏的计算比较复杂。企业集团内部各单位存在着大量的商品买卖、劳务供应、借贷资金和技术支持,从而往往为了实现集团总体战略目标制定并采用内部转移价格结算。当这种转移价格与市场公允价值明显脱离时,极有可能被税务部门

要求进行纳税调整,导致成本和盈亏的计算受转移价格的影响而复杂化。

4. 反映的内部财务关系复杂。企业集团经营跨行业、跨部门、跨地区,横向广、纵向深,通常包括工业、商贸、金融、科技、运输、旅游、娱乐和餐饮服务等行业,其内部财务关系也必将随之错综复杂,集团必须考虑如何反映资金在各行业、各部门、各地区、各层次中的调度和结构安排,以及收益在各个方面的分配情况。

5. 企业集团日常经营会计所披露的财务信息及相关信息涉及面广、综合性强。企业集团的四个层次均为独立(或相对独立)核算的经济实体和会计主体,都应通过会计报表揭示各自的财务状况和经营成果。但事实上,作为一个统一的经济实体——企业集团,它们之间又存在着不同寻常的经济联系。因此,要全面正确地反映这个企业集团的财务状况和经营成果,仅仅依靠它们各自的会计报表是不够的,必须按照一定的方法,对其个别报表进行调整、合并,以提供涵盖整个企业集团的涉及面广、综合性强的财务信息及其他相关信息。

综上所述,企业集团会计除具有与个别企业相同的会计业务外,其关键是企业集团经营过程中内部资金流转、成本和盈亏的核算与监督,以及集团合并报表的编制。

(二)企业集团经营过程中内部资金流转的会计制度设计

1. 内部资金流转管理制度设计。企业集团在经营过程中对外货币资金往来与结算的管理与一般企业相同,但在集团内部为了加速资金周转、节省货币资金,并便于对外及时调度,其货币资金流转在管理制度上具有以下特点:

(1)设立资金结算中心,统一管理货币资金。企业集团一般应设立资金结算中心(或财务公司、内部银行),对集团内部货币资金集中、统一管理。资金结算中心实质上是集团的现金出纳中心、结算中心及信贷中心,它可以进行相对独立核算,执行金融企业(银行业)的会计制度。集团内部(至少包括全资企业)在所有权和使用权不变、存贷款利率与商业银行相同的条件下,实行货币资金统一管理,下属企业的货币资金可根据货币资金流转计划安排留用(仍可遵照有关规定在商业银行开设账户)。

(2)收支两条线。下属企业的营业收入应及时结存集团资金结算中心,实行收支两条线。如果发生临时大额支出,可通过资金结算中心向外付款。付款手续一般为:需支出的下属企业填写资金中心内部支票,经中心审核后,由中心向其支付现金或统一对外签发支票。

(3)尽可能采取资金中心内部支票结算。集团内部往来尽可能采用资金中心内部支票结算,不用现金结算,以减少现金的在途时间,便于集中调度,利于资金安全。集团内部往来,如果是全资子公司可一律采用内部支票结算,对于松散层、半紧密层、非全资的紧密层,亦尽可能采用内部支票结算,避免使用现金结算。

（4）集团信贷统一。共同组成集团的内部若干企业在资金收支数额、时间、运动方向等方面不可能总是一致的。有的企业收款时而另一企业可能正在支出；有的企业此时有余资但暂时不用，另一企业可能因资金短缺而急需筹集。在上述情况下，资金结算中心可以在集团内部调剂资金余缺，当内部不能解决时，再统一从外部筹集，从而加速资金运转，及时解决资金供求矛盾，大大降低集团的资金成本。

2. 内部资金流转的相关账户设计。集团本部、全资子公司和非全资子公司虽然都是企业集团成员，但考虑到企业法人在产权关系上的区别，其货币资金往来账户的设计也是有区别的。对于非全资子公司，可通过"其他应收款"和"其他应付款"账户核算；对于全资子公司，一般可设置和运用"拨付所属资金"和"母公司拨入资金"账户。"拨付所属资金"是集团核心层（母公司、本部或总部）采用的一个资产类账户，借方登记按计划拨付给子公司（或从集团内一个子公司调拨到另一子公司）的资金数，贷方登记收回子公司的资金数，余额一般在借方（但在母公司占用子公司资金时，可出现贷方余额），该账户按（收方）子公司设子目，按资金具体形态设细目；"母公司拨入资金"是子公司所采用的一个负债类账户，贷方登记收到集团内部所拨入的（包括母公司的纵向拨款、集团子公司间的横向调度）资金数，借方登记交回母公司（或调拨给集团内其他子公司）的资金数，余额一般在贷方（但也可能出现借方余额），该账户按资金具体形态设明细账。一般来说，"拨付所属资金"和"母公司拨入资金"账户余额的借贷方向相反、金额相等，如果有差异，惟一原因是资料记录的延迟和错误。这两个账户相互对称，在编制合并会计报表时应加以抵销。

3. 内部资金流转的账务处理设计有以下两种情况：

（1）母公司与所属全资子公司之间货币资金纵向流转的核算。母公司根据批准的年度预算（或计划），通过资金结算中心向所属全资子公司划拨款项时，借记"拨付所属资金——××（收方）子公司（结算中心存款）"，贷记"银行存款——结算中心存款"；子公司收到资金结算中心进账通知时，借记"银行存款——结算中心存款"，贷记"母公司拨入资金——结算中心存款"；从资金结算中心划款时，借记"现金或银行存款——××银行存款等"，贷记"银行存款——结算中心存款"。母公司通过商业银行存款户代子公司垫支款项时，借记"拨付所属资金——××（收方）子公司（结算中心存款）"，贷记"银行存款——××银行存款"；该子公司应借记有关账户，贷记"母公司拨入资金——结算中心存款"。

子公司通过资金结算中心上缴账面多占用货币资金时，借记"母公司拨入资金——结算中心存款"，贷记"银行存款——结算中心存款"；母公司收到资金结算中心进账通知时，借记"银行存款——结算中心存款"，贷记"拨付所属资金——××（付方）子公司（结算中心存款）"。子公司通过商业银行存款户代母公司垫支款项时，借记"母公司拨入资金——结算中心存款",贷记"银行存款——××银行存款";母公司应借记有关账户,贷记"拨付所属资金——××(付方)子公司(结算中心存款)"。

(2)母公司所属全资子公司之间货币资金横向流转的核算。对于所属全资子公司之间货币资金的横向流转,虽然拨出资金的子公司未将资金上交到母公司,收到资金的子公司也不是从母公司拨入资金,但为了加强货币资金管理,集中反映和控制子公司实际占用的资金,避免计划外占用资金,仍在"母公司拨入资金"账户中核算。对于拨出资金的子公司,应借记"母公司拨入资金——结算中心存款",贷记"银行存款——××银行存款"等;对于收到此笔资金的子公司,则应借记"银行存款——××银行存款"等,贷记"母公司拨入资金——结算中心存款"。母公司对此类资金调拨也应记录,借记"拨付所属资金——××(收方)子公司(结算中心存款)",贷记"拨付所属资金——××(付方)子公司(结算中心存款)"。

(三)企业集团经营过程中内部存货流转的会计制度设计

1. 内部存货流转的账户设计。企业集团经营过程中内部存货流转,主要包括母公司与所属全资子公司、非全资子公司之间的纵向流转和所属全资子公司、非全资子公司之间的横向流转。为了单独反映和控制集团内部所属全资子公司之间存货的纵向、横向流转,可设置和运用"运交子公司存货"和"母公司运来存货"一对账户。母公司采用"运交子公司存货"账户,该账户是其相关存货的备抵账户,应按(收方)子公司设子目,按存货种类等设细目;在子公司可设置和运用"母公司运来存货"账户(如果拨出方的存货在收货方属于固定资产,应记入对应账户),该账户实质上是其"材料(或商品)采购"账户,按存货种类等进行明细核算。这两个账户相互对称,在编制合并会计报表时也应加以抵销。

集团内部存货的流转既可以按历史成本计价,也可以按目标成本、成本加成、零售价等非成本计价,统称为内部转移价格。

2. 内部存货流转的账务处理设计有以下几种情况:

(1)母公司与所属全资子公司之间存货纵向流转的核算。当母公司向所属全资子公司拨转存货(又称为顺销)时,母公司应借记"拨付所属资金——××(收方)子公司(××存货)"(按内部转移价格记账),贷记"运交子公司存货——××(收方)子公司(××存货)"(按历史成本记账),二者差额贷记(也可能借记,但不常见)"存货加价"或类似账户,"存货加价"属于拨出单位的利润,计入其个别利润表;收到存货的子公司应借记"母公司运来存货——××存货",贷记"母公司拨入资金——××存货"(按内部转移价格记账)。

当所属全资子公司向母公司拨转存货(又称为逆销)时,子公司应借记"母公司拨入资金——××(付方)子公司(××存货)"(按内部转移价格记账),贷记"母公司运来存货——××存货"(按历史成本记账);二者差额贷记(也可能借记,但不常见)"存货加价"或类似账户,"存货加价"属于拨出单位的利润,计入其个别利润表;收到存货的母公司借记"存货",贷记"拨付所属资金——××(付方)子公司(××存货)"。

(2)母公司所属全资子公司之间存货横向流转的核算。对于所属全资子公司之间存货的横向流转,虽然拨出的子公司未将存货移交到母公司,收到存货的子公司相应也不是从母公司拨入,但为了使往来存货占用资金的核算和监督达到规范、科学、集中与统一,使母公司从整体上掌握集团内部存货流转情况,其存货往来仍在"运交子公司存货"和"母公司运来存货"账户中核算。对于拨出固定资产的子公司,借记"母公司拨入资金——××(付方)子公司(××存货)"(按内部转移价格记账),贷记"运交子公司存货——××(付方)子公司(××存货)"(按历史成本记账),二者差额记入"存货加价";收到存货的所属子公司应借记"母公司运来存货——××存货"(按内部转移价格记账),贷记"母公司拨入资金——××存货"(按内部转移价格记账);母公司应借记"拨付所属资金——××(收方)子公司(××存货)",贷记"拨付所属资金——××(付方)子公司(××存货)"。

(四)企业集团经营过程中内部固定资产调拨的会计制度设计

企业集团为了发挥整体优势,通常根据国家的方针政策、市场行情及各所属企业的资源配备现状,适时调整生产要素结构。因此,其固定资产在集团内部尤其是在全资子公司之间会很自然地发生调拨,其计价既可以按照账面原值和累计折旧进行,也可以根据评估价等公允价值进行。对于母公司与其所属非全资子公司之间的调拨一般采用有偿调拨,其处理方式类似于一般企业间的有偿转让。对于母公司与所属全资子公司之间的调拨,既可按上述方法进行,也可按以下方法处理:

1. 母公司与所属全资子公司之间固定资产纵向调拨的核算。当母公司向所属全资子公司调拨固定资产时,母公司应借记"拨付所属资金——××(收方)子公司(××固定资产)"(按调拨价记账)和"累计折旧"(按账面价值记账),贷记"固定资产——拨入××子公司"(按历史成本记账),二者差额记入"营业外收入或支出"等类似账户,属于拨出单位的利润计入其个别利润表;收到固定资产的子公司应借记"固定资产——母公司拨入"(按调拨价与原值孰高的原则入账),贷记"母公司拨入资金——××固定资产"(按调拨价记账),二者差额贷记"累计折旧"。

当所属全资子公司向母公司调拨固定资产时,子公司应借记"母公司拨入资金——××固定资产"(按调拨价记账)和"累计折旧"(按账面价值记账),贷记"固定资产——拨交母公司"(按历史成本记账),二者差额记入"营业外收入或支出"或类似账户;收到固定资产的母公司,借记"固定资产——××所属子公司拨入",贷记"拨付所属资金——××(付方)子公司(××固定资产)"和"累计折旧"。

2. 母公司所属全资子公司之间固定资产横向流转的核算。对于所属全资子公司之间固定资产的横向流转,虽然拨出固定资产的子公司未将其移交到母公司,收到固定资产的子公司相应亦不是从母公司拨入,但母公司为了从整体上掌握集团内部固定资产的流转情况,其调拨仍在"母公司拨入资金"账户中核算。对于拨出固定资产的企业,借记"母公司拨入资金——××固定资产"(按调拨价记账)和"累计折旧"(按账面价值记账),贷记"固定资产——××(付方)子公司"(按历史成本记账),二者差额记入"营业外收入或支出";收到固定资产的子公司应借记"固定资产——母公司拨入"(按调拨价记账与原值孰高的原则入账),贷记"母公司拨入资金——××固定资产"(按调拨价记账),二者差额贷记"累计折旧";母公司应借记"拨付所属资金——××(收方)子公司(××固定资产)",贷记"拨付所属资金——××(付方)子公司(××固定资产)"。

(五)企业集团经营过程中内部成本与费用的会计处理

企业集团经营过程中内部成本与费用,按其发生的空间,大致可分为班组成本与费用、车间成本与费用、工厂成本与费用、集团成本与费用四个层次,其核算也可相应地分为四个级别。集团内部如果是(或有)纵向联合的专业性生产企业,核心层(集团本部)一般是主体厂(或母公司),其所属企业生产的产成品对核心层来说是零部件(或半成品、中间产品),必须在集团内部转移,继续进行生产和加工,最后进入核心层加工成最终产成品。产品在内部转移对输出厂来说是产成品,对输入厂或母公司来说则是原材料——半成品。由于集团要明确内部各企业或单位的经济权限、经济责任、经济效果和经济利益,并使四者有机结合,因此,企业集团的成本核算与一般企业相比,除核算层次多外,还有半成品的内部转移问题。其内部转移价格的制定是否科学合理,直接影响到输入厂成本计算的正确与否,同时还影响到对输出厂的业绩考核。一般认为,市场价格(减去正常的对外销售费用)、以市场为基础的协商价格、变动成本加固定费用、目标成本、全部成本或者全部成本加上一定利润均可作为内部转移价格。其中,市场价格(减去正常的对外销售费用)对输入、输出双方都较公平,但在集团外部不存在这些中间产品的公平市场时,其价格难以确定;而全部成本加上一定利润的转移价格最易确定,但对输出方最有利,因为实际成本偏离目标成本的责任全部转嫁于输入方,故一般不宜采用。

对全资子公司收到集团全资兄弟单位或母公司存货的账务处理如前所述,应借记"母公司运来存货(××存货)",贷记"母公司拨入资金——××存货"(均按内部转移价格记账);如果收到了集团非全资兄弟单位存货则视同外购,其账务处理为借记"材料采购"，贷记"银行存款——结算中心存款"等(均按成交价格记账)。对母公司收到全资子公司的存货时应借记"存货"，贷记"拨付所属资金——××(付方)子公司(××存货)"(均按内部转移价格记账)；收到非全资子公司的存货时也视同外购，其账务处理为借记"材料采购"，贷记"银行存款——结算中心存款"等。

(六)企业集团经营过程中内部销售、利润及利润分配的会计制度设计

企业集团经营过程中的销售包括内部销售(这里特指中间产品在集团成员之间的转移，不包括集团成员对集团产品的非生产耗用)和对外销售两部分。

有关内部销售的处理，考虑到产权关系，凡涉及非全资子公司的一般均可视为对外销售，拨出存货的子公司借记"银行存款——结算中心存款"等，贷记"主营业务收入"(均按成交价格记账)，结转销售成本的会计分录为借记"主营业务成本"，贷记"库存商品"。凡涉及母公司与所属全资子公司或所属全资子公司之间的内部销售，拨出存货的子公司应借记"母公司投入资金——××存货"(按内部转移价格记账)，贷记"母公司运来存货——××存货"(按本子公司历史成本记账)，二者差额记入"存货加价"或类似账户，"存货加价"随着存货的拨出，转移到收方的存货成本中，属于拨出存货单位的利润计入其个别利润表，可作为拨出存货单位的本期业绩，并作为奖惩的标准。

企业集团的对外销售，可由母公司统一进行，也可由子公司进行，但中间产品外销必须是满足集团内部之需的计划外部分。会计处理与一般企业基本相同，收到款项时借记"银行存款——结算中心存款"等，贷记"主营业务收入"，结转成本时应借记"主营业务成本"，贷记"有关存货"账户。由于存货成本中包含了子公司(或母公司)转来的未实现利润，而主营业务成本是按已销存货成本结转的，故对于某销售企业，其销售毛利为主营业务收入减去主营业务成本，但从集团的角度看，其销售毛利为主营业务收入减去主营业务成本再减去各拨出子公司"存货加价"中未实现利润的已实现部分。母公司和全资子公司按上述方法从集团角度计算出来的销售毛利扣除相关营业税金和期间费用，便是其经营利润，再加上非全资子公司分配来的利润、集团外部投资收益、营业外收支净额、公允价值变动损益，即为母公司和全资子公司已实现的利润。非全资子公司利润的计算及其分配与一般企业相同。

需要注意的是，在企业集团的经营过程中，母公司对子公司拥有控制性股权并符合成本法核算的，应一律按照成本法进行，并以此编制个别会计报表，为编制合并会计报表提供基础数据。

第三节 企业集团信息披露制度设计

企业集团信息披露是企业集团财务会计的主要内容。企业集团信息披露的方式有合并会计报表、分部信息披露、关联方关系及交易的披露等。企业集团信息披露制度的设计包括这三方面的制度设计。

一、合并会计报表的制度设计

(一)合并会计报表的合并理论

企业集团合并会计报表是集团核心层(母公司)以自身及其所属子公司单独编制的个别会计报表和其他有关资料为依据编制而成的,是将企业集团作为一个会计主体,用以综合反映其整体财务状况、经营成果和现金流转情况的会计报表。

合并会计报表是以企业集团为一个会计主体而编制的会计报表,故编制合并会计报表时,首先必须解决的问题就是要界定企业集团合并会计报表的范围,并确定编制合并会计报表所采用的合并方法等。这些问题的解决,在很大程度上取决于编制合并会计报表所采用的理论。根据不同的合并理论所确定的合并范围和选择的合并方法有所不同。目前国际上编制合并会计报表的合并理论,主要有母公司理论、实体理论和所有权理论三种。

1. 母公司理论。母公司理论是美国、英国和国际会计准则委员会对编制合并会计报表业务所要求采用的主要合并理论。母公司理论将母公司控制的企业集团作为合并会计报表的反映对象,将子公司定义为被母公司所控制的企业,将企业集团定义为母公司及其全体子公司。母公司理论强调母公司对子公司的控制权,认为合并会计报表主要为母公司股东和债权人服务,强调母公司股东的利益,视合并会计报表是母公司本身会计报表反映范围的扩大。以此为出发点,母公司理论在确定合并范围时,以法定控制为基础,以持有多数股权或者表决权来决定是否将子公司纳入合并范围。在母公司理论下所采用的合并会计报表的编制方法也是从母公司本身的股东利益考虑的。例如,通常将少数股东权益在合并资产负债表中列示为普通负债,对于少数股东权益视为费用处理,对于内部销售收入的抵销处理也只限于多数股权部分。

2. 实体理论。实体理论是针对母公司理论的不足所提出的,它将母公司和子公司所构成的经济联合体作为合并会计报表的反映对象。它不强调母公司对子公司的控制权,而是强调企业集团中所有成员企业构成的经济实体。因此,它认为合并会计报表是为企业集团所有的股东和债权人服务的。以此为出发点,实体理论在确定合并范围时,通常并不强调母公司对子公司的控制权,而是更注重其成员企业的经济资源、实现利润等对企业集团整体经济实力的影响。实体理论下所采用的合并会计报表的编制方法也是从构成经济实体的各成员企业的股东利益考虑的,对多数股权和少数股权一视同仁。例如,将少数股东权益通常也视为股东权益的一部分;将属于少数股东权益的净收益也视为经济实体的合并净收益,是分配给少数股东权益的部分;对于内部销售收入则应全部抵销。

因此,采用实体理论编制的合并会计报表能够满足企业集团内部管理人员对整个企业集团生产经营活动管理的需要。德国合并会计报表更多的是采用实体理论,而我国以前合并会计报表实务所采用的更多的则是母公司理论,实行新的企业会计准则以后采用与国际会计准则理事会观点一致的实体理论。

3. 所有权理论。母公司理论和实体理论都不能解决隶属于两个或两个以上企业集团的企业的合并会计报表编制问题。例如,某一个企业的全部股权是由两个投资企业共同投资形成的,各拥有其50%的股份,在这种情况下,其中任何一个投资企业都不能对该企业实施控制,根据母公司理论和实体理论都很难确定该企业的会计报表应由哪一投资企业合并。因为在这种情况下,既没有单一的母公司,也没有少数股权的股东;既不存在法定支配权,也不存在单一的经济实体。为弥补母公司理论和实体理论的不足,有的国家在编制合并会计报表时就提出了所有权理论。

所谓所有权理论,是指在编制合并会计报表时既不强调企业集团中存在的法定控制关系,也不强调企业集团各成员企业所构成的经济实体,而是强调编制合并会计报表的企业对另一企业的经济活动和财务决策具有重大影响的所有权。在编制合并会计报表时,采用比例合并法合并企业在其拥有所有权的企业中的权益,即对其拥有所有权的企业的资产、负债和当期实现的损益,按照拥有的比例合并计入合并会计报表。

(二)合并会计报表的合并范围

合并会计报表合并范围是指纳入合并会计报表编报的子公司的范围,主要明确哪些子公司应当包括在合并会计报表编报范围之内,哪些子公司应当排除在合并会计报表编报范围之外。明确合并范围是编制合并会计报表的前提,在很大程度上取决于编制合并会计报表所依据的合并理论,同时还受到各国会计所处的法律环境和惯例的影响,所以各国合并会计报表在合并范围上存在很大差别。根据《企业会计准则》,我国合并会计报表的合并范围具体包括下述方面:

1. 公司拥有其半数以上(不包括半数)权益性资本的被投资企业——在形式和实质上都能控制被投资企业。权益性资本是指对企业有投票权,能够据以参与企业经营管理决策的资本,如股份制企业中的普通股、有限责任公司中的投资者出资额等,也即前文所述的股权投资所形成的资本。

母公司可以通过以下三种途径拥有被投资企业半数以上的权益性资本:

(1)直接拥有被投资企业半数以上权益性资本。

(2)间接拥有被投资企业半数以上权益性资本,即通过子公司而对子公司的子公司拥有半数以上权益性资本。

(3)母公司以直接和间接方式合计拥有被投资企业半数以上权益性资本,即母公司以直接方式拥有某被投资企业半数以下权益性资本,再通过其他方式,如通过子公司拥有该被投资企业一定数量的权益性资本,两者合计共拥有被投资企业半数以上权益性资本。

在后两种情况下,确定合并范围时应注意的是,母公司通过子公司间接拥有被投资企业的股份,必须以母公司对该子公司享有控制权为前提条件。

2.其他被母公司控制的被投资企业——在形式上不能、但实质上可以被控制的投资企业。母公司虽然不持有被投资企业半数以上的权益性资本,但若能通过以下方法对被投资企业的生产经营活动进行控制,则这些被母公司所控制的被投资企业也应作为母公司的子公司纳入其合并范围。具体方式如下:

(1)母公司通过与被投资企业的其他投资者之间的协议,持有该被投资企业半数以上的表决权。在这种情况下,母公司对该被投资企业的经营管理拥有控制权,该被投资企业已成为母公司事实上的子公司,故应将其纳入合并范围。

(2)根据章程或协议,母公司有权控制被投资企业的财务和经营政策。由于企业的财务和经营政策直接决定着企业的生产经营活动,决定着企业的未来发展,母公司能够控制被投资企业的财务和经营政策,也就意味着能够控制被投资企业的生产经营活动,此时,该被投资企业已成为母公司事实上的子公司,故应将其纳入合并范围。

(3)母公司有权任免被投资企业董事会等类似权力机构的多数成员。

(4)在董事会或类似权力机构财务决策方面有半数以上的投票权。

3.不纳入合并范围的子公司。虽然母公司拥有被投资企业半数以上权益性资本,但是,如果母公司不能对子公司实施有效的控制,或者母公司的控制权受到限制,那么子公司的生产经营活动就不完全取决于母公司的管理和决策。为了防止合并会计报表使用者高估母公司可控制的资产、可调度的资金和可分配的利润等,可以将以下子公司不纳入合并范围:

(1)按照破产程序,已宣告被清理整顿的子公司。公司在上期拥有的子公司,本期被宣告清理整顿,这时公司的实际控制权已经被转移到由法院等人员组成的清理组。清算期间,子公司不能从事清算以外的其他活动,本公司将无法再对被投资单位实施财务或经营上的控制权。

（2）非持续经营的所有者权益为负数的子公司。在子公司所有者权益为负、但仍持续经营的情况下，母公司能够控制子公司，依然作为合并对象。所以，子公司权益为负数，并不成为是否纳入合并范围的判断标准，关键看其是否持续经营，非持续经营情况下，应排除在合并范围之外。

（3）已宣告破产的子公司。本期宣告破产的子公司，控制权转给人民法院，本企业无法再实施控制。

（4）合营企业。投资企业与其他方对被投资企业实施共同控制，形成合营企业，由于投资方不能单向控制被投资企业，所以不能称之为控制。

（三）合并会计报表的种类设计和格式设计

企业集团合并会计报表按其编制原则不同，可分为集团组建时的合并会计报表和集团组建后每个会计期末的常规合并会计报表；按合并会计报表所揭示的财务信息不同，可分为合并资产负债表、合并利润表（损益表）、合并所有者权益变动表和合并现金流量表。其格式设计详见第十二章第五节的"特殊会计报表的设计"。

（四）合并会计报表的编制原则

合并会计报表作为一种财务报表，必须符合编制会计报表的一般原则和基本要求，如真实可靠、全面完整和编报及时等。但它与个别会计报表又有所不同，除需遵循上述一般原则和要求外，还应遵循以下原则和要求：

1. 以个别会计报表为基础编制的原则。企业集团本身不单独设置账户、登记账簿，而是利用母、子公司编制的反映各自财务状况和经营成果的会计报表所提供的数据，通过合并会计报表的特有技术方法——在合并工作底稿中编制抵销分录来编制。

2. 一体性原则。合并会计报表揭示的是企业集团的财务信息，反映由多个法人企业组成的一个会计主体的财务情况。在编制合并会计报表时，应当将母公司和所有子公司作为一个整体看待，母、子公司发生的经营活动都应从企业集团这一整体的角度进行考虑。对于母、子公司之间及各子公司之间发生的经济业务，应当视为同一会计主体的内部业务处理，从企业集团的角度考察，可近似认为它们没有发生，故应相互抵销。

3. 重要性原则。与个别会计报表相比，合并会计报表涉及多个法人主体，涉及经营活动的范围较广，母、子公司经营活动往往跨部门、跨地区、跨行业，有时企业集团成员间的生产经营活动有着显著的差别。这样，合并会计报表要综合反映集团的财务情况，就不可避免地产生重要性的判断问题，特别是在拥有诸多子公司的情况下更是如此。因此，在编制合并会计报表时，必须特别强调遵循重要性原则。

(五)合并会计报表的编制程序

在上述原则的指导下,合并会计报表的编制程序和方法可概括为以下几个步骤:

1.确定合并范围,并对纳入合并范围子公司的个别会计报表按母公司的会计期间和会计政策进行必要的调整。统一母公司与纳入合并范围子公司的会计报表决算日、会计期间和会计政策,使母、子公司的会计报表决算日、会计期间和会计政策保持一致。不一致时,母公司应当按照母公司本身的会计报表决算日、会计期间和会计政策,对子公司会计报表进行调整,根据调整后的子公司会计报表编制合并会计报表,或者要求子公司按照母公司的要求编报相同会计期间的会计报表。

2.收集长期股权投资(包括母公司向子公司投资、子公司之间相互投资)及内部业务等有关资料。为编制合并会计报表,子公司向母公司提供的资料,除个别会计报表外,还应包括:子公司与母公司及母公司的其他子公司之间的业务往来、债权债务、投资等资料,有关子公司利润分配方面的资料,子公司所有者权益变动的明细资料,子公司所采用的与母公司不同的会计政策,以及编制合并会计报表所需的其他资料。

3.编制合并工作底稿,将母公司及纳入合并范围子公司的个别会计报表的数据过入合并工作底稿。见表14-1。

表14-1 合并报表工作底稿

项　目	母公司	子公司1	子公司N	合计数	抵销分录		少数股东权益	合并数
					借方	贷方		
(利润表项目)								
主营业务收入								
主营业务成本								
……								
所得税费用								
……								
净利润								
其中:少数股东本期收益								
年初未分配利润								
……								
未分配利润								

续表

项 目	母公司	子公司1	子公司N	合计数	抵销分录		少数股东权益	合并数
					借方	贷方		
（资产负债表项目）								
货币资金								
……								
长期股权投资								
其中:对子公司投资								
其他长期投资								
……								
长期负债								
实收资本								
……								
未分配利润								
少数股东权益								

4.编制抵销分录,对有关内部业务进行调整与抵销。编制抵销分录是编制合并会计报表的专门技术,其目的在于将个别会计报表各项目加总数据中重复的因素相互抵销,故其借贷方名称是个别会计报表中相互重复项目的名称,而不是通常所讲的会计科目(账户),所以不能据以登记账簿,只在合并工作底稿中记录。另外,抵销分录的具体编制直接受到合并理论、合并方法的影响。编制合并会计报表的方法,国际上通常采用与企业合并相一致的方法,分别采用购买法和权益结合法。但我国《企业会计准则》要求会计实务主要根据实体理论,遵从购买法来编制合并会计报表。

5.对相同项目进行合并计算,并据以编制合并会计报表。对资产类、成本费用类、利润分配各项目,其合并数应根据该项目的合计数,加上该项目抵销分录的借方发生额,减去该项目抵销分录的贷方发生额计算确定;对负债类、所有者权益类各项目,其合并数应根据该项目的合计数,加上该项目抵销分录的贷方发生额,减去该项目抵销分录的借方发生额计算确定。计算出各项目的合并数后,即可填列合并资产负债表、合并利润表和合并所有者权益变动表。这三张报表的格式,除在合并资产负债表中的"长期股权投资"项目下列示"商誉",在"所有者权益"项目下列示"少数股东权益"项目,在"未分配利润"项目后列示"外币报表折算差额",在合并利润表"净利润"项目下列示

"少数股东本期收益"项目外,其余与个别报表基本相同。合并现金流量表根据合并资产负债表、合并利润表、合并所有者权益变动表和相关资料进行编制,其格式、编制原理与个别报表也基本相同。只是由于少数股权和内部业务的存在,应特别注意以下几点:①少数股东收益属于非动用的资金,应加到合并净利润中,作为营业活动的现金增加;②子公司对少数股东的股利分配应作为现金的减少,若数额较小,可直接并入母公司支付的现金股利,反之,应在合并现金流量表中单独列示或作为附注;③内部业务不会对现金流量带来任何影响,其交易过程和结果已在合并资产负债表、合并利润表中进行了抵销;④母公司对外出售其持有子公司的股份,应增加现金来源,根据现金收入额调整投资活动的现金流量,并根据让售损益调整营业活动的现金流量。

(六)合并会计报表的编制方法设计

1.集团组建时编制合并会计报表的抵销分录。集团刚刚组建时,除母公司对子公司的长期股权投资之外,无其他业务,故不存在编制合并利润表的问题,只需编制合并资产负债表。母公司对子公司的长期股权投资,在其个别资产负债表中一方面反映为长期投资的增加,另一方面反映为长期投资以外的其他资产的减少;子公司在接受这一投资时,在其个别资产负债表中一方面反映为相应资产的增加,另一方面反映为所有者权益增加。从企业集团整体来看,母公司对子公司的投资实际上相当于母公司将资产拨付给下属核算单位,并不引起财务状况的增减变动。因此,编制合并会计报表时应当在它们个别会计报表数据简单相加的基础上,将母公司对子公司的投资项目与子公司所有者权益项目相互抵销。故此时只需编制一笔抵销分录,以抵销母公司的长期股权投资和它所拥有子公司所有者权益的份额,二者差额记入"商誉",同时确认"少数股权"。其抵销分录如下:

借:实收资本(或股本,下同)
资本公积
盈余公积
未分配利润(以上四项均为集团组建时子公司账面数)
　　贷:长期投资——对子公司股权投资(集团组建时母公司账面数)
少数股权(集团组建时子公司少数股东拥有的权益)
　　借或贷:商誉(是个平衡数)

可见,这笔抵销分录也抵销了子公司所有的盈余公积,但根据《公司法》的要求,法人应提取并保留盈余公积,故应将抵销的盈余公积再转回。转回分录应借记"年初未分配利润",贷记"盈余公积"。

企业集团内部子公司之间相互投资的情况,也应比照上述方法处理。

需要说明的是,这里的"商誉",是母公司投资成本与子公司所有者权益(净资产)账面价值的差额,既包括母公司投资成本与子公司净资产公允价值的差额,又包括净资产公允价值和账面价值之间的差额,而个别会计报表中的商誉特指母公司投资成本与子公司净资产公允价值的差额。因此,合并会计报表中的中的"商誉",只有当子公司净资产公允价值和账面价值相同时,才与个别会计报表中的商誉的含义一致。

　　2.合并日后每个会计报表决算日编制合并资产负债表和利润表时的抵销分录有以下几种情况:

　　(1)抵销母公司对子公司的股权投资项目与子公司所有者权益项目。因为在每个会计报表决算日,母公司对子公司的股权投资业务均列示在母、子公司的个别资产负债表中,为了抵销该业务对集团的影响,每逢报表合并时,均重复组建时编制的抵销分录,即:

借:实收资本
　　资本公积
　　盈余公积
　　未分配利润(以上四项均为集团组建时子公司账面数)
　　贷:长期股权投资——对子公司股权投资(集团组建时母公司账面数)
　　　　少数股权(集团组建时子公司少数股东拥有的权益)
　　借或贷:商誉(是个平衡数)

　　同时转回被抵销的盈余公积,借记"年初未分配利润",贷记"盈余公积"。

　　但自集团经营以后,随着经营损益、利润分配、资本变动(如接受捐赠或投资等)因素的影响,子公司所有者权益也会随之变动。由于母公司对其股权投资的核算采用成本法,因此母公司的长期投资不会随之按拥有的比例变动。在每个会计报表决算日,在其个别资产负债表中,母公司列示的长期投资、子公司列示的所有者权益已不再是组建日的数据,故上述会计分录没有全部抵销母公司对子公司的股权投资项目与子公司所有者权益项目对合并会计报表的影响,如子公司增发股票对母公司长期投资和子公司所有者权益的影响(抵销分录为借记"实收资本"和"资本公积",贷记"长期股权投资"和"少数股权",借贷方差额记入"商誉"),子公司实现盈亏对母公司长期股权投资和投资收益的影响(盈利时的抵销分录为借记"长期股权投资",贷记"投资收益";亏损时抵销分录的借贷方向与之相反),子公司分配利润时对母公司长期股权投资、少数股东本期收益和子公司应付利润的影响(抵销分录为借记"长期股权投资"和"少数股东本期收益",贷记"应付利润")等。可见,为了抵销母公司长期股权投资的变动数和子公司所有者权益的变动数,必须在合并底稿中同时编制上述各抵销分录,可合并为一笔抵销

分录。抵销分录如下:

借:实收资本

资本公积

盈余公积(以上三项均为子公司的变动数)

少数股东本期收益(子公司本期净利润×子公司拥有的比例)

贷:长期股权投资 ——对子公司股权投资(母公司的账面价值加变动数)

投资收益(子公司本期净利润×母公司拥有的比例)

少数股东权益(按子公司所有者权益变动数×少数股东拥有的比例计算)

提取盈余公积(子公司个别利润分配表中的本年实际数)

应付利润(或应付股利)(子公司个别利润分配表中的本年实际数)

需要说明的是,这笔分录按子公司盈余公积的变动数借记"盈余公积",包括了子公司本期提取的盈余公积部分,故只有在贷方登记子公司本期提取的盈余公积数以后,会计分录的借方合计才与贷方合计相等。正是由于这样处理,使子公司按本期税后利润提取的盈余公积已被全部抵销,与《公司法》中有关法人必须提取并保留盈余公积的规定不符,故应转回,其会计分录为按本期提取数借记"提取盈余公积",贷记"盈余公积"。

在会计实务中,为了简化合并工作,应将它们合并为两笔分录,具体分录如下:

第一笔,全部抵销母公司对子公司的股权投资项目与子公司所有者权益项目对合并会计报表的影响:

借:实收资本

资本公积

盈余公积(以上三项均为子公司个别资产负债表中的期末数)

年初未分配利润(子公司个别资产负债表或利润分配表的期初数)

少数股东本期收益(子公司本期净利润×子公司拥有的比例)

贷:长期投资——子公司股权投资(母公司资产负债表中的期末数加调整数)

投资收益(子公司本期净利润×母公司拥有的比例)

少数股东权益(子公司所有者权益期末数×少数股东拥有比例)

提取盈余公积(子公司个别利润分配表中的本年实际数)

应付利润(或应付股利)(子公司个别利润分配表中本年实际数)

借或贷:商誉(是个平衡数)

第二笔,转回子公司应保留但已被第一笔会计分录所抵销的盈余公积:

借:年初未分配利润(子公司个别资产负债表中盈余公积的期初数)

提取盈余公积(子公司个别利润分配表中的本年实际数)

贷:盈余公积(子公司个别资产负债表中的期末数)

　　(2)抵销集团内部货币资金的流转。企业集团各成员在核算内部货币资金的流转时,如果是通过"拨付所属资金"和"母公司投入资金"核算的,在会计报表决算日,均分别计入各自个别会计报表,相应计入合并工作底稿的"合计数"一栏。但从企业集团整体考察,内部货币资金的流转相当于企业内部不同单位或部门之间货币资金的流动,不能在报表中分别列示,故应抵销。其抵销分录为:

　　借:母公司拨入资金(子公司个别资产负债表中的期末数)

　　贷:拨付所属资金(母公司个别资产负债表中的期末数)

　　(3)母公司与子公司、子公司相互之间的债权与债务项目(具体包括应收及应付、预收及预付、债券投资与应付债券等)应当相互抵销。母公司与子公司、子公司相互之间应收款项与应付款项相互抵销后,相应的坏账准备也应抵销。母公司与子公司、子公司相互之间的债券投资与应付债券相互抵销后,产生的差额计入合并投资收益项目。

　　(4)母公司与子公司、子公司相互之间销售商品(或提供劳务,下同)或以其他方式形成的存货、固定资产、工程物资、在建工程、无形资产等所包含的未实现内部销售损益应当抵销。存货、固定资产、工程物资、在建工程和无形资产等计提的跌价准备或减值准备与未实现内部销售损益相关的部分也应抵销。

　　(5)子公司所有者权益中不属于母公司的份额,应当作为非控制权益,在合并资产负债表中所有者权益项目下以"少数股东权益"项目单独列示。

　　(6)母公司在报告期内因同一控制下企业合并增加的子公司在编制合并资产负债表时,应当调整合并资产负债表的期初数。但因非同一控制下企业合并增加的子公司编制合并资产负债表时,不应当调整合并资产负债表的期初数。之所以如此处理,主要是考虑到在同一控制理论下,本期新增加的子公司实际上在成立之初就被看做是已经属于本公司所有了,因此,在同一控制下企业合并才能按照合并子公司的账面价值而非公允价值计价。为保持与《企业会计准则》的内在一致性,同一控制下本期增加的子公司应当视同其一直就存在,所以应当调整合并报表的期初数,以增加可比性。非同一控制下,本期新增加的子公司属于本期"购买"行为,所以新购入的子公司自然不必调整期初数。

　　(7)母公司与子公司、子公司相互之间销售商品所产生的营业收入和营业成本应当抵销。母公司与子公司、子公司相互之间销售商品期末全部实现对外销售的,应当将购买方的营业成本与销售方的营业收入相互抵销;母公司与子公司、子公司相互之间销售商品期末未实现对外销售而形成存货、固定资产、工程物资、在建工程、无形资产等资产的,在抵销购买方的营业成本和销售方的营业收入的同时,应当将各项资产所包含的未实现内部销售损益予以抵销。

（8）母公司与子公司、子公司相互之间销售商品形成的固定资产或无形资产所包含的未实现内部销售损益抵销后，固定资产的折旧额或无形资产的摊销额与未实现内部销售损益相关的部分应当予以抵销。其中，与当期计提的折旧额或摊销额相关的部分抵销合并管理费用等项目；与以前年度计提的折旧额或摊销额相关的部分抵销合并年初未分配利润项目。

（9）母公司与子公司、子公司相互之间持有对方债券所产生的投资收益，应当与其相对应的发行方财务费用抵销。

（10）母公司对子公司、子公司相互之间持有对方长期股权投资的投资收益，应当与对方当期未分配利润相互抵销。

（11）子公司当期净损益中属于非控制权益的份额，应当以子公司资产负债表日的股本结构（或章程、协议）为基础确定，在合并利润表"净利润"项目之下"少数股东损益"项目列示。

3. 合并现金流量表编制的设计。合并现金流量表应当以母公司和子公司的现金流量表为依据，在抵销母公司与子公司、子公司相互之间发生的经济业务对合并现金流量表的影响的基础上，由母公司合并有关项目的数额编制。

（1）母公司与子公司、子公司相互之间当期以现金进行投资或收购股权增加的投资所产生的现金流量应当抵销。从集团公司内部来说，用现金收购集团公司内部其他单位的股权，仅仅是资金的"内部"流动，不会产生长期股权投资现金流出和发行股票取得的现金流入。所以，应当将购买股权一方的"投资活动产生的现金流出"与发行股票一方产生的"筹资活动产生的现金流量"项目相互抵销。

（2）母公司与子公司、子公司相互之间当期以现金支付股利、利润、利息所产生的现金流量应当抵销。由于持有集团内其他公司的股票或是债券而得到的现金股利或是债券利息，会在各自的现金流量表中表现为"分配股利、利润所支付的现金"和"取得投资收益所收到的现金"，从集团公司角度看，这些项目应当相互抵销。

（3）母公司与子公司、子公司相互之间以现金结算债权与债务所产生的现金流量应当抵销。现金结算使母公司与子公司、子公司相互之间应收账款（或应收票据）和应付账款（或应付票据）同时减少的，应在合并销售商品、提供劳务收到的现金项目与合并购买商品、接受劳务支付的现金项目之间相互抵销。现金收支使母公司与子公司、子公司相互之间预收账款和预付账款同时增加的，应在合并销售商品、提供劳务收到的现金项目与合并购买商品、接受劳务支付的现金项目之间相互抵销；现金往来使母公司与子公司、子公司相互之间其他应收款和其他应付款增加或减少，应在合并收到的其他与经营活动有关的现金项目与合并支付的其他与经营活动有关的现金项目之间相互抵销。

（4）母公司与子公司、子公司相互之间当期销售商品所产生的现金流量应当抵销。

母公司与子公司、子公司相互之间当期销售商品没有形成固定资产、工程物资、在建工程、无形资产等资产所产生的现金流量,应在合并销售商品、提供劳务收到的现金项目与合并购买商品、接受劳务支付的现金项目之间相互抵销;母公司与子公司、子公司相互之间当期销售商品形成固定资产、工程物资、在建工程、无形资产等资产所产生的现金流量,应在合并销售商品、提供劳务收到的现金项目与合并购买商品、接受劳务支付的现金项目、合并购建固定资产、无形资产和其他长期资产所支付的现金项目之间相互抵销。

(5)母公司与子公司、子公司相互之间当期处置固定资产、无形资产和其他长期资产所产生的现金流量,应在合并处置固定资产、无形资产和其他长期资产所收回的现金净额项目与合并购建固定资产、无形资产和其他长期资产所支付的现金项目之间相互抵销。

(6)合并现金流量表补充资料的编制方法有下述各种:

第一,当期子公司的净利润和非控制权益损益与母公司所享有的部分进行抵销,即在合并净利润项目和合并非控制权益损益项目与合并投资损失(减:收益)项目之间相互抵销。

第二,母公司与子公司、子公司相互之间以现金结算债权与债务所产生的经营性现金流量应当抵销,即在合并经营性应收项目的减少(减:增加)项目与合并经营性应付项目的增加(减:减少)项目之间相互抵销。

第三,期初期末存在母公司与子公司、子公司相互之间销售商品形成存货的情况下,存货中所包含的未实现内部销售损益应当抵销,即在合并净利润项目与合并存货的减少(减:增加)项目之间相互抵销。

第四,母公司与子公司、子公司相互之间当期销售商品形成的固定资产所包含的未实现内部销售损益及当期多计提或少计提的折旧额作抵销处理时,母公司与子公司、子公司相互之间当期销售商品形成的固定资产所包含的未实现内部销售损益应当抵销,即在合并净利润项目与合并经营性应收项目的减少(减:增加)项目之间相互抵销;母公司与子公司、子公司相互之间销售商品形成的固定资产当期多计提或少计提的折旧额应当抵销,即在合并净利润项目与合并固定资产折旧项目之间相互抵销。

第五,母公司与子公司、子公司相互之间当期处置固定资产价差及当期多计提或少计提的折旧额应当抵销。母公司与子公司、子公司相互之间当期处置固定资产价差应当抵销,即在合并净利润项目与合并处置固定资产、无形资产和其他长期资产的损失(减:收益)项目之间相互抵销;母公司与子公司、子公司相互之间处置固定资产当期多计提或少计提的折旧额应当抵销,即在合并净利润与合并固定资产折旧项目之间相互抵销。

第六,母公司与子公司、子公司相互之间当期销售商品形成的无形资产所包含未实现内部销售损益及当期多摊销或少摊销的费用的抵销,比照上述当期销售商品形成的固定资产所包含的未实现内部销售损益及多计提或少计提的折旧额的抵销原则进行处理。

第七,母公司与子公司、子公司相互之间销售商品形成的存货、固定资产、在建工程、工程物资、无形资产中多计提或少计提的跌价准备和减值准备的抵销,比照上述当期销售商品形成的固定资产所包含的未实现内部销售损益及多计提或少计提的折旧的抵销原则进行处理。

第八,母公司与子公司、子公司相互之间当期发生的其他交易所产生的现金流量应当抵销;不涉及现金收支的投资和筹资活动项目中重复的部分应予消除。

二、分部信息披露制度设计

(一) 分部信息披露的意义

企业集团往往从事跨行业、跨地区的经营活动,在不同行业或不同地区中所投入的技术、资金、劳动力,以及它们的获利能力、资金分布、投资风险、发展前景等均可能存在很大差别,而企业集团经营活动的多样化、经营地区的差异化,导致了财务信息的不均匀化。这种不均匀化的财务信息往往得不到充分的反映。具体地说,企业集团对外或对内的合并财务信息显得过于笼统和均匀化,凭其无法准确获得不同角度和满足不同管理需要的财务信息;集团公司及所有子公司的单个财务信息又过于复杂和孤立,也难以获得专门的关于集团管理和控制的财务信息。企业集团的发展需要提供多元立体的、多角度的、多层次的财务会计信息,这就需要根据企业集团战略管理和控制的要求,划分不同主体,并提供这些主体的关键财务信息。这类按划分的主体提供的关键财务信息,我们称之为分部信息。分部信息对于降低信息的聚合度,达到复杂财务信息的综合性与分解性的统一,体现财务信息与管理决策相匹配的多角度、多层次特征,形成满足集团管理与控制需要的多元立体信息结构具有重要意义。

(二)分部的分类设计

1. 按责任内容划分的分部。企业集团规模庞大、组织结构复杂,其成员企业在资金层次上的联合形成了诸多的利益与责任中心。为加强财务控制与会计管理,企业集团普遍推行了责任制度,该制度实施的前提是划分明确的责任中心。按责任中心所负责任和控制范围的不同,责任中心分为成本中心、利润中心和投资中心。成本中心是以达到最低成本为考核目标的一个组织单位;利润中心是以获得最大经营收益为目标的一

个组织单位;投资中心则是以获得最大投资收益为经营目标的一个组织单位。

2.按业务划分的分部。业务分部是指企业集团可以区分的、分别提供不同的产品或劳务,或者不同类别的相关产品或劳务的各个组成部分。我国《企业会计准则》规定业务分部是指企业内可区分的组成部分,该组成部分提供单项产品或劳务,或一组相关的产品或劳务,并且承担着不同于其他业务分部所承担的风险和回报。针对一个具体的企业集团划分业务分部时,应当考虑以下主要因素:

(1)产品或劳务的性质。对于生产的产品或提供的劳务性质相同者,通常其风险、回报率及成长率可能较为接近,一般情况下可以将其划分到同一业务分部;对于其性质完全不同的产品或劳务,则不能将其划分到同一业务分部。

(2)生产过程的性质。对于生产过程相似者,可以将其划分为一个业务分部,如按资本密集型和劳动力密集型划分业务部门。相对来说,对于劳动力密集型部门,劳动力的成本即人工费用的影响较大,其经营成果受人工成本升降的影响较大;对于资本密集型部门,其占用的设备较为先进,占用的固定资产较多,相应负担的折旧费也较多,其经营成本受资产折旧费用影响较多,受技术进步因素的影响很大。

(3)购买产品或接受劳务的客户的类别或类型。对于购买产品或接受劳务的同一类别或类型的客户,一般来说对其销售条件基本相同,如相同或相近的销售价格、销售折扣,相同或相似的售后服务,因而具有相同或相似的风险或回报。而不同的客户,其销售条件不尽相同,由此可以导致不同的经营风险和回报率。

(4)销售产品或提供劳务所使用的方法。销售产品的方式不同,其承受的风险和回报也不相同。一般来说,采用直销的方式销售产品或提供劳务,直接发生的销售费用较高;采用代销方式,发生的是代理销售费用;赊销有利于扩大销售规模,但发生的收账费用较大,并且发生坏账的风险很大;在现销的情况下,则不存在坏账和收账费用,但销售规模的扩大有限。

(5)生产产品或提供劳务所处的法律环境。企业所处的经济法律环境对其生产产品或提供劳务必然产生影响,特别是法律环境对企业经营状况影响很大。法律环境的发展变化以及稳定与否,可能直接影响到该产品生产和劳务提供的收缩和扩张,影响其收入、费用及盈利状况。对不同法律环境下的产品生产或劳务进行分类,不同法律环境下的产品生产或劳务提供的会计信息,有利于会计信息的使用者对企业未来的发展作出判断和预测。

3.按地区划分的分部。各地区因市场、交通、基础设施、工业基础、人员素质、财政负担、政治因素等不同,其经营的获利能力、发展前景会大相径庭。尤其是在国外经营,由于受汇率、利率、通货膨胀、收入水平、政治环境等多种因素的影响,设在各国的子公司,以及国外子公司与国内子公司在获利能力、投资风险等方面也会存在很大差别,因此有必要以地区为标准划分分部。地区分部的划分需要考虑的因素包括：国家或地区之间的距离远近、经济的相似性、经营环境的相似性、相互关系的性质、规模与程度等。

在确定地区分部时应考虑以下主要因素：

(1)经济和政治情况的相似性。生产经营所在地经济和政治情况的差异，意味着生产经营活动所面临的经济和政治风险不同，因此不能将其归并为一个地区分部。

(2)不同地区经营之间的关系。如在不同地区的经营之间存在着紧密的联系，则意味着这些不同地区的经营具有相同的风险和回报，对此可合并作为一个地区分部处理；反之，当两个地区的经营之间没有直接的联系，则不必将其作为一个地区分部处理。

(3)生产经营的相似性。生产经营具有相似性的地区，表明其在生产和经营方面面临着基本相同的风险和回报，在确定地区分部时应当将在生产经营上具有相似性的地区作为一个地区分部处理。

(4)与某一特定地区经营相关的特定风险。如果某一地区在生产经营上存在特定的风险，则不能将其与其他地区分部合并作为一个地区分部处理。

(5)外汇管制的规定。外汇管制的规定直接影响着企业内部资金的调度和转移，从而影响着企业的经营风险。在外汇管制的国家或地区，转移资金相对较为困难，资金风险较大，而外汇可以自由流动的国家或地区，转移资金较为容易，资金风险较小。因而，不能将外汇管制国家和地区与外汇自由流动的国家和地区作为一个地区分部处理。

《企业会计准则——分部报告》所要求披露的分部会计信息，是指业务分部和地区分部的会计信息。

(三)分部会计信息的披露设计

1. 分部营业收入。分部营业收入是指在企业利润表中报告的、可以直接归属于某一分部的收入，以及企业收入中能按合理的基础分配给某一分部的相关部分收入。分部收入分为对外部客户的营业收入和与其他分部交易的收入。分部收入不包括非常项目取得的收入、利息收入和股利收益、投资出售形成的利得等。

2. 分部销售成本。分部销售成本是指与某一分部营业收入相对的销售成本，即企业利润表中直接归属于某一分部的销售成本，以及按合理的方法分配给该分部的费用。

3. 分部期间费用。分部期间费用是指某一分部在经营活动中发生的、并可以直接归属于该分部的期间费用，以及能按合理的方法分配给该分部的期间费用。分部期间费用包括归属于某一分部的营业费用、管理费用和财务费用。当分部期间费用中由企业代表分部支付的费用与分部的经营活动相关，并且能直接归属于或按合理的方法分配给该分部时，则属于分部费用。对于不归属于某一分部的营业费用、管理费用和财务费用等期间费用，应当作为未分配项目在分部报告中列示。

4.分部营业利润。分部营业利润是某一分部的营业成果,是指某一分部营业收入减去该分部销售成本及分部期间费用后的余额。对于企业营业利润中不归属于任何一个分部的营业利润,应当作为未分配项目在分部报告中列示。

5.分部资产。分部资产指分部在其经营活动中使用的、并可直接归属于该分部的经营资产。分部资产包括用于分部经营活动的流动资产、固定资产(包括融资租入的固定资产)以及无形资产等。分部资产不包括用于企业总部一般用途的资产,也不包括递延税款资产。

6.分部负债。分部负债是指分部的经营活动形成的,并可直接归属于该分部的经营负债。它包括应付账款、其他应付款、应计负债、预付货款、产品担保准备等。分部负债不包括借款、与融资租入资产相关的负债与其他为非经营目的而承担的负债,也不包括递延税款负债。对于企业负债总额中不归属于任何一个分部的负债,应当作为未分配项目在分部报告中列示。

7.披露的分部信息与在合并会计报表或个别会计报表中总额信息之间的调节情况。对分部信息与会计报表中总额信息之间的调节情况的披露,其目的在于使披露的各分部信息通过调节,与会计报表相应项目的总额建立勾稽关系。在披露分部会计信息时,对于不能直接归属于某一分部的期间费用、资产和负债,应当在会计报告中予以披露,使披露的各分部中各项目的金额调节到企业会计报表各项目的总额中。

分部报告格式设计详见第十二章第四节的"附表和附注的设计"。

三、关联方关系及交易的披露制度设计

(一)关联方关系

《国际会计准则24——关于有关联者的说明》对关联方的定义是:在财务或经营决策中,如果一方有能力控制另一方或是对另一方施加重大影响,则认为他们是有关联的。我国《企业会计准则》关于"关联方关系披露"的规定中指出,在企业财务和经营决策中,如果一方有能力直接或间接控制、共同控制另一方或对另一方施加重大影响以及两方或多方同受一方控制,则将有关各方视为关联方。

1.关联方关系的判断标志。关联方之间的相互关系称为关联方关系。判断关联方关系存在与否的主要标志是控制与被控制的关系是否存在。

(1)控制。《国际会计准则24——关于有关联者的说明》对控制的定义是:控制是直接地或是通过公司间接地拥有一个企业半数以上或是相当大数量的表决权,并且根据章程或协议有权指挥企业管理的财务和经营方针。我国有关控制的定义是:控制指有权决定一个企业的财务和经营政策,并能据以从该企业的经营活动中获取利益。

控制的实现主要有两种方式:一是通过投资直接或间接拥有被投资企业过半数以上的表决权资本;二是通过不足半数的投资和其他方式实现对被投资企业的控制。

(2)共同控制。共同控制是指按合同约定对某项经济活动所共有的控制。广义的共同控制包括共同控制经营、共同控制财产、共同控制实体等。我国有关会计准则所说的共同控制仅是指共同控制实体,即由两个或多个企业或个人共同投资建立的企业,投资各方共同决定该企业的财务和经营政策。

(3)重大影响。当一个企业并不决定另一个企业的财务和经营政策但却有权参与这些政策的决策时,前者被认为对后者有重大影响。重大影响的表现形式有两种:一种是一方拥有另一方20%或以上至50%的表决权资本;另一种是一方拥有另一方20%以下表决权资本,但须符合下列情况之一:在被投资企业的董事会或类似权力机构中派有代表;参与政策制定过程;互相交换管理人员;依赖投资方的技术资料。

2.关联方关系的存在形式。关联方关系主要存在于两个或多个企业之间、企业与有关个人之间,我国有关会计准则中列举的关联方关系的主要存在形式有下述六种:

(1)某一企业直接或间接控制一个或多个企业时,控制方与被控制方、被控制方相互之间存在关联方关系,如企业集团的母公司与子公司、受同一个母公司控制的诸子公司等构成关联方关系。

(2)两个或多个企业共同直接控制某一企业时,共同控制方与被共同控制企业之间即共同控制企业与他们的合营企业之间存在关联方关系。

(3)一个企业对另一个企业有重大影响时,双方即投资者与其联营企业之间存在关联方关系。

(4)某一企业与其主要投资者个人、其关键管理人员、同其主要投资者个人关系密切的家庭成员、同其关键管理人员关系密切的家庭成员之间的关系,构成关联方关系。

(5)某一企业与受该企业主要投资者个人、关键管理人员直接控制,或受与该企业主要投资者个人、关键管理人员关系密切的家庭成员直接控制的企业之间存在关联方关系。

(6)企业与部门或单位之间也存在关联方关系。

在我国,国有(含国有控股)企业之间不属于关联方。

(二)关联方交易

1.交易类型。关联方交易是指在关联方之间发生的转移资源或义务的事项,而不论是否收取价款。关联方交易主要有以下几类:

(1)购买或销售商品。

(2)购买或销售除商品以外的其他资产。

（3）提供或接受劳务。

（4）代理。

（5）租赁。

（6）提供资金（包括以现金或实物形式的贷款或权益性资金）。

（7）担保和抵押。

（8）管理方面的合同。

（9）研究与开发项目的转移。

（10）许可协议。

（11）关键管理人员报酬。

2. 交易价格。关联方交易的定价过程有一定的灵活性，这与非关联方之间的交易须采用公平价格有所区别。根据国际会计准则的规定，关联方交易可以采用以下多种定价方法。

（1）可比不可控价格定价法。当关联方提供货物或劳务交易中的有关条件与同非关联方进行可比产品交易的有关条件相同时，可参考与非关联方交易的价格，确定关联方交易的价格。

（2）转售价格定价法。在关联方交易的货物（或权利、劳务）又转售给一个非关联方的情况下，关联方中转售者的转售价格扣除能弥补其转售费用并能使之获得适当利润的毛利后的余额，即为关联方交易价格。

（3）成本加利润法。在关联方交易的供货方的销售成本上，加上根据同行业或类似行业的销售利润率等确定的适当的附加额来确定交易价格。

（4）按成本计价法。在不存在关联方关系有关交易就不会发生（如除了关联方之外可能找不到买主）的情况下，关联方交易往往采用按成本计价法。

（5）不计价法。在关联方之间免费提供管理服务、免费代为垫付欠款的情况下，关联方交易采用不计价法。

（三）关联方关系及其交易的披露

1. 关联方关系披露的要点有以下两个方面：

（1）在关联方之间存在控制与被控制关系的情况下，如关联方为企业，不论关联方之间有无交易，都应当在会计报表附注中披露以下信息：①企业经济性质或类型、名称、法定代表人、注册地、注册资本及其变化；②企业的主营业务；③所持股份或权益及其变化。

（2）在存在共同控制、重大影响的情况下，如果关联方之间无交易，可以不披露关联方关系；如果关联方之间发生交易，则需要在会计报表附注中披露关联方关系的性质，即关联方与本企业的关系。

2. 关联方交易披露的要点有以下两个方面:

(1)根据会计准则,关联方交易的披露与否,取决于该交易对于企业财务状况和经营成果的重要性:①零星的关联方交易,如果对企业的财务状况和经营成果影响较小或几乎没有影响,可以不予以披露;②对企业财务状况和经营成果有影响的关联方交易,如果属于重大交易(主要指交易金额较大的,如对关联方的销售收入占本企业销售收入10%以上的),应当分别按关联方、交易类型予以披露;③对企业财务状况和经营成果有影响的关联方交易,如果属非重大交易,可以在不影响报表读者正确理解企业财务状况和经营成果的前提下,合并披露。

(2)根据会计准则,关联方交易的披露内容主要有:①关联方关系的性质;②关联方交易的类型;③关联方交易的要素,包括交易的金额或相应比例、未结算项目的金额或相应比例、定价政策(包括没有金额或只有象征性金额的交易)。

案 例

案例 14-1　　　　　　　　　　**"国能集团"的会计制度**

辽宁国能集团(控股)股份有限公司(简称国能集团,其股票代码为600077,总股本5 006万股)属信息技术行业,主营通讯电源产品、半导体制冷产品、计算机软件及集成产品、机械制造产品。下属有铁岭帅英谷物干燥设备有限公司、河北亚澳通讯电源有限公司、河北省香河县华北制冷设备有限公司、北京国能天恩科技有限公司、天津新技术产业园区国能科诺商用软件有限公司等8家子公司。

从2001年年报可以看到,该集团公司部分会计政策如下:

1. 公司执行《企业会计制度》和《企业会计准则》等相关规定。下属子公司铁岭帅英谷物干燥设备有限公司和河北亚澳通讯电源有限公司执行《外商投资企业会计制度》,其余子公司执行《企业会计制度》。

2. 会计年度为1月1日至12月31日,以人民币为记账本位币,并且以权责发生制为基础,采用复式记账方法。

3. 外币业务在发生时以当日中国人民银行公布的市场汇率折算为人民币。期末对现金、银行存款、债权债务等按照期末汇率调整,差额记入财务费用的相关科目。

4. 短期投资在取得时以实际支付的价款扣除已宣告发放但尚未领取的现金股利或已到期但尚未领取的债券利息后的金额确认为投资成本;短期投资持有期间所获得的现金股利或利息,冲减投资的账面价值,但已记入应收项目的现金股利和利息除外;期末时按照成本与市价孰低计量,市价低于成本的部分计提短期投资跌价准备;处置短期投资时,以所获得的处置收入与短期投资账面余额扣除已计提的跌价准备后的差额确认投资损益。

5. 公司采用备抵法计算坏账准备,应收账款按余额的8%计提,其他应收款按期末余额的5%计提。

6. 原材料采用计划成本核算并按月计算成本差异,库存商品采用加权平均法,低值易耗品采用一次摊销法。子公司中河北亚澳通讯电源有限公司存货采用计划成本核算,其余子公司存货采用实际成本核算。

7. 对其他单位的长期投资占该单位有表决权20%以上,或不足20%但有重大影响的,采用权益法核算;对其中拥有超过50%的控制权,或不足50%但有实际控制权的被投资单位编制合并会计报表。

8. 固定资产的折旧方法为:铁岭帅英谷物干燥设备有限公司与河北亚澳通讯电源有限公司采用加速折旧法,其他子公司采用直线法,如下表所示:

各类资产	残值率	预计年限(年)	折旧率
房屋、建筑物	3%	30 ~ 40	3.23% ~ 3.43%
机器设备	3%	10	9.7%
运输工具	3%	8	12.12%
电子设备	10%	5 ~ 10	18% ~ 9%
其他	10%	5	18%

9. 无形资产以取得时的实际价格计价,自取得无形资产当月起按预计使用年限、合同规定的受益年限和法律规定的有效年限三者中较短年限平均摊销。期末对无形资产按照单个资产可收回金额低于账面价值的差额计提减值准备。

10. 流动资金发生的借款费用计入当期财务费用。为构建固定资产发生的借款费用,在满足准则要求情况下资本化,不满足条件的在发生时直接计入财务费用。

11. 确认的预计负债数额是偿还负债所需要的最佳估计支出数,如果支出数存在一个范围,以该范围的上下平均数确定;不存在支出范围的,预计负债涉及单个项目时,可以按该项目的最可能估计数确定,涉及多个项目时,按各种项目可能的金额和发生的概率确定。

12. 销售在满足以下四个条件时,确认为收入:企业已将商品所有权上的主要风险和报酬转移给购货方;企业既没有保留通常与所有权相联系的继续管理权,也没有对已售出的商品实施控制;与交易相关的经济利益能够流入企业;相关的收入和成本能够可靠地计量。

13. 合并报表的范围包括母公司和母公司对其有实质性控制关系的子公司;合并时,对公司范围内的投资、往来、购销业务、其他重大交易和利润分配项目进行抵销;子公司所采用的会计政策和会计处理方法应与母公司一致,不一致之处按照母公司的方法予以调整。

14. 公司在 2000 年 1 月 1 日至 2001 年 12 月 31 日免征所得税,河北亚澳通讯电源有限公司、北京国能天恩科技有限公司和天津国能科诺商用软件有限公司所得税率为15%,其他子公司所得税率为 33%。

资料来源:《上海证券报》年报披露(经作者筛选)。

案例分析:1. 本案例中该集团的会计制度设计有什么样的特点?

2. 会计制度在设计时应遵循哪些原则?

案例 14 - 2　　　　　　　　"亚盛集团"的会计制度

甘肃亚盛实业(集团)股份有限公司(简称"亚盛集团",其股票代码600108,注册资本 60 084.6 万元)是由甘肃省亚盛农工商公司、甘肃金塔兴盛实业公司、甘肃金塔永胜农业发展公司联合甘肃金塔农业开发公司等 4 家单位共同发起成立的股份公司。该公司主营高科技农业新技术、新产品开发和加工,农副产品种植、无机盐及其副产品的生产,自营和代理国家组织统一联合经营的 16 种出口商品和除国家实行核定公司经营的 14 种进口商品以外的其他商品及技术进出口业务等。

该公司在 2001 年年报中,列示的会计制度部分内容如下(以下内容经筛选):

1. 公司执行《企业会计准则》和《企业会计制度》,会计年度为 1 月 1 日至 12 月 31日,以人民币为记账本位币,采用权责发生制原则。

2. 发生的外币业务,按照发生时的市场汇率折合为人民币,期末外币账户余额按期末市场汇率进行调整;因外币专门借款产生的折算差额在所购建的固定资产达到预定使用状态前记入相关资产的价值,在所购建的固定资产达到预定使用状态后发生的折算差额记入当期损益;其他外币业务产生的折算差额记入当期损益。

3. 本公司以每期最后一个交易日证券市场的市场价格作为短期投资期末计价标

准,按期末短期投资成本与市价孰低计提短期投资跌价准备,记入当期投资损益。

4. 应收账款采用账龄分析法计提坏账准备,确定的计提比例是:

(1)逾期 1 年(含 1 年,以下类推)以内的,按余额的 0% 计提。

(2)逾期 1~2 年以内的,按余额的 10% 计提。

(3)逾期 2~3 年以内的,按余额的 30% 计提。

(4)逾期 3~4 年以内的,按余额的 50% 计提。

(5)逾期 4~5 年以内的,按余额的 80% 计提。

(6)逾期 5 年以上的,按余额的 100% 计提。

5. 存货的取得按照实际成本计价,发出原材料、产成品、包装物采用加权平均法核算,低值易耗品采用一次摊销法核算;存货按照成本与可变现净值孰低计价,按照单个存货项目的成本高于可变现净值的差额提取,跌价损失记入当年损益。

6. 本公司投资占被投资单位有表决权资本总额 20% 以下,或虽投资在 20% 以上,但不能对被投资单位的生产经营和财务决策产生重大影响的,采用成本法核算;对其他单位的长期投资占被投资单位有表决权 20% 以上,或不足 20% 但有重大影响的,采用权益法核算;对其中拥有超过 50% 的控制权,或不足 50% 但有实际控制权的被投资单位编制合并会计报表。

7. 长期债权投资的溢价与折价在债券的存续期内于确认利息收入时按直线法摊销。

8. 固定资产折旧采用直线法,残值率为 5%,各类资产如下表所示:

项目	折旧年限(年)	年折旧率
生产用房	35	2.71%
其中:化工腐蚀房	25	3.80%
非生产用房	40	2.38%
构筑物	20	4.75%
机器设备	12	7.92%
仪器仪表	10	9.50%
运输设备	10	9.50%
农业设施	15	6.33%
其他	8	11.88%

9. 在建工程按照单项工程账面价值大于可收回金额的差额,计提减值准备。

10. 无形资产按照单项工程账面价值大于可收回金额的差额,计提减值准备。

11. 开办费用在发生时,先在长期待摊费用中归集,在生产经营的当月一次摊销,其他长期待摊费用采用直线法在受益期摊销。

12. 确认的预计负债数额是偿还负债所需要的最佳估计支出数,如果支出数存在一个范围,以该范围的上下平均数确定;不存在支出范围的,预计负债涉及单个项目时,按该项目的最可能估计数确定,涉及多个项目时,按各项目的可能金额和发生的概率确定。

13. 公司发行的债券,对发行价格总额与债券面值的差额在债券存续期内采用直线法分期摊销。

14. 公司所得税采用应付税款法核算。

15. 本公司的合并会计报表范围根据财政部《企业会计准则》的规定,确定合并的子公司和合营的企业。

对子公司和合营企业以本公司及纳入其合并范围的子公司的个别会计报表为基础,合并资产、负债、所有者权益以及利润表项目,并将本公司对子公司的权益性资本投资项目的数额与子公司所有者权益中母公司持有的份额,以及本公司与其所属子公司、子公司相互之间发生的重大内部交易、往来均在合并时抵销。

少数股东权益的数额系根据本公司所属各子公司所有者权益的数额减去本公司所拥有的份额计算确定,少数股东本期损益根据本公司所属各子公司在各年度内实现的损益扣除本公司投资收益后的余额计算确定。

16. 所得税按照甘肃省规定,从 1997 年实行先征后返的政策,实际税负为 15%;甘肃省地税局规定,从 2001 年 1 月 1 日至 2001 年 12 月 31 日免征企业所得税。

案例分析:与上例"国能集团"相比,"亚盛集团"的会计制度有哪些特点?两者有哪些相同点?为什么?

思 考 题

1. 企业集团会计制度的设计有哪些特点?
2. 企业集团组建时的会计制度设计包含哪些内容?
3. 如何设计企业集团内部资金流转控制制度?
4. 如何设计企业集团内部存货控制制度?
5. 如何设计企业集团内部固定资产流转控制制度?
6. 如何设计企业集团内部成本与利润核算制度?
7. 如何设计企业集团合并报表制度?
8. 企业集团信息披露制度包括哪些内容?

第十五章

管理会计及预测制度设计

本章要点

　　本章将讲述管理会计制度设计的基本理论问题以及预测的主要内容,包括管理会计制度设计需要考虑的内容和要素、预测方法中的趋势预测法和因果预测法的设计方法。本章既是对管理会计制度设计的一个总括性说明,也是对基本预测方法的介绍。通过本章的学习,应当重点了解管理会计制度设计的基本思想,以便为后述各章奠定基础。

第一节 管理会计制度设计概述

一、管理会计制度设计面临的问题

制度的设计离不开理论的指导,也离不开实践的需要。管理会计制度的设计,同样如此。管理会计的范围究竟有多大? 它与财务会计如何分工与合作? 这是设计管理会计制度时需要首先明确的问题。然而在这个问题上,目前还存在如下争议:

1. 关于管理会计学科的性质,究竟是一门边缘学科,还是会计学的一个分支,需要首先明确。边缘学科是指由两种或多种学科为基础发展起来的科学。如果认为管理会计是一门由管理学和会计学巧妙结合而发展起来的边缘学科,再说它是会计学的一个分支,恐怕就不够妥当。

2. 关于管理会计的学科地位、管理会计与成本会计、财务管理的关系在我国长期争论不休。究竟是管理会计包括成本会计,还是成本会计包括管理会计;是财务管理包括管理会计,还是管理会计包括财务管理? 不论观点如何,它们之间存在的极为密切的关系则是有目共睹的。观点不同,导致学科体系不同。

3. 关于管理会计的概念,目前尚有很大分歧。有人将其定义在内部会计的范围内,有人将其定义为除外部审计之外的一切会计活动。由于概念的宽窄不一,故其内容就大不相同。

4. 关于内部会计与外部会计的界限,即使按通常的概念来理解也越来越模糊了。例如,现金流量表产生时本是内部报表,但现在成了对外报表;再如,分部报表本来是为了管理的需要而产生的,但现在也已作为对外会计报表。因而,现金流量表的内容、分部报表的内容,究竟是不是管理会计的内容,或者说是财务会计内容还是管理会计内容,本身就是一个难以回答的问题。另外,为了管理的目的而产生的新的会计分支,如人力资源会计、信息资源会计等,现在尚未纳入财务会计账户体系,也就未能在对外财务报告中反映。类似这样的内容,是财务会计还是管理会计,也是一个需要明确的问题。因此,如何区分财务会计制度和管理会计制度,是一个值得深入探讨的问题。

5. 关于内部管理需要,不论管理会计如何定义,不论内外会计的界限如何确定,管理会计都要有为内部经理人服务的内容,都必须适应内部管理的需要,这一点是没有争议的。但不同企业内部管理的需要又有所不同,大企业与小企业、工业企业与商业企业、新企业与老企业、业务发展的企业和业务萎缩的企业、国内企业与国际企业等各有特点,因此,管理会计制度也就难以强求一致。

6.关于管理会计的流派,由于管理会计的流派不同,如有传统学派、创新学派等,故其侧重点也就不同,因而也会影响管理会计制度的制定。

7.关于管理会计的理论体系、方法体系,目前尚未完全定型,中外管理会计著作的内容体系也不太一致,故其制度也就难以统一。尤其是目前西方在成本计算方法上正广泛运用 ABC 法(Activity - Based Costing,作业成本法),有人又在其基础上提出了改进的 ABC 法,而我国目前大部分管理会计著作尚未从理论上进行深入研究,大部分企业也未从实践上加以运用,这主要与经济发展水平和生产环境有关。但是否实行 ABC 法,直接影响到管理会计预测、决策、预算、控制等各个环节的结果。

8.关于管理会计制度的制定,即使对于管理会计制度的内容已经取得了共识,在写法上也会存在分歧。

因而,本书所写的管理会计制度设计,只是探索性的一孔之见。

二、管理会计制度设计的内容

哪里有管理,哪里就有管理会计。有管理会计就有管理会计制度。有管理会计制度,就必然涉及管理会计制度设计问题。管理会计的内容十分丰富,可从以下不同的角度分类:

1.按过程,可分为战略管理会计、销售管理会计、生产管理会计、研发管理会计。

2.按要素,可分为人力管理会计、财务管理会计、信息管理会计、环境管理会计。

3.按管理的职能,可分为组织管理会计、预测管理会计、决策管理会计、预算管理会计(规划管理会计)、控制管理会计、评价管理会计。

根据管理会计的内容,各种管理会计制度的关系如表 15-1 所示。

表 15-1-a

	销售管理 会计制度	生产管理 会计制度	研发管理 会计制度	战略管理 会计制度	
组织管理 会计制度	销售组织	生产组织	研发组织	战略组织	财务管理 会计制度
预测管理 会计制度	销售预测	生产预测	研发预测	战略预测	人力资源管理 会计制度

续表

	销售管理 会计制度	生产管理 会计制度	研发管理 会计制度	战略管理 会计制度	
决策管理 会计制度	销售决策	生产决策	研发决策	战略决策	环境管理 会计制度
预算管理 会计制度	销售预算	生产预算	研发预算	战略预算	信息资源管理 会计制度
控制管理 会计制度	销售控制	生产控制	研发控制	战略控制	质量管理 会计制度
评价管理会计					成本管理 会计制度

表 15 – 1 – b

	财务管理 会计制度	人力资源 管理会计 制度	自然资源 管理会计 制度	环境管理 会计制度	信息资源 管理会计 制度	质量管理 会计制度	成本管理 会计制度
组织管理 会计制度	财务组织	人力组织	资源组织	环境组织	信息组织	质量组织	成本组织
预测管理 会计制度	财务预测	人力预测	资源预测	环境预测	信息预测	质量预测	成本预测
决策管理 会计制度	财务决策	人力决策	资源决策	环境决策	信息决策	质量决策	成本决策
预算管理 会计制度	财务预算	人力预算	资源预算	环境预算	信息预算	质量预算	成本预算
控制管理 会计制度	财务控制	人力控制	资源控制	环境控制	信息控制	质量控制	成本控制

　　上述预测、决策、预算三方面内容也可以统称为计划,所以,按环节也可以分为组织管理会计、计划管理会计和控制管理会计三个方面。路易斯·A·艾伦对"组织"的定义是:为了使人们能够以最有效的工作方式去实现目标而进行明确责任、授予权力和建立关系的过程。在管理会计中,建立责任组织、划分责任中心、实行责任会计乃是组织管理会计的内容。如果不将组织作为独立环节,那么就只剩下计划管理会计和控制管理会计两大方面。

　　此外,管理会计还应包括资本成本会计。资本成本会计研究的是资本成本的计算和确定,在美国有一个管理会计公告第四号——资本成本率(美国全国会计师联合会管理会计实务委员会 1984 年 11 月发布),因而资本成本不仅是财务管理的内容,同时也是管理会计的内容。

有人还认为国际管理会计也是管理会计的内容。其实,这些内容就是国际财务管理的内容,而国际财务管理既是财务管理的一个分支,也是财务管理的一项基本内容。因而将其纳入管理会计的框架之内,是否有越俎代庖之嫌,值得探讨。其具体内容包括国际投资决策会计,跨国营运资本会计,外汇风险的计量和控制,跨国经营企业业绩评价。①

三、管理会计制度设计需要考虑的问题

我们认为,管理会计制度设计应考虑以下问题:

1. 管理会计的核心之一,是成本的确认、计量、分配和管理。

2. 关于成本计算的方法可分为以直接人工为分配基础的传统成本计算法和以多种动因为基础的作业成本计算法。在管理会计中应当使用哪种成本计算法,进而对成本按习性分类,这是管理会计制度设计必须首先考虑的重要问题。虽然作业成本法科学合理,有许多优点,但这种方法相对复杂,因此应具体情况具体处理。如果是劳动密集型企业,应继续实行以直接人工为分配基础的传统成本计算法;如果是资本和技术密集型企业,由于人工成本在产品成本结构中的比重很小,仅占 10% 左右,则应实行作业成本法。因而,管理会计不仅要与传统成本计算法相结合,而且要与作业成本法相结合。

3. 在计算成本、设计管理会计制度时,不仅要考虑生产、销售、管理等成本,还要考虑产品出售后发生的外部损失成本,乃至全部品质成本(或称质量成本),并且要考虑信息成本等支援成本和环境成本。

4. 在知识经济时代,设计管理会计制度时,不仅要考虑工资等人工成本,还要考虑知识成本和人力资源成本。

5. 由于管理会计技术的复杂性,因而在设计管理会计制度时,不仅要研究手工操作方法,而且必须与计算机相结合,研究计算机操作方法。因而本书在讲解设计制度时,结合了电子计算机的处理。

6. 管理会计中经常涉及两个方案的比较、选择和决策,在决策中如何将选择权(即期权)观念和技术加以应用,对于正确决策有十分重要的意义。因而本书主张在决策或其他方案选择中应充分注意选择权问题。

---

① 余绪缨. 管理会计[M].沈阳:辽宁人民出版社,1996.

第二节　预测制度设计概述

一、预测制度设计的意义

预测是根据过去和现在预计未来,根据已知推断未知。预测分析是对所确定的预测目标、收集的信息资料、选定的预测方法,以及获得的预测结果进行分析、评价的整个过程。

预测制度设计的意义主要表现为三点:

1. 预测是决策的前提,没有科学的预测就难以作出正确的决策。

2. 预测是预算的前提,没有科学的预测就无法提出合理的预算目标。

3. 预测是生产经营的前提,没有科学的预测就无法顺利开展生产经营活动。

因而,只有科学的预测,才能有利于企业合理安排销售、生产、采购,掌握生产经营的主动权,才能有利于提高计划和决策的科学性,才能有利于改善企业经营管理,提高经济效益。

二、预测程序设计

关于预测程序包括的步骤众说纷纭。归纳各家之说,不外乎下述步骤:

1. 确定预测目标。

2. 制定预测方案。

3. 搜集预测资料。

4. 分析预测资料。

5. 选定预测方法,建立预测模型。

6. 进行实际预测。

7. 评价预测结果,修正预测误差。

8. 提出预测报告。

在具体设计工作中,可以对上述步骤进行必要的分合或增减。

三、预测方法与类型设计

预测方法很多,据统计有 100 多种。这些方法,可以从不同角度进行分类。

1. 按预测时间,可分为长期预测和短期预测。

2.按预测方法,可分为定性预测和定量预测。

3.按预测内容,可分为销售预测、成本预测、利润预测、资金预测等。

作为企业,应当对预测类型进行设计。例如,搞不搞长期预测,坚持定性预测还是定量预测,还是定性预测与定量预测相结合,对销售、成本、利润、资金搞不搞预测,对销售数量和销售价格是不是分别搞预测等,都应当通过设计予以确定。

预测方法按性质可分为定性预测法和定量预测法两大类。其中定性预测法又包括专家意见法、主观概率法、综合意见法、市场调查法等;定量预测法又包括趋势预测法、因果预测法等。趋势预测法和因果预测法又分为许多具体的方法,列表 15 - 2 说明如下。

表 15 - 2

定性预测法	专家意见法	专家会议法	
		专家小组法	
	主观概率法		
	综合意见法		
	市场调查法		
	……		
定量预测法	趋势预测法	趋势平均法	简单移动平均法
			加权移动平均法
			二次移动平均法
		指数平滑法	
		直线趋势法	总体法
			个体法
		指数曲线趋势法	
		二次曲线趋势法	
		……	
	因果预测法	一元线性回归法	
		多元线性回归法	
		二次曲线回归法	
		……	
	投入产出预测法		

在什么情况下采用什么方法,预测类型设计十分关键。如果不能选择正确的预测方法,就会造成预测的失误。一般说来,当逐期增长量大致相同时,应采用直线回归法预测;当逐期增长率大致相同时,应采用曲线回归法预测;在没有更多的历史数据、或不准备搜集更多的历史数据而近期数据权数较大的情况下,可以采用指数平滑法;如果因变量与自变量呈二次曲线关系,就应当采用二次曲线回归法。这可根据历史资料,利用计算机做图,进而选择具体的预测方法。

对什么进行定性预测,对什么进行定量预测,对什么坚持定性与定量预测二者相结合,定性预测或定量预测又应采用什么具体方法,如销售,是按总体法,还是采用个体法;是采用趋势预测法,还是根据需求曲线预测;当采用趋势预测法时,异常情况如何认定,如何剔除,都应通过制度设计作出规定。

需要注意的是,在销售预测时,要考虑产品的寿命周期,是成长阶段、成熟阶段,还是衰退阶段,如果已经到了衰退阶段,而仍按原来的趋势预测,必然会出现错误。

第三节　趋势预测法设计

趋势预测法亦称时间数列预测法。当然,也有人将趋势预测法作为时间数列预测法的一种。它是将事物过去和现在已经发生的资料按照其发生时间的先后顺序排列成一个时间数列,根据时间数列找出事物随时间变化而发展变化的趋势,然后,按照这种趋势来进行预测。

趋势预测法一般适用于销售预测,其种类包括趋势平均法、指数平滑法、直线趋势法、指数曲线趋势法等。

一、趋势平均法预测设计

趋势平均法包括简单移动平均法、加权移动平均法、二次移动平均法等具体方法。各种方法的预测需要根据公式利用预测表来完成,如何设计各种预测表,如何确定期数,都是预测中必须解决的问题。

1. 简单移动平均法。简单移动平均法就是将前期平均数作为预测值。其计算公式如下:

$$预测值 = \frac{\sum 前\ n\ 期实际值}{确定的期数\ n}$$

（1）期数的设计。需要明确 n 的数值，即对期数进行设计。一般说来，n 值越大，各平均数的差异就越小；反之，则越大。因而需要合理确定 n 的数值。一般可用 3 期或 5 期作为分母上的期数。

（2）预测表格式的设计。如果只是一种产品，可以直接利用公式计算平均数，不必做表；但如果品种很多，可以设计预测表，并直接用计算机计算。格式如表 15 – 3（假定按 3 期平均）所示。

表 15 – 3　简单移动平均法预测表

商品编号	商品名称	实际数			平均数
		1 期	2 期	3 期	

这种方法的优点是计算方法简单，缺点是没有考虑不同时点业务量的变动对预期销售情况的不同程度影响。该方法适用于各期业务量稳定，没有季节性变动的食品和日常用品的预测。

2. 加权移动平均法。加权移动平均法是以一定期间的加权平均数作为预测值。具体涉及两个问题：一是期数的选择；二是权数的确定。

（1）期数的选择，应根据预测对象的特点和企业的需要确定期数，如 3 期、4 期、5 期或更多。

（2）权数的设计，原则是离预测期越近，权数越大。如利用 3 期加权，对前 3 年资料可以分别赋予权数 1、2、3，也可以分别赋予权数 0.2、0.3、0.5。前者（即权数为 1、2、3）逐年权数增加 1，呈等差数列，但第二年是第一年的 2 倍，第三年是第二年的 1.5 倍；后者（即权数为 0.2、0.3、0.5）不呈等差数列，第二年是第一年的 1.5 倍，第三年是第二年的 1.67 倍，三年权数总和等于 1，便于计算。如何选择，需要根据企业产品的具体情况进行确定。

预测值计算公式如下：

$$预测值 = \frac{\sum（各期实际值 \times 该期权数）}{\sum 各期权数}$$

（3）预测表格式的设计。这种预测表也比较简单，它只要在简单平均数预测表的

基础上,增加各期权数的表格即可。假定按3期加权平均,权数假定为0.2、0.3、0.5,则单品种各期的加权平均数预测表如表15-4所示。

表15-4-a

相对期数	权数
第1期	0.2
第2期	0.3
第3期	0.5

表15-4-b

时间	实际数	加权平均数

该表可以计算多期的加权平均数。

为了适应多品种预测的需要,也可设计横式预测表,如表15-5所示。

表15-5　加权移动平均法预测表

期次		1期	2期	3期	
各期权数		0.2	0.3	0.5	
商品编号	商品名称	实际数			平均数

该表只能计算某一期的加权平均数。

3. 二次移动平均法。二次移动平均法是对时间序列计算的一次移动平均数或对其变动趋势进行第二次移动平均，并根据第二次移动平均数进行预测的方法。

其步骤是：计算一次移动平均数；计算变动趋势；计算变动趋势的移动平均数；计算预测值。也可以直接对一次移动平均数计算二次移动平均数，然后再计算变动趋势数。

预测值计算公式如下：

$$预测值 = 一次平均数 + （一次平均时所用期数 - 1） \times 二次平均数$$

这里具体涉及两个问题：一是计算一次移动平均数时期数的选择；二是计算二次移动平均数时期数的选择。一般说来，期数越大，各平均数的差异就越小；反之，则越大。因而应合理确定用以计算平均数的期数。

（1）期数的设计。对于一次平均时用几期数字，二次平均时用几期数字，必须首先确定。如果数据不是很多，可以在计算一次平均数时用 5 期数字，二次平均时用 3 期数字。如果计算二次平均数时也用 5 期数字，就等于对更多的数据进行了综合，难以做到准确预测。

（2）预测表格式的设计。二次移动平均法的预测表格式如表 15 - 6 所示。

表 15 - 6　二次移动平均法预测表

期数	实际数 At	一次平均		二次平均
		5 年平均数	变动趋势	3 期平均数
1 次平均数期数		5		
2 次平均数期数		3		
1				
2				
3		1 ~ 5		
4		2 ~ 6	变动 1	
5		3 ~ 7	变动 2	变动 1 ~ 3
6		4 ~ 8	变动 3	变动 2 ~ 4
7		5 ~ 9	变动 4	变动 3 ~ 5
8		6 ~ 10	变动 5	变动 4 ~ 6

续表

9		7～11	变动6	变动5～7
10		8～12	变动7	
11				
12				
13				

当然,也可以将二次移动平均数放在变动趋势数的左面,即计算二次平均数之后再计算变动趋势。

如要计算下一年1月预测数(即最后1行),应根据1次平均数所用的期数即5期倒推至上年第9月所对应的1次平均数和2次平均数,再利用上述公式计算。

表中预测公式的设计,可以利用计算机自动生成结果。

算术平均法和加权平均法等趋势预测法是建立在两个假设基础之上的:一是事物发展具有一定的连续性;二是事物过去和现在的发展变化趋势会照样延续到未来。所以,此类方法运算简单易行,但至少需要过去三、四个历史期间的数据。另外,由于该方法是建立在未来将按过去的情况发展变化的假设之上,对市场的突然变化无法顾及,所以适用于因变量因素变化不大的预测。

二次移动平均法的优点在于同时考虑了销售量的移动平均数和趋势值的移动平均数,但其计算过于复杂。

二、指数平滑法预测设计

指数平滑法又称指数修匀法,它是在趋势平均法的基础上形成的。基本思想是将前期实际值和前期预测值分别赋予不同的权数(二者之和等于1),据此进行加权平均,从而求得平均值,作为本期预测值。

指数平滑法的计算公式如下:

$$预测值 = 前期实际值 \times 平滑系数 + 前期预测值 \times (1 - 平滑系数)$$

用符号表示为:
$$F_{大} = \alpha \times A_{t-1} + (1-a) \times F_{t-1}$$

1. 平滑系数的设计。平滑系数是指数平滑法的关键。平滑系数取值范围是大于等于0,小于等于1;一般取值范围是大于等于0.3,小于等于0.7。如果前期预测值接近前期实际值,则平滑系数宜大些;反之,宜小些。

2.初始预测值的确定。根据预测值的计算公式可知,初始预测值是无法计算而应由预测者估计和指定的。具体地说,可以用最初一期的实际值,也可以用最初若干期实际值的平均数。

3.指数平滑法预测表格式设计。如果要预测一种产品,则通过多年的预测值和实际值比较,从而达到确定平滑系数的目的。可设计指数平滑法预测表,其格式如表15-7所示(假定平滑系数=0.3)。

表15-7　指数平滑法预测表

平滑系数			0.3	
期数	实际数 A_t	$A \times A_{t-1}$	$(1-\alpha) \times F_{t-1}$	预测值 F_t
				（估计）

如果要预测多种产品,已知上期实际、上期预测、平滑系数,则可设计指数平滑法预测表,其格式如表15-8所示。

表15-8　指数平滑法预测表

品种	上期实际	上期预测	平滑系数	预测值

指数平滑法具有修匀实际数对预测值影响的作用,平滑指数取值越大,则近期实际数对预测结果的影响就越大;平滑指数取值越小,则近期实际数对预期结果的影响就越小。因此,进行近期预测或销量波动较大的预测时,应采用较大的平滑指数;进行长期预测或销量波动较小的预测时,可采用较小的平滑指数。

三、直线趋势法预测设计

直线趋势法是指利用自变量和因变量的线性关系进行预测的方法。如果通过描点,历史数据大体呈直线排列,就可以采用这种方法。

直线趋势法的函数表达式是一个以时间(x)为自变量的直线方程,公式如下:

$$Y = a + bx$$

其中,参数 a、b 的计算公式为:

$$b = \frac{n\sum xy - \sum x \sum y}{n\sum x^2 - (\sum x)^2} \qquad a = \frac{\sum y - b\sum x}{n}$$

由于时间是连续的,故为了手工计算的方便,可令 $\sum x = 0$,以简化公式,则:

$$b = \frac{\sum xy}{\sum x^2} \qquad a = \frac{\sum y}{n}$$

为了使 $\sum x = 0$,各期的取值方法是:如果数据资料期数为奇数,一般令中间期序号为0,0 两边各期相差数为1,分别为 -1、1, -2、2, -3、3,…如果数据资料期数为偶数,则令中间两个期数序号分别为1、-1,两边各期数相差2,分别为 -3、3, -5、5, -7、7,…

1. 期数的设计。期数多些,可起到修匀作用,但期数太多,不便于计算;期数太少,反映不了趋势。所以期数应适中,大体以 10 期左右为佳。

2. 数据的设计。要剔除非正常数据,至于非正常数据的概念则应通过设计确定。

3. 预测表设计。假定期数为偶数,12 期,根据 a、b 计算公式的要求,可以设计预测表,其格式如表 15 - 9 所示。

表 15 - 9　直线趋势预测表

月份	时间 x	销售 y	x^2	xy	y^2
1	-11				
2	-9				
3	-7				

续表

月份	时间 x	销售 y	x^2	xy	y^2
4	-5				
5	-3				
6	-1				
7	1				
8	3				
9	5				
10	7				
11	9				
12	11				
合计					
下年1	13				

当计算出各列合计数之后,即可求得 a、b 的值,然后利用直线方程进行预测。

4. 简化方法。如果利用计算机电子表格中的函数,既可以直接计算 a、b,也可以利用 FORECAST 函数直接求得预测值。使用该函数,只要先后录入自变量预测值(时间,如下年1月)、销售列数据、时间列数据,然后就可立即求出预测结果,十分方便。而且对时间序列可采取简便处理办法,即按本身的年数或月数表示,不必采取令其代数和等于零的办法。另外,还可以根据原始资料自动绘制趋势线,形象地反映预测结果。

四、指数曲线趋势法预测设计

指数曲线趋势法是根据预测目标的历史时间序列的增减百分率大体相同这种情况所采用的一种趋势外推预测法。其指数曲线方程为:

$$y = ab^t$$

求解过程如下:

第一步,方程两边取对数作直线方程求解

$$\log y = \log a + t \log b$$

设 $\log y = Y$，$\log a = A$，$\log b = B$。

第二步，利用求解直线方程的方法求得 A、B 的值，即 $\log a$、$\log b$。

第三步，再计算反对数 a、b（方法是以 10 为底，以对数值为指数的计算结果），即曲线方程中 a、b 的值。

最后，根据时间序列数 t 的具体数值，就可以预测计划期 y。

关于期数设计和数值设计问题，与直线趋势法相同。

1. 预测表格式设计。根据指数曲线趋势法的求解过程，预测表的格式设计如表15－10 所示（第 7 期为预测数）。

表 15－10　指数曲线趋势预测表

	t	y	$\log y$	$t \cdot \log y$	t^2
1					
2					
3					
4					
5					
6					
合计					
A			a		
B			b		
7					

在表中首先求出各列的合计数，然后计算出 A、B 的值，接着再计算 a、b 的值，最后求出预测值。

2. 简化方法。利用计算机 Excel 的指数回归函数 GROWTH 直接求解十分方便。只要先后输入因变量数列的值、自变量数列的值、自变量的预测值之后，即先后录入 y 列、t 列数据、预测期的 t 值，就可自动求出预测值，见表 15－11 所示。

表 15 – 11　指数曲线趋势预测表

时间	因变量(假定是销售量)
1	20
2	21
3	23
4	26
5	28
6	32
7	34

第四节　因果预测法设计

因果预测法是根据事物之间的因果联系,由原因来预测结果的一种预测方法。

事物之间的因果联系,可能是一因一果,也可能是多因一果,还可能是一因多果或多因多果。关于因果之间的函数关系,可能是直线关系,也可能是曲线关系。这里主要研究一因一果和多因一果的情况,既研究直线关系,也研究曲线关系。

一、一元线性回归法预测设计

一元线性回归法主要研究一因一果的情况。当预测值由一个因素影响,并且呈线性关系时,应采用一元线性回归法。其函数表达式为:

$$Y = a + bx$$

与混合成本分解的直线回归法相同,一元线性回归法的自变量是销售额或销售量,因变量可能是资金等。至于 a、b 的计算公式与前述直线回归法的公式完全相同,预测表的格式也大致相同。

二、多元线性回归法预测设计

多元线性回归法主要研究多因一果的情况。当预测值受多个因素影响,并且呈线性关系时,应采用多元线性回归法。

函数表达式为:

$$Y = a + b_1 x_1 + b_2 x_2 + \cdots + b_n x_n$$

1. 参数的计算公式。如果是二元线性回归,则参数 b_1、b_2、a 的计算公式如下:

$$b_1 = \frac{\sum x_1 y \cdot \sum x_2^2 - \sum x_2 y \cdot \sum x_1 x_2}{\sum x_1^2 \cdot \sum x_2^2 - (\sum x_1 x_2)^2}$$

$$b_2 = \frac{\sum x_1^2 \cdot \sum x_2 y - \sum x_1 y \cdot \sum x_1 x_2}{\sum x_1^2 \cdot \sum x_2^2 - (\sum x_1 x_2)^2}$$

$$a = \frac{\sum y - b_1 \sum x_1 - b_2 \sum x_2}{n}$$

2. 预测表格式设计。由于多元线性回归法的参数多,并且其计算公式十分烦琐,故预算表也就相应复杂。以二元线性回归法为例,基本格式设计如表 15 – 12 所示。

表 15 – 12

n	y	x_1	x_2	x_1^2	x_2^2	$x_1 x_2$	$x_1 y$	$x_2 y$
合计								

三、二次曲线回归法预测设计

二次曲线回归法的函数表达式为:

$$Y = a + bx + cx^2$$

参数 a、b、c 的计算公式如下:

$$a = \frac{\sum y \sum x^4 - \sum x^2 \sum x^2 y}{n \sum x^4 - (\sum x^2)^2}$$

$$b = \frac{\sum xy}{\sum x^2}$$

$$c = \frac{n \sum x^2 y - \sum x^2 \sum y}{n \sum x^4 - (\sum x^2)^2}$$

1. 预测表格式设计。根据 a、b、c 的计算公式,二次曲线回归法预算表的格式设计如表 15 – 13 所示。

表 15 – 13

n	x	y	x^2	x^3	x^4	xy	$x^2 y$
合计							

求得有关各项和合计数后,代入上述公式,即可求得 a、b、c 的值,进而利用预测公式进行预测。

2. 简化方法。利用计算机 TREND 函数求解十分方便。只要以数组公式形式先后输入因变量数列的值、自变量数列的值、自变量的预测值之后,即可自动计算预测值。

宝钢的财务控制体系

宝山钢铁公司(以下简称宝钢)经过多年的探索和实践,逐步建立了一整套具有宝钢特色的、适应企业生产经营管理需要的财务控制体系,它的核心内容主要包括五个方面:即以企业价值最大化为导向,以全面预算管理为基本法,以标准成本管理为基础,以现金流量控制为核心,以信息化技术为支撑的全面财务控制体系。

自推行全面财务控制体系以来,宝山钢铁公司取得了显著成效,公司的收入、成本、费用、利润、企业价值等都处于严密的制度控制之下,从根本上保证了企业的经营质量。1998年、1999年、2000年宝钢分别实现利润总额为10.24亿元、15.03亿元和32.57亿元,EBITDA(息税折旧前利润)分别为71亿元、90亿元和114亿元。

一、以企业价值最大化为目标

2000年,宝钢股份公司成功上市成为公众公司。针对公司体制的变化,按照对投资者(股东)负责的宗旨,股份公司提出的根本目标取向和核心价值观是:企业价值最大化。企业价值最大化的具体内涵有如下几点:

1. 为股东创造价值是公司存在和发展的基本目的,公司要以良好的经营业绩和稳定的股利分配回报股东。

2. 用户是我们的事业伙伴,公司要以精品钢铁和一流服务满足并超越用户的期望,与用户共同创造价值,实现共赢。

3. 员工是公司最重要的资源,公司要为员工的成长和价值提升创造机会,实现企业和员工价值的和谐一致。

4. 社会是企业生存的土壤,回报社会是我们义不容辞的责任,公司要为社会进步和社区文明作贡献,为改善地球生态作贡献。

以价值最大化为导向的财务控制体系,促使宝钢的财务管理发生了质的变化,主要表现为以下三点:

一是从追求单一的利润目标转变为与股东财富价值和公司价值有关的每一价值动因的自身目标。宝钢不仅重视年度的经营利润,同时还加强对产生这些利润所占用资产的资本成本管理,综合评价宝钢价值创造的水平,并通过对价值驱动因素的分析,寻求提升宝钢价值的关键财务杠杆。

二是促使财务工作从提供常规财务信息转变为提供价值贡献预测的报告,宝钢已将公司整体价值贡献和各工序价值贡献的预测纳入预算编制、控制过程中,并将价值最大化理念贯穿企业财务控制的全过程,始终坚持以价值创造或损害为评价部门业绩的标准。

三是从对传统的职能结构进行管理转变为以价值为中心进行管理,宝钢初步形成适合自身特点的全面价值化管理体系,使企业价值管理理念落到实处。

二、全面预算管理体系

宝钢全面预算管理的创新点(详细内容见第十八章案例)表现在下述方面:

1. 预算管理的全面性。宝钢预算管理的全面性体现在全员参与、全面覆盖和全过程控制三方面。公司的每一位员工都是预算的执行者;公司所有涉及现金和财务的活动都纳入了预算管理;公司从投资、采购、生产到销售等每一环节都处于预算控制之中。

2. 充分体现与战略、规划的结合。战略代表了公司未来的发展方向,规划指出了中长期的奋斗目标,而预算主要是统领未来一年的经营目标,战略、规划确定的方向和目标需要通过预算来加以实施。宝钢目前在预算管理中充分体现战略和规划的内容,同时根据实际情况提出更加明确、具体的努力方向。

3. 创造性地提出了月度执行预算。年度预算提供了年度的经营目标,但在每月执行时,如何根据实际情况去判断、把握总体的趋势是一个问题,因此每月提供执行、控制的标准,确保年度预算目标的完成是十分必要的,尤其是在经营形势严峻的情况下更显突出。因此,1997年,宝钢在年度预算的基础上提出了月度执行预算。月度执行预算作为每月的控制预算,是踩住预算节点、保证年度目标完成的有效手段。

4. 实现柔性控制与刚性控制相结合。预算告诉执行人员需要达到什么样的目标,为了达到这一目标,企业只愿或只能花多少代价,至于实现这一目标的方式,则由执行者充分发挥自己的聪明才智,根据"相机制宜"的原则,选择最佳的途径来进行。就宝钢整个预算管理体系而言,以"柔性控制"为主体,但就预算管理分解、落实责任指标而言,又强调"刚性控制",特别是月度执行预算,更是以刚性控制为主。预算的柔性控制和刚性控制是相辅相成的,它们从不同的方面对预算执行过程实施控制,保证公司生产经营过程向既定的生产经营目标发展。

5. 预算与标准相结合,全面提升预算管理水平。标准是物化的,预算是货币化的,预算通过标准来制定、落实和执行,预算是标准的反映和优化,标准的执行结果反映在预算上,通过对预算执行结果的剖析,可推动标准不断优化,促进各专业管理不断完善。标准化成为整个企业运行的基础,运用标准化原则建立各种制度标准和成本、费用标准。预算与标准的结合,使宝钢高层管理人员可以把主要精力用于管理和企业生产经营过程中各种不能被标准化的"例外事项"上,从而使预算管理工作的重点更为突出。

预算与标准相结合,使预算通过标准统领各项业务,并使各项业务进一步优化、高效。如通过制定合理的分项目外协费用标准,就可以避免对外协业务一事一议的做法,能大大提高外协费用谈判的工作效率。标准与预算的结合,减少了人为因素,改变了传统预算编制参照往年基数进行反复修订的现象,从而提高了预算编制结果的科学性。随着标准的逐步完善和广泛推行,使宝钢生产经营的方方面面均有了相应的"标尺",使预算管理真正成为全员参与、全面覆盖和全过程控制的全面预算,最终使宝钢预算管理达到"无为而治"的境界。

　　三、标准成本制度

　　宝钢成本管理体系是以标准成本制度为基础,以管理创新和技术进步为动力,并通过成本指标的对比,挖掘成本潜力,推进成本的持续改良,对成本实行全过程控制,以此全面提升产品的成本竞争力,为宝钢实现"价值最大化"的战略目标提供成本保障。标准成本制度已成为宝钢财务控制体系的坚实基础。

　　标准成本制度为成本中心提供了科学合理的成本控制基础,使成本中心可以实施全过程控制,只要有成本发生,成本中心就有一个成本目标的 PDCA 管理循环,并对成本中心成本实施例外管理。如图 1 所示。

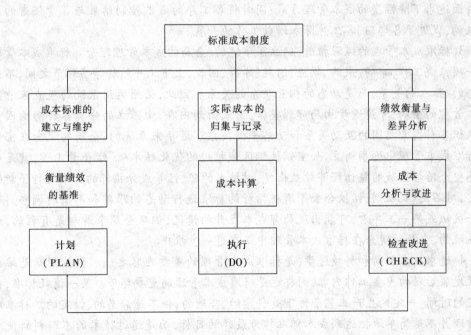

图 1

标准成本提供了成本中心绩效衡量的手段,通过差异分析找到成本变动的直接原因和改善差异的有效方法,起到了有效控制成本的目的。

宝钢标准成本制度的创新点表现在下述方面:

1.标准成本制度便于优化资源配置、指导营销决策。运用标准成本的原理,公司通过对机时能力等生产技术指标的收集,结合市场行情,建立了按品种、规格、牌号为明细对象的产品标准成本及小时边际贡献排序模型,利用产品小时边际贡献排序指导组织生产,引导市场定价,支持营销决策。同时可以利用标准成本强大的数据收集功能,对新投产项目进行成本和效益评估,运用价值工程原理,在新产品开发过程中强调成本目标管理,指导公司的投资决策。

2.加强成本过程控制。标准成本制度本身即是一种成本控制制度,只要正确实施,便能收到很好的控制效果。标准的制定和修订是对成本中心的成本预算,也是对成本的前馈控制;利用标准成本编制月度执行预算是对成本的事中控制;成本差异的揭示与分析是对成本的事后控制。通过差异的计算,有利于在管理上贯彻"例外管理"原则,可以及时、有效地控制不利差异,提高管理工作效率。

按照标准成本制度的要求,选择科学、先进的成本标准来衡量工序成本水平,摒弃了片面追求下降幅度的成本管理方式;同时将各工序的成本控制结果与各责任者的业绩挂钩,促进了各部门、各工序降本增效工作的开展。

3.标准成本管理的纵深推进,确立了系统的、全局的成本管理理念。标准成本管理是一项系统工作,市场、采购、供应、消耗、库存、回收、上下工序结转等多环节之间,不是静态的、孤立的关系,而是动态的相互联系的关系。因此,必须运用系统的观点来看待成本管理的全局,才能逐步由局部到整体,由表面到内在,由孤立的分析各种影响因素到认识各种因素之间的互动关系和动态平衡关系。近年来系统的、全局的观念在宝钢的标准成本管理中逐步树立,如宝钢铁钢区域推进的优化铁水硫、锰含量工作,就是从提高整个冶炼区域的整体经济效益出发,对铁水的硫、锰等成分指标的标准进行了新的界定,对石灰、脱硫剂、锰铁合金等消耗指标的标准进行动态的跟踪和不断的调整。从单一区域或某一工序看,可能出现局部成本上升的情况,但从全局来看却是有利的,这种系统的、全局的观念在标准成本管理中正在进一步推广。

4.追求技术创新和科技进步,是标准成本管理的重要内容之一。科技创新是维系企业发展后劲的重要工作内容,同样也是标准成本管理的重要环节。某一消耗标准,在一定的时间、一定的生产工艺条件下是科学的、合理的,但不是静态的、恒定的。标准成本管理并不是简单地把达到成本标准作为最终的目标,而是通过技术的不断创新使成本标准也处于一个不断提高的过程中。近年来,宝钢在标准成本管理过程中积极开展科技创新工作,且成绩显著。如炼铁厂的"高炉喷煤200kg/t-p攻关",使高炉的喷煤消耗标准不断优化,"提高 IF 钢电镀锌板成材率研究",使成材率指标不断提高,这些技术创新项目的实施与完成同标准成本管理工作相辅相成,形成了企业降本增效的"合力"。

四、现金流量管理体系

资金是企业的"血液",宝钢财务控制体系以现金流量为"控制元",其核心就是现金流量和现金流量控制的高度集中,只有通过控制现金流量才能确保收入项目资金的及时回笼及各项费用支出的受控,也才能充分发挥预算管理的控制作用。通过对现金流向的监控来规范公司内部的各项业务流程,通过对现金规模的监控来规范业务发生的合理性。

1. 坚持资金集中一贯制管理。在资金集中一贯制管理的指导原则下,公司资金管理逐渐体现为融资权、调度权和运作权的集中管理。

融资权的集中指公司资金融通实行统一调控,由资金管理部门统一确定融资规模、结构和渠道,避免公司内部竞争。

调度权的集中指公司资金实行统一调度,银行账户开设、变更或注销由资金管理部门统一办理。

运作权的集中指公司资金实行统一运作,由资金管理部门统一协调金融机构,避免资金分散运作,实现规模资金的保值增值运作,力争资金效益最大化。宝钢在保留原有活期和定期存款等资金保值、增值方式的基础上,不断开拓出新的短期投资渠道,如国债回购、新股申购等,使资金运作收益率始终高于同期同档次银行存款利率。

2. 强化动态现金流量管理。为牢固树立资金预算管理意识,宝钢根据各部门年度现金流量预算,分别将现金流量预算细化到每季、每月、每周、每日,提高可执行预算的执行精度,使月度滚动计划和资金调度周计划紧密结合,预测月度资金溢缺情况,保证资金调度的及时性和准确性,使预算在不断的变化中尽量与实际接轨,提高预算的可信度和可操作性。

3. 优化流动资产管理,监控货款回笼。宝钢自 1997 年起逐步建立流动资产占用考核制度,并纳入公司一贯制考核。流动资产占用预算采取"自上而下"和"自下而上"相结合的编制方法,由职能管理部门对各部门报送的流动资产预算进行审核和平衡,保证了流动资产总体资金占用的受控,并将流动资产各项占用落实到各相关部门,形成了逐级归口负责的考核制度。

对于流动资产各个项目的管理(应收账款、应收票据、存货等),宝钢建立了一系列的管理制度,并根据情况的变化,不断对其进行修订和完善,为优化流动资金管理奠定了基础。公司职能管理部门通过对流动资产各项资金占用进行实时跟踪和监督,及时向管理层反馈有关信息,同时加强与各责任部门的交流沟通,形成互动的管理机制。

结合流动资产管理,加强对销售回笼的监控,加速货款回笼,使宝钢的流动资产始终处于良好状态。

4.加强资金分析。公司自1993年起初步建立起资金分析体系,通过不断地探索和完善,提高了管理效率,具体有以下四条措施:

(1)不断加大对各类流动资金,特别是存货的分析力度,理顺在制品和制成品资金的结算流程,明确部门职责权限,逐步减少各类存货资金。

(2)建立应收账款分析跟踪通报和清理制度,缩短挂账时间,提高资金周转速度,提高流动资产使用效率。

(3)加强货款回笼分析,努力协调好货款结算和销售政策的关系,避免出现货款不能及时回笼的现象。

(4)对现金流量实绩进行跟踪对比,强化融资、资金运作的成本效益分析,确定合理的资本结构和融资方案。

五、信息化技术制度

1998年1月宝钢整体产销系统成功上线运行,经过不断的完善,宝钢的各项管理业务已全面实行计算机化。整体产销系统包括了销售管理、质量管理、生产管理、出厂管理和财务成本管理系统。通过系统的开发与运行,使宝钢在提高整体管理效率的同时,减少了管理的主观性和随意性,实现了管理与控制的集中化与整体化,同时实现了全公司范围内的信息、数据及公用功能模块的共享,将原来孤岛式的管理变成了在高度集中环境下实施的全面信息化管理。

宝钢9672整体产销系统是一个整合程度相当高的企业管理信息系统(如图2所示),实现了成本、会计财务系统与其他管理子系统的高度集成,会计信息的收集基本上实现了自动化。宝钢整体产销系统的精髓就是"财务信息是业务信息的联产品",通过财务信息达到对业务的监控和及时反映,也就是通常所说的"企业管理以财务为中心"的理念。宝钢实现了财务信息化后,为公司整体决策支持系统提供了实时、快速、准确的信息。

(一)宝钢的财务信息化

宝钢财务成本管理子系统是公司整体产销系统的核心子系统,它的建立标志着宝钢以财务为中心的经营管理模式的计算机系统框架已经形成。宝钢财务成本系统包括六个子系统:普通会计管理系统、报支管理系统、固定资产管理系统、成本会计管理系统、产副品账务管理系统、厂务会计管理系统。

宝钢整体产销管理系统在生产作业线实现了实时动态的抛账作业,能及时反映产副品的产销情况(抛账是指把相关的业务信息转变为财务信息的过程)。可以按日动态掌握产副品在某道工序(机组)的原料耗用、产出状况及期初存货、期末存货、准发确

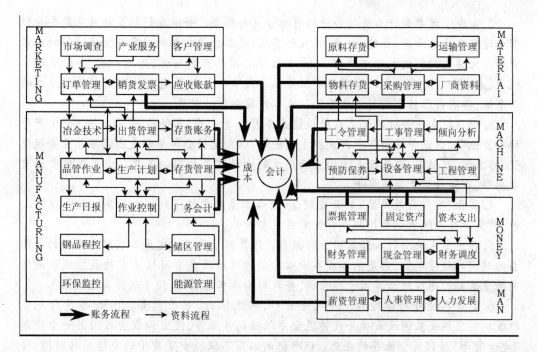

图2 以财务为中心的整体产销系统架构

认等财会成本相关信息,其他系统也采用"抛账"方式向财会成本系统抛账。通过细化成本中心,使生产过程各环节的费用都动态实时地反映在账务系统中,实现了财务与会计的有机分离。

借助先进的信息网络技术,标准成本管理制度的优势在整体产销系统中得到充分的发挥。宝钢在系统开发中借鉴了中钢成熟的管理模式和方法,使标准成本制度在管理原则、处理方法等方面具备了较高的科学性和先进性,特别是成本信息的收集、处理和集成已达到较高的水平,为进一步提高成本系统基础数据的准确性,优化业务流程,提高数据的精确度,实现标准成本制度中实物流、信息流和价值流的高度统一创造了有利条件。

(二)宝钢财务信息化的特点

1.高度整合、实时自动抛账。宝钢9672整体产销系统在各种业务信息产生的同时,自动派生出财务信息。在数据关系上,体现了企业管理信息系统以财务系统为中心的理念,实现了财务系统与其他管理信息子系统的高度集成。财务系统以整体产销系统为基础,在高度整合的系统中,会计信息的收集基本上实现了自动化,并实现自动抛账功能,实现数据、信息交换自动化,提高了宝钢会计、成本的核算质量和核算效率,缩短了结账周期和结账时间,明显优于一般商品化会计软件。目前,宝钢会计报表出报时间已缩短到4天。

2. 实现了成本会计与普通会计的有机分离与结合。普通会计核算的对象是企业经营全过程发生的资产、负债、权益、收入和费用;成本会计核算的对象是生产过程的成本费用。为适应内部成本管理的需要,成本核算必须尽可能细化,为此 9672 会计管理系统中,成本会计与普通会计实现了有机分离。成本会计与普通会计演变成两个分立的子系统,各有自己独立的科目体系——成本科目和会计科目。

3. 费用报支业务规范化。目前报销业务有物资采购、备件采购、设备采购、生产外协和差旅费、通勤费报销等。开发报支系统的目的,是将公司全部支出的报销业务规范化、标准化、自动化,避免因人为因素而产生的会计账务处理的差异。费用报销实施自动抛账,在国内处于领先水平。

4. 贯彻"功能覆盖产线"的开发理念,使成本系统柔性得到极大提高。如产线增加时,只需更改系统中相关控制表就能完成成本核算。

5. 在成本系统中引入预算因子的概念。预算因子是指决定成本实际发生数的最恰当的时间或数量单位,它是依各成本中心活动的性质及成本习性决定的最佳或最简便的衡量基础。通过对预算因子的分析,查找影响成本的动因,便于从源头控制成本。

6. 财务系统外功能延伸——电子货币、网上银行、电子商务。1996 年建行龙卡 POS 机在宝钢安装调试成功并代替现金办理报销等业务,使宝钢成为我国第一个使用"电子货币"替代现金业务的企业。POS 机的启用不仅减少了货币的市场周转时间,防止收到伪钞,同时减少了岗位设置,从而提高了财务人员的工作效率。

2001 年,宝钢开发了与公司整体会计管理系统融为一体的资金管理系统和网上银行系统,覆盖了公司各财务部门,对资金实现了动态的、在线的管理和调控;与各大银行开通账户查询功能和在线支付功能,全面实现了网上资金实时结算。

案例分析:宝钢以财务为中心的管理体系是如何实现协调统一的? 各种控制手段间的关系如何?

思 考 题

1. 试述趋势平均法的设计方法。
2. 试述指数平滑法的设计方法。
3. 试述直线趋势法的设计方法。
4. 试述因果预测法的设计方法。
5. 预测程序的设计包括哪些内容?
6. 如何进行预测方法的选择?

第十六章

经营决策制度设计

本章要点

　　本章将讲述决策的基本原则和经营决策的方法设计问题,包括决策原则、决策程序、决策责任的设计、存货管理设计和典型决策方法的介绍。通过本章的学习,应当掌握不同决策方法的适用条件,结合企业实际情况选择适当的方法。

第一节 决策制度设计概述

一、决策制度设计的意义

决策(Decision)是指为实现特定的目标,根据当前条件和对未来发展情况的预测分析,对未来行动所作的决定。它是一种创造性的管理活动。狭义的决策是管理的一个环节,广义的决策贯穿于管理过程的始终。

在人类社会中,决策涉及政治、经济、军事、文化、教育、科学、技术等各个方面,相应的,决策也可分为政治决策、经济决策、军事决策、文化决策等。而企业所面临的往往是有关经济管理方面的决策,它属于经济决策范畴。

管理上一个良好的决策应当是有效益的、有效率的。只有有效益,才能实现管理者所追求的目标;只有有效率,才能利用最少的资源达到最佳的目标。

为了有效地帮助管理者作出正确决策,管理会计人员必须根据目标,在充分利用会计资料及其他有关信息的基础上,通过预测分析,对决策所涉及的问题拟定各种备选方案,并运用专门方法,对其经济效益和社会效益进行科学的测算和比较分析,扬长避短、趋利避害、全面权衡,从中选出最优方案。

决策分析(Decision Analysis)就是针对决策的问题,确订目标、拟订方案、最优选择的整个过程。

二、决策原则设计

决策的设计原则可以概括为:"三可"、"四结合"、"一考虑"原则:

1. "三可"。三可是指信息可靠,方案可行,效益可观。

(1)信息可靠,是指收集信息必须准确、全面、及时,如果信息不准确、不全面、不及时,就难以作出科学的决策。

(2)方案可行,是指拟定的方案必须在组织上可行、技术上可行、经济上可行。如果组织上不可行,就难以落实;如果技术上不可行,就难以实施;如果经济上不可行,缺乏资金,就不会产生经济效益。一句话,没有管理不行,没有技术不行,没有资金也不行。

(3)效益可观,是指经济效益、社会效益令人满意。如果经济效益不可观,就失去了经营的目的;如果只是经济效益可观而社会效益不可观,那对整个社会来说,可能还是个损失。要想达到效益可观,就要做到两利相权取其重、两弊相衡取其轻。有人主张"最优",实际上是做不到的,故西蒙提出应当用满意标准代替传统的最优标准。这里所说的最优,实际也是"满意"而已。

2. "四结合"。四结合是指内外结合、短长结合、小大结合、质量结合。

(1)内外结合是指内部条件分析与外部环境分析相结合。

(2)短长结合是指目前利益分析与长远利益分析相结合。

(3)小大结合是指局部效益分析与整体效益分析相结合。

(4)质量结合是指定性决策分析与定量决策分析相结合。

3. "一考虑"。"一考虑"是指考虑选择权的价值。选择权是有价值的,设计者必须正确估计选择权的期权价值。例如,企业是提早推出还是延迟推出未来市场不确定的新产品,这就分别涉及增长型选择权和延期型选择权。

三、决策程序设计

决策包括哪些程序,如何确定完善合理的程序,也是一个在决策设计中需要明确的问题。

一般认为,可将决策分析程序归结为四个步骤,即确定决策目标、拟定备选方案、选择最优方案和检查执行结果。

1. 确定决策目标,即要解决什么问题。决策目标通常具有三个特点,即成果的数量性、时间的确定性和责任的明确性。

2. 拟定备选方案,即将各种可行方案全部列举,以备选择。有了目标,就要挖掘各种方案以备选择,而要拟订方案,就必须广泛搜集资料,充分考虑影响因素,包括数量因素和非数量因素。

3. 选择最优方案,即判断哪个方案最好。这就要进行定量比较和定性分析,从而在多个备选方案中选出最优方案。在定量分析时,要首先区分相关成本与无关成本,相关收入与无关收入,然后确定评价标准,再根据评价标准计算相关的成本和收益,同时结合非数量因素的分析、综合比较、全面权衡,确定出最优方案。

4. 检查执行结果,这实际上是将决策程序作了延伸。狭义的决策分析并不包括这一步骤。

其实,作为决策的程序来说,还要首先确定谁做决策的问题。这就要将决策问题按重要程度分类,做到重要决策由上层进行,次要决策由中层或基层进行。另外,要确定决策分工,如销售部门负责销售决策,生产部门负责生产决策,研发部门负责研发决策等。这个问题也是个决策组织设计问题,但它往往是决策程序的第一步。有些决策分工比较明确,有些则不然。如销售收款方式决策,是不是销售决策,如果是,应当由谁负责,是销售部门,还是财务部门;与此类似,采购付款方式决策,是不是采购决策,如果是,又应当由谁负责,是采购部门,还是财务部门。对于诸如此类的问题,都应当在制度中予以明确。

检查执行结果之后,还应有个责任落实、追究和处理的过程。只有如此,才能使决策者增强责任感,较好地避免或减少决策的失误。

在实际工作中决策的具体程序还会因决策内容、状态的不同而有所不同,如长期决策与短期决策之间,可否决策与择优决策之间,确定型决策与非确定型决策之间,决策的程序就应有所不同。

四、决策责任设计

决策责任的认定,应当建立决策责任认定制度。如果事后发现决策有问题,就应查明原因,及时补救。要看是主观原因,还是客观原因造成的,如果是决策者主观原因,就应做到谁决策、谁负责,谁泄密、谁负责。决策失误,应追究责任,也应自负责任。

如果决策当时是正确的,但事后情况有了变化,则应及时补救。要赋予管理者管理期权。

如果决策方案本身没问题,但执行人不按方案执行,则责任不在方案决策人,而在方案执行人。对此,责任一方面应由执行人负责,同时用人的决策人也应负用人不当之责。在这方面,古人给我们做出了榜样,诸葛亮用马谡守街亭,造成街亭失守,是决策失误,结果上疏自贬官。

如果决策不一定失误,但情报被泄露,也应追究情报泄露者的责任。如何处理决策的公开性和保密性的关系问题也是值得认真权衡的重大问题。

决策失误责任可因情节轻重,分为经济责任、行政责任、刑事责任。其中,经济责任包括扣发奖金、减少工资、赔偿损失;行政责任包括批评、记过、降职、撤职、开除;刑事责任包括拘留、罚金、徒刑。关于刑事责任的认定与量刑,自有法律部门解决,如侵犯商标罪、侵犯版权罪、泄露商业秘密罪、非法经营罪、串通投标报价罪、虚假广告罪等等。而经济责任和行政责任的认定,则应由企业在不违反国家有关规章制度的前提下,根据决策失误的原因、情节、金额和影响制定企业本身的责任制度。

第二节 经营决策方法设计

一、经营决策方法分类设计

经营决策方法包括哪些种类尚有不同意见。我们认为,按其决策依据可分为差量成本法、差量毛益法和差量利润法。

差量成本法是指对两个或两个以上方案的相关成本进行分析,求出差量成本以确定最优方案的决策方法。

差量毛益法是指对两个或两个以上方案的相关收入和相关成本(变动成本)进行分析,求出差量毛益以确定最优方案的决策方法。

差量利润法是指对两个或两个以上方案的相关收入和相关成本(包括变动成本和固定成本)进行分析,求出差量利润以确定最优方案的决策方法。

二、经营决策设计方法

(一)差量成本法

1. 差量成本法的决策标准。差量成本法的决策标准是差量成本,即先计算各方案的成本(指相关成本),然后选择成本低的方案。也可直接计算差量成本进行决策,如果比较的乙方案与被比较的甲方案的差量成本为正,则取甲方案;反之,则取乙方案。

2. 差量成本法的基本做法。差量成本法根据决策方案是否涉及固定成本而有所不同。当不涉及固定成本时,只需直接比较变动成本即可。当涉及固定成本,即备选方案中有一个以上涉及固定成本时,则又可分为两种情况:若业务量确定,可直接比较成本,求出差量成本;若业务量不确定,但可估计其最高或最低限度,则可根据决策的具体问题分别确定成本重合点或成本同值点,然后进行决策。

成本重合点,亦称成本平衡点、成本无差别点、成本分界点等,是指两个方案总成本(或相关总成本)相等时共同的业务量。其表现形式可以是产量或销量,也可以是天数等。其计算公式如下:

$$成本重合点 = \frac{甲方案固定成本 - 乙方案固定成本}{乙方案单位变动成本 - 甲方案单位变动成本} = \frac{两方案固定成本之差}{两方案单位变动成本之差}$$

如果上述公式中甲或乙方案固定成本为零,并不影响公式的正确性,只需将某一方案的固定成本作为公式的分子即可。

成本重合点如图 16 – 1 所示。由该图可见,在成本重合点处,两方案总成本相等;在成本重合点以上,固定成本高、变动成本低的方案为优;在成本重合点以下,固定成本高、变动成本低的方案为劣。根据预定的产销量,即可根据其在成本重合点的具体位置进行方案的选择。

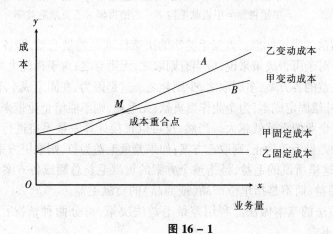

图 16 – 1

成本同值点又可具体分为总成本同值点和单位成本同值点两种。通常所说的成本同值点,一般是指前者。它是指新方案成本总额与原方案成本总额相等时的新方案的产量(或销量)。其计算公式如下:

$$成本同值点 = \frac{原方案成本总额 - 新方案固定成本总额}{新方案单位变动成本}$$

如果产量在成本同值点以上,新方案总成本高于原方案总成本,则选择原方案;如果产量在成本同值点以下,新方案总成本低于原方案总成本,则选择新方案。

成本同值点与成本重合点并非同一概念。单位成本同值点是指新方案单位成本与原方案单位成本相等时的新方案的产量。其计算公式如下:

$$单位成本同值点 = \frac{新方案固定成本}{原方案单位成本 - 新方案单位变动成本}$$

若新方案产量在同值点以下,其单位成本就高于原方案单位成本;反之,则低于原方案单位成本。

(二)差量毛益法

差量毛益是指两个方案贡献毛益之差。由于贡献毛益等于销售收入与变动成本之差,故差量毛益等于两个方案差量收入与差量变动成本的差额。用公式表示如下:

$$差量毛益 = 差量收入 - 差量变动成本 = 甲贡献毛益 - 乙贡献毛益$$
$$= 甲销售量 \times 甲单位贡献毛益 - 乙销售量 \times 乙单位贡献毛益$$
$$= 甲销售额 \times 甲贡献毛益率 - 乙销售额 \times 乙贡献毛益率$$

1. 差量毛益法的决策标准。差量毛益法的决策标准是差量毛益,即各方案贡献毛益的有无或多少。对于可否决策来说,应当有则取之,无则弃之;对于择优决策来说,就应当对能带来贡献毛益的各方案,多则取之,少则弃之。这是因为,在固定成本不变的情况下,有毛益,就可以补偿固定成本,为企业作出贡献;无毛益,则不能给企业带来任何利益。同理,毛益越多,对企业的贡献就越大。当然,也可以直接计算差量毛益进行决策。如果乙方案与甲方案的差量毛益为正,则取乙方案;如果差量毛益为负,则取甲方案。

需要指出,这里所说的毛益,是指整个方案的贡献毛益总额或各方案每机时或每人时所创的贡献毛益,而不是指单位产品(或商品)的贡献毛益。

2. 差量毛益法的基本做法。利用差量毛益法决策,可分两种情况:一是业务量确定;二是业务量不定。

如果各方案的业务量已经确定,则可以将各自的业务量分别与其单位贡献毛益相乘,从而求得各自的贡献毛益总额后再进行决策;如果替代方案的业务量尚未准确确定,则一般可先确定毛益同值点,然后进行决策。

所谓毛益同值点,是指两个方案贡献毛益总额相等时新方案的产量或销量。其计算公式如下:

$$毛益同值点 = \frac{原方案贡献毛益总额}{新方案单位贡献毛益}$$

由于单位贡献毛益等于单位售价与单位变动成本的差,故毛益同值点受到新方案单位售价和单位变动成本两个因素的影响。

(1)当单位售价变动,单位变动成本不变时,毛益同值点可写成:

$$毛益同值点 = \frac{原贡献毛益总额}{新售价 - 原单位变动成本}$$

在定价决策中,往往要用到此公式。有人也将毛益同值点称为价格无差别点或价格平衡点,其实并不是价格无差别或价格平衡,而是不同价格下的毛益无差别,故称毛益同值点较妥。

(2)当单位变动成本变动,单位售价不变时,毛益同值点可写成:

$$毛益同值点 = \frac{原贡献毛益总额}{原售价 - 新单位变动成本}$$

(3)当单位售价和单位变动成本均发生变动时,毛益同值点可写成:

$$毛益同值点 = \frac{原贡献毛益总额}{新售价 - 新单位变动成本}$$

(三)差量利润法

差量利润是指两个方案利润之差。由于利润等于销售收入与成本(包括变动成本和固定成本)之差,故差量利润等于两个方案差量收入与差量成本的差额。

差量利润可用下列公式表示:

差量利润 = 差量收入 − 差量成本 = 甲利润 − 乙利润

= (甲销售量 × 甲单位贡献毛益 − 甲固定成本) − (乙销售量 × 乙单位贡献毛益 − 乙固定成本)

= 甲安全边际量 × 甲单位贡献毛益 − 乙安全边际量 × 乙单位贡献毛益

= 甲安全边际额 × 甲贡献毛益率 − 乙安全边际额 × 乙贡献毛益率

1. 差量利润法的决策标准。差量利润法的决策标准是差量利润,即计算各方案利润的有无或多少,对于可否决策来说,应当有则取之,无则弃之;对于择优决策来说,若各方案皆能带来利润,就应当多则取之,少则弃之。

至于比较什么利润,应视具体情况而定。如果各方案均无共同成本发生,则应比较营业净利或税前净利;如果各方案有共同成本发生,则应比较直接利润;如果专属成本中包括可免成本和难免成本时,则应比较相关直接利润。当然,也可直接计算差量利润进行决策。如果乙方案与甲方案的差量利润为正,则取乙方案;若差量利润为负,则取甲方案。

2. 差量利润法的基本做法。利用差量利润法进行决策时,如果各方案的业务量确定,则可以根据各自的业务量分别利用前述的某一公式,先求出各自利润额(相关利润),然后进行决策;如果替代方案的业务量尚未确定,则一般可先确定盈亏临界点进行决策,或者进而再计算利润同值点或利润平衡点进行决策。只要预计业务量超过盈亏临界点,则有利可图;反之,则无利可得。然后就可根据决策标准进行取舍。

利润重合点,也称盈亏无差别点、利润平衡点,是指单位贡献毛益不同,固定成本总额也不同的两个方案利润相等时共同的业务量(产量或销量)。其计算公式如下:

$$利润重合点 = \frac{甲方案固定成本 - 乙方案固定成本}{甲方案单位贡献毛益 - 乙方案单位贡献毛益} = \frac{两方案固定成本之差}{两方案单位贡献毛益之差}$$

由于单位贡献毛益等于单位售价与单位变动成本之差,故利润重合点受单位售价、单位变动成本和固定成本总额的共同影响。

利润重合点与成本重合点的关系是:如果两个方案单位售价相同,则上式的分母即为两方案单位变动成本之差,于是上式就变成了成本重合点的公式。因而在单位售价相同的情况下,利润重合点与成本重合点是一致的。

利润同值点是指新方案利润与原方案利润相等时的业务量。其计算公式如下:

$$利润同值点 = \frac{原方案贡献毛益\quad原方案固定成本 + 新方案固定成本}{新方案单位贡献毛益}$$

由公式可见,利润同值点受新方案固定成本和单位贡献毛益的影响。如果固定成本低,单位贡献毛益高,则同值点的业务量就少;反之,同值点的业务量则多。

三、经营决策方法应用范围设计

(一)差量成本法的适用范围

差量成本法应用的前提条件是两个方案的收入相同,或者两个方案都不直接涉及收入问题,即差量收入等于零。在此情况下,只需对两个方案的成本进行比较即可进行决策。因此,这种决策方法只研究差量成本,不研究差量收入。

一般说来,不涉及收入变动的零部件自制与外购决策、设备租赁与购置决策、设备保留与更新决策、工艺如何选择决策、设备如何更新决策等,都应采用差量成本法。

需要指出,设备是否更新决策,设备如何更新决策等,本属长期决策,但如果不改变生产能力,或者不增加销售收入,在不考虑时间价值因素时,也可视做短期决策,应运用差量成本法。

(二)差量毛益法的适用范围

差量毛益法应用的前提条件是两个方案的固定成本相同,即差量固定成本等于零。它适用于企业不改变生产能力和经营规模,备选方案皆无专属固定成本发生的情况。在此情况下,只需对两个方案的贡献毛益进行比较即可进行决策。因此,这种决策方法只研究差量收入和差量变动成本,不研究固定成本,或者说只考虑差量毛益,不考虑固定成本。

一般说来,不涉及固定成本变动的亏损产品是否停产决策(或亏损商品是否经营决策)、特殊订货是否接受决策、新产品是否开发决策、产品品种如何确定决策、产品品种如何组合决策、一般商品如何调价决策、疲软商品如何削价决策等,都应采用差量毛益法。

(三)差量利润法的适用范围

差量利润法应用的前提条件是两个方案都涉及收入、变动成本与固定成本。在此情况下,就不能应用差量成本法和差量毛益法,而应采用差量利润法。因此,差量利润法适用于备选方案的收入、变动成本和固定成本(可能是部分固定成本)皆不相同情况的决策。这种决策方法,不仅研究差量毛益,而且研究差量固定成本。

一般说来,涉及固定成本变动的亏损产品是否停产决策(或亏损产品是否经营决策)、特殊订货是否接受决策、新产品是否开发决策、产品线是否增减决策、产品加工与出售决策、设备保留与更新决策、固定资产自用与出租决策、企业维持与歇业决策等,都应采用差量利润法。

第三节　典型决策方法设计

一、零部件自制抑或外购决策设计

零部件自制抑或外购决策主要涉及三个因素:质量、成本和时间。如果自制质量差,当然只能外购;如果自制成本高,就没有自制的必要;如果自制或外购不及时,影响生产,那也就没有选择的余地;如果在质量、时间都不成问题的前提下,主要的考虑因素就是成本了。

零部件一般都用于产品的生产。零部件自制抑或外购决策,可能涉及固定成本变动,也可能不涉及固定成本变动,但不论涉及与否,都是只涉及成本,不涉及收入。因而直接比较成本,更准确地说直接比较相关成本就可以了。

比较前要弄清哪些是相关成本,哪些不是相关成本。自制方案发生的直接材料成本、直接人工成本、变动制造费用,外购方案的单价、运费等都是相关成本。而应由自制方案负担的共同固定成本不属于自制产品的相关成本,因而不应计入自制产品的相关成本中。应由自制方案负担的专属固定成本如果是难免的,也不属于自制产品的相关成本,因而也不应计入自制产品的相关成本中。

如果企业闲置的生产设备不用于自制便可取得租金收入,则应将此租金收入作为自制方案的机会成本即相关成本考虑,视作自制方案的固定成本处理。

在决策时,如果利用闲置生产设备制造其他产品,可以比自制某零件产生更大的差量收益,则应作出外购该零件,同时制造其他产品的决策。

自制抑或外购决策可分为以下两种情况:

1. 不涉及固定成本的变动,即固定成本均为无关成本。在企业生产能力有剩余,自制与外购均无可免专属固定成本发生的情况下,差量成本就是外购成本(包括进价和运杂费等)与自制变动成本的差额。在这种情况下,只要比较变动成本(无论是单位变动成本还是变动成本总额都一样)即可。

2. 涉及固定成本的变动,即某些固定成本为相关成本。在自制方案中,如需增加专用设备,则应同时考虑增加的固定成本。也就是说,追加的固定成本和变动成本一起构成自制方案的相关成本。这又可分为两种情况:

(1) 零件需要量已经确定,则可列表或列式分别计算自制或外购的成本,然后根据成本的高低进行决策,当然也可利用成本重合点进行决策。

【例 16-1】某厂需用 A 零件 500 件,如果自制,每单位变动成本 4 元,但需为此购置一台专用设备,发生固定成本 800 元;如果外购,单位成本 6 元,无固定成本发生。要求作出自制抑或外购的决策。

根据有关资料可分析如下:

$$外购成本 = 500 \times 6 = 3\ 000(元)$$
$$自制成本 = 500 \times 4 + 800 = 2\ 800(元)$$

可见,自制成本低于外购成本 200 元,故应以自制为宜。

决策表格式可设计如表 16-1 所示。

表 16-1

	每单位成本		总成本	
	自制方案	外购方案	自制方案	外购方案
需要数量				
直接材料成本				
直接人工成本				
变动制造费用				
外购单价				
外购其他费用				

续表

	每单位成本		总成本	
	自制方案	外购方案	自制方案	外购方案
变动成本合计				
可免专属固定成本				
设备租金收入(自制方案的机会成本)				
难免专属成本				
分摊共同成本				
相关成本合计				
自制该零件方案差量利润				
自制其他零件利润				
决策				

（2）零件需要量难以确定（即只能估计大体范围），则应利用成本重合点进行决策。

当需要量不确定（即只能估计大体范围）时，应计算成本重合点，再根据成本重合点进行决策。这可根据价格是否确定而分两种情况：

其一，需要量不确定，价格固定。这时只有一个成本重合点。

【例16－2】某厂所需 A 零件需要量估计在350件左右，其自制或外购的成本资料同【例16－1】，要求作出自制抑或外购决策。

根据有关资料，可分析如下：

$$成本重合点 = \frac{800 - 0}{6 - 4} = 400（件）$$

这就是说，当需要量为400件时，两种方案成本相等。当低于400件时，外购为宜；高于400件时，自制为宜。该厂所需350件左右，应以外购为宜。

其二，需要量不确定，价格不固定。随着商品经济的发展，批量做价已普遍实行，由于外购单价的变动，往往会出现两个或两个以上的成本重合点，在此情况下企业就要根据需要量进行决策。

【例16－3】假定【例16－1】的供货单位规定：年采购量在600件以下，单价6元；在600件以上单价5元。运费忽略不计，其他资料不变，则成本重合点分别为：

$$x_1 = \frac{800}{6 - 4} = 400（元）\qquad x_2 = \frac{800}{5 - 4} = 800（元）$$

如果零件需要量在600件以下,则以400件为转折点,低于400件宜外购,高于400件(即400~600)宜自制;如果需要量在600件以上,则以800件为转折点,低于800件(即600~800之间)宜外购,高于800件宜自制。

需要指出,零部件的自制抑或外购并不能仅仅考虑数量因素,还必须同时考虑品质因素。所谓品质因素,一是指自制产品本身的质量是否抵得上外购产品的质量;二是指是否因为自制而影响企业与供应单位长期建立起来的互惠关系,是否因为某一零件的自制而造成其他品种的限供等。

在施工企业中,结构件自制抑或外购的决策,同零部件自制抑或外购决策的道理相同,因而,完全可以将零部件自制抑或外购决策的原理应用到施工企业结构件的决策中。

二、设备是否租赁决策设计

设备是否租赁决策也称设备租赁抑或购置决策。由于购置设备一般要先垫付一笔巨款,然后通过折旧逐期收回,其成本主要表现为折旧费和修理保养费,而租赁设备一般不需要大笔开支,但其租赁费往往较高,因此,就要全面衡量,择优而定。如果租赁费按年计算,并且高于折旧费和正常修理费,说明租赁费和折旧费、修理费一样,皆为固定成本,从成本消耗的角度,则可以在资金允许的情况下考虑购置;如果租赁费按日计算,则租赁费属于变动成本,这种情况从成本消耗的角度可利用成本重合点进行决策。

顺便指出,购置方案即使有时成本较低,但也可能被放弃,因为这一方面涉及付现成本问题,另一方面也涉及货币时间价值问题。较合理的办法是,在付现成本允许的前提下,计算时间价值,然后进行决策。不过这属于投资决策的内容。

三、设备是否更新决策设计

设备是否更新决策亦称设备保留抑或更新决策。一般地说,设备更新,要增加固定成本,但可减少单位变动成本;设备不更新,虽不增加固定成本,但也不能减少单位变动成本。对此问题,可以根据产品的产销量和成本重合点作出是否更新的决策。

与设备是否更新决策相类似,还有设备如何更新决策(即购置自动化设备抑或半自动化设备)、产品工艺决策(即实行固定成本高、变动成本低的工艺方案抑或固定成本低、变动成本高的工艺方案)等。

四、亏损商品是否生产决策设计

亏损商品是否生产决策牵涉因素很多,其中有量的因素,也有质的因素。

亏损商品是否生产,不应以共同成本分配后的盈亏为决策依据,也不一定以贡献毛益为决策依据。它或者取决于产品的贡献毛益,或者取决于直接利润(或称部门贡献),应具体情况具体分析。亏损产品可分两种情况:一是亏损商品无专属成本(即直接固定成本)发生;二是亏损商品有专属成本发生。

1.无专属固定成本发生,应采用差量毛益法决策,即看其贡献毛益的有无或多少。

2.有专属固定成本发生,如果亏损商品是否经营影响固定成本的变动,表现为专属成本的变动,则宜采用差量利润法进行决策。不过这又要分两种情况:一种情况是专属成本可因停止经营而完全避免,即全部为相关成本;另一种情况是专属成本可因停止经营而部分避免,即一部分为相关成本,另一部分为无关成本。对于前者,如果没有可免专属固定成本发生,可以直接看有没有贡献毛益,只需将贡献毛益与全部专属成本相比较,如能提供直接利润即应继续经营,否则应停止经营;对于后者,则需将贡献毛益与可免专属成本(即相关成本)相比较,如有可免专属固定成本发生,则应看有没有相关直接利润,而不能与全部专属成本相比较,如能提供相关直接利润即应继续经营,否则应停止经营。

【例16-4】某公司经营的甲、乙、丙三种商品的净利或净亏情况如表16-2所示。

表 16-2

品种	利润(元)
甲	10 000
乙	-4 000
丙	2 000
合计	8 000

要求作出乙商品是否继续经营的决策。如果按照传统观念分析,很容易作出乙停止经营的决策,但若进一步分析,就可能得出相反的结论。现假定三种商品的有关资料如表16-3所示。

表 16-3

项目	甲	乙	丙
销售量(件)	2 000	1 000	800
销售单价(元)	20	60	25
单位变动成本(元)	9	46	15
固定成本总额(元)		36 000	

此例固定成本皆为共同成本,按各商品销售额分摊。

据此可编制有关贡献毛益和净利计算表如表16-4所示。

表16-4 单位:元

项目	甲	乙	丙	合计
销售收入	40 000	60 000	20 000	120 000
变动成本	18 000	46 000	12 000	76 000
贡献毛益	22 000	14 000	8 000	44 000
固定成本	12 000	18 000	6 000	36 000
净利	10 000	-4 000	2 000	8 000

由表16-2和表16-4可见,乙商品虽然净亏4 000元,但经营比不经营还能获得14 000元的差量毛益,从而为企业分担固定成本作出了贡献,如果停止经营,则其负担的固定成本18 000元就要由甲、丙商品负担,其结果反而会造成甲、丙两种商品净利的减少,甚至造成新的亏损,进而造成企业净利的减少或亏损。分析结果见表16-5。

表16-5 单位:元

项目	甲	乙	合计
销售收入	40 000	20 000	60 000
变动成本	18 000	12 000	30 000
贡献毛益	22 000	8 000	30 000
固定成本	24 000	12 000	36 000
净利	-2 000	-4 000	-6 000

上例说明,经营亏损的乙商品能够使企业获利8 000元,如果停止经营乙商品,会使企业亏损6 000元,两相对比,相差14 000元,恰等于乙商品提供的贡献毛益。由此可见,只要商品能提供贡献毛益,就不应放弃其经营。

与商业企业的亏损商品是否经营决策相似,还有工业企业的亏损产品是否停产决策。

顺便指出,商业企业在进行经营品种决策时还要注意的是,即使是不能带来贡献毛益的真正亏损商品,如果停止经营,就会因经营品种不全而减少顾客,进而也影响总的销售和利润,那么也不应轻易放弃其经营。

上述的亏损商品决策,是指停止该商品经营后,不能经营其他商品。事实上,往往不是如此,在这种情况下,就要比较拟经营和拟放弃经营的贡献毛益总额,倘后者毛益小于前者,则应作出亏损商品转营决策。在工业企业,则应作出亏损产品转产决策;在施工企业,亏损项目是否承揽的决策,与亏损产品是否生产、亏损商品是否经营的决策道理相同。

五、经营品种决策设计

经营品种决策的目的是判断经营什么品种能使企业经济效益、社会效益最理想。如果经济效益与社会效益相统一,在现有生产能力或经营能力条件下,决策标准自然也是贡献毛益的多少,但具体又分为有市场限制和无市场限制两种情况。

如果无市场限制,则可根据生产能力选择贡献毛益总额最多的品种优先生产和经营;如果有市场限制,就要以销定产,根据销售能力选择贡献毛益总额最多的品种优先经营,而不能根据生产能力盲目生产。需要注意的是,工业企业不要仅着眼于生产部分的贡献毛益,而且要考虑最终贡献毛益(即要考虑变动销售费用和变动管理费用)。

【例16-5】某厂现有生产能力10 000机时,可以生产甲、乙、丙三种产品,其有关资料如表16-6所示。

表 16-6

项目	甲	乙	丙
单位产品所需机时	5	10	8
单位产品售价(元)	18	30	25
单位产品生产变动成本(元)	13	24	20
单位产品非生产变动成本(元)	2	1	2
固定生产成本总额(元)	10 000		
固定非生产成本总额(元)	3 000		

由于固定生产成本和非固定生产成本为无关成本,故无须考虑。

根据有关资料分析结果如表16-7所示。

表 16 – 7

项目	A	B	C
最高产量	2 000	1 000	1 250
销售收入(元)	36 000	30 000	31 250
变动生产成本(元)	26 000	24 000	25 000
生产贡献毛益(元)	10 000	6 000	6 250
变动非生产成本(元)	4 000	1 000	2 500
贡献毛益(元)	6 000	5 000	3 750

显然,甲产品与乙、丙产品的差量毛益分别为 1 000 元和 2 250 元。如果市场条件允许,应生产甲产品;如果通过市场调查,预测甲产品只能销售 1 000 件,则其贡献毛益就只能达到 3 000 元。在此情况下,或者生产乙产品,或者先生产甲产品,再以其剩余生产能力生产乙产品,都应根据具体条件确定。

如果利用计算机,决策表格式如表 16 – 8 所示。

表 16 – 8 差量毛益法

项目	合计	甲	乙	丙
基本资料				
生产能力	10 000			
单位产品所需机时		5	10	8
最高产量		2 000	1 000	1 250
最高销量		2 000	1 000	1 250
单位售价		18	30	25
单位变动生产成本		13	24	20
单位变动非生产成本		1	1	2
固定生产成本	10 000			
固定非生产成本	3 000			
中间计算				
单位产品生产贡献毛益		5	6	5
单位产品贡献毛益		4	5	3
单位机时贡献毛益		0.8	0.5	0.375

续表

决策表				
项目	合计	甲	乙	丙
销售收入	97 250	36 000	30 000	31 250
生产变动成本	75 000	26 000	24 000	25 000
生产贡献毛益	22 250	10 000	6 000	6 250
非生产变动成本	5 500	2 000	1 000	2 500
贡献毛益	16 750	8 000	5 000	3 750
贡献毛益多的产品	8 000			
决策				
贡献毛益同值点(甲与乙)	1 250			

另外,产品增产决策、商品增销决策以及新产品开发决策等,与此相类似。

需要注意的是,作出亏损产品停产决策时,由于经济活动已经发生,故专属成本的一部分已成为沉落成本、难免成本,即无关成本。

六、特殊订货是否接受决策设计

特殊订货是否接受决策简称特殊(或特定)订货决策,是指企业除正常订货外,还有剩余生产能力或剩余商品经营能力时发生的订货。特殊订货的特点是价格往往较低,甚至低于单位成本。特殊订货是否接受决策可分两种情况:一是不涉及固定成本的变动;二是涉及固定成本的变动。

1.无专属固定成本发生。一般说来,如果价格低于变动成本,当然不能接受,但如果无追加固定成本发生,只要价格高于变动成本,即可以提供贡献毛益,并且增加订货也不影响正常市场价格就应当接受。在商业企业,如果货源充足,不致因特殊订货而影响正常销售也应当接受。

2.有专属固定成本发生。如果特殊订货有追加固定成本发生,就不宜采用差量毛益法决策,而宜采用差量利润法决策。其差量收入,即为特殊订货的销售收入,差量成本即为特殊订货的变动成本和因此追加的固定成本。如果已知该商品特殊订货的单位贡献毛益,则差量利润亦可用下式计算:

$$差量利润 = 特殊订货单位贡献毛益 \times 该订货量 - 接受该订货的追加成本$$

需要注意的是,特殊订货决策由于经济活动尚未发生,故专属成本皆为未来成本、可免成本,即相关成本。

在施工企业,特殊标价是否投标决策与特殊订货是否接受决策的道理相同。

七、一般商品调价决策设计

商品如何调价决策是判断商品调价(调高或调低)后能否保证原来实现的利润。调价一般不涉及固定成本变动,故只要保证原来实现的贡献毛益即可。

对于一般商品来说,价格降低,可以增加销售量;价格提高,则将减少销售量。但价格太低或太高,都可能导致总贡献毛益的减少。因此,要在价格与销量之间求得平衡。只要调低或调高售价后,能够实现比原来更多的贡献毛益总额,就说明调低或调高售价方案是可取的,否则就是不可取的。

如果能够预测调价后的销售量,就可以列表计算调价前后的贡献毛益进行决策;如果难以准确预测调价后的销售量,就应通过计算毛益同值点进行决策。

【例16-6】某企业销售甲商品,有关资料如表16-9所示。

表16-9

项目	单位金额(元)	总金额(元)
销售数量(10 000)		
单位售价	8	
单位变动成本	5	
单位贡献毛益	3	

据此可计算出贡献毛益总额为:

$$10\ 000 \times (8 - 5) = 30\ 000(元)$$

本期拟将价格提高到9元,但预计销量将下降到8 000件,其他因素不变,则可计算出贡献毛益总额为:

$$8\ 000 \times (9 - 5) = 32\ 000(元)$$

由于提价可使贡献毛益增加2 000元(32 000 - 30 000),故提价是可取的。

如果调价后的销售量难以准确预计,则可通过计算毛益同值点进行决策。本例的毛益同值点为:

$$\frac{30\ 000}{9 - 5} = 7\ 500(件)$$

这就是说,提价后销售量只要达到7 500件,就可以实现与调价前相同的贡献毛益。

需要指出的是,这里所说的如何调价是建立在固定成本不变的假设之上的,如果固定成本会因调价而变动,则宜采用差量利润法进行决策。

另外,调价幅度应符合国家政策规定,如果因调价而损害消费者的利益,就会得不偿失。

八、疲软商品削价决策设计

疲软商品也称困惫商品、过时商品。它是指由于过时而销售困难,不能为企业创造利润的积压商品。对于这样的商品可根据其疲软的程度采取不同的削价策略。如果初渐疲软,则可以将价格削至变动成本总额之上,这与特殊订货决策相类似;如果久已疲软,则由于商品的固定成本属于无关成本,工业的变动生产成本、商业的变动进存成本都属于沉落成本(即无关成本),相关成本只有变动销售费用,因此,只要销售价格高于变动销售费用,就比商品积压在库而视同废品略胜一筹,则将价格削至变动销售费用之上即可。

九、半成品加工抑或出售决策设计

半成品加工抑或出售决策也称进一步加工抑或销售决策。企业生产的半成品,可以直接出售,也可以继续加工。直接出售一般售价较低,但不发生追加成本,继续加工一般售价较高,但须支付追加成本。例如,纺织厂的棉纱(半成品)可以直接出售,也可以继续加工成坯布(成品),究竟如何有利,利用差量利润法可以解决此类问题。

半成品加工抑或出售决策可分单一产品和多种产品两种类型。下面以单一产品为例予以说明:

【例16－7】某企业生产的甲产品,属于半成品,在正常生产量5 000件时,直接出售和继续加工的单位价格分别为10元和14元,如果不继续加工,其发生的成本如表16－10所示(固定费用为共同成本)。

表16－10 单位:元

项目	每单位	合计
直接材料	3.00	15 000
直接人工	2.00	10 000
变动制造费用	1.00	5 000
变动销售费用	0.25	1 250
固定制造费用	1.50	7 500
固定销售费用	0.50	2 500
合计	8.25	41 250

若为了充分利用剩余生产能力,继续加工这 5 000 件产品,所需增加成本如表 16－11所示。

表 16－11　　　　　　　　　　　　　　　　　单位:元

直接人工(每单位)	1.25
变动制造费用(每单位)	0.75
变动销售费用(每单位)	0.50
合计(每单位)	2.50
固定制造费用(每年)	4 000
固定销售费用(每年)	2 500
合计(每年)	6 500

根据上述资料,继续加工所发生的固定费用皆为专属成本,则制作分析表如表 16－12所示。

表 16－12　直接出售抑或继续加工决策　　　　单位:元

项目	直接出售		继续加工		差异		继续加工		继续加工	
	每单位	合计	每单位	合计	每单位	合计	每单位	合计	每单位	合计
销售数量(件)		5 000		5 000				4 810		4 333
销售收入	10	50 000	14	70 000	4	20 000	14	67 340	14	60 662
变动成本										
直接材料	3	15 000	3	15 000	0	0	3	14 430	3	12 999
直接人工	2	10 000	3.25	16 250	1.25	6 250	3.25	15 632.5	3.25	14 082.25
变动制造费用	1	5 000	1.75	8 750	0.75	3 750	1.75	8 417.5	1.75	7 582.75
变动销售费用	0.25	1 250	0.75	3 750	0.5	2 500	0.75	3 607.5	0.75	3 249.75
合计	6.25	31 250	8.75	43 750	2.5	12 500	8.75	42 088	8.75	37 913.8
贡献毛益	3.75	18 750	5.25	26 250	1.5	7 500	5.25	25 253	5.25	22 748.3
专属固定成本				6 500		6 500		6 500		6 500
直接利润		18 750		19 750		1 000		18 753		16 248.3
利润同值点				4 810				1 428.6		4 810
利润重合点				4 333						

根据表 16 – 12 的分析得出以继续加工为宜。

联合产品情形类似,只是其差量收入表现为增加的收入,差量成本表现为可分成本(即分离后继续加工的追加变动成本和专属固定成本),从中可求出差量利润。

在商业企业,对疵点布就既可直接出售,也可交付加工厂做成成衣再行出售。由于做成成衣可避免疵点,往往比直接出售有利。

十、继续加工抑或另行生产决策设计

为了充分利用生产能力,除了对半成品继续加工外,还可另行生产其他产品,究竟作何选择,应以直接利润为决策标准,也可通过计算利润同值点或利润重合点进行预测和决策。

【例 16 – 8】根据上述资料,假定继续加工甲产品和另行生产乙产品损益情况如表16 – 13 所示,作继续加工抑或另行生产决策。

表 16 – 13　继续加工抑或另行生产决策分析表　　　　　　单位:元

项　目	继续加工甲		另行生产乙	
	每单位	合计	每单位	合计
销售数量(件)		5 000		2 000
销售收入	4	20 000	20	40 000
变动成本				
直接材料		0	10	20 000
直接人工	1.25	6 250	3	6 000
变动制造费用	0.75	3 750	1	2 000
变动销售费用	0.5	2 500	2	4 000
合计	2.5	12 500	16	32 000
贡献毛益	1.5	7 500	4	8 000
专属固定成本		6 500		5 000
直接利润		1 000		3 000
直接利润同值点				1 500
直接利润重合点				600

如果利用计算机,可按表 16 – 14 设计。

表 16 – 14　继续加工抑或另行生产决策分析表　　　　单位:元

基本资料		
项目	继续加工甲	另行生产乙
销售数量(件)	5 000	2 000
销售收入	4	20
单位变动成本		
直接材料	0	10
直接人工	1.25	3
变动制造费用	0.75	1
变动销售费用	0.5	2
合计	2.5	16
贡献毛益	1.5	4
专属固定成本	6 500	5 000
决策表		
项目	继续加工甲	另行生产乙
销售收入	20 000	40 000
变动成本		
直接材料	0	20 000
直接人工	6 250	6 000
变动制造费用	3 750	2 000
变动销售费用	2 500	4 000
合计	12 500	32 000
贡献毛益	7 500	8 000
专属固定成本	6 500	5 000
直接利润	1 000	3 000
直接利润同值点销售量		1 500
直接利润重合点销售额		600

可见,另行生产乙产品比继续加工甲产品可获更多利润,故应作另行生产乙产品的

决策。

其结果分别计算如下：

$$利润同值点 = (1\ 000 + 5\ 000) \div 4 = 1\ 500(件)$$
$$利润重合点 = (6\ 500 - 5\ 000) \div (4 - 1.5) = 600(件)$$

这就是说，当乙产品为 1 500 件时，乙产品实现的利润与甲产品(生产 5 000 件)实现的利润相同。如果不知甲产品的数量，则两种产品各生产 600 件时，其利润相同。

十一、设备保留抑或更新决策设计

设备保留抑或更新决策应属投资决策范畴，但在不考虑时间价值时，亦可用差量利润法进行决策。

【例 16 - 9】某企业目前使用的半自动化甲设备，生产能力有限，所耗变动成本较高，企业拟购置自动化设备取而代之，有关资料如表 16 - 15 所示，依其作出该设备保留抑或更新的决策。

表 16 - 15

项目	保留	更新
生产能力	150	250
销售数量	150	200
产品单价	50	50
产品单位变动成本	40	32
年固定成本	1 000	2 160

根据上述资料可作差量分析，见表 16 - 16。

表 16 - 16　　　　　　　　　　　　　　　　　　单位:元

项目	保留	更新	差量
收入	7 500	10 000	2 500
成本			
变动成本	6 000	6 400	400
固定成本	1 000	2 160	1 160
合计	7 000	8 560	1 560
利润	500	1 440	940

由表 16 - 16 分析可见,更新自动化设备有利。

此例也可利用安全边际和贡献毛益进行分析。

保留方案:

$$保本点 = \frac{1\ 000}{50 - 40} = 100(件)$$

$$安全边际 = 150 - 100 = 50(件)$$

$$利润 = 单位贡献毛益 \times 安全边际 = 10 \times 50 = 500(元)$$

更新方案:

$$保本点 = \frac{2\ 160}{50 - 32} = 120(件)$$

$$安全边际 = 200 - 120 = 80(件)$$

$$利润 = 80 \times 18 = 1\ 440(元)$$

从上述分析可见,两者相差 940 元,因此以更新为宜。

当然,如果市场容量较小,二者的销量一样,其差量收入等于 0 时,则可采用差量成本法决策。

至于在产销量为多少时二者的利润相等,则可利用利润重合点进行计算,即:

$$利润重合点 = \frac{2\ 160 - 1\ 000}{18 - 10} = 145(件)$$

十二、固定资产自营抑或出租决策设计

企业的固定资产包括场地、设备等,既可用于自营,也可将其出租。一般来说,自营可取得营业利润,出租除取得租金收入外,还可将其占用的流动资产(如存货)变卖,以用于其他投资。因利息、租金属营业外项目,故决策时应当对两个方案的税前净利(而不是营业净利)进行比较,以决定取舍。

在作该决策时,应将自营方案的成本划分为可免成本与难免成本。可免成本是指材料费、工资、广告费等,难免成本是指折旧费。可免成本会因放弃自营而消除,难免成本却依然存在,但要转嫁给其他部门负担,因而要计入自营方案的成本中。

【例 16 - 10】某企业的甲门市部,全年平均存货 10 000 元,若将场地出租,每年可得租金收入 4 000 元。

该企业正常年度盈亏情况如表 16 - 17 所示。

表 16 – 17　　　　　　　　　　　　　　　　　单位:元

项目	甲门市部	其他门市部	合计
销售毛利	20 000	380 000	400 000
营业费用	17 500	337 500	355 000
税前净利	2 500	42 500	45 000

根据上述资料,似乎将甲门市部出租有利,因其租金收入 4 000 元,大于税前净利 2 500 元,但深入分析并非如此,其原因有下述三点:

第一,未将其成本划分为可免成本与难免成本。可免成本会因甲门市部的关闭而消除,难免成本却依然存在,但要转嫁给其他部门负担。

第二,未将其使用设备的账面价值按沉落成本处理,此项成本在甲门市部关闭后,并无法收回。

第三,未列计存货投资的利息成本,若甲门市部关闭,则其存货投资之资金,可转做其他投资而取得收入。

现假定营业费用中可免成本、难免成本资料如表 16 – 18 所示。

表 16 – 18　　　　　　　　　　　　　　　　　单位:元

项目	甲门市部	其他门市部	合计
可免成本	10 000	210 000	220 000
难免成本	7 500	127 500	135 000
合计	17 500	337 500	355 000

表 16 – 18 中可免成本是指材料费、工资、广告费等,难免成本是指折旧费,具体分析见表 16 – 19。

表 16－19   单位:元

项目	自营	出租	差量
销售毛利	20 000	0	－20 000
营业费用			
可免费用	10 000	0	－10 000
难免费用	7 500	7 500	0
营业利润	2 500	－7 500	－10 000
其他收入			
租金		4 000	4 000
利息(8%)		800	800
净利	2 500	－2 700	－5 200

从上述分析可见,出租将比自营减少税前利润 5 200 元,故应放弃出租方案。此例亦可按全部企业综合计算,与前述计算结果完全相同。

十三、企业营业抑或歇业决策设计

在一般情况下,企业应是持续营业的,但如果市场形势非常严峻,也可能采取暂时歇业的策略。这里需要注意的是,暂时歇业并不能免除全部固定成本,譬如房屋设备的维修费、财产税、保险费,以及企业的特殊工作人员的工资等。这些预计在歇业期间发生的成本,可为歇业成本(Shut-Down Costs),确定企业是否歇业时,可计算歇业点。歇业点就是营业亏损与歇业成本相等时的业务量。业务量低于该点,应歇业;高于此点,不应歇业。其计算公式如下:

$$歇业点 = \frac{营业固定成本 - 歇业成本}{单位贡献毛益}$$

【例 16－11】假定某企业每月销售量为 1 500 件,是其正常经营能力的 60%。由于商品销路不畅,销售量将继续降低。根据表 16－20 的有关资料,作出企业营业抑或歇业决策。

表 16 – 20		单位:元
销售量(1 500)	单件	总金额
销售单价	20	30 000
变动成本	16	24 000
贡献毛益	4	6 000
固定成本		6 000
净利		0

1 500 件为损益临界点,如果停止营业,其歇业成本为 2 000 元。

根据上述资料,可计算歇业点为:

$$\frac{6\ 000 - 2\ 000}{4} = 1\ 000(件)$$

这就是说,如果销售量继续下降到 1 000 件时,应当歇业;如果超过 1 000 件,则应当持续经营。

不同销售量下损益情况如表 16 – 21 所示。

表 16 – 21							单位:元
		销售量(件)					
	歇业	250	500	750	1 000	1 250	1 500
销售收入	0	5 000	10 000	15 000	20 000	25 000	30 000
变动成本	0	4 000	8 000	12 000	16 000	20 000	24 000
贡献毛益	0	1 000	2 000	3 000	4 000	5 000	6 000
固定成本	2 000	6 000	6 000	6 000	6 000	6 000	6 000
损益	– 2 000	– 5 000	– 4 000	– 3 000	– 2 000	– 1 000	0

由表 16 – 21 可以看出,当销售量低于 1 000 件时,其亏损额大于歇业成本 2 000 元(即歇业时损失);高于 1 000 件时,其亏损额小于歇业成本 2 000 元;只有销售量为 1 000 件时,其亏损额与歇业成本相等。

第四节　存货决策制度设计

存货决策可分为存货与否决策、存货数量决策、存货期限决策等几个方面。其中，存货与否决策涉及零库存问题；存货数量决策决定于存货的批量，包括采购批量和生产批量；存货期限决策涉及商品的保本期和保利期问题。

一、经济批量决策设计

（一）采购批量决策

采购批量决策也称经济进货量决策，它是存货决策的主要内容。所谓经济进货量（Economic Order Quantity 简称EOQ）是指能使企业在存货上所花费的总成本最低的每次进货量。

这里所说的总成本，包括采购成本（Purchasing Cost）、订货成本（Ordering Cost）、储存成本（Carrying Cost）和缺货成本（Stock out Cost）。

最佳采购批量的计算方法有三种：

1. 公式法。如果不允许缺货，不存在批量折扣，则经济进货量应采用下列公式：

$$EOQ = \sqrt{\frac{2DO}{C}}$$

用文字表示为：

$$经济订货量 = \sqrt{\frac{2 \times 一定期间需要量 \times 每次订货成本}{每单位一定期间储存成本}}$$

公式法的优点是简便易行，缺点是显示不出资料的广泛适用范围。如果单位进价根据数量折扣而不是常数时，或者单位储存成本根据储存数量变化而不是常数时，公式法就不适用了。这时就应代之以列表法。

2. 列表法。根据下面函数式：

$$TC(Q) = \frac{DO}{Q} + \frac{CQ}{2}$$

先假定若干项大小不定的订购量，并分别将所需的全年相关总成本算出，即可求出或逼近经济进货量。

表 16 – 22   各种订货量下所需成本计算表

订货量	320	400	500	640	800	1 000	1 280	1 600	2 000
平均存货	160	200	250	320	400	500	640	800	1 000
全年储存成本	1 280	1 600	2 000	2 560	3 200	4 000	5 120	6 400	8 000
订货次数	100	80	64	50	40	32	25	20	16
全年订购成本	8 000	6 400	5 120	4 000	3 200	2 560	2 000	1 600	1 280
全年相关总成本	9 280	8 000	7 120	6 560	6 400	6 560	7 120	8 000	9 280

由表 16 – 22 可以看出,当每次订购 800 件,全年订购次数 40 次,每 9 天进货一次时,全年总成本最低,但这是否为总成本函数的极值,还应进一步检验。检验的方法有两种:一种是如果假定条件不变(无数量折扣和缺货损失),则储存成本与订购成本相等的订购量方案为最优方案,可使全年总成本最低;另一种是在总成本最低的 800 件方案左右,选择几个数据进行检验,如 810、790 之类,若其总成本都高于 800 件的总成本,则 800 件即为最优方案;反之,则应进一步逼近。由于此例当订购量为 800 件时,订购成本与储存成本相等,故可知为最优方案。

对于存在批量折扣情况的存货决策,可用列表法。

3. 图示法。图示法是根据已知资料,将储存成本、订购成本和总成本曲线描绘出来,从而寻求经济进货量的方法。其中储存成本是一条正比例直线,订购成本是一条反比例曲线,总成本是一条向上弯曲的曲线。

需要指出,如果将固定资产折旧费考虑在内,则储存成本将进一步提高,而随着全球网络的普及,订货成本将大大下降,于是经济进货量将大大减少,其极点即为零。可见,经济进货量与零库存确有相通之处。

(二)生产批量决策

生产批量决策也称经济生产量决策、最优生产批量决策等。所谓经济生产量,就是能使企业于一定时间内在生产上所花费的总成本最低的每批生产量。它是根据经济进货量的原理而提出来的。

生产批量决策可分为以下两种情况:

1. 整批生产、整批入库的生产批量决策。这一决策与采购批量决策十分相似,所不同者,就是将采购批量决策中的订购成本变为准备成本(或称"调整准备成本")即可。所谓准备成本是指每批产品投产前因进行调整准备工作所发生的成本。这些调整准备工作包括清理现场、调整机器、安排生产线、下达派工单、领取原材料等。

设：S 为每次准备成本；C 为单位储存成本；D 为全年需要量；Q 为经济生产量；TC 为全年总成本（相关部分下同）。

则：

$$Q = \sqrt{\frac{2DS}{C}}$$

$$TC = \sqrt{2DSC}$$

2. 陆续入库、陆续领用的生产批量决策。这一决策除将采购批量决策的采购成本变为准备成本外，还需要考虑每日生产量和每日领用量以及生产周期（即每批次生产的天数）。

设：p 为每天生产量；d 为每天领用量；其他同前。

则：

$$Q = \sqrt{\frac{2DS}{C\left(1 - \dfrac{d}{P}\right)}}$$

$$TC(Q) = \sqrt{2DSC\left(1 - \frac{d}{P}\right)}$$

二、保本保利期制度设计

保本期法是根据本量利分析原理在 20 世纪 80 年代初期提出来的。它根据成本与储存时间的关系，将每次进货的成本分为变动成本（或称日增长成本）和固定成本（或称一次性成本）两类，然后计算保本期和保利期。其实，它与经济进货量有着密切联系，但它远不如经济批量法先进。经济批量是用于事先控制的，保本期是用于事后管理的。经济批量考虑了需要量、采购成本、订货成本、储存成本、缺货成本等各种因素。保本期虽然考虑了订货成本和储存成本因素，但却未考虑需要量和缺货成本因素。另外，经济批量考虑的是一定期间的总订货成本和总储存成本，而保本期考虑的是每次订货成本和每批储存成本，因而从考虑的因素看，前者的全面性优于后者。如果预测准确，按经济批量购进的商品一定是保本的，但按保本期购进的商品却不是总成本最低的。经济批量是从源上解决问题，而保本期不过是从流上解决问题。

试想，如果进货太多，即使计算了保本期和保利期，又于事何补呢？能保证在保利期或保本期将货物销售出去吗？显然不能，但这却导致了年储存成本增加进而导致年存货成本的上升。反过来，如果进货量太少，即使不计算保本期和保利期，则该货的销售能不保本或保利吗？但尽管保本或保利，却由此导致频繁购进或生产，势必增加年订货成本或年生产准备成本进而导致年存货成本的上升。从这个角度说，是经济批量决定保本期和保利期，而不是相反。因而过分地强调保本期和保利期而否定经济进货量是不合适的。当然,如果按经济批量进货之后,市场发生了急剧变化,为了避免损失,通过计算保本期和保利期,并千方百计在保利期或最起码在保本期销售出去,也是很必要的。从这个角度说,经济批量如同战争中的主动进攻,而保本期和保利期不过是一种消极防御。为了加强管理,提高效益,可以将二者结合起来,但应以经济批量为主。

例如,如果每天可销售甲商品 10 件,全年可销售 3 600 件,一次进了 180 天的货,但保本期是 50 天,保利期是 30 天,那么,恐怕 30 天或 50 天怎么也卖不了 180 天的货。如果保本期是 50 天,经济批量是 800 件,而按 50 天进货,尽管能在保本期内销售,但由于进货次数太频,却导致了进、存总成本并不是最低。而如果按 800 件进货,尽管超过保本期,但却可使总存货成本最低,可见,经济进货量法优于保本期法。

三、零库存制度设计

近年来,某些国家开始了零库存管理,应当说这是一种巨大的进步,但这要有一定的条件。在条件不具备的情况下,盲目实行零库存,必然出现停工待料或脱销断档的情况。由于零库存的出现,又有人进一步否定经济批量法。其实,二者有许多相通之处。零库存是经济批量的一种发展。传统上,研究经济批量时,储存成本一般是不含折旧费的,即使考虑了折旧费,一般也是作无关成本处理的。因为房屋建成、设备购置之后,其折旧费就不受进货量的影响。正如美国管理会计学的泰斗查尔斯·T.霍恩格伦在其名著《高级成本管理会计学》中论述的那样:"制定政策时,对所有备选方案共同的存货成本,属于不关联成本,可不予考虑。这些成本之所以为不关联成本,是因为它们并不受存货决策的影响,如仓库记录员、仓库保管员和材料搬运员的工资,房屋和设备的折旧费,以及固定的租金等。"但是,如果在固定资产购置前,仓库及其设备费用就应当是决定进货量的相关成本。因为实行零库存,就可以不建仓库,不购置仓库中的设备,于是,该折旧费就不会发生;反之,不实行零库存,就要建造仓库,并购置相应设备,若将仓库及其设备费用作为进货量的相关成本来处理,储存成本就会大大上升。另外,过去产品更新速度较慢,陈旧损失也较低。近年来,由于科学技术的飞速发展,技术创新、产品更新不断加速,陈旧损失大大提高。

订货成本是指为订货而发生的各种成本。在我国,订货成本中很大一部分是差旅费。由于转轨时期供货单位的不稳定,加之质量、价格的较大差异,往往要派人四处采购,差旅费用惊人。在这种情况下,计算出来的经济批量往往很高。由于现代通讯技术和网上技术的发展,订货成本可大大降低。

总之,随着储存成本的大幅度上升和订货成本的大幅度下降,会使经济批量大大减少,其极限就是零,于是就与零库存取得了一致。

例如,某企业全年需要甲商品 14 400 件,每次派采购员直接订货,订货成本 800

元,折旧费作为无关成本处理时,每件年储存成本 1 元,按最简单的经济批量公式计算可知,经济批量为 4 800 件。如果采取网上订货,每次订货成本 0.5 元,折旧费作为相关成本来处理时,假定每件年储存成本 4 元,则仍按最简单的经济批量公式计算可知,经济批量为 60 件,仅是原来的 1/80。

四、存货决策制度设计应注意的问题

由于计划经济控制法已经过时,保本期法并不能从根本上解决问题,而零库存法目前我国还不具备条件,因此,笔者主张采用经济批量法。采用经济批量法要全面掌握其各种公式,要根据不同的情况,采用不同的公式,不要将这种方法简单化。

要尽可能准确地预测公式中各个因素的数值,如某商品的需要量,每次订货成本,单位储存成本等。要对数量折扣、缺货损失、供求波动有充分的了解。

如果说,利用手工计算经济批量颇为不易,那么利用计算机计算就易如反掌。

案例

案例 16-1   **盼盼集团的零存货管理**

盼盼集团以生产防盗门为主业,产品十分畅销。该企业存货管理采用"适时生产系统"。具体有下述三项:

1. 零库存管理。充分利用钢材市场供大于求的有利形势,实行货到付款的原则。他们根据集团的年生产能力,确定所需的钢材总量、型号、规格,与供应商签订合同,在保证质量的同时,严格明确供货日期,注重分期进货、分期付款,为防止供货失误配备专门的供货车。

2. 零应收账款。集团在全国有经销点 2 000 家,在供不应求的情况下,实行先付款后发货的原则。

3. 零不良资产。零存货与零应收款使得资产的质量较好,资金周转速度快。

案例分析:1. 零存货有哪些优点?

2. 在什么样的情况下适用零存货政策?

3. 零存货有哪些风险? 如何规避?

案例 16 - 2　　　　　　奇特公司的存货管理方法

奇特公司是一家生产和销售计算机外围设备的公司,主要经营键盘、低价位的显示器以及硬盘等。它下设计算机设备和电子元件两个经营分部,各自独立订货。在元件的采购上,奇特公司尽量及时还款,以得到对方给予的购货折扣。为保证能有充足的现金,该公司加紧销售存货资金的回笼,不增加自己的应付账款。

为了减少存货管理成本,奇特公司采用设立销售连锁店的方式,与若干家特许经销商签订销售协议。协议规定:经销商销售产品中必须有 75% 从奇特公司购入,同时,他们不得经营其他厂家生产的、与奇特公司产品相竞争的同类电子元器件;作为回报,奇特公司可以允许经销商在一年内还清货款,并且经销商无法销售出去的残次品奇特公司可以收回。同时,为了吸引更多的企业经销他们的产品,奇特公司还向那些有资金困难的企业提供财务帮助,经常向他们提供市场营销和经营管理方面的建议。

奇特公司电子元件年销售规模达到 5 亿美元以上,并且以 8% 的速度在增长。该公司的管理层决定更多地发展特许经销商这样的销售渠道。

资料来源:摘自王化成:《财务管理教学案例》,中国人民大学出版社,2001 年。

案例分析:奇特公司存货管理的方式有什么特色? 取得成功的原因何在?

案例 16 - 3　　　　　　沃尔玛公司的存货管理制度

沃尔玛公司是世界上最大的连锁零售商,由萨姆·沃尔顿于 1962 年在一家杂货店基础上成立的。经过 40 多年的经营,沃尔玛公司 2001 年收入总额超过 2 200 亿美元,成为《财富》杂志世界 500 强排行榜上的第一位,从而建立起了全球最大的零售王国。

沃尔玛的存货管理运用供应链管理制度,与商品供应商建立了紧密的存货供应关系,达到了"零存货"的理想状态,不但降低了库存与管理费用,还简化了采购管理工作,节约了采购资金,以较低的费用实现了良好的存货管理,从而保证了利润的实现。

宝洁(P&G)公司是沃尔玛的一个重要商品供应商,主要提供"帮宝适"等妇幼产品,这种产品的体积大、保质期严格。如果购入存货较多,会导致资金占用大,保管费用高;如果存货少又会带来销售不足。基于双方长期以来的合作,沃尔玛提出与宝洁建立信息采购系统,沃尔玛将产品的销售信息通过企业间的计算机网络直接传给宝洁公司,宝洁公司实时掌握销售情况,在适当的时间将适当数量的商品送到沃尔玛的配送中心。由于沃尔玛的价格标签和 UPS 条形码已经事先在宝洁公司的产品上贴好,所以配送中心可以直接将宝洁公司打好包的各种商品运到各个商场的货架,从而大大简化了库存管理,每年可因此节省数百万美元的费用。沃尔玛公司 1992 年配送成本低于其销售额的 3%,而同期竞争对手则高达 4.5% ~ 5%。

沃尔玛与宝洁公司间物流与信息流的流程如下图所示:

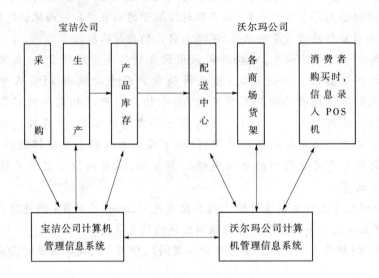

沃尔玛与宝洁公司间物流与信息流流程图

(说明:单箭头表示物流,双箭头表示信息流)

案例分析:沃尔玛公司供应链管理的根本特征是什么? 实行这种管理方法有哪些优点? 在什么样的条件下可以采用这种方法?

思 考 题

1. 如何设计存货经济批量?

2. 短期投资决策方法包括哪些内容? 如何进行选择?

3. 如何进行决策程序的设计?

4. 如何设计决策责任?

第十七章

投资决策制度设计

本章要点

　　本章将主要讲述有关长期投资方法的决策设计,介绍投资决策需要考虑的因素和几种基本的决策方法,包括净现值法、内含报酬率法、现值指数法等。通过本章的学习,应当重点了解各种方法的基本原理,掌握不同方法的适用条件及其特征,作出符合实际的选择。

第一节　投资决策制度内容设计

一、投资决策制度设计的意义

投资决策也称能量决策、能力决策、长期投资决策、资本投资决策、资本支出决策等,它是根据企业生产经营的长远规划制定的具有长远意义的决策。如果将已选定的投资决策方案加以集中,使之系统化、表格化,并列示出有关投资方案分年度的用款额和各年度的资金收支总量等内容,就形成了投资预算,故有人也将投资决策称做投资预算或资本支出预算。

投资决策按照目的可以分为扩大收入的投资和降低成本的投资;按性质可以分为可否决策和择优决策。

二、投资决策组织设计

按照我国《公司法》的规定,股东代表大会决定公司的经营方针和投资计划,董事会决定公司的经营计划和投资方案,经理组织实施公司年度经营计划和投资方案。这说明投资的决策权在董事会和股东代表大会。当然,董事会和股东代表大会决定的应是指投资总额和较重要的投资。对于规模较小的投资,应由董事会授权给总经理,或者再由总经理授权给财务经理或部门经理决策。

为了使决策更科学、更可靠,可以在经理部下设立投资提案委员会,在董事会下设立投资预算委员会,在监事会下设立投资审计委员会。

投资提案委员会,应负责投资提案的受理、整理、效益初步预测等工作,要对合理提案的提出者给予鼓励,并对效益明显的提案给予奖励。

投资预算委员会,应负责投资预算的分析、论证和方案的选择等一系列工作。其人员构成包括董事会成员,正、副总经理,各部门经理或负责人,懂得市场、技术、财务、信息等专业知识的有关专家。为了保证日常工作的顺利进行,应在其下设立投资预算办公室,由一些专家组成。

投资审计委员会,应负责投资预算的再分析、再论证、再评价的审查工作,要重点审查投资环境、市场动向、销售预测、成本费用、初始投资、资本成本、经营风险、财务风险等方面。如果发现存在问题,就要提交董事会作最后决策或者由投资预算委员会和投资审计委员会联席会议再行决策。

通过上述各个组织机构的相互制约,就可以较好地保证投资决策的科学性、正确性。

三、投资规模分类设计

投资规模有大、中、小之分,但不同企业的划分标准往往不同。一个规模很小的企业,即使其规模较大的投资,相对于大企业来说,也不过是个中等规模的投资,或者是个小规模的投资。反过来也是一样。

因而,如何划分本企业的投资规模,如何对不同规模的投资进行分级管理,是一个必须确定的问题。是以 100 万元以上为大型项目,还是以 80 万元以上为大型项目,还是以 200 万元以上为大型项目,应由企业根据自身情况决定。

四、投资决策分权设计

虽然投资决策的最终权力是股东大会和董事会,但实际上,中小规模的投资往往可以逐级授权给下级。股东大会、董事会分别负责的是投资计划、投资方案。对于具体的小规模投资来说,总经理、分部经理等有一定的临时处置的权力。

如何进行分权设计,是需要研究的问题。一般说来,可按额度控制,不同规模的投资决策,审批权限往往不同。

五、投资决策程序设计

投资决策分析包括确定目标、拟订方案、选择方案、检查结果等基本步骤。由于它一般要考虑货币时间价值因素,故具体步骤要比经营决策复杂得多,表现在下述方面:

1. 要确定投资(即现金流出)的数额及时间。

2. 要确定投资效益(即现金流入)的数额及时间。如果涉及固定资产报废的残值等,亦应考虑在内。投资的效益可能是仅包括直接效益,也可能同时包括间接效益,还可能同时包括无形效益。

3. 要根据项目的风险情况,计算项目的资本成本(即最低的报酬率),作为决策的最低目标或基准。同时要根据决策分析的方法,确定决策的具体目标,如回收率的高低、回收期的长短、回收额的大小等。

4. 将不同时间的现金流出和流入数额量化为共同的时间基础。

5. 考虑管理期权因素,计算期权价值。

6. 根据决策目标在考虑期权价值的基础上进行投资决策。

六、投资决策控制设计

投资决策的控制,也称资本预算控制,其控制的内容应包括下述各项:

1.工期进度的控制。作为建设项目在初始阶段必须严格按工期进度执行。在这方面,可以绘制网络图或工程进度图,随时按图进行控制。如果工期拖延,就应立即查明原因,迅速解决。只有如此,才能按期形成效益。

2.工程质量的控制。投资中不仅要保证工程进度,而且要保证工程质量。在这方面,应建立工程监理制度,由工程监理负责整个工程质量。

3.投资额度的控制。一般情况下,投资必须按投资额度执行。如果不能控制投资额度,就不能实现投资的效益。如果超过投资额度,就必须经投资预算委员会批准。只有这样,才能避免未产先亏的状况。

4.资本成本的控制。投资效益的测算是在资本成本预测的基础上进行的,如果实际的资本成本超过预测,也就无法实现投资效益。为了保证资本成本按预定进行,可以适当调整资本结构。如果属于宏观经济方面的原因,则可以利用管理选择权,如延期期权、扩大期权等方式,使资本成本不超过预算。

5.经营风险的控制。项目建成投产后就面临经营风险问题,经营风险来源于产品的销售数量、销售价格、生产成本等诸多方面,其中任一因素的变动都会导致风险的变动。作为企业必须千方百计控制经营风险,或扩大收入,或压缩成本,都可以达到控制风险的目的。

6.经济效益的控制。投资决策是否正确主要取决于经济效益。效益包括直接效益、间接效益、有形效益、无形效益。这些效益可能直接表现为利润的增加,也可能直接表现为成本的降低,间接表现为利润的增加。至于折旧和无形资产摊销等,也是效益的一项内容。有的效益不容易衡量,但也不应遗漏。

第二节　投资决策因素设计

一、现金流量

现金流量(Cash Flow)亦译做现金流动、现金流程,是指未来一定时期内,现金流入流出的数量。同一时期(一般以年为单位)现金流入量与现金流出量的差额,称为现金净流量(Net Cash Flow,简称NCF)或净现金流量、净现金流入,也可直接称为现金流量。

我们说投资决策的重点是现金流量,就是指现金净流量。这里所谓的现金,包括库存现金和银行存款等。

现金流量的作用表现为投资决策的重点不是利润而是现金流量,这是因为三个原因:

1. 利润数字不能说明它在现时的价值。换句话说,利润数字并没有强调一笔现金的流量是在何时发生,而现金流量则表示了发生的时间。

2. 利润的计算带有一定的主观随意性,它在一定程度上受存货计价方法、费用摊配方法、固定资产折旧方法等的影响,而现金流量则可以避免上述问题。

3. 现金流量是投资决策的基础。如果现金流量不理想,就没有必要投资。要投资,就必须保证有足够的现金流量。

关于现金流量的确定,应当对初始阶段、经营阶段、终结阶段分别考虑。其中经营阶段现金流量如何确定,又有多种观点和做法,如税息前利润加折旧,或税后利润加折旧,或税后息前利润加折旧等。因而必须对现金流量进行设计。

二、货币时间价值

货币时间价值(The Time Value of Money)就其本来意义是指货币所有者(或其代表者)借出货币(包括资本)后所放弃的当时使用或消费该货币的机会或权利,而按放弃时间计算这种牺牲的最保险的代价或报酬。但在经济生活中,也可指投资者因投资而应按时间得到的报酬,不过,这个报酬中已经包括了投资的风险价值在内。

时间价值一般是用百分率表示的,在实际工作中一般用利率表示。但严格说,时间价值与利率并非同一概念,因为一般利率包括时间价值、风险价值和通货膨胀因素,后者大于前者,这是从理论上应当注意的。

投资决策中的货币时间价值的计算涉及终值、现值、年金终值、年金现值、年金、利率、期数等。

三、投资风险价值

风险价值(Price of Risk)是指投资者因在投资中因冒风险而取得的报酬。投资报酬率是时间价值和风险价值之和。一般说来,风险越大,风险价值就越大,投资报酬率就应当越高;也就是说,投资报酬率越高,说明风险越大。在决策中,应力求风险与报酬之间的均衡。

四、资本成本

资本成本(Cost of Capital)或称资金成本,是指企业取得长期资金来源的成本。如果报酬率低于资金成本,说明该投资不但无利可图,反而会影响其他投资的报酬,因此必须舍弃。可见最低报酬率(即资金成本)是评价一个投资方案是否可行的基本标准,它可以作为投资决策的审查工具。一般来说,最低报酬率是综合考虑了时间价值和风险价值而用于现值计算的贴现率。

五、通货膨胀

在投资决策中,不能不注意通货膨胀对折现率的影响。前面所用的折现率,都假定无通货膨胀存在,如果存在通货膨胀,就意味着货币会随着时间的推移而贬值,从而使终值和现值不可比。因此,若将时间价值和通货膨胀两方面因素综合考虑,则消除通货膨胀影响的真实报酬率 I 可用下式表示:

$$I = \frac{i-f}{1+f} [1]$$

公式中的 f 为通货膨胀率; i 为包括通货膨胀影响在内的投资报酬率。

由公式可以看出,消除通货膨胀因素,会使投资报酬率下降(分子减少 f,分母增加 f)。

顺便指出,如果投资于证券,应当考虑通货膨胀因素;如果投资于设备,则也可不对通货膨胀加以调整,因为售价的提高可以抵销成本的上涨。

六、管理期权

在投资决策过程中应当考虑期权因素,树立期权观念,否则,就会作出错误的决策。有时,在不考虑期权的情况下净现值可能是负的,但这不一定不应投资。有时作出投资决策之后,也不一定非按投资决策方案执行不可。可能因为情况的变化,或中途放弃,或扩大规模,或缩小规模,或推迟时间。所有这些都涉及期权问题。

(一)期权

1. 期权(也称选择权)。它是赋予持有人(即投资者)在权利期间买、卖标的物的权利,但不承担义务。它是以较少的资金投资,在控制风险的条件下获取利润的一种方法。

2. 期权的分类。期权可以按以下内容分类:

---

[1]　公式的推导过程为:单独考虑通货膨胀的现值系数为 $1/(1+f)^n$,单独考虑时间价值的现值系数为 $1/(1+r)^n$,综合考虑这两项因素的现值系数则为 $1/(1+f)^n(1+r)^n$,于是此系数即为包括通货膨胀因素的现值系数 $\dfrac{1}{(1+i)^n}$。所以,$(1+I)^n=(1+r)^n(1+f)^n$,$1+i=(1+i)(1+f)$;所以 $r=(I-f)/(1+f)$。

（1）按权利内容，可分为看涨期权（或称买权）和看跌期权（或称卖权）。前者赋予持有人买的权利，后者赋予持有人卖的权利。由于交易都是由双方构成的，故具有买权和卖权的投资者的操作分别是买入买权、买入卖权，而对应一方的操作就分别是卖出买权、卖出卖权。

（2）按履约方式，可分为欧式期权和美式期权。欧式期权要求在到期日当天履约，美式期权可以在到期日前的任一时点要求履约。由于美式的选择权较大，故其价值较高。

（3）按履约价格，可分为实值期权（价内）、虚值期权（价外）、两平期权（价平）。实值期权是指履约对自身有利益的期权，其履约价值为正数；虚值期权是指履约对自身有损失的期权，其履约价值为负数；两平期权是指履约对自身既无利益也无损失的期权，其履约价值为零。

（4）按期权的标的物，可分为金融期权和实物期权。金融期权包括股票期权、指数期权、外汇期权、利率期权、期货期权、互换期权；实物期权是金融期权理论在实物资产期权上的扩展，如等待投资型期权、增长型期权、柔性期权、退出型期权、学习型期权等。一般来说，金融期权在期权交易所交易，而实物期权并没有固定的交易场所，它遍布于经济生活当中。

作为期权交易所的期权契约都具有以下要素：标的物、标的物的数量、履约价格（或称执行价格、敲定价格）、权利期间等，与期权相关的日期可分为定约日、权利金交付日、到期日、交割日。

为了计算期权的价值，产生了两类期权的定价模型：一类是二叉树模型；另一类是布莱克——斯科尔斯模型。在每种模型下又有许多具体的模型。尤其是布莱克——斯科尔斯模型，近年来发展了各种各样的应用模型。这对于期权市场的发展和期权观念的强化都产生了巨大影响。

布莱克——斯科尔斯欧式期权买权价值的计算公式如下：

$$C = S \cdot (d_1) - ke^{-rT} \cdot (d_2)$$

$$d_1 = \frac{\ln(S/K) + rT}{\sigma\sqrt{T}} + \frac{1}{2}\sigma\sqrt{T}$$

$$d_2 = d_1 - \sigma\sqrt{T}$$

式中：C——买权价值；

S——标的物目前价格；

K——履约价格；

e——2.718 28；

r——瞬间无风险利率；

σ——标的物报酬率的瞬间标准差；

T——权利期间长短；

$\ln$——自然对数；

N——标准化常态分配的累积概率。

只要有了S,K,r,T和σ，就可以先计算d_1,d_2，然后根据其数值查累积概率表，求出$(d_1),(d_2)$，最后就可求出欧式期权买权的价值。

(二)管理期权

1. 管理期权的含义。投资决策中投资的净现值标准，要求净现值大于零。但是项目的价值不仅取决于目前的净现值，而且取决于管理期权的价值。管理期权是指当项目确定后，通过管理决策对预期现金流量、项目寿命或未来是否保持所作选择的权力。

管理期权的出现增加了项目的价值。由于期权是有价值的，而期权价值是可以计算的，因此，项目价值应等于用传统方法计算的净现值与管理期权的价值之和。其计算公式为：

项目价值 = 未考虑管理期权因素的净现值 + 管理期权价值

2. 管理期权的类型。管理期权包括放弃期权、扩张期权、收缩期权、推迟期权等几种类型。

放弃期权：因项目具有放弃价值而产生的选择权，就是放弃期权。

扩张期权：因条件有利而产生的扩大规模的选择权，就是扩张期权。

收缩期权：因条件不利而产生的缩小规模的选择权，就是收缩期权。

推迟期权：因时间的推迟可产生更多信息而出现的选择权，就是推迟期权。

3. 管理期权的计算。例如，根据表17-1中2002～2007年的投资方案资料，按照净现值决策标准是不应当投资的。

表17-1 单位:元

项目 \ 年份	2002	2003	2004	2005	2006	2007
固定资产投资	2 000					
营运资本投资		100	160	120	−190	−190
营业现金流量		800	800	800	700	
净现金流量	−2 000	700	640	680	890	190
资本成本	20%					
净现值	−60.95					

但是,如果投资带来许多无形效益,如人才的培养、技术的提高、市场的开拓、企业名气的扩大等,就可能为企业带来新的商机。为了寻找新的经济增长点,企业对未来2005~2010年的销售情况进行了最谨慎的估计,并计算出净现值。如表17-2所示。

表17-2

单位:元

项目 \ 年份	2005	2006	2007	2008	2009	2010
固定资产投资	2 400					
营运资本投资		300	400	200	-450	-450
营业现金流量		800	1 600	1 000	560	
净现金流量	-2 400	500	1 200	800	1 010	450
资本成本	20%					
净现值	-15.93	2 380.88				
折2002年净现值	-9.22	1 377.83				

以2005年初为考察时点,回收额的价值为2 380.88元,净现值为-15.93元;以2002年初为考察时点,回收额的价值为1 377.83元,净现值为-9.22元,这说明该方案不可行。

可是,如果考虑期权因素,上述回收额的价值为1 377.83元,相当于标的资产的现价。但假定它并不是确定的,而将随市场的变化有较明显的波动,其年标准差为40%,2005年投资额为2 400元,相当于履约价格,如果期限为3年,无风险利率为5%,则可根据布莱克——斯克尔斯模型计算出买入期权的价值。如表17-3所示。

表17-3

单位:元

股票现价(S)	投资机会现值	1 377.83
履约价格(X)	投资额	2 400
期权期限(T)		3
无风险利率(R)	无风险利率	5.00%
股票风险(σ)	标准差	40%
$\ln(S/X)$		-0.554 962
σ^2		0.16

续表

d_1		$-0.238\,102$
d_2		$-0.930\,922$
$N(d_1)$		$0.4\,059\,011$
$N(d_2)$		$0.1\,759\,469$
e^{-rT}		$0.860\,708$
欧式看涨期权价格		195.81

　　将此期权价值与不考虑期权价值因素的净现值(本例为 -60.95 元)相加,即可求得项目考虑期权因素的净现值为 134.86 元($195.81-60.95$),由于净现值大于 0,故应接受该方案。在实际工作中,可将表 17－4 与表 17－3 连在一起,求出项目的净现值。

表 17－4

投资方案 NPV(未考虑期权)		-60.95
项目价值(考虑期权)		134.86

　　在实际工作中,如果利用手工计算期权价值是十分烦琐的,尤其是还要查找累积概率表,如果有关数值与概率表中的数字不完全相同,还要利用插值法,简直是不胜其烦。而利用计算机就可以大大减轻工作量,提高工作效率,提高准确性。其具体方法是利用函数。有关各项涉及的函数如表 17－5 所示。

表 17－5

项目	涉及函数
$\ln(S/X)$	LN
σ^2	POWER(输入 σ,2)
d_1	SQRT
d_2	SQRT
$N(d_1)$	NORMSDIST
$N(d_2)$	NORMSDIST
e^{-rT}	EXP

将上述函数利用于期权价值计算表中,就可以方便地计算出结果。

在实际工作中,波动率(即标准差)往往要自行计算,并没有已知的结果。在这种情况下,可根据历史上的每日价格计算相对价格(当日价格÷上一日价格),计算日回报(即求相对价格的自然对数,用 ln 函数),计算日方差(VAR 函数),计算年方差(日方差×全年工作日数 250),计算年标准差 σ(用 SQRT 函数)。

表 17-3 的结果就是利用计算机完成的。

总之,投资决策涉及的问题很多,涉及的期权种类也很多,这两方面的问题,尤其是两者的结合问题需要深入研究,有许多的会计制度需要设计。

第三节 投资决策方法设计

一、投资决策方法设计概述

投资决策有哪些方法,各种方法有哪些利弊,本企业准备采用哪些方法,在什么情况下采用什么方法,以哪种方法为主、哪种方法为辅,这也是企业需要认真设计的问题。

一般认为,投资决策方法包括净现值法、获利指数法、内涵报酬率法(有人称做现金流入额比率法)、回收期法、平均报酬率法,此外还有净现值率法等。

上述方法中,净现值法、获利指数法、内涵报酬率法、净现值率法等都考虑了时间价值因素,因而被统称为贴现法。其余方法一般不考虑时间价值因素,因而被统称为非贴现法(其中回收期法也有考虑时间价值的)。

如果是风险型投资决策,还有风险调整收益率法、肯定当量法、概率法、决策树法、获利指数风险图法等方法。

目前还有一种最新的投资决策分类方法,就是传统方法和期权方法。传统方法就是指以货币的时间价值为着眼点的投资决策方法;期权方法是指在考虑货币时间价值的基础上,同时考虑项目的期权价值的投资决策方法。

我国目前有关文件规定的主要是采用传统方法,对项目评价要求计算投资回收期、投资利润率、投资利税率、资本金利润率,这些都是不考虑时间价值的非贴现法。同时我国还要求计算净现值和内涵报酬率,并且净现值还细分为财务净现值和经济净现值,内涵报酬率也细分为财务内涵报酬率和经济内涵报酬率,而且还都有税前和税后之分。

作为项目净现值,如何计算,是以企业综合资本成本为折现率,还是以项目本身考虑其风险的资本成本为折现率,对于两个期限不同的项目如何根据净现值决策,对于两个投资额不同的项目如何根据净现值决策,对于具有选择权的项目如何根据净现值决策,这些都是管理会计制度设计中应考虑的重要问题。

从理论上说,贴现法优于非贴现法;贴现法中,净现值法优于其他贴现方法;考虑风险因素的净现值法优于不考虑风险因素的净现值法;考虑无形效益的净现值法优于不考虑无形效益的净现值法;考虑间接效益的净现值法优于不考虑间接效益的净现值法;考虑期权和风险的净现值法优于不考虑期权和风险的净现值法。但风险因素的衡量、无形效益的衡量、间接效益的衡量、期权价值的衡量都比较复杂,因而,在实际工作中,某些企业往往会弃优从劣。这是不能不引起重视的问题。

作为企业,应当在满足宏观需要的前提下,选择科学合理的决策方法,以避免决策的失误。

二、回收期法设计

回收期法也可称差量回收期法,就是指对一个或一个以上的投资方案的回收期进行计算,再根据回收期进行决策的一种方法。简言之,回收期法是利用回收期进行决策的方法。

回收期法的决策标准是投资方案回收期,回收期越短越好,因为回收期短,既可少占压资金,又可避免风险。其具体做法因决策类型的不同而不同。

对于可否决策来说,应当以计算的回收期与预定的回收期相对比,超则弃之,低则取之,即如果低于预定回收期则接受,超过则拒绝。

对于择优决策来说,就应当在预定回收期的基础上进行回收期的对比,短则取之,长则弃之。如果甲回收期短,则接受甲;如果乙回收期短,则接受乙;如果都超过预定回收期,则全部拒绝。

回收期法计算简便,可以促使企业缩短资金占用周期,减少经营风险,但也存在明显的缺点,必须加以注意。其缺点主要表现在三个方面:

1. 未考虑时间价值,故名为"回收",实未回收,以此决策,可能造成决策失当。如果投资数额大,资金成本高,投资报酬低,就会陷于难以补偿资金成本,投资永难回收的窘境。

2. 未考虑超过原投资额的现金净流量,故只是保本(其实也不是保本),不计盈利。如果按回收期决策,可能造成累计现金净流量少、而回收期短的方案被接受,相反累计现金净流量多、只是回收期稍长的方案将被放弃。当然,现金净流量多也不一定是净现值多,但如果两个方案净流量的差额较大,资本成本较低,则现金净流量多的方案往往是较优的。

3. 未考虑原投资额的大小,故回收稍快者可能收益少,回收稍慢者可能收益多。这对于回收期相近的方案的决策,更应注意。

三、平均报酬率法设计

平均报酬率也称平均收益率,是年平均报酬与投资额之间的比率,平均报酬率法就是利用平均报酬率进行决策的方法。当求得平均报酬率后,再与企业要求的报酬率比较,据以决策。

平均报酬率的计算公式如下:

$$平均报酬率法 = \frac{报酬}{投资额}$$

对报酬如何理解,对投资额如何使用,存在不同观点。对报酬,有人用净收益,有人用净流量;对投资额,有人用平均数,有人用初始数。这样就有四种组合。从理论上说,投资的报酬应用净流量,这也便于与回收期法相比较,与考虑时间价值因素的净现值等方法相比较。由于所用指标不同,结果就会不同。作为企业,如果采用这种决策方法,就应当使平均报酬率指标有一个统一的计算尺度。

平均报酬率在应用时,应先确定一个企业要求达到的平均报酬率,只有高于该平均报酬率的方案才能通过。在多个互斥方案中,应选择平均报酬率最高的项目。

平均报酬率的优点是简明、易算、易懂,缺点在于未考虑资金的时间价值。第一年的现金流量与最后一年的现金流量被看做是具有相同的价值,所以决策时会发生错误。

四、净现值法设计

净现值法(Net Present Value Method)简称现值法,也可称差量回收额法,就是利用净现值进行决策的方法。

净现值法的决策标准是净现值,即看投资方案净现值的有无或多少,净现值越多越好。对于可否决策来说,应当有则取之,无则弃之。如果净现值为正数,则表明其报酬率高于最低报酬率,应当接受;反之,如果净现值为负数,则表明其报酬率低于最低报酬率,应当拒绝。对于择优决策来说,应当多则取之,少则弃之。如果甲的净现值多,则接受甲;如果乙的净现值多,则接受乙;如果都没有净现值(即净现值≤0),则都应当拒绝。

净现值的计算格式可以设计为表 17－6 所示。

表 17 – 6　净现值计算表

项目名称	A						
基本资料							
年份	0	1	2	3	4	5	6
原始净投资							
固定资产							
无形资产							
递延资产							
预备费用							
流动资产							
小计							
变价收入							
原固定资产净值							
出售固定资产损益							
税率							
税款节约或多付							
初始阶段合计							
营业净流量							
销售收入							
变动成本							
现金固定成本							
折旧							
无形资产摊销							
税息前利润							
所得税							

续表

项目名称	A						
息前净利							
营业阶段合计							
终结净流量							
净残值							
流动资产回收							
终结阶段合计							
各年净流量合计							
资本成本							
期数							
净现值							
IRR							
总净现值							
年均净现值							

在自动化的制造环境中实行作业成本法,则现金流量的内容将有很大变化。

从投资额来说,非作业成本法往往只注意直接成本,而忽视其他成本。在自动化的制造环境中直接成本仅为总投资的一半或稍多一点。除了直接成本,还有软件、培训、实施的成本,也应当考虑在内。

从回收额来说,非作业成本法往往只注意直接效益,而忽视其他效益。其实在自动化的制造环境中其他效益,包括无形效益和间接效益往往为数可观。无形效益包括品质提升、返工减少、修复成本降低、竞争地位提高等;间接效益包括生产流程成本减少、工资节省等。另外,残值是否列入考虑之中,也将导致现金流量的变化。

在全面考虑各项因素后,在非作业成本法下被否决的投资项目,可能在作业成本法下被采纳;反之,在非作业成本法下被肯定的投资项目,也可能在作业成本法下被放弃。这主要取决于其他成本和其他效益的情况。

根据上述分析,可设计投资决策分析表,如表17-7所示。

表 17 – 7 投资决策分析表

项目名称	购买	不购买	差异
资本支出			
购买设备成本			
电脑软件工程费			
安装成本			
费用、税金			
合计			
营业阶段每年税后现金流量			
其中:直接效益			
无形效益			
间接效益			
预计残值			
年限			
折现率			
年金现值系数			
现值系数			
按直接效益计算的 NPV			
按全部效益计算的 NPV			

编表说明:

按直接效益计算的 NPV = 每年直接效益 × 年金现值系数 – 设备成本

按全部效益计算的 NPV = 每年全部效益 × 年金现值系数 + 残值 × 现值系数 – 设备成本

五、现值指数法设计

净现值法有一种变形,叫做现值指数法。现值指数(Present Value Index 简称 PI),就是投资项目的投资额与其未来回收额之间的比率,它是一种反映投资回收能力的相对指标。

现值指数的计算公式如下:

$$现值指数 = \frac{未来回收总现值}{投资额现值}$$

即

$$PI = \frac{\sum_{k=1}^{n} \frac{A_k}{(1+i)^k}}{A_0} = \frac{A_0 + . PV}{A_0} = 1 + \frac{. PV}{A_0}$$

现值指数法就是根据各个投资方案的现值指数的大小来评价投资方案的优劣,从而进行决策的方法。其决策标准是现值指数,即看投资方案现值指数的大小。如果现值指数 >1,说明净现值 >0,则宜接受;反之,现值指数 <1,则说明净现值 <0,则宜放弃。由此可见,现值指数与净现值之间存在一种必然联系。

根据:

$$PI = \frac{A_0 + . PV}{A_0}$$

可以推导出:

$$NPV = A_0(PI - 1)$$

由于不同方案的投资额不同,故现值指数大,不一定净现值多,现值指数小,也不一定净现值小;反过来说,净现值大,不一定现值指数大,净现值小,也不一定现值指数小。在一般情况下,应以净现值为决策标准。但是在进行资本定量决策时现值指数法又有其特殊的作用,那就是以限额内加权平均现值指数的高低作为决策的依据。

六、净现值率法设计

在净现值法的基础上,有人还提出了一种方法——净现值率法。净现值率(NPVR)就是净现值与投资额现值之间的比率。如果是一次投资,就是净现值与投资额的比率。其公式如下:

$$NPVR = \frac{. PV}{A_0}$$

如果是多期投资,应将投资额折算为 0 年的现值(利用终值公式),然后以此投资额的现值除项目净现值,就是净现值率。

可见,它与现值指数的关系十分密切,即净现值率等于现值指数减1。

净现值率法就是根据净现值率进行决策的方法。当净现值率大于0时,说明净现值也大于0,则应作肯定的决策;反之,应作否定的决策。因而,净现值率法是不是一种独立的方法,值得研究。其实,它不过是净现值的一种派生方法。当净现值与投资额均不相同时,我们可以利用净现值率的高低作为决策的依据。

七、内含报酬率法设计

内含报酬率(Internal Rate of Return 简称 IRR)亦译做内部报酬率、内在报酬率、内部收益率,也称调整后的回收报酬率、时间调整报酬率等。它是指用来对投资方案未来的现金净流量进行贴现,以求回收的现值总额恰好等于原投资额,使净现值等于零的报酬率。

内含报酬率法也可称差量回收率法,它是指对投资方案的内含报酬率进行计算,再通过内含报酬率和最低报酬率的对比进行决策的一种方法。简言之,内含报酬率法是利用内含报酬率进行决策的方法。

内含报酬率法的决策标准是内含报酬率,即看投资方案内含报酬率的高低,内含报酬率越高越好。对于可否决策来说,应当将计算的内含报酬率与最低报酬率相对比,超则取之,低则弃之,即如果投资报酬率高于最低报酬率,应当接受,反之则拒绝;对于择优决策来说,就应当在高于最低报酬率的基础上进行各方案内含报酬率的对比,高则取之,低则弃之,即如果甲内含报酬率高,则接受甲,乙内含报酬率高,则接受乙,如果都低于最低报酬率,则都应当拒绝。

1. 内含报酬率法的优点。它的优点有两个:

(1)考虑了货币的时间价值,因而比较科学。

(2)不需要选择一个特别的折现率以计算现金流量,而只需确定一个能接受的最低报酬率作为估价标准即可。

2. 内含报酬率法的缺点。它的缺点有四个:

(1)计算较繁,遇到使用年数较多且各年现金净流量不等的情况,要多次测试才能成功。

(2)计算出的较高的报酬率不一定是最优方案,这或者是由于风险较大,或者是由于投资额小而不能带来更多的报酬。

(3)内含报酬率有一个假定条件,即再投资率假定每期收入的现金,可用来再投资,且其报酬率也与原内含报酬率相同,而这对于一个投资报酬率很高的项目来说,是不现实的。

(4)由内含报酬率计算公式的数学特性所决定,当一个投资方案形成某种特殊的现金流动模式时,可能出现多个内含报酬率,这就给投资决策分析带来了困难。至于一个方案内含报酬率的个数,则是由投资方案现金流动模式中的反号(由"+"到"-"或由"-"到"+")的次数决定的(在营业阶段,如有亏损额超过折旧额的年份,则该年现金净流量即为负值,或者两个方案的差量现金流量为负,都会使现金流量模式出现反号)。

3. 内含报酬率法与净现值法比较。在西方,重视净现值指标评价;在我国,重视内含报酬率指标评价。我国明确规定:财务内部收益率是考察项目盈利能力的主要动态评价指标,而财务净现值是考察项目在计算期内盈利能力的动态评价指标。

从理论上说,只有净现值法才能与企业目标——企业价值最大化相一致。在两个互斥方案中,有时会出现矛盾的结果。在这样情况下,就应以净现值法为依据。如图17-1所示。

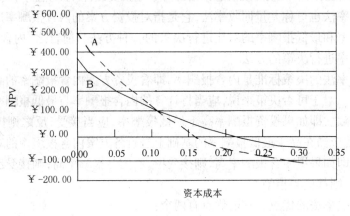

图 17-1 投资决策图

由图17-1可见,两个方案净现值的交叉点的资本成本为11%。如果资本成本大于11%,则不论按净现值法还是按内含报酬率法,均应选择B方案;如果资本成本小于11%,则按净现值法应选择A方案。

此外,有人还提出外部收益率法、外现再投资收益率法等等,本书著者认为,这两种决策方法并不科学。

八、关于外部报酬率法和外现再投资报酬率法

(一)外部报酬率法

外部报酬率法是为了解决内含报酬法有时会出现两个或两个以上报酬率而提出的

一种投资决策方法。其基本做法是,将回收阶段每年净流量按基准报酬率或设定的折现率换算成终结时的终值,然后以次终值除以原投资额得出终值系数,再根据使用年限查终值表,利用插值法求出报酬率,该报酬率即为外部报酬率。

从上述过程不难看出,基准报酬率或设定折现率不同,外部报酬率就不同。由于不同企业的基准报酬率不同,并且同一企业不同时期的基准报酬率也不一定相同,故现金流量模式、时间、数量都相同的两个方案的外部报酬率却会因基准报酬率不同而有高低之别,这是无法让人理解的,而外部报酬率究竟以多高为限,也是无法掌握的。

另外,外部报酬率既可能大于也可能小于基准报酬率,那么,决策标准是什么?是以大于还是以小于基准报酬率为准?因而此法似乎不宜采用。

【例 17－1】某项设备原始投资额为 10 000 元,可以使用 5 年,用直线法计提折旧,预计期满残值为 2 000 元,使用期间,每年实现利润为 1 200 元。据此可知,营业阶段每年净流量为:

$$1\ 200 + \frac{10\ 000 - 2\ 000}{5} = 2\ 800(元)$$

如果基准利率为 10%,则回收的终值之和为:

$$2\ 800 \times 6.105 + 2\ 000 = 19\ 094(元)$$

终值系数为:

$$\frac{19\ 094}{10\ 000} = 1.909\ 4$$

查终值表,再利用插值法可求出外部报酬率为 13.812%。

可是,如果基准报酬率为 8%,则回收的终值之和和终值系数将分别为:

$$2\ 800 \times 5.866 + 2\ 000 = 18\ 425(元)$$

$$\frac{18\ 425}{10\ 000} = 1.842\ 5$$

查终值表,再利用插值法可求出外部报酬率为 13%,与上述 13.812% 相差颇多。

可见,所用基准报酬率不同,导致外部报酬率就不同。基准报酬率越低,导致外部报酬率就越低,外部报酬率完全随基准报酬率的变化而变化显然是不科学的。

至于用设定的折现率计算终值,恐怕也不够妥当。

另外,有人介绍了一种称为修正的内含报酬率的决策方法,即假定项目在预期年限内,所有的现金流入都以要求的收益率作为再投资报酬率,直到项目终止。修正的内涵报酬率就是使现金流入的终值的现值与现金流出的现值相等的折现率。其步骤如下:

1. 以企业要求的报酬率作为再投资的报酬率,计算每年现金流入在项目期末的终值。

2. 以企业要求的报酬率作为贴现率计算项目每年现金流出的现值。

3. 计算使现金流入的终值的现值与现金流出的现值相等的贴现率,即为修正的内涵报酬率。现金流出的现值等于现金流入的终值的现值。

实际上,这一方法就是外部报酬率。

(二)外现再投资报酬率法

外现再投资报酬率法也是为了解决内涵报酬率有时会出现两个或两个以上报酬率而提出的一种投资决策方法。其基本做法是根据年净流量和偿债基金折旧法确定的年折旧额计算出年净利润,再以此年净利润除以原投资额,即为外现再投资报酬率。由于各年净流量不一定相同,而按偿债基金折旧法计算的各年折旧额却相同,因而计算出来的各年净利润就不一定相同。用不同的净利润除以原投资额,就会得出若干个不同的外现再投资报酬率。这对一个投资方案来说是令人难以理解的。因而,外现再投资报酬率的科学性就令人怀疑,故不宜采用。

【例 17 - 2】某项设备原始投资额为 10 000 元,可使用 5 年,期满残值 2 000 元,最低报酬率为 10%,如果各年净流量皆为 2 800 元,则按偿债基金折旧法计算:

$$年折旧额 = 应折旧额 \times 偿债基金系数 = 8\ 000 \times 6.105 = 1\ 310(元)$$

$$年利润额 = 年净流量 - 年折旧额 = 2\ 800 - 1\ 310 = 1\ 490(元)$$

$$外现再投资报酬率 = \frac{年净利润}{原投资额} = \frac{1\ 490}{10\ 000} = 14.9\%$$

可是,如果各年净流量不等,分别为 2 600 元、2 700 元、2 800 元、2 900 元、3 000 元,则各年净利润应分别为 1 290 元、1 390 元、1 490 元、1 590 元、1 690 元,外现再投资报酬率就不是 14.9%,而分别为 12.90%、13.90%、14.90%、15.90%、16.90%。结果出现了外现再投资报酬率各年皆不相同的情况。

案例 17-1　　　　　　　　　　两起投资失败的教训

一、八佰伴的破产

1997年11月，八佰伴集团在香港宣告破产，它是最早与我国零售业合资的日方企业，北京赛特、上海第一百货都有它的股份，其业务分部在美国、新加坡等10多个国家以及我国香港地区。

导致八佰伴破产的根本原因是企业高投资带来的资金周转不灵。1982年，公司发行870亿日元可转换债券和附认股权债券，将募集资金投入到国际性扩张中。到1993年，公司共有负债约770亿元，高达销售额的5倍。因股市低迷，债转股缓慢，对公司形成巨大的偿债压力。从1994年开始的3年经营计划，预计实现现金流量大约为300亿日元，而该阶段投资高达900亿日元。为挽回经营不利的局面，公司当时将香港不动产进行处置，预计对1995年12月在上海完成的1 500万美元的购物中心进行处置，并且预计在股价恢复后再发行100亿日元的附认股权债券。然而，随着泡沫经济的崩溃，八佰伴未能起死回生。

二、巨人集团的倒闭

1991年4月，史玉柱凭借桌面排版印刷系统技术的成功，通过资本原始积累成立了珠海巨人新技术公司。半年后，其产品M-6401汉卡销售量居全国首位，纯利1 000万元。

1992年9月，公司重新注册资金1.19亿元，成立珠海巨人高科技集团公司，当年实现产值16 000万元，利润3 500万元，发展速度为500%。1993年，公司在北京等地设立8家子公司，并进军生物工程。1994年，公司投资房地产，拟兴建巨人大厦。该大厦高70层，投资12个亿，其中，资金来源1/3靠贷款，1/3靠卖楼花，1/3靠自筹。从1995年开始，公司经营开始下滑。1996年7月，巨人大厦建设资金短缺，按照建筑合同，工程开工3年盖到20层，如果未能实现协议，则应退还订金并给以经济补偿，当1996年底时，大厦未能如期完工，引发破产。

案例分析：1. 资金流量在企业投资决策中有什么作用？

　　　　　　2. 如何降低资金流量引发的经营风险？

案例 17 - 2　　　　　　　　世纪印刷公司的设备更新决策

世纪公司是一家印刷企业,公司成立 10 年中业务发展较快。2001 年,市场出现新型印刷机,印刷产品质量和工作效率都远高于现有的设备,在经理的提议下,公司准备将旧设备换成新设备。王成是该公司的财务部经理,他被要求对该项设备更新作一个可行性分析。

现有的设备账面价值为220万元,还可以使用10年。购买新设备需要花费130万元,预计使用年限10年。王成采用新旧设备之间的现金流量差量作为决策方法,列表如下:

年现金流量差量表

增加的收入	140 000	
节约的成本(扣除折旧因素)	110 000	250 000
年折旧费用减少额		
现有设备的折旧	220 000	
新设备的折旧	130 000	90 000
所得税前预计收益增加额		340 000
年缴纳所得税增加额(40%)		136 000
年净收益预计增加额		204 000
年净现金流量增加额		114 000

然后,王成假设年投资报酬率为10%,每年末获得收益,设备到期无残值。按照投资净现值法加以计算,结果如下表所示。

年 1～10	现金流量 114 000	年金现值系数 6.145	现值 700 530

考虑到旧设备出售情况,王成又假设设备出售可以获得800 000元,所以:

更新设备产生的现金流量差量净额 = 700 530 - 1 300 000 + 800 000 = 200 530(元)

因此说该更新项目可行。但在办公会议上有人提出:更新设备实际的成本是买价加上出售设备的损失,如下表所示。

旧设备的账面价值	2 200 000	
扣除清理费用后的设备出售可收回价值	800 000	
预计出售损失		1 400 000
抵减所得税额(40%)		560 000
出售设备净损失		840 000

即

$$1\ 300\ 000 + 840\ 000 = 2\ 140\ 000（元）$$

这实在无法接受,所以应当放弃该更新计划。

案例分析:1.王成所作的设备更新决策合理吗?

　　　　　2.设备更新的实际成本是否为 2 140 000 元? 这样考虑有道理吗?

　　　　　3.世纪公司应当如何决策?

思 考 题

1.投资决策设计需要考虑哪些因素?

2.如何设计投资决策的控制程序?

3.如何选择应用内含报酬率法和净现值法?

4.某公司进行一项投资,正常投资期为 4 年,每年投资 200 万元,4 年共需投资 800 万元。第 5 年~第 14 年每年的现金净流量为 250 万元。如果把投资期缩短为 3 年,每年需投资 300 万元,3 年共投资 900 万元,竣工投产后项目的寿命和每年现金流量不变。假设资本成本率为 10%,项目寿命终结无残值,不用垫支营运资金。试判断应否缩短投资期。

5.投资某项目 P 的初始投资成本为 100 000 万元,6 年内预计每年产生的现金流量为 20 000 元。投资项目 Q 的初始投资成本 200 000 万元,6 年内预计每年产生的现金流量为 65 000 元。假定两个项目的资本成本均为 10%。要求按照净现值法和内含报酬率法判断应选择哪种方法。

第十八章

全面预算制度设计

本章要点

　　本章将讲述企业预算制度设计的原则和预算体系等基本理论问题，以及固定预算、弹性预算、滚动预算、概率预算和零基预算等具体方法。通过本章的学习，应当掌握预算设计的主要方法，并了解不同方法的特征，学会在实际应用中作出选择。

第一节 预算制度设计概述

企业通过预测和决策,确定了长期战略目标和短期经营目标,为了保证决策所确定的最优方案得以贯彻执行,并实现既定目标,就要编制预算。预算是决策的具体化和系统化,而预测和决策则是预算编制的前提。

一、预算制度设计的意义

预算(Budget)是指用货币形式表示的未来期间生产经营活动的综合性计划。它是体现企业经营目标、调整企业经营活动、加强企业经营管理的工具。

古人说:凡事预则立,不预则废;又说:人无远虑,必有近忧。这都是在强调计划的重要性及普遍性。

通过预算制度设计,可以明确企业奋斗目标;可以协调各部门的工作;可以控制日常经济活动;可以考核实际工作成果,并分析问题存在的原因。

二、预算制度原则设计

为了使预算正确体现国家的方针政策,如实地反映客观实际,适应市场经济的要求,充分发挥其应有的作用,就应坚持如下原则。

(一)政策性原则

政策性原则要求遵纪守法、正出正入。编制预算必须首先树立法制观点和政策观点,严格执行国家有关法律、政策、制度和财经纪律,坚持企业生产经营活动的正确方向。各项指标的确定和措施的考虑,都必须以政策为依据,以法律为准绳,划清合法和非法的界限。凡是合法的,就要积极去办;凡是非法的,就要坚决抵制。要做到一切支出有正当去向,一切收入有正当来源,绝不能弄虚作假,搞歪门邪道。

(二)统一性原则

统一性原则要求高瞻远瞩、顾全大局。编制预算必须树立全局观点、长远观点,这就要正确处理好局部和整体、目前和长远的关系。如果从局部看无利,而从整体看有利,那也要积极去办;反之,就要坚决抵制。总之,要做到局部利益服从整体利益,目前利益服从长远利益,坚决反对只顾自身利益而损害整体利益的倾向。

(三)目的性原则

目的性原则(也称贡献原则)要求改进服务、提高效益。编制预算必须树立服务观点、效益观点,要不断提高服务质量,不断提高经济效益。服务质量不仅包括服务态度,而且包括产品质量。经济效益更是一切经济工作的核心。这就要正确处理经营和服务的关系、服务和效益的关系。绝不能单纯为了多赚钱而不问服务质量,也不能单纯为了多卖钱而不问效益。

(四)伸缩性原则

伸缩性原则(也称弹性原则)要求积极可靠、留有余地。编制预算必须树立唯物观点、辩证观点,要坚持实事求是,具体情况具体分析。这就要把革命热情和科学态度结合起来,把需要和可能结合起来,使计划指标既积极先进,又稳妥可靠,留有充分余地。既不能思想保守、故步自封,把计划指标订得过低,也不能心血来潮、头脑发热,把计划订得过高。同时,为了防止意外情况的发生,还要留有一定的后备财力。

(五)协调性原则

协调性原则要求统筹兼顾、综合平衡。编制预算必须树立统筹兼顾观点、平衡观点,要兼顾企业各个部门、各个层次,要兼顾国家、企业、职工三者利益,使各项计划指标取得平衡。这就要处理好重点和一般的关系,国家、企业和个人的关系,做到统筹兼顾、全面安排、保证重点、综合平衡,使上下左右协力同心,围绕企业的共同目标努力,而不能各行其是、互相脱节。

(六)民主性原则

民主性原则要求群策群力、集思广益。编制预算必须要有群众观点、民主观点,这就要正确处理干部和群众的关系、民主和集中的关系。要充分激发群众的积极性和创造性,充分发挥他们的聪明才智。企业经营目标的确定,要从群众中来,又到群众中去,这样编制的计划才有群众基础,从而计划的实现才有可靠的保证,绝不能只是少数人闭门造车、冥思苦想。

三、预算制度要点设计

1. 预算的依据是目标。这里涉及预算的长期目标和短期目标。预算必须以目标为依据,同时兼顾长期目标和短期目标。以目标为方向,以目标为归宿。

2. 预算的基础是信息。这里涉及相关的财务信息和非财务信息。没有全面、准确的信息，就无法编制科学的预算。但信息是有成本的，获取是需要时间的，因此既要重视信息，又要善于捕捉相关信息。

3. 预算的前提是预测。这里涉及长期预测和短期预测，只有对未来市场的走向、前景有一个全面的把握，才能制定切实可行的行动方案。

4. 预算的核心是体制。这里涉及宏观经济管理体制和企业管理体制。体制要不断创新，要以是否促进生产力的发展、充分调动人的积极性为标准。什么该集权、什么该分权，应设立什么机构、应撤销什么机构，必须审慎决定。

5. 预算的保证是责任中心。预算的编制过程就是目标的分解过程，也是指标的落实过程。如何分解、如何落实、分解给谁、落实给谁，这就涉及责任中心，应将不同的指标落实给不同的责任中心。如成本指标落实给成本中心，利润指标落实给利润中心等。

6. 预算的关键是控制。预算的制定不是目的，目的是按预定的目标、方向实施。这里控制是必不可少的，没有严密的控制，再完美的预算也只能是一纸空文。

图 18－1 是一个自行车企业——亚贝斯自行车计划纲要设计的实例。

四、预算编制方法设计

预算编制的基本方法按其程序包括三种类型，这就是自上而下法、自下而上法和上下结合法（也称折中法）。

自上而下法是根据总部的计划大纲，层层下达指标，并根据企业利润目标编制整体预算，再根据整体预算编制部门预算。

自下而上法是由最基层的成本中心开始编起，然后由各部门分别按产品类别、市场类别提出利润目标，再根据此利润目标编制部门预算，最后企业汇总、适当调整，编成整体预算。

上下结合法是首先由企业总管提出计划大纲或预算编制方针，然后各部门据以确定产品类别、市场类别等部门类别的利润目标，并编制部门预算，然后企业总体平衡，如果认为目标较低，就应调整目标，这样几上几下，当上下目标一致时，批准部门预算，再编出整体预算。

上述三种类型中，上下结合法既符合企业总体目标，又考虑了各部门的具体条件，具有突出的优点，但上下的协调需要时间和精力。因而，如何设计预算编制方法仍是一个重要问题。

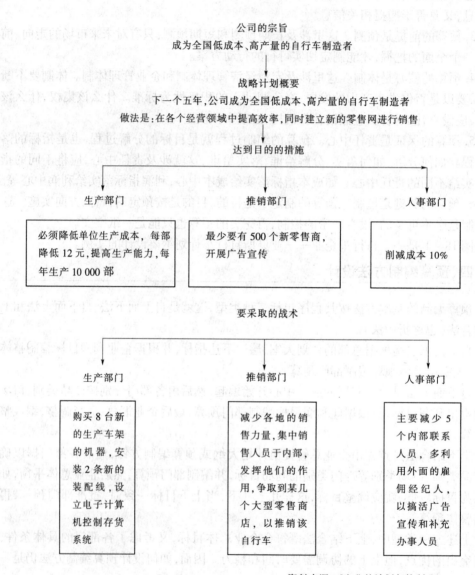

资料来源:《企业的计划与控制》

图 18 - 1　亚贝斯自行车计划纲要

五、预算组织设计

明确了预算的概念、作用、原则,进行了预算种类设计、预算方法设计之后,还应当对预算组织进行设计。当然,从实务上看,可能预算种类、预算方法都由预算组织决定。

我国《公司法》规定:由董事会决定经营计划,而财务预算方案、财务决算方案则由董事会制定,股东代表大会审议批准。在西方,预算一般由董事会或总经理负责编制。

企业的预算组织,可能设立预算委员会(在预算委员会下往往还设立一个预算办公室),也可能设立预算小组,也可能不设立专门组织而由计划部门或财务会计部门负责。目前我国的财务部门与会计部门还属于一个部门,在国外,财务部门与会计部门已经分离,所以,如果是由部门负责,一般是由会计部门负责。总之,由什么组织负责,这也有一个选择设计问题。

如果设立预算委员会,又有一个隶属关系设计问题。是在董事会的领导下,或者是在总经理的领导下,或者是直接在财务委员会的领导下,这也需要设计。在美国,大型企业采用财务委员会的形式,在财务委员会之下设置若干附属组织,其中之一就是预算委员会,另有资本拨付委员会、退休金委员会、薪水和利润分享委员会等。关于预算委员会的构成人员,往往由总经理、副总经理、财务、会计、业务等方面的负责人或专家构成。其职责是负责预算的编制、协调和调整。

另外,由于有的企业设置公司开发副总经理,或称公司规划副总经理,其职责涉及长期财务计划、公司战略和并购,故长期财务计划可能由开发副总经理负责。

至于生产预算、销售预算、直接材料预算、直接人工预算等应分别由生产部门、销售部门、采购部门、人事部门等有关职能部门负责编制。会计部门要收集资料、提供信息,负责预算财务报表的具体编制。

不论企业建立什么样的预算组织机构,都应明确一点,这就是总经理应当对预算负全责,而且股份公司的预算应当经过股东代表大会的批准。

第二节 全面预算体系设计

预算体系是指各种预算互相联系而构成的一个整体。这里包括两层意思:一是预算体系由哪些预算构成;二是各个预算如何联系,即谁先谁后、指标之间的勾稽等。

不同企业的预算内容、预算程序都有所不同,这就有一个预算体系设计问题。作什么预算、不作什么预算;什么预算可以分离,什么预算可以合并;先作什么预算,后作什么预算;什么预算宜详细,什么预算应简略,也就是孰有孰无、孰分孰合、孰先孰后、孰详孰略,这些都是预算体系应研究的内容。譬如,研究与开发、人力资源、信息成本与收入,作不作单独的预算,这是有无问题;管理费用和销售费用预算是分开还是合并,这是分合问题;先作销售预算还是先作生产预算,这是先后问题;销售预算可以详到按品种,而制造费用就只能略到按项目,这是详略问题。

预算编制的具体程序,往往因行业特点、经营规模、经营状况的不同而有所不同,但作为整体预算的基本程序,大致是相同的。这就是预算体系(Budget System)。

制造企业预算的内容包括销售预算、生产预算、直接材料采购预算、直接人工成本预算、间接费用预算、销售成本预算、营业费用预算、管理费用预算、财务费用预算、预计收益表、销售现金收入预算、采购现金支出预算、人工成本现金支出预算、制造费用现金支出预算、营业费用现金支出预算、管理费用现金支出预算、资本支出预算、现金预算、预计资产负债表、预计现金流量表等。

由于预算是决策的具体化,故预算首先要以决策确定的经营目标为指导,根据以销定产的原则,预算要以销售预算为基础,销售预算的编制又要以销售预测为前提。根据销售预算,可编制生产预算;根据生产预算,又可编制直接材料、直接人工和制造费用预算;而制造费用预算,亦可按变动制造费用和固定制造费用分别编制。在此基础上,可进一步编制销售成本预算、销售费用预算、管理费用预算,从而编制出利润计划表。与此同时,可根据上述预算和资本支出预算、筹资预算编制现金预算,从而编制出资产负债表和现金流量表。在实际工作中还可根据需要作必要的分合。

关于预算的起点,或者认为是目标利润,或者认为是销售预算,还有不同意见。如果以目标利润为预算起点,则工业企业的预算体系如图18-2所示。

作为商业企业的预算,没有生产预算、制造费用预算、直接人工成本预算,商业的人工成本是营业费用的一部分,直接材料采购预算可改为商品采购预算。因而如果是商业企业,只要将生产预算和直接材料预算、直接人工预算、制造费用预算变为购进预算和进存费用预算即可,当然,也可将进存费用和销售费用合并为营业费用。其他与图18-2相同。

如果是施工企业,还涉及机械使用费、其他费用预算等,但一般没有销售费用。另外,销售预算应为建筑安全合同预算。其他与图18-2大致相同。

需要注意的是,生产预算和购进预算,都要根据品种组合决策和最优批量(生产批量和采购批量)决策确定各品种的总数量和每批生产或购进的数量。从而达到降低全年进存或产存成本的目标。

从预算体系不难看出,编制预算是十分复杂的一项工作。尤其在实际工作中,若涉

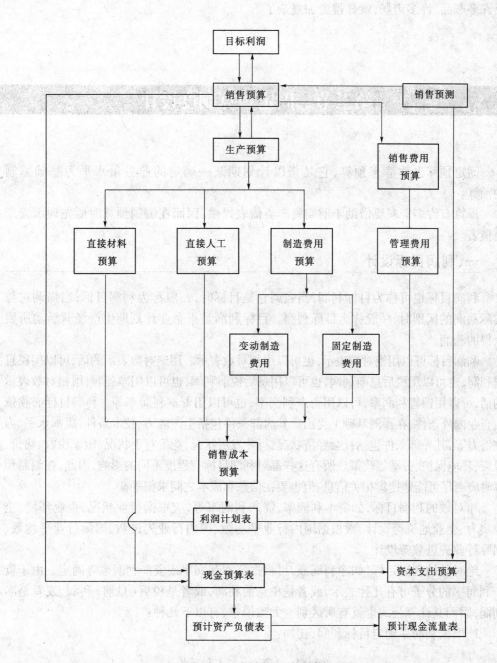

图 18 - 2 工业企业的预算体系

及许多产品、许多市场,就显得更加复杂了。

第三节 固定预算制度设计

固定预算也称静态预算,它是指以计划期某一确定的业务量水平为基础编制的预算。

预算有许多资料要借助于前期资产负债表提供,因而在编制预算时要先列示资产负债表。

一、利润目标设计

利润目标也可称为目标利润,当强调它是目标时,一般称为利润目标;当强调它与实际利润的区别时,一般称为目标利润。目标利润是指企业计划期生产经营活动所要获得的利润。

利润目标可以用绝对数表示,也可以用相对数表示。用绝对数表示的话,可以用税息前利润,也可以用税后息前利润,也可以用息后税前利润,也可以用净利润;用相对数表示的话,可以用销售利润率,可以用资产利润率,也可以用资本利润率等。利润目标必须依据企业内外条件,在预测基础上提出。其内部条件包括生产能力、技术条件、成本水平、内在潜力等;其外部条件包括社会经济状况,行业发展状况,竞争对手状况,国家税收、物价、投资、环境保护、劳动等政策。所有这些都对利润目标有程度不同的影响,因此,在编制预算时应当尽可能地搜集相关信息,但也要在信息和成本之间求得平衡。

相对数的利润目标,如资本利润率、资产利润率等,应根据行业状况、企业环境、企业实力、企业地位等设计,或根据国内行业平均数、国内行业先进数、国际行业平均数、国际行业先进数等设计。

绝对数的利润目标,如净利润额,可根据资本利润率或资产利润率等确定。由于资产利润率的分子可有几种表示,或者是税息前利润,或者是税后(息前)利润,或者是净利润,因而其计算公式也就有所区别。大致说来,有以下几种:

1. 根据利润率确定目标利润,比如:

$$净利润 = 净资产 \times 资本利润率$$

2.根据成本、收入拟订目标利润。

（1）历史法。这种方法根据过去的成果拟订目标利润。当然,在实际工作中应考虑变动因素。其计算公式如下:

$$目标利润 = 上期收益 - 上期成本$$

显然,这是一种消极被动的方法。

（2）允许成本法。这种方法就是根据预测收入和目标利润确定允许成本额,要求在获得目标利润的前提下限制成本支出。其计算公式如下:

$$允许成本 = 预测收入 - 目标利润$$

这种方法比历史法要先进,但预测收入本身可能是在保守的状态下作出的,因而也比较消极。

（3）计划法。这种方法,首先考虑目标利润,然后根据目标利润计划编制收入计划和成本计划。由于目标利润额是根据目标资本利润率和企业资本确定的,是必须达到的,故如果收入或成本不能保证目标利润的要求,就应当反复调整收入和成本。其计算公式如下:

$$目标利润 = 计划收入 - 计划成本 = 计划收入 - 计划变动成本 - 计划固定成本$$

这种方法是一种积极的方法。

二、销售预算设计

销售预算（Sales Budget）是安排预算期销售规模的计划。广义的销售预算包括销售额预算、销售成本预算、销售费用预算,其中销售额预算是中心。狭义的销售预算是指销售量和销售额预算。

销售预算是实现目标利润的基本保证。确定目标之后,就要首先编制销售预算。另外,根据按需定产的原则,销售预算也是其他所有预算的基础。

销售预算必须满足利润目标的要求,必须与销售预测的结果相衔接。如果销售预算不能实现利润目标,则销售预算就没有意义（若利润目标过高,自当别论）。如果销售预算高于销售预测数,那就说明销售预算是没有保证的。销售预算数的测算可利用本量利分析公式进行。另外,也应明确,如果生产能力有限、技术水平有限、产品质量规格达不到市场要求,或者原材料供应不足、劳力数量不够、素质不高,也会反过来制约销售。同时,销售的增加或减少,也受销售费用的影响,受新的资本支出的影响。因此,在作销售预算时,就必须全面考虑有关因素的影响程度,作出一个既考虑长期需要,又考虑目前利益的科学合理的销售预算。

由于付现折扣的存在,销售收入不一定等于销售净收入。因而,在实际工作中,还应从销售收入中减去折扣数,方为销售净收入。

如果只经营一种产品,销售预算的格式如表18-1所示。

表 18-1 销售预算表

2001 年度

项　目	一季度	二季度	三季度	四季度	全年
销售量					
平均单价					
销售收入					

销售预算应按时间、按部门、按地区、按产品进行分解,以保证预算的实现。

在销售预算中,涉及销售时间、销售对象、销售种类和品种、销售地区、销售主体等一系列资料,为了清晰反映这些资料,更好地汇总,可以利用计算机 Excel 中的数据透视表完成上述功能。

多品种、多部门的销售预算表格式可设计如表18-2所示。

表 18-2 销售预算表

序号	品牌	型号	单价	销量	销售额	部门	时间	地域
合计								

表格中的部门、时间、地域也可以根据需要省略。如果保留部门,可以落实到责任人;如果保留时间,可以按时检查进度;如果保留地域,便于分析市场构成。不论保留几项,都可以根据需要利用数据透视表进行分类汇总。当然也可以先编制总的销售预算,然后再按部门、时间、地域编制分预算。

另外,还可以按收入的类型编制预算。按照我国《企业会计制度》规定,企业主营业务收入的内容如表18-3所示。

表18-3　主营业务收入的内容

商品销售收入		
一般销售		
分期收款销售		
代销商品		
视同买断		
收取手续费		
商品需要安装和检验的销售		
附有销售退回条件的商品销售		
分期预收款销售		
订货销售		
房地产销售		
以旧换新销售		
售后购回		
售后租回		
融资租赁		
经营租赁		
销售退回		
现金折扣		
销售折让劳务收入		
安装费收入		
广告费收入		
入场费收入		
会员费收入		
特许权收入		
订制软件收入		
定期收费		
高尔夫球场管理券收入		
包括在商品售价内的服务费		
让渡资产使用权收入		
利息收入		
使用费收入		

企业的销售收入分解工作可在上述基础上进行。

为了反映现金收入的情况,为现金预算提供资料,一般还在销售预算下附一现金收入预算表。由于增值税为价外税,不计入销售收入,但它却是现金收入,在我国《企业会计准则——现金流量表》中,是将其作为经营活动的现金流量中独立的一项处理的。在最新的《企业会计制度》的现金流量表中,是将其作为销售商品、提供劳务收到的现金处理的。这说明,不论具体如何处理,它都应在关于销售收入的现金收入表上反映。另外,由于赊销制度的存在,某期销售收入额和现金收入额又往往不同。

如果不交纳增值税(或出口实行零税率、或实行营业税的企业),现金收入应等于当期销售当期收到的现金与前期销售本期收到的现金之和。相关计算公式表示如下:

$$上期销售本期收款数 = 上期销售数 \times 上期销售本期收款率(30\%)$$
$$本期销售本期收款数 = 本期销售数 \times 本期销售本期收款率(70\%)$$

根据当期的销售情况和当期与以前的收款情况,可以求得期末的应收账款。

预算表格式如表18 – 4所示。

表18 – 4 现金收入预算表
2001 年度

项　　　目	一季度	二季度	三季度	四季度	全　　年
本期销售收入					
本期销售本期收款(%)					
上期销售本期收款(%)					
上上期销售本期收款(%)					
收入合计					

如果企业交纳增值税,则首先应计算各期销售收入的应收现金数(不论目前收取还是以后收取)。其计算公式又因一般纳税人和小规模纳税人的不同而不同。

作为一般纳税人,计算公式如下:

$$含税现金收入 = 销售收入 \times (1 + 增值税率)$$

作为小规模纳税人,如果销售货物或应税劳务采用销售额和应纳税额合并定价方法的,该销售额(含税销售收入)就是现金收入,但不含税收入要重新计算。

三、生产预算设计

生产预算也称做制造预算,它是安排预算期生产规模的计划。广义的生产预算包括生产活动的所有预算,如生产量预算,制造费预算,材料购买预算,原材料、在产品和产成品的库存预算;从狭义上说,生产预算是指生产量预算。

生产预算必须根据销售预算来编制。由于期初期末产成品存货的变化,生产数量与销售数量并不相同。预计生产量的计算公式如下:

$$预计生产量 = (预计销售量 + 预计期末存货量) - 预计期初存货量$$

如果生产品种很多,则应分别计算各种产品的生产量。生产预算应按时间、按部门、按产品进行分解,以保证预算的实现。

如果企业只生产一种产品,或者只对多产品中某重要品种作预算,其预算表的格式如表 18 – 5 所示。

表 18 – 5　生产预算
2001 年度

摘　　要	一季度	二季度	三季度	四季度	全　年
预计销售需要量(销售预算)					
加:预计期末存货量					
预计需要量合计					
减:期初存货量					
预计生产量					

如果是多种产品,其预算表的格式如表 18 – 6 所示。

表 18 – 6　生产预算表

品名	编号	生产部门	计量单位	预计销售量	期末存量	期初存量	预计生产量

如果分期,根据计划生产量和产品的淡旺季情况,可按表 18 – 7 编制分期生产预算。

表18-7 生产预算表

品名	编号	生产部门	计量单位	一季度	二季度	三季度	四季度	计划生产量

和销售预算一样,生产预算也可利用数据透视表进行编制和汇总。

四、直接材料预算设计

生产预算编制后,继之就要分别编制直接材料预算、直接人工预算、制造费用预算。这三项预算也属于广义的生产预算。

直接材料预算(Purchases Budget of Direct Materials)受生产预算的制约。预计直接材料需用量等于预计生产量与单位产品消耗量的乘积,但由于期初、期末材料存货的变化,直接材料的购进量与直接材料的需用量并不相同。预计材料购进量的计算公式如下:

预计材料购进量 =(预计生产量×材料单耗 + 预计期末材料存货量) - 预计期初材料存货量

预计材料购进量乘以其单位成本,即为预计材料购进额。材料单位成本应包括买价和直接计入的订货费、运费、装卸费、包装费、整理费、储存费等。至于材料采购批量,应根据经济进货量的方法确定,进而求出材料的单位成本。如果是一种材料,直接材料预算如表18-8所示。

表18-8 直接材料预算表
2001 年度

项　　目	一季度	二季度	三季度	四季度	全　　年
生产量(件)					
生产需要量					
期末材料存货					
需要总量(公斤)					
期初材料存货(公斤)					
材料购进量					
材料购进额(元)					

如果材料种类不同,则应分别求出各种材料的购进额再行加总,进而求出材料购进总额。如表18-9所示。

表18-9 材料购进总额表

序号	品牌	型号	期末存量	生产需要量	期初存量	本期购进量	购进单价	购进额
合计								

直接材料预算应按时间、类型、品种等进行分解,以保证预算的实现。

为了反映现金支出的情况,一般还在直接材料预算下附现金支出预算表。

由于增值税的存在,应付款额不等于材料进货价格。而增值税在现金流量表上是可以包括在购买商品、接受劳务支付的现金之中的,当然也可以独立一项。不论独立与否,都应在直接材料现金预算表中反映。

按要求,交纳增值税的一般纳税人应按商品购进价格作为商品的采购成本,应支付的增值税在价外计算,因而这样的企业就应在材料现金预算表上于购进额之外单独反映含税购进额。不交纳增值税的纳税人(如施工企业),进项税额已包括在材料成本之中,因而其购进额就是含税购进额。

由于赊购制度的存在,某期购进额(即使考虑含税因素)与现金支出额往往不同,现金支出应等于当期购进(可能含税)当期支付的现金与前期购进本期支付的现金之和。

直接材料现金预算表格式如表18-10所示。

表 18-10　直接材料现金预算表

2001 年度

项　目	一季度	二季度	三季度	四季度	全　年
本期材料购进额					
本期材料含税购进额					
本期购进本期付款(%)					
上期购进本期付款(%)					
上上期购进本期付款(%)					
现金支出合计					

根据当期的购进情况和当期与以前的付款情况,可以求得期末的应付账款。

五、直接人工预算设计

直接人工预算(Direct Labor Budget)是关于直接人工成本的预算,它也是根据生产预算编制的。一般先根据预算生产量和单位产品所需工时,求出预计需用工时,再根据每小时工资率计算出预计直接人工成本。相关计算公式如下:

预计需用工时 = 预计生产量 × 单位产品需用工时

预计需用工时与单位工时直接人工成本的乘积即为预计直接人工成本总额。单位工时直接人工成本应包括基本工资、各种津贴和奖金等。

如果单位人工成本因工种不同而不同,则应按不同的工种分别计算单位直接人工成本,然后加总。其计算公式如下:

预计直接人工成本 = 预计生产量 × Σ(单位产品需用工时 × 单位工时直接人工成本)

如果是一种产品,直接人工预算表如表 18-11 所示。

表 18-11　直接人工预算表

2001 年度

项　目	一季度	二季度	三季度	四季度	全　年
生产量					
需用工时					
直接人工工时(元)					

如果是多品种,或者一种产品需要多种人工,则直接人工预算表如表 18 – 12 所示。

表 18 – 12　直接人工预算表

品名	编号	生产部门	计量单位	预计生产量	单位工时	总工时	工资率	直接人工成本

直接人工预算应按时间、工种等进行分解,以保证预算的实现。

一般来说,各期直接人工成本即为各期人工成本现金支出。因而不必专门编制直接人工的现金预算。

需要指出,在实际工作中,如果涉及期初、期末在产品数量的变动,则预计需用工时与预计生产量是不成比例的,因而要根据变动情况进行调整。

六、制造费用预算设计

制造费用预算(Manufacturing Overhead Budget)又称工厂间接费预算,是指除直接材料、直接人工以外的一切生产成本。

制造费用预算的编制是一个最有争议的问题。它可以按全部成本法编制,也可按变动成本法编制,还可以按活动量基础成本法(即作业成本法)编制。

如果按全部成本法编制,就不区分成本习性,而按预计生产量先确定每项所需的制造费用金额,然后汇总为制造费用总额。在分期预算中,一般应根据直接人工小时和制造费用,求得制造费用分配率,再根据各期预计发生的人工小时数和分配率计算各期的制造费用。

如果按变动成本法编制,则要区分成本习性。按传统的成本习性,制造费用可分为变动制造费用和固定制造费用两部分。如果采用变动成本法,则应利用成本分解的方法(包括科目分类法等)将二者划分清楚,然后将变动制造费用计入产品成本,将固定制造费用作为期间成本,直接计入损益表。

当求得变动制造费用总额后,即可求出变动制造费用分配率。其计算公式如下:

$$预计变动制造费用分配率 = \frac{预计变动制造费用总额}{预计总工时(或总产量)}$$

如果分母用产量,公式结果即为单位产品变动制造费用,如果是多品种,上式分母就不能用产量,而只能用总工时(包括人工工时和机器工时)。

根据变动制造费用分配率和单位产品所需工时,即可求出单位产品变动制造费用,同时也可根据变动制造费用分配率和生产量计算各期(季或月)的变动制造费用。其计算公式如下:

$$某期变动制造费用 = 该期生产量 \times 变动制造费用分配率$$

固定制造费用也应按项目、时间进行分解,以保证预算的实现。固定制造费用一般可以按期平均,但如果在预算年度内某期有固定资产的变动,会导致折旧额的不平均,对此应予考虑。变动制造费用与固定制造费用相加,就是制造费用的合计数。

制造费用预算表的格式,可因目的而设计。可以先按计划的生产量(或总工时)和变动制造费用分配率资料,计算出全年变动成本总额。同时,根据预定的固定成本,求出固定成本总额。然后,再按期间或单位编制制造费用预算。其参考格式如表18-13所示。

表18-13 制造费用预算表

变 动 费 用		固 定 费 用		
项目	金额	项目	金额	
间接材料		管理费用		
间接人工		间接材料		
维修费		维修费		
动力费		折旧		
……				
合计		……		
变动费用分配率		合计		
	一季度	二季度	三季度	四季度	全年
生产量					
需用工时					
变动制造费用					
固定制造费用					
其中:折旧					
制造费用总额					

如果实行作业成本法,则按成本习性分类,制造费用应分为短期变动制造费用、长期变动制造费用、固定成本。如果实行改进的作业成本法,则按成本分类,制造费用应分为短期变动制造费用、短期固定制造费用、约束性固定费用。制造费用预算应根据相应的成本习性分类进行编制。

为了反映现金支出情况,一般还应附一现金支出预算表,表中各期现金支出数,就是制造费用合计数与折旧的差额。如表18－14所示。

表18－14　现金支出表

项　目	一季度	二季度	三季度	四季度	全　年
制造费用总额					
非现金支出					
其中:折旧					
现金制造费用					

七、销售成本预算设计

销售成本预算是与销售额预算、生产预算和产品库存预算联系起来编制的预算。它属于广义销售预算的一种。与分别由销售部门、生产部门、采购部门编制的其他销售预算不同,它主要是由直接负责预算的部门编制的。

在编制销售成本预算之前,应先计算产成品单位成本。这也可称为单位生产成本预算。

单位生产成本的内容因成本计算方法不同而有所区别。如果实行全部成本法,则成本包括直接材料、直接人工、制造费用(变动和固定两部分);如果实行变动成本法,则成本包括直接材料、直接人工、变动制造费用,不包括固定制造费用;如果实行作业成本法,则成本包括短期变动成本、长期变动成本、固定成本;如果实行改进的作业成本法,则成本包括短期变动制造费用、短期固定制造费用、约束性固定费用。

单位变动成本要根据量、价情况确定。如果涉及多种材料、多种人工,则应分别根据各种材料数量、人工小时与相应的材料单价、人工小时工资率相乘,然后求和。单位固定成本一般根据计划期固定成本总额和预计产量求得。

销售成本预算根据预计销售量和单位生产成本资料编制。销售成本预算应根据各期销售额按期进行分解,以保证预算的实现。

在单位成本预算基础上,可以计算出期末产成品存货成本。

八、销售费用预算设计

销售费用预算(Selling Expense Budget)也称营业费用预算,是指为销售费用用而编制的预算。销售费用预算一般由销售部门编制,它与管理费用预算由管理部门编制不同,故一般不宜合在一起。销售费用也有变动与固定之分。销售费用预算编制原理与制造费用预算相同。同时也要根据时间进行分解,以保证预算的实现。

如果实行贡献毛益法,销售费用也应按成本习性分类,并计算变动销售费用分配率。不过其分母不应为总工时或产量,而应是销售量或销售额。如果不区分成本习性,其做法与全部成本法下的制造费用预算相同。

销售费用预算表格式设计如表18-15所示。

表18-15 销售费用预算表
200×年度

费用项目		分配率	一季度	二季度	三季度	四季度	全 年
	销售						
变动费用							
	合计						
固定费用							
	合计						

为了反映现金支出情况,一般还在销售费用下附现金支出预算表,由于折旧不属现金支出,故应从固定销售费中将其扣除。如果在预算年度内某期有固定资产的变动,会导致折旧的不平均,对此应予考虑。

销售费用现金支出预算表格式设计如表 18－16 所示。

表 18－16　销售费用现金支出预算表

200×年度

项　　目	一季度	二季度	三季度	四季度	全　年
变动费用					
非现金支出					
现金变动费用					
固定费用					
非现金支出					
其中:折旧					
现金固定费用					
合计					

九、管理费用预算设计

管理费用预算(Administrative Expense Budget)也称一般管理费用预算,它是针对企业各管理部门发生的费用而编制的预算。管理费用预算的编制方法与销售费用预算的编制方法相同。

如果企业实行贡献毛益法,则管理费用也应按成本习性分类,并计算变动销售费用分配率。不过,其分母不应为总工时或产量,而应是销售量或销售额。

管理费用预算表格式设计如表 18－17 所示。

表 18 – 17　管理费用预算表

200×年度

费用项目	分配率	一季度	二季度	三季度	四季度	全　年
变动费用						
合计						
固定费用						
合计						

如果不区分成本习性,其做法与全部成本法下的制造费用预算相同。

为了反映现金支出情况,一般还在管理费用下附一现金支出预算表,由于固定资产折旧、无形资产摊销、递延资产摊销等不属于现金支出,故应从管理费中将其扣除。如果预算年度内某期有固定资产、无形资产、递延资产的变动,会导致折旧、摊销的不平均,对此应予考虑。另外坏账损失也是非现金支出,也应从管理费中将其扣除。

管理费现金支出预算表格式设计如表 18 – 18 所示。

表 18 – 18　现金支出预算表

200×年度

项　目	一季度	二季度	三季度	四季度	全　年
管理费用合计					
坏账损失					
折旧费					
摊销费					
现金支出					

十、资本支出预算设计

资本支出预算(Capital Expenditure Budget)属于长期预算。在投资决策作出以后就可以根据投资决策编制资本支出预算。资本支出预算可能只涉及现金支出,也可能同时涉及固定成本。如果投资不能当期回收,则不涉及固定成本(即折旧)问题;如果投资项目是购置机器设备,就涉及固定成本(即折旧)问题。在编制全面预算时,应当将资本支出预算按年分解,反映本年的现金流动情况。

资本支出预算表格式设计如表 18 – 19 所示。

表 18 – 19　资本支出预算表(a)

200×年度

项目	一季度	二季度	三季度	四季度	全　年
甲设备					
乙设备					
……					
合计					

如果涉及分期付款情况,还应将投资额分解到有关各期。如表 18 – 20 所示。

表 18 - 20 资本支出预算表(b)

项目名称	编号	规格	型号	购价	其他费用	购入时间	付款要求

其中,付款要求指的是现付、分期等。

十一、利润计划设计

利润计划也称预计收益表,它既是业务预算的归结,也是财务预算的一个中心。在各项业务预算的基础上,即可编制利润计划。但利润计划要涉及利息(即财务费用)和所得税两个因素,而由于现金预算尚未完成,预计利息尚未确定,预计税前净利也就难以确定。由此导致所得税难以算出,利润计划难以编成。利息的确定有赖于现金预算,但现金预算又涉及所得税支出的时间和数额。因而,这就出现了两难的局面。

解决这一问题,一般可根据历史资料的分析确定所得税占营业净利的大致比率,从而求出应纳所得税额。同时,编制现金预算,根据资金的余额情况确定负债的时间、种类,从而计算出应计利息和实际利息支出,最后使利润计划和现金预算同时编成。

利润计划编制后,还应与利润目标相对照,如达不到利润目标,则应重新调整收入或成本,直到二者相符为止。

利润计划表的格式涉及成本计算方法,也涉及利润表与利润分配表的分合问题。如果利润计划不包括利润分配内容,则利润计划就只与成本计算方法有关。

如果实行全部成本法,则利润计划格式可设计如表 18 - 21 所示。

表 18 – 21　利润计划

200×年度

项　目	一季度	二季度	三季度	四季度	全　年	备　注
销售收入						
销售成本						
销售毛利						
销售税金						
销售费用						
管理费用						
营业利润						
财务费用						
税前利润						
所得税						
净利润						

如果实行变动成本法,则利润计划格式可设计如表18 – 22 所示。

表 18 – 22　利润计划

200×年度

项　目	一季度	二季度	三季度	四季度	全　年	备　注
销售收入						
变动成本						
销售成本						
销售费用						
管理费用						
变动成本小计						

续表

项　目	一季度	二季度	三季度	四季度	全　年	备　注
贡献毛益						
固定成本						
生产费用						
销售费用						
管理费用						
固定成本小计						
营业利润						
财务费用						
税前利润						
所得税						
净利润						

财务费用包括长期负债利息和短期借款利息。

全年所得税 = 预计税息前利润 × 所得税占营业净利的大致比率

每期(季或月)所得税 = 全年所得税 ÷ 全年期数

所得税按期平均,也未必是科学的方法,因而也可逐期按营业净利的比率计算。如果实行作业成本法,则利润计划格式可设计如表 18 - 23 所示。

表 18 - 23　利润计划

项　目			
销售收入			
短期变动成本			
贡献毛益			
短期固定成本			
短期贡献毛益			
约束性固定成本			
营业利润			
财务费用			
税前利润			
所得税			
净利润			

其中,短期变动成本、短期固定成本和约束性固定成本还都可以将其主要项目列出。

十二、现金预算设计

现金预算(Cash Budget)是财务预算的中心,这里的现金不仅包括库存现金,而且包括银行存款和其他货币资金。它是广义的现金收支预算。通过编制现金预算,可以对各个期间现金收支的多余和不足予以解决;研究现金不足如何筹集,现金多余如何归还欠款或投放;研究预算期末现金余额和流动资产、流动负债、销售额之间关系是否妥当等。

现金预算的编制,基本上是把以权责发生制为基础所编制的包括在利润计划之内的计划,改为以现金收付制为基础的用现金收支预算额表现的计划。具体地说,不用现金支出的折旧费、摊销费、坏账损失,以及不立即支出现金的费用,就不包括在现金预算之内。

编制现金预算,首先需要确定现金最低余额,另外需要掌握金融市场上各种借款的利率、证券投资的报酬率、结息时间、股利政策、数额及其发放时间等资料。

现金预算也应按期编制。至于期限,可以分季、月、旬,甚至可以按日编制。编制现金预算的特点是:除了生产经营过程中的现金收入、现金支出数额来源于前述有关各表外,其余可以根据企业的理财政策灵活安排;另外,根据现金余额期初、期末的关系,编制现金预算只能逐期编制,上期完成后,才能编制下一期。

现金预算格式设计如表18 – 24所示。

表18 – 24　现金预算

200×年度　　　　　　　　　　　　　　　　　单位:元

摘　　要	资料来源	一季度	二季度	三季度	四季度	全　　年
期初现金余额						
加:现金收入						
应收账款收回及销货收入						
可动用现金合计						
减:现金支出						
采购直接材料						

续表

摘　要	资料来源	一季度	二季度	三季度	四季度	全　年
支付直接人工						
工厂间接费						
推销费用						
管理费用						
购置固定设备						
支付所得税						
支付股利						
现金支出合计						
收支轧抵现金结余(或不足)						
通融资金						
增加现金：						
向银行借款(期初)						
收回投资						
发行股票						
发行债券						
投资收益						
增加现金小计						
减少现金：						
归还借款(期末)						
支付利息(年利率10%)						
3个月内短期投资						
3个月外短期投资						
长期证券投资						
减少现金小计						
通融资金合计						
期末现金余额						

为了清晰起见,可根据现金预算中的资金筹集、投放资料编制财务费用预算。

财务费用预算表格式设计如表 18 – 25 所示。

表 18 – 25　财务费用预算表　　　　单位:元

项　目	一季度	二季度	三季度	四季度	全　年
长期负债利息					
短期负债利息					
短期投资收益					
利息合计					

十三、预计资产负债表设计

预计资产负债表(Proforma Balance Sheet)可以用来反映企业计划期末的预计财务状况,在期初资产负债表和上述各项预算的基础上,即可编制预计资产负债表。

预计资产负债表不同于实际资产负债表,它不应完全按会计制度规定的格式进行设计,而应对其项目作一定的归纳简化。预计资产负债表格式设计如表 18 – 26 所示。

表 18 – 26　预计资产负债表　　　　单位:元

资　产	行次	上期实际数	本期计划数	负债和权益	行次	上期实际数	本期计划数
流动资产				流动负债			
现金				短期借款			
短期投资				应付账款			
应收账款				其他应付款项			
其他应收款项				流动负债合计			
存货				长期负债			
流动资产合计				长期借款			
长期投资				应付债券			
固定资产原值				长期应付款			

资　产	行次	上期实际数	本期计划数	负债和权益	行次	上期实际数	本期计划数
累积折旧				所有者权益			
固定资产净值				实收资本			
在建工程				资本公积			
无形资产				盈余公积			
其他资产				未分配利润			
资产合计				负债与权益合计			

十四、预计现金流量表设计

预计现金流量表是指反映预算期现金余额增减变化的报表。根据期初和期末的资产负债表,以及某些明细资料,即可编制预计现金流量表。

关于现金流量表的格式,有几种可供参考。如《国际会计准则》的现金流量表,我国《企业会计准则》的现金流量表。

现金流量表的特点是将企业的全部业务分为经营业务、投资业务和融资业务三类。但如何鉴别利息、股利的业务性质,目前还有不同意见,是归入经营业务、投资业务还是融资业务,还是分别归入这几类业务都有一定道理。《现金流量表》国际会计准则指出:就金融机构而言,已支付的利息和已收取的利息与股利,通常被归类为源于经营业务的现金流量。但是就其他企业而言,如何对该现金流量分类尚未达成共识。已支付的利息和已收取的利和股利可以归类为源于经营业务的现金流量,因为它涉及净损益的确定。另外已支付的利息和已收取的利息和股利也可以归类为源于融资业务的现金流量和源于投资业务的现金流量,因为它们是获得资金来源或投资回报的成本。已支付的股利,也可以归类为源于融资业务的现金流量或源于经营业务的现金流量的组成部分。

作为企业,为了适应内部管理的需要,可以对利息和股利作前后一致的归类。

最后,还有两个问题值得研究:

1. 预计现金流量表与现金预算的关系。预计现金流量表与现金预算虽然都是围绕现金的预算,但二者的着眼点并不相同。前者按经营业务、投资业务、融资业务分别预计现金流入量和现金流出量,同时考虑汇率对现金的影响,最后计算出现金及现金等价物净增加额;后者是首先逐期计算出经营业务连同期初现金余额后的现金余额(即现金余缺,未考虑投资、融资因素前),然后根据"余投缺融"的规律,作融资或投资规划,最后各期期末余额应当满足企业正常业务的最低需要(即最低余额)。这里的现金,一般不包括现金等价物。因而后者不能取代前者,前者也不应取代后者,二者并行不悖。另外,前者按三类业务计算出的现金净增加额,大致与资产负债表的前后期现金差额相符。之所以说大致相符,是因为现金流量表中的现金可能包括期限很短(如3个月)的有价证券。后者按各项收入与支出,逐期计算现金余额,以便安排资金。其期末余额与期末资产负债表的现金(我国为货币资金)相符。至于现金等价物以几个月为限,应由企业用制度予以规定。

2.预算表之间的勾稽关系。上述一系列预算的设计,应是环环紧扣、步步相连的整体。预算表的项目之间有一种严密的勾稽关系。这些关系主要表现在:生产预算中的销售量应与销售预算中的销售量相衔接;直接材料预算、直接人工预算、制造费用预算中的生产量应与生产预算中的生产量相衔接;销售费用预算、管理费用预算中的销售量(一般用金额表示)应与销售预算中的销售量相衔接;利润预算应与各种权责发生制的预算表相衔接;现金预算应与各种收付实现制的预算表相衔接;利润预算中的利润数应与资产负债表中的本年新增盈余公积和未分配利润之和相衔接;现金预算的期末余额应与资产负债表的现金(或称货币资金)期末余额相衔接;现金流量表的现金及现金等价物净增加额应与资产负债表中的现金和现金等价物之和的变动相衔接。

第四节　弹性预算制度设计

一、弹性预算的概念

弹性预算(Flexible Budget)不同于固定预算。固定预算是以某一特定业务量水平为基础编制的,而弹性预算则是按企业多种可能的业务量(或多种成本动因)水平编制的预算。

企业之所以要编制弹性预算,是因为市场情况变化莫测,结果往往使企业预计的业务量与实际量相差甚远。为了加强预算的计划、控制、考核作用,就需要编制弹性预算。

二、弹性预算种类设计

企业应编制什么样的弹性预算,这应从制度上加以规定。

按照传统管理会计观点,弹性预算可分为弹性成本预算和弹性利润预算两大类。

由于直接材料和直接人工一般可以利用标准成本控制,不必编制弹性预算,故弹性成本预算可包括弹性制造费用预算、弹性销售费用预算和弹性管理费用预算三部分。

但按照现代管理会计观点,直接人工和制造费用属于加工成本,应将各个生产部门划分为若干活动领域,每个活动领域有一个成本驱动因素,根据不同成本驱动因素计算出各自的成本分配率,进而根据成本驱动因素数量和分配率计算出总成本。显然,任何成本驱动因素的变化,都将引起成本总额的变化。因而,成本预算可分为弹性生产成本预算、弹性销售费用预算和弹性管理费用预算。

另外,如果企业对人力资源成本、品质成本等单独编制预算,则弹性预算也应当包括在内。

作为企业,应当在上述范围内进行选择和设计。

三、弹性预算编制方法设计

弹性预算的编制方法取决于成本计算方法,弹性预算编制的前提是成本习性分类。

由于全部成本法不对成本习性分类,因而按全部成本法无法编制弹性预算,所以完全实行全部成本法的企业也就不可能编制弹性预算。

由于变动成本法将成本按习性分为固定成本和变动成本,而作业成本法将成本按习性分为短期变动成本、长期变动成本和固定成本三类,改进后的作业成本法将成本按习性分为短期变动成本、短期固定成本和约束性固定成本三类,并且后两种方法涉及多个成本动因问题,因而采用不同的方法编制弹性预算时,其过程和结果就会出现差异。

这里只介绍按变动成本法编制弹性预算的基本步骤:

1.确定业务量的适用范围,即业务量可能在多大幅度内变动。

2.将发生的成本按其习性予以分解。

3.求出单位变动成本(或变动成本率,下同)和固定成本总额。

4.根据不同的业务量水平和单位变动成本以及固定成本总额资料,利用总成本公式($y = a + bx$),即可编制弹性成本预算。

5.如果企业同时要编制利润预算,则根据不同的销售量或销售额和弹性成本预算,即可编制弹性利润预算。弹性利润的计算公式如下:

$$某一销售量水平的利润 = 各种水平的销售量 \times (单价 - 单位变动成本) - 固定成本$$

弹性利润预算较弹性成本预算略显复杂,主要是考虑了销售收入变动的因素,而销售收入的变动可能是由于销售量一个因素影响,也可能由于销售量和单位售价两个因素影响,所以弹性利润预算又包括售价不变与售价变动两种类型。需要注意的是,制造费用预算一般以生产量为基础,而利润预算则以销售量为基础。

关于弹性预算的基准和变动幅度问题也是一个值得明确的问题。

所谓弹性预算的基准是指预算的基础和水平。如制造费用预算应以生产能力为基础,销售费用预算应以销售能力为基础等,制造费用预算以生产能力水平为标准,是80%,还是85%,还是其他什么标准,这都是预算设计中应解决的问题。

所谓弹性预算的变动幅度是指在编制弹性预算表时以预算基础变动的多少作为一个级距,如是为10%,还是5%等。

弹性制造费用预算表格式(假定弹性预算的变动幅度为10%)如表18 – 27所示。

表 18 – 27　弹性制造费用预算表

业务量						
生产能力百分比		70%	80%	90%	100%	110%
单位变动成本						
间接材料						
间接人工						
维修费						
水电费						
……						
变动成本合计						
固定成本						
管理人员工资						
维修费						
折旧费						
保险费						
……						
固定成本合计						
总计						

弹性利润预算表格式(假定弹性预算的变动幅度为10%)如表18 – 28所示。

表 18 – 28　弹性利润预算表

销售量(件)					
正常销售百分比	80%	85%	90%	95%	100%
销售收入					
变动成本					
生产成本					
销售费用					
管理费用					
合计					
贡献毛益					
固定成本					
生产成本					
销售费用					
管理费用					
合计					
营业利润					

弹性预算与固定预算相比,差别表现为两点:

其一,弹性预算是按预算期内某一相关范围内的可预见的多种业务量水平来确定不同的预算额,从而扩大了预算的适用范围,便于预算指标的调整。

其二,弹性预算是按照成本的不同性态分类列示的,便于在预算期终了时将实际指标与实际业务量相应的预算额进行对比,使预算执行情况的评价与考核建立在更加客观和可比的基础上,更好地发挥预算的控制作用。

第五节　概率预算制度设计

一、概率预算的概念

概率预算不同于弹性预算。弹性预算是以不同业务量水平(或其他成本动因)为基础编制的,只要业务量(或成本动因)变化,销售收入、某些成本也会随之变化,而另一些成本则不变。概率预算则是以不同业务量(或其他成本动因)和成本的各种可能状况同其可能性(即概率)的大小为基础编制的预算,是运用概率编制的预算。

企业之所以要编制概率预算,是因为市场情况变化莫测,不仅业务量(或其他成本动因)难以确定,而且价格、成本也难以确定,但根据调查与预测,却可以估计上述各项因素的各种可能范围及其可能性的大小。这样编制的预算,可以综合乐观、正常、悲观等各种情况,能进一步发挥预算的计划和控制作用。

二、概率预算种类设计

企业应编制哪些概率预算,应从管理会计制度上加以规定。其中,最常见的是概率利润预算。另外,直接材料成本、直接人工成本、制造费用、销售费用、管理费用都可以编制概率预算。

另外,如果企业对人力资源成本、品质成本等单独编制预算,则这些预算也可以用概率方法来编制。作为企业应当在上述范围内进行选择设计。

三、概率预算编制方法设计

概率预算应当根据不同的情况来编制,这也同成本计算方法有关。由于作业成本法涉及因素太多,这里只对变动成本法的编制方法设计问题作一探讨。

(一)概率成本预算设计

成本包括直接材料成本、直接人工成本、制造费用、销售费用、管理费用等。其中,前三项为产品成本,后两项为期间费用。在设计概率预算时,既可以对产品成本各因素分别编制概率预算,也可以将产品成本各因素综合在一起编制概率预算,同时,还可以对销售费用、管理费用分别按主要项目列项编制概率预算。

预算的最后目的是计算有关成本的期望值。各种成本期望值合计的计算公式如下：

$$\overline{X} = \sum \sum X_i P_i$$

显然，成本各种可能性(X_i)的估计及其概率(P_i)的估计就成了预算编制的关键。这里又涉及离散型概率和连续型概率问题。离散型概率只估计几种可能，连续型概率则取某一区间所有的值。

离散型概率按几种可能估计，各种可能的概率的预计都必须根据具体情况确定。但如果认为基本是正态分布，那就应当反映中间大、两头小的趋势，而不应出现一头大的反映。

连续型概率关于区间的估计是至关重要的。区间估计过小，预算失误的可能性大，实用价值小；区间估计过大，预算失误的可能性小，但意义不大。

作为离散型概率的成本预算可通过预算表和概率树进行。

概率成本预算表格式可设计如表 18 – 29 所示(以产品成本为例，假定都有三种可能)。

表 18 – 29　概率成本预算表

成本项目	成本水平	概率	期望值	备注
材料成本	水平 1	P1		
	水平 2	P2		
	水平 3	P3		
			材料期望值	
人工成本	水平 1	P1		
	水平 2	P2		
	水平 3	P3		
			人工期望值	
制造费用	水平 1	P1		
	水平 2	P2		
	水平 3	P3		
			制造费用期望值	
合计			期望值合计	

(二)概率利润预算设计

在变动成本法下,由于利润涉及销售价格、销售数量、变动成本、固定成本等因素,因而各因素的任何变动都将影响利润。

概率预算的目的一般是计算利润的期望值,但也可以同时计算超过目标利润的概率(正态分布面积)。

对于利润期望值的计算,可有两种方法:

一是根据各种情况的利润及其联合概率计算利润期望值。其计算公式如下:

> 利润的期望值 = ∑各种情况下的利润×联合概率
> 各种情况下的利润 = 各种情况下的销售收入 – 对应的变动成本 – 对应的固定成本

用符号表示如下:

$$\overline{E} = \sum E_i \cdot (p_i \cdots\cdots p_j)$$

其中:

P_i、P_j 分别表示销售量、变动成本等因素的概率。

联合概率等于各个概率的连乘积。

二是根据各因素的期望值计算利润期望值。即先计算各因素的期望值,再计算利润期望值。其计算公式如下:

> 利润期望值 = 销售收入期望值 – 变动成本期望值 – 固定成本期望值
> 销售收入期望值 = 各种情况的销量×各种情况价格×销量与价格的联合概率

如果单价不变,则:

> 销售收入期望值 =(∑各种情况的销量×对应概率)×单位价格
> 变动成本期望值 = ∑(各种情况的销量×对应概率×∑各种情况单位变动成本×对应概率)
> 固定成本期望值 = ∑各种水平的固定成本×对应的销售量的概率

概率预算的基本步骤如何设计,取决于概率预算的目的,也取决于期望值的计算方法。如果预算目的是期望值,按照上述期望值的第一种求法,可分五个步骤,具体内容如下:

1.分别确定各种变量的各种可能状态及其概率。

2.计算各种状态下的利润。计算公式如下:

> 某种状态的利润 = 可能销售量×(可能单价 – 可能单位变动成本)– 可能固定成本

3.计算各种组合的联合概率。计算公式如下:

$$某组合联合概率 = 某销售量概率 \times 某单位售价概率 \times$$
$$某单位变动成本概率 \times 某固定成本概率$$

如果某一因素不变(如固定成本),则其概率为1。

假定售价和固定成本不变,则某组合的联合概率计算公式如下:

$$某组合联合概率 = 某销售量概率 \times 某单位变动成本概率$$

如果变动成本再分为生产性成本和非生产性成本,则也可分别计算概率。

4.计算各种组合的期望利润值。计算公式如下:

$$利润期望值 = 各种状态的利润 \times 联合概率$$

5.计算全部组合的期望利润值。

将上述各种组合的期望值相加,即为概率预算的利润期望值。

概率利润预算表格式如表18-30所示(假定售价不变,固定成本因销量的不同水平而变化,销售、变动成本、固定成本分别用 S、B、A 来表示,并且按三种可能性考虑,用脚码1、2、3表示)。

表18-30　概率利润预算表

售价 (不变)	销量	销量 概率	变动 成本	变动成本 概率	固定 成本	营业 利润	联合 概率	利润 期望值
	S_1	P_{11}	B_1	P_{21}	A_1	不考虑概 率,下同	概率之积, 下同	
	S_1	P_{11}	B_2	P_{22}	A_1			
	S_1	P_{11}	B_3	P_{23}	A_1			
	S_2	P_{12}	B_1	P_{21}	A_2			
S_2	P_{12}	B_2	P_{22}	A_2				
S_2	P_{12}	B_3	P_{23}	A_2				
	S_3	P_{13}	B_1	P_{21}	A_3			
	S_3	P_{13}	B_2	P_{22}	A_3			
	S_3	P_{13}	S_3	P_{23}	A_3			
合计								

如果预算同时要计算超过目标利润的概率,则要在上述五个步骤的基础上,再增加如下三个步骤:

6.计算标准差,目的是观察数据的离散程度。该值越大,说明离散程度越大;反之,越小。其计算公式如下:

$$\sigma = \sqrt{\sum (X_i - \bar{X})^2 P_i}$$

7.将非标准正态分布变成标准正态分布 S,即计算利润目标或距离原点相当于几个利润标准差。其公式如下:

$$S = \frac{利润目标 - 利润期望值}{利润标准差} = \frac{X - \bar{X}}{\sigma}$$

8.查正态概率分布表。根据 S 值可以通过查正态概率分布表计算利润大于零或某一预定利润目标值的概率(即正态分布图上的面积)。当然,由于很难在表中找到与 S 完全对应的值,因而要用到插值法。

其实,在实际工作中,可以利用计算机 Excel 函数计算概率,只要有了期望值和标准差资料后,就可以利用其直接求得,极为方便。

第六节　零基预算制度设计

一、零基预算的概念

零基预算也称零底预算,是以零为基础,不考虑以前情况所编制的预算。它由美国一家公司负责财务预算工作的彼得·派尔于 1970 年提出,卡特任佐治亚州州长时,曾极力推行此法,担任总统后,推行至全国。

二、零基预算编制的设计

零基预算不同于增减预算。它的特点不是对现有项目及其水平增减,而是要对现有项目进行重新审视、上下结合;要对费用的重要程度划分层次、分类保证;要根据企业的现有资源和分类情况分配资金。但根据什么标准进行分类,可有不同做法:

1.按项目的重要性分成几个类别,重要项目按其需要量的较高比重分配资金,次要项目按其需要量的较低比重分配资金。当然,不同的人对重要性的看法不同。

2.按项目的成本收益率水平分成几个类别,成本收益率高的项目按其需要量的较高比重分配资金,成本收益率低的项目按其需要量的较低比重分配资金。

不论根据什么分类,都必须既要考虑分几类,即几个层次,还要考虑各类应分配资源的比重是多少。比如,第一层次是100%,还是90%;第二层次是80%,还是75%等。至于各类项目分配差距的大小,很难以一言概之,必须根据具体情况而定。

这里应当注意的是,如果按成本收益率的水平分类,不应按成本收益率的比例分配资源。成本收益率只可作为项目分类的依据,但不宜再作分配数额的依据。譬如,如果我们已经根据成本和收益情况分别计算了培训费和广告费的成本收益率,后者高于前者,分别为3倍和2倍,从而将后者作为较高层次,前者作为较低层次。如果经过测算,以成本收益率高者保证80%、低者保证60%的比例正好将资金分配完毕,就应根据原需要量和保证比率确定分配额。如果因为一个3倍、一个2倍,加在一起是5倍,然后将可分配资金数分别按3/5、2/5的比率分配资金,显然是不妥的。这样做的后果,很可能出现某项目分配的资金大于需要数的情况。例如,成本收益为3倍者需要资金18 000元,成本收益为2倍者需要资金20 000元,合计需要资金38 000元,如果现有资金37 000元,按3/5、2/5的比率分配资金,则二者分配的资金分别为22 200元、14 800元,结果成本收益为3倍者分配的22 200元大于其本身需要量。因而,按成本收益率的比率分配资源是不合适的。

三、零基预算的利弊

1. 零基预算有以下优点:

(1)可以合理有效地进行资源配置,将有限的经费用在关键之处。

(2)可以充分发挥各级管理人员的积极性和创造性,促进各级预算部门精打细算,合理使用资金,提高资金的利用效果。

(3)特别适用于产出难以辨认的服务性部门预算的编制与控制。

2. 零基预算的缺点在于:由于一切均以零起点进行分析研究,因而编制预算的工作量较大,费用昂贵,而且评级和资源分配具有主观性,容易引起部门间的矛盾。因此,可以每隔若干年进行一次零基预算,以后几年内略作调整,这样既简化了预算的编制工作量,又能适当地控制费用。

第七节 滚动预算制度设计

一、滚动预算的概念

如前所述,滚动预算是同跳动预算相对而言的。我国目前的年度计划始终以1月份为起点,12 月份为终点,每年编制一次,这从月份的角度说,就是跳动预算。如果预算期间始终保持 12 个月,从 1 月到 12 月,从 2 月到下年 1 月,从 3 月到下年 2 月,以此类推,这样的预算就是滚动预算。

滚动预算又称永续预算或连续预算,其基本特点是预算期连续不断,始终保持一定期限(如 1 年)。凡预算执行中发生了新情况,对剩余的 11 个月应加以修订,并自动后续 1 个月,重新编制下一年的预算。这样逐期向后滚动,连续不断地以预算的形式规划未来的经营活动。

二、滚动预算编制的设计

是否编制滚动预算,这是首先应当明确的问题。滚动预算的优点是可以保持经营管理的连续性和稳定性,因而西方企业积极推广这种方法,不仅可以 12 个月为预算期逐月滚动,而且还可以 5 年或 10 年为计划期逐年滚动。据 1992 年 3 月 22 日《经济日报》报道,1992 年国务院批准计划方法上的重大改进,从当年开始试编两年滚动预算。看来,编制滚动预算,已是大势所趋。

滚动预算,不论是全面预算还是责任预算,都是种类繁多。究竟编哪些,不编哪些,也必须作出设计。如果基础工作跟不上,可以编制单项滚动预算,同时积极创造条件,待时机成熟后,再编制全面预算的滚动预算。

预算期间是多少,是 12 个月、4 个季度,还是 3 年、5 年;按多长时间编制一次滚动预算,是 1 年、1 季,还是 1 个月,这都同预算期间密切相关。如果预算期间是 12 个月,显然是逐月滚动;如果预算期间是 4 个季度,显然是逐季滚动;如果预算期间是 3 年或 5 年,显然是逐年滚动。企业如按季度滚动,一般都是 4 个季度;如按月滚动,一般都是 12 个月。在这方面基本没有争议。企业究竟是搞短期滚动预算,还是搞长期滚动预算,还是长期、短期的滚动预算同时搞,这也是需要确定的问题。期限越长,不可知因素越多,因而应近详远略。期限越短,工作越繁忙,弄不好就会出现穷于应付的局面。

由谁编制滚动预算,这也是滚动预算设计中的一个问题。由于滚动预算要求逐期滚动,故应设立专门的机构负责这项工作。如果编制长期滚动预算,则应成立战略规划委员会及其办事机构;如果只编制短期预算,则应由预算委员会及其下设预算办公室具体负责。

三、滚动预算的利弊

滚动预算具有以下优点:一是可以保持预算的连续性与完整性,使有关人员能从动态的预算中把握公司的未来,了解公司的总体规划和近期目标;二是可以根据前期预算的执行结果,结合各种新的变化信息,不断调整或修订预算,从而使预算与实际情况更相适应,有利于充分发挥预算的指导和控制作用;三是可以使各级管理人员始终保持对未来 12 个月甚至更长远的生产经营活动作周密的考虑和全盘规划,确保公司各项工作有条不紊地进行。

滚动预算的缺点是工作量大。

宝钢的预算管理体系

宝山钢铁(集团)公司(以下简称宝钢)是现代钢铁联合企业,于 1978 年动工新建。早在 1992 年,宝钢针对公司产品品种多、数量大、组织结构复杂等情况提出:传统的计划管理、随时管理已无法控制各部门、各环节按企业的总体意图经营管理,必须推行预算管理体制。自此,宝钢开始了建立具有宝钢特色的全面预算管理体系的大胆探索和革新。宝钢全面预算管理发展历程经历了预算管理体系的形成、预算管理的深化完善和预算管理的全面发展等三个不同阶段。某年,公司实现销售收入 431.6 亿元,所有者的权益报酬率为 3.1%。

一、宝钢年度预算框架

年度预算由总预算、制造成本预算和期间费用预算组成,是公司生产经营的基本目标和控制标准。宝钢年度预算框架如图 1 所示;年度预算主要关系如图 2 所示。

二、宝钢预算管理的组织体系

宝钢公司预算管理的组织体系包括决策层与两个管理部门。

1. 预算管理决策层。宝钢公司预算委员会为公司预算管理组织体系中的最高机构,成员由各分管业务的总经理、副总经理组成,受总经理直接领导。

预算管理决策层的职能是:审定、签发预算管理制度;审批公司年度预算;提出公司预算管理发展方向及改进要求;确定年度预算编制的重大前提条件和年度生产经营目标;听取预算执行情况和预算管理工作进展的汇报,作出对预算管理进行改进和完善等的决定。

2. 预算管理职能部门。公司成立预算办公室(与计财部成本处为一个机构两块牌

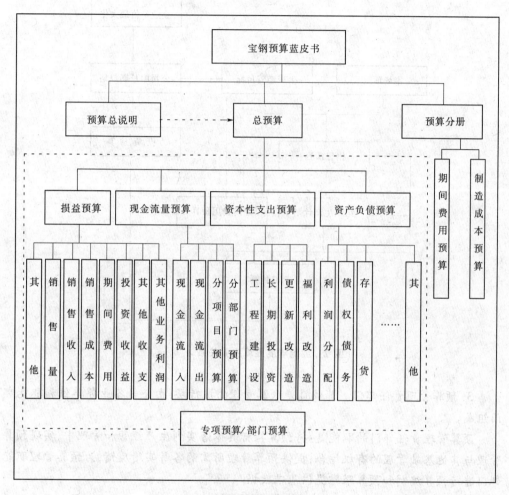

图 1　宝钢年度预算框架

子)及预算归口管理部门,成员是各个对预算负有专业管理职责的部门。

　　预算管理职能部门的职能是:根据公司确定的预算期生产经营目标、预算编制原则,全面分析、研究预算期公司面临的生产经营环境、市场状况、内部生产经营条件;组织预算编制的各项工作,并根据公司批准的预算,组织各预算责任部门执行;负责预算日常事务的协调,以及跟踪、监督预算的执行过程,定期报告预算执行情况,实行预算考核;对预算执行过程中出现的问题和偏差及时进行修正和调整,并为公司决策提供有效信息。

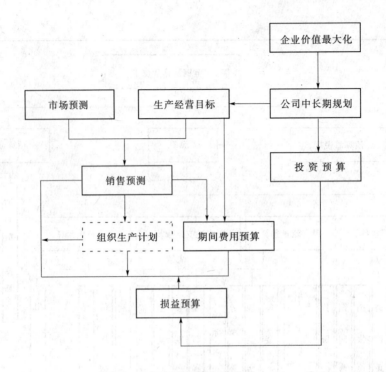

图 2　宝钢年度预算主要关系

3.预算管理责任部门。其成员是预算管理的执行层,由公司各业务单位和职能部门组成。

预算管理责任部门的职能是:将预算指标具体落实到生产经营和管理中,实现预算管理与其他基础管理的有机结合;提供预算管理所需的各种实绩反馈,为预算管理职能部门进行预算编制和预算跟踪提供基础数据。

三、宝钢全面预算的编制流程(年度预算)

宝钢预算编制采取"自上而下"和"自下而上"相结合的方式。

自上而下:公司在确定了生产经营总目标后,预算综合管理部门根据生产经营总目标,制定目标分解方案,并将此目标层层分解到各个预算的责任单位。预算编制自上而下的过程,实质上就是宝钢经营者的思想和公司经营总目标层层贯彻和落实的过程。

自下而上:预算编制时,各预算责任单位根据分解目标,结合本单位的实际情况,编制部门预算,并报预算归口管理部门进行审核,编制分预算,报预算综合管理部门审核,进行现金流量、损益和资产负债的综合平衡,最终编制总预算,报公司审批。预算管理自下而上的过程,实质上是各个预算责任单位制定落实公司目标的具体措施,确保公司经营目标实现的过程。

宝钢每年10月份左右开始编制下一年度的预算,编制流程如下:

1.预算综合管理部门对预算期公司面临的内外部环境进行调研,在对经济政策、市场情况、竞争能力、内部条件及经营重点等进行全面分析后,对公司总体效益进行测算,提出公司经营的多种方案,编制"年度预算、计划大纲"供公司决策。

2.公司在听取预算综合管理部门关于"年度预算、计划大纲"的汇报后,对年度预算编制的重大原则、重要预算指标水平和效益水平进行研究、讨论,并确定预算编制的基本原则和目标。预算综合管理部门据此组织各预算职能部门和责任部门落实,并对公司经营方案进行修正。

3.公司在确定经营方案后,对预算期年度经营总目标及重要的预算指标提出要求,由预算综合管理部门在预算编制过程中与预算职能部门和责任部门共同落实到年度预算指标中。

4.预算综合管理部门对各预算职能部门和责任部门编制的预算草案进行综合平衡,编制总预算,报请董事会审核和股东大会批准。预算经审批后,由预算综合管理部门根据预算指标性质,将预算指标分解落实到相应的业务部门和职能部门,在实际执行过程中据以进行数据跟踪、收集、分析、修正和评价。

年度预算编制流程如图3所示。

四、宝钢全面预算管理的控制体系

预算管理是建立在企业现有的结构、业务流程、管理模式和管理水平基础之上的,它的控制也是通过公司现有的管理模式来进行的,并通过自身的特点和要求对企业管理进行改进和完善。预算管理首先着眼于企业整体效益,其目标即是确保企业整体效益和价值的最大化。

1.预算管理注重过程控制,预算目标的分解、落实、考核等一系列的活动都要传递到公司各种管理活动过程中,通过各种管理活动自身的管理和控制,从而达到预算总体目标的实现。

2.在预算执行过程中,由于前提条件和经营情况的变化,宝钢已建立了预算调整和追加的流程,保证预算控制既有刚性又有弹性。

3.在预算控制中,为保证预算目标的实现,宝钢还建立了完整的预算考核体系,保证预算得到有效实施。

4.在预算控制体系中,宝钢还强调了内部稽查功能,审查公司内部有关预算管理制度、财务制度的执行情况,确保公司内部经济秩序安全、有效地运行。

公司的预算管理流程如图4所示。

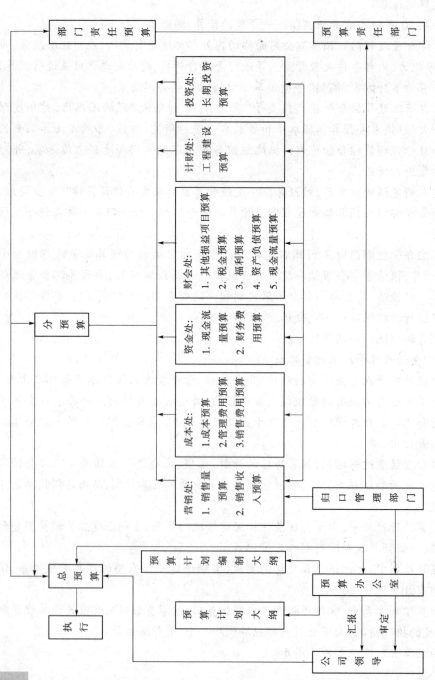

图 3　宝钢年度预算编制流程

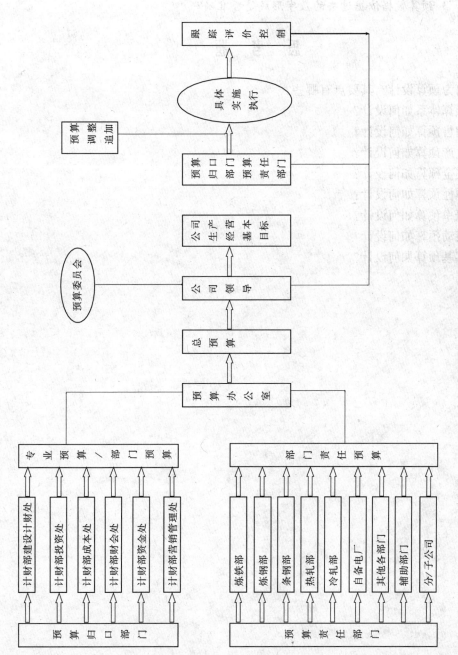

图 4 宝钢公司预算管理流程

案例分析：1.结合本案例分析预算管理的优、缺点。

2.预算指标是否能很好地体现公司目标？

3.预算数据依据过去的数字形成是否准确？

思 考 题

1.何为预算设计？其要点有哪些？

2.预算体系如何设计？

3.销售预算如何设计？

4.生产预算如何设计？

5.现金预算如何设计？

6.弹性预算如何设计？

7.概率预算如何设计？

8.滚动预算如何设计？

9.零基预算如何设计？

第十九章

责任预算制度设计

本章要点

　　本章将讲述责任预算的设计问题,包括投资中心、利润中心和成本中心的预算设计。通过本章的学习,应当重点掌握各责任中心预算的重点和编制的方法,并能结合实际设计责任中心的控制制度。

第一节　责任预算制度设计概述

一、责任预算的概念

预算是要靠人来执行的。不把预算指标逐一落实到人,再宏伟的计划也会落空。因而按责任单位即各个不同级别的部门(如子公司、分公司、工厂、车间、班组等)或个人编制和实施的预算,就是责任预算。

二、责任预算与全面预算的关系

责任预算与全面预算有着密切的关系。责任预算是全面预算的分解,全面预算是责任预算的合成。全面预算由业务预算和财务预算所构成,业务预算又由销售、生产、采购、人工、制造费用、管理费用、销售费用等构成;财务预算又由各种现金收入和现金支出明细表、现金预算、预计损益表(有人认为预计损益表是业务预算)、预计资产负债表、现金流量表等构成。而责任预算则因责任单位的级别及其所负的责任不同而有很大区别。也就是说,有的责任预算可能只负责某些费用项目,对其他则无须过问和负责;有的责任预算可能要同时负责成本、收入和利润。

三、责任预算体系设计

责任预算体系涉及企业内部的机构设置。一般来说,责任单位所负责任的内容,往往不外乎成本(或费用)、利润、资金,相应的,我们就将这些责任单位分别叫做成本中心、利润中心、投资中心。按层次说,是投资中心在上,成本中心在下。责任预算体系如图19-1所示。

第二节　成本中心预算制度设计

一、成本中心的概念

成本中心是指只对成本或费用负责的责任单位。至于成本的内容和项目,则因责

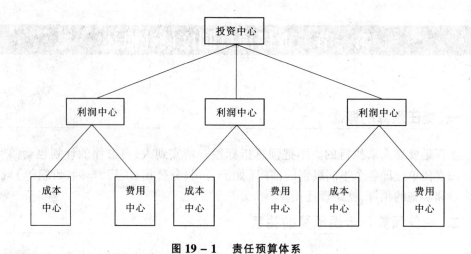

图 19 - 1   责任预算体系

任的不同而不同。

成本中心可以不止一个层次,还可能有三层、四层、五层等。最高层可能是公司制造经理,其次可能是厂长,再次可能是车间主任、工段长、班组长等,依此分层。

二、成本中心预算设计

成本中心预算只反映成本、费用情况,不反映收入情况。即使是成本,也不一定全部反映。这主要涉及可控成本和不可控成本问题。

从广义上说,任何成本都是可控制的。本级不能控制的,上级或再上级就能控制;目前不能控制的,以前或未来往往能控制。如固定资产的折旧费,一旦建成投产就不能控制,但在未建之前却可以控制。

可控成本是指该责任主体可以控制的成本,不可控成本是指该责任主体不能控制的成本。判断成本是否可控可依据以下标准:

1. 该责任中心是否可以有效地对该成本施加影响。

2. 该成本是否由责任中心控制的资产或劳务形成。

3. 责任中心的管理者是否可以直接管理该成本。

三、成本中心预算表格式设计

成本中心预算表的格式有多种。成本中心预算表的编制方法可以自上而下,也可以自下而上。具体如表 19 – 1 ~ 表 19 – 4 所示。

表 19 – 1　基层部门 A

项　　目	金额（元）
直接劳务费	2 150
直接材料费	1 200
监督费	400
手续费	150
修理费	140
消耗品费	60
其他	100
可控制费	4 200

表 19 – 2　中层部门综合成本

项　　目	金额（元）
可控制费	13 600
基层部门 A	4 200
基层部门 B	1 850
基层部门 C	3 400
基层部门 D	2 950
其他	1 200

表 19 – 3　中、上层部门生产系统综合成本

项　　目	金额（元）
生产	13 600
供应	1 120
动力	3 200
保管	2 950
其他	930
可控制费	21 800

表 19 – 4　上层部门生产综合成本

项　　目	金额(元)
生产	21 800
财务	3 150
销售	32 900
管理	17 700
其他	8 500
可控制费	84 050

第三节　利润中心预算制度设计

一、利润中心的概念

利润中心是指既对成本负责,也对收入负责,即对利润负责的责任单位。

利润中心可分为自然利润中心和人为利润中心。二者的区别在于,前者的收入是按市场价格计算的,后者的收入是按内部转移价格确定的。故利润中心的利润,并不一定是税后利润,也不一定是税前利润,甚至也不一定是对外实现的销售利润,而可能是内部结算的利润。

利润中心也不一定是一个层次,而可能是多个层次。

二、利润中心预算设计

利润中心本身所负责的具体利润,不仅反映本身的可控利润,还要反映其他利润和贡献毛益。

关于可控利润的计算,一般是由销售收入减去变动成本,求得贡献毛益后,再由贡献毛益减去可控的固定成本而得。

三、利润中心预算表格式设计

利润中心预算表格式有多种,现以表 19-5 说明如下:

表 19-5

格式 1	格式 2
销售收入	销售额
减:变动成本	减:变动费用
变动生产成本	
变动销售费用	
变动成本合计	
边际利润(贡献毛益)	销售利润
减:可控制费用	减:可控制的固定费用
可控制利润	可控制利润
减:设备费(固定成本)	减:属于事业部的其他固定费用
部门利润	事业部利润
减:共同成本	减:事业部以外的费用
经营利润	纯利润

我们认为,利润中心预算表也可以如表 19-6 作如下设计:

表 19-6

项　目	金　额
销售收入	
减:生产变动成本	
生产贡献毛益	
减:非生产变动成本	
贡献毛益	

续表

项 目	金 额
减:可免专属固定成本	
相关直接利润	
减:难免专属固定成本	
直接利润	
减:共同成本	
营业利润	
减:财务费用	
税前利润	
减:所得税	
净利润	

为了体现利润中心之间的预算关系,现引用一例予以说明①。此例采用了边际贡献法,如表 19 - 7 所示。

表 19 - 7 - a

项 目	公 司	A 厂	B 厂
销额售	2 000 000	1 200 000	800 000
可变成本	1 200 000	660 000	540 000
边际贡献	800 000	540 000	260 000
可辨认的可控固定成本(广告、销售、推广及其他)	300 000	200 000	100 000
短期毛利	500 000	340 000	160 000
可辨认的不可控固定成本(折旧、税及其他)	200 000	140 000	60 000
长期毛利	300 000	200 000	100 000
不可辨认的固定成本	100 000		
净收益	200 000		

---

① [美]达克尔·阿·斯克金,尤金·卡·斯尼迪. 成本会计原理及程序[M]. 毕凤英,于兴旺. 译校. 西安:陕西科学技术出版社,1987.

表 19 – 7 – b

项　　目	A 厂	甲产品	乙产品	丙产品
销售额	1 200 000	500 000	400 000	300 000
可变成本	660 000	300 000	200 000	160 000
边际贡献	540 000	200 000	200 000	140 000
可辨认的可控固定成本（广告、销售、推广及其他）	160 000	60 000	50 000	50 000
短期毛利	380 000	140 000	150 000	90 000
可辨认的不可控固定成本（折旧、税及其他）	130 000	30 000	50 000	50 000
长期毛利	250 000	110 000	100 000	40 000
不可辨认的固定成本	50 000			
净收益	200 000			

表 19 – 7 – c

项　　目	甲产品
销售额	500 000
可变成本	300 000
边际贡献	200 000
可辨认的可控固定成本（广告、销售、推广及其他）	60 000
短期毛利	140 000
可辨认的不可控固定成本（折旧、税及其他）	30 000
长期毛利	110 000
不可辨认的固定成本	
净收益	

表 19 – 7 – d

项　　目	公司	甲部门	乙部门	丙部门
分部报表				
销售收入	500 000	200 000	300 000	
变动成本	250 000	80 000	170 000	
变动生产成本	200 000	60 000	140 000	
直接材料	0	0		
直接人工	0	0		
变动制造费用	0	0		
生产贡献毛益	0	0		
变动非生产成本	50 000	20 000	30 000	
变动销售费用	0	0		
变动管理费用	0	0		
贡献毛益	250 000	120 000	130 000	
专属固定成本	150 000	60 000	90 000	
可免专属固定成本	0	0		
相关直接利润	0	0		
难免专属固定成本	0	0		
直接利润(部门边际)	100 000	60 000	40 000	
分配共同成本	30 000			
净利	70 000			

表 19 – 7 – e

项　　目	甲部门	A 产品	B 产品	C 产品
销售收入	200 000	120 000	80 000	
变动成本	80 000	50 000	30 000	
变动生产成本	60 000	35 000	25 000	
直接材料	0	0		
直接人工	0	0		
变动制造费用	0	0		
生产贡献毛益	0	0		
变动非生产成本	20 000	15 000	5 000	
变动销售费用	0	0		
变动管理费用	0	0		
贡献毛益	120 000	70 000	50 000	
专属固定成本	40 000	22 000	18 000	
可免专属固定成本	0	0		
相关直接利润	0	0		
难免专属固定成本	0	0		
直接利润（产品贡献）	80 000	48 000	32 000	
分配共同成本	20 000			
净利	60 000			

表 19 – 7 – f

项　目	A 产品	内销	外销	内销
销售收入	120 000	90 000	30 000	
变动成本	50 000	29 000	21 000	
变动生产成本	35 000	20 000	15 000	
直接材料	0			
直接人工	0			
变动制造费用	0			
生产贡献毛益	0			
变动非生产成本	15 000	9 000	6 000	0
变动销售费用	0			
变动管理费用	0			
贡献毛益	70 000	61 000	9 000	0
专属固定成本	15 000	5 000	10 000	0
可免专属固定成本	0			
相关直接利润	0			
难免专属固定成本	0			
直接利润（地区边际）	55 000	56 000	– 1 000	0
共同固定成本	7 000			
产品边际	48 000			

第四节 投资中心预算制度设计

一、投资中心的概念

投资中心是指既对利润负责又对投入资金的利用效果负责的责任中心。对利润负责,就意味着要对收入和成本负责。

由于投资中心要对投资的利用效果负责,因此它必须拥有充分的自主权,包括一定的投资决策权。因而投资中心只适用于企业内规模和经营权较大的部门,如总公司、子公司、分公司、国外的事业部等。

二、投资中心预算的设计

投资中心预算要反映资金的利用效果。企业对投资中心用什么指标考核,就应在预算中以这些指标为核心。

在国外,使用最普遍的是投资报酬率,其次是剩余收益。由于投资中心也要对成本负责,因而总公司也可能下达成本指标。在这种情况下,成本也可能成为投资中心的考核指标之一。

三、投资中心预算表格式设计

投资报酬率由投资周转率和销售利润率所构成,投资周转率和销售利润率的乘积等于投资报酬率。作为企业,可以选择高投资周转率、低销售利润率的策略,也可以选择低投资周转率、高销售利润率的策略。要想提高投资周转率,一是增加销售额,二是减少资产占用额。而减少资产往往要导致成本的增加、利润的减少,进一步导致销售利润率的降低。要提高销售利润率,一是提高销售价格,二是降低成本。但是提高价格的结果导致销量的减少,可能进而导致销售额的减少;而降低成本的一个重要途径就是购置先进的机器设备,这样势必增加资产,结果导致投资周转率的下降。

因而,投资中心在投资报酬率目标确定的情况下,可以在投资周转率和销售利润率之间进行权衡,或者选择高投资周转率、低销售利润率的策略,或者选择低投资周转率、高销售利润率的策略。为此,可设计投资报酬率组合预算表,如表19-8所示。

表 19－8　投资报酬率组合预算表

方　案	1	2	3	4	5	6	7	8	9
投资报酬率目标									
资产	3 000	1 500	1 000	750	500	250	125	62.5	31.25
销售额	3 000	3 000	3 000	3 000	3 000	3 000	3 000	3 000	3 000
利润	360	180	120	90	60	30	15	7.5	3.75
投资周转率	1	2	3	4	6	12	24	48	96
销售利润率	12%	6%	4%	3%	2%	1%	1%	0.25%	0.125%
投资报酬率	12%	12%	12%	12%	12%	12%	12%	12%	12%

　　投资中心预算格式取决于成本计算方法,也取决于投资中心的考核指标。如果以投资利润率为目标,按全部成本法编制,其预算表格式如表 19－9 所示。

表 19－9

方　案	1	2	3	4	5	6	7	8	9
资产									
销售额									
销售成本									
销售毛利									
营业费用									
税息前利润									
投资周转率									
销售利润率									
投资报酬率									

　　如果以投资利润率为目标,按变动成本法编制,其预算表格式如表 19－10 所示。

表 19 – 10

方　案	1	2	3	4	5	6	7	8	9
资产									
销售额									
变动成本									
贡献毛益									
固定成本									
税息前利润									
投资周转率									
销售利润率									
投资报酬率									

　　为了防止投资中心对低于本身投资报酬率的新投资机会一概排斥,可以利用剩余收益指标予以解决。如表 19 – 11 所示。

表 19 – 11

项目＼部门名称	A	B	C	公司
资产	2 000	2 000	5 000	9 000
利润	450	300	550	1 300
部门投资报酬率	23%	15%	11%	14%
新项目投资报酬率	16%			
新项目资金	500			
公司资本成本	10%			
部门对新项目态度	不投	投	投	投
原剩余收益	250	100	50	400
资产总额	2 500	2 500	5 500	9 500
利润总额	530	380	630	1 380
新剩余收益	280	130	80	430
部门对新项目态度	投	投	投	投

如果以剩余收益为目标,按全部成本法编制,其预算表格式如表 19 - 12 所示。

表 19 - 12

方案	新投资机会	原投资	接受新投资
资产	4 000	25 000	29 000
销售额	10 000	100 000	110 000
销售成本	7 500	80 000	87 500
销售毛利	2 500	20 000	22 500
营业费用	2 000	15 000	17 000
税息前利润	500	5 000	5 500
投资周转率	2.5	4	3.8
销售利润率	5.0%	5.0%	5.0%
投资报酬率	12.5%	20.0%	19.0%
资本成本	6%	6%	6%
剩余收益	260	3 500	3 760

表 19 - 12 说明,虽然接受新投资后投资报酬率下降了,但是剩余收益却增加了,因而应接受新投资机会。

如果采用变动成本法,只需将表 19 - 12 的损益计算部分改为贡献式即可。

案 例

A 企业的预算管理

A 企业是山东省一家生产墙砖、地砖的股份有限公司,由香港某公司、某市经济发展投资公司、某市黄海集团公司共同投资组成。该公司于 1994 年投产,年产 400 万平方米高级墙砖、地砖。该公司产品于 1997 年 1 月获得 ISO9002 国际体系认证。

1997 年初该公司按照董事会要求建立预算管理体系,并成立预算管理专门机构——预算管理委员会,负责预算的组织、协调工作。预算管理委员会由总经理负责,成员由财务部、销售部、生产技术部、储运部、劳动人事部、企业管理部的主要领导组成。管理委员会的主要职责是:审议、确定预算目标、预算政策和程序;审定、下达正式预算;根据需要调整和修订预算;收集、研究、分析有关预算与执行的业绩报告,制定控制政策和奖惩制度;仲裁有关预算冲突。

1997 年 6 月,按照预算管理委员会的要求,A 企业建立了预算责任中心,结构如图 1 所示:

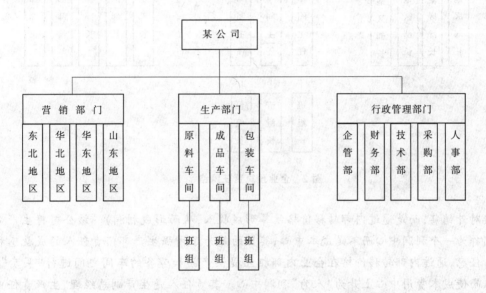

图 1　企业预算责任中心

为确保企业目标的实现,还需要建立责任会计制度,编制责任预算,进行责任核算、业绩考核和奖惩。该公司的责任预算网络由投资中心、利润中心和成本费用中心组成,将该公司作为投资中心,总经理为责任人,负责公司的全部资产、权益收入、费用、利润,还要负责投资报酬率和资产利润率。总经理下设三位副总经理:生产副总经理、营销副总经理、行政管理副总经理。如图 2 所示。

生产部门是一个利润中心。根据收入、利润的形成方式不同,利润中心可分为"自然中心"(能够通过对外销售自然形成销售收入,从而形成利润)和"人为中心"(不直

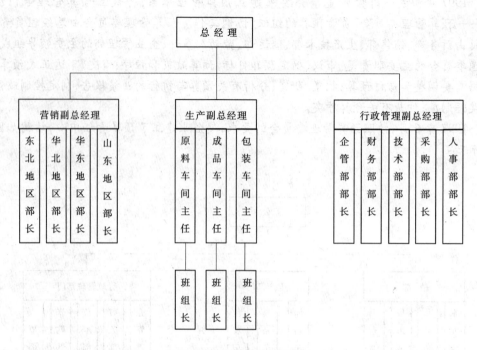

图2 企业预算责任网络

接对外销售,而是通过内部转移价格结算形成收入,从而形成利润)。该公司将生产部门作为一个利润中心而不是成本中心,其目的是为了增强生产部门责任人的成就感和责任感,通过内部转移价格在企业内部相互提供产品和劳务的车间之间进行"买卖",从而使成本费用中心上升为"人为"利润中心。其责任人是生产副总经理,生产责任中心再进一步在生产车间之间划分,每一个生产车间都是一个"人为"利润中心,其责任人是生产车间主任。各车间每一个班组又是一个责任中心——成本费用中心,负责人是班组长,只对可控制费用负责。

营销部门作为利润中心,这里的利润是"自然"利润,其责任人是营销副总经理,他再给各地区的销售部长分配营销任务,从而各地区的销售部也作为一个利润中心,对本地区的收入和利润负责。

行政管理部门作为成本费用中心,其责任人是行政管理副总经理,他再给下设的企管、人事、财务等部门的部长分别分配任务,这样,企管、人事、财务等部门分别成为成本费用中心。由于这类责任中心的投入——产出关系不明确,因此,费用预算一般作为其支出的最高限额,超过限额要受处罚。

资料来源:选自潘飞:《管理会计应用与发展的典型案例研究》。

案例分析:1.责任预算体系应包括哪些内容?

　　　　　2.为什么要将生产部门作为利润中心而非成本中心?

　　　　　3.对投入——产出关系不明确的成本费用,如何设置预算?

思　考　题

1.成本中心责任预算如何设计?

2.利润中心责任预算如何设计?

3.投资中心责任预算如何设计?

第二十章

控制制度设计

本章要点

本章将讲述控制制度的方法设计,包括标准成本的制度、分析与考核,价值分析的制定与应用等。通过本章的学习,应当熟练地掌握基本控制制度的设计原则和方法,并能够在实际中加以应用。

第一节　控制制度设计概述

作为一个企业,必须要有一个目标明确、方案可行、措施得力的计划(即全面预算)。而要编制这样的计划,就必须进行科学的预测分析和决策分析。可是仅有计划还是不够的,我们的目标在于落实计划以实现计划目标,这就需要进行严密的控制和合理的考核。

一、控制制度设计的意义

控制(Controlling)是指对实际行动施加影响,合理衡量实际结果,及时矫正偏差,以保证计划顺利完成的管理活动。

要进行控制,就必须确定标准、落实责任、及时反馈、迅速矫正偏差。标准表示的不是曾经如何,而是应当如何。它对具体产品讲,主要是标准成本;对整个企业来说,就是全面预算;对责任中心来说,就是责任预算。标准成本是成果测度的一项基准,它表示一种应当达到的优秀的程度,也是对实际成果评价的依据。责任一般用责任预算表示。我们可以将标准看做是一个用以进行比较的参考点。要达到标准,就必须实行责任会计制度,通过反馈和矫正,达到控制的目的。

在企业经营过程中,经常要遇到各种各样的控制问题,诸如:如何根据生产量确定直接材料耗用量和直接人工成本? 如何根据预计销售量的变化情况确定生产量? 如何根据预计生产量的变化情况确定生产成本的开支数额? 如何根据实际情况确定合理的存货数量? 如何查找各项成本实际超过计划的原因? 商品储存多久,可以保本,超过多久,难以实现目标利润? 如何在现有成本水平上提高产品功能? 如何在保持产品现有功能的前提下降低成本? 市场急剧变化,利润目标难以实现时,如何采取措施? 等等。

凡此种种,皆需进行控制,可见控制具有限制作用,它可以限制企业严格按照标准、计划行事。如果缺乏控制,就会导致企业出现一种漫无目标的倾向,表现为不顾计划、轻举妄动、职能重叠,结果造成或互相争权、双重管辖,使工作效果减弱甚至抵消,或互相推诿,出现责任真空、无人负责的结果。因此只有加强控制,才能避免上述现象的发生。控制具有促进作用,它可以促进形势的发展和计划的实现。如果控制失误,就必须通过新的控制扭转局面,如果新计划确定,也必须通过控制达到目标,离开了控制,再好的计划也只是纸上谈兵。

二、控制原则设计

要进行控制,必须遵循一致原则、可控原则、激励原则、反馈原则、例外原则。

1.一致原则。一致原则可以从两方面理解:一是指被控制者和控制者的目标必须一致,做到心往一处想,劲往一处使;二是指各个被控制层次(即责任中心)的权责必须一致,做到有责任有其权,有权必有其责,只有目标一致、权责一致,控制才能有效。

2.可控原则。可控原则是指上级对下级的考核只能限于下级所能控制的活动和因素内,包括成本收入和利润,而不能包括非控制范围之内的活动和因素。

3.激励原则。激励原则是指在一致原则和可控原则的基础上,对被控制者实行有效的激励(包括物质激励和精神激励),只有激励才能实现积极的控制。

4.反馈原则。反馈原则是指被控制者要将预算的执行情况及时反馈给控制者,以使控制者及时修订计划或采取措施。

5.例外原则。例外原则是指在分析差异上把注意力集中在那些属于不正常、不符合常规的关键性差异,即"例外"上。

三、控制种类设计

控制有许多种类,可以从不同角度进行分类。

按其时间,可分为事先控制和事中控制。

按其范围,可分为整体控制和局部控制。

按其作用,可分为积极控制和消极控制。

按其程度,可分为绝对限制和管理控制。绝对限制是指由最薄弱环节或生产线中的阻碍因素而决定的控制。例如,培训费用支出被资金的绝对额限制就是一例。管理控制是指以试图预测某项业务的需要并提供相应的资财为基础的控制。例如,室内温度不仅受冷暖空调器的控制,同时也受产生冷暖气的空调器大小的控制,如果对房间大小掌握不够,购买空调过大或过小,就难以保证室温。

按其手段,可分为信息控制和组织控制。

按其途径,可分为直接控制和间接控制。

按其对象,可分为业务控制和员工控制。

按其内容,可分为质量控制、产量控制、成本控制、资金控制等。

成本控制是对资金耗费的控制,它还可细分为消极成本控制和积极成本控制。消极成本控制是只从节支,即节流单方面去控制;积极成本控制则是从增产节约、增收节支,即开源节流两方面去控制。

资金控制是对资金占用和来源的控制,包括结构及其数额,这涉及一系列财务比率。在管理会计中的资金控制,主要是指存货控制。由于存货量决定于进货量,故经济进货量仍可作为存货事先控制的一种手段。不过,由于存货品种成千上万,难以一一计算经济进货量,或者即使确定了经济进货量,也会因外界条件的变化而有进一步控制的必要,如重点控制和时间控制,前者利用 ABC 分析法,后者利用期本利分析法(即保本期分析法)。

存货控制的目的是降低成本,因而可以说存货控制也是一种成本控制。

作为企业就应当在上述各种类型的控制中进行选择,设计出适应本身需要的切实可行的控制类型。

四、控制方法与程序设计

1. 控制分析的基本方法。控制分析的基本方法包括标准成本法、弹性预算法、零基预算法、价值分析法、财务比率法、ABC 法等。其中,弹性预算法和零基预算法既是预算的方法,同时也是控制的方法。

2. 控制分析的一般程序。广义的控制包括事先控制;狭义的控制只包括事中控制。一般所说的控制是指事中控制,其程序包括以下四个步骤:

(1)标准:确定工作目标,订立标准。

(2)反馈:测量实际工作状况,明了进度。

(3)比较:对比实际与标准,进行差异分析。

(4)矫正:设计修正措施,加强控制。

第二节 标准成本法设计

一、标准成本法设计的意义

(一)标准成本法概念

标准成本法(Standard Costing)也称标准成本系统、标准成本制度、标准成本会计。它是指科学地制定标准成本,定期将实际成本与标准成本相比较,以显示成本差异,再根据例外管理原则,分析差异发生的原因,采取矫正措施以控制成本的一种会计信息系统和成本控制系统。

（二）标准成本的分类

标准成本（Standard Cost）是指运用科学方法预计在现有生产技术水平和有效经营条件下，产品应当达到的成本。它是一种预定的目标成本。

标准成本按其本身的标准情况，可以分为基本标准成本、理想标准成本和正常标准成本等。

基本标准成本是指以某一年的成本为基础制定出来的标准成本。这种标准一经制定，一般多年保持不变。但由于时间的推移、经济的发展和技术的提高，基本标准成本越来越不合时宜，难以发挥标准的作用，故很少被采用。

理想标准成本是指以生产技术和经营管理处于最佳状态为基础而制定的标准成本，但由于现实经济情况并不能如预想得那样如愿，理想标准成本往往难以实现，故也很少被采用。

正常标准成本是指在企业正常生产经营条件下，经过努力可以达到的标准成本。由于这种标准成本既考虑了需要，又考虑了可能，在企业成本管理中可以充分发挥作用，因而得到广泛的应用。一般所说的标准成本，多指这种标准成本而言。

（三）标准成本法的内容

标准成本法的内容大致包括制定标准成本、分析成本差异、处理成本差异三个方面。

标准成本法既可同全部成本法相结合形成全部标准成本，也可同变动成本法相结合形成变动标准成本。

（四）标准成本法设计的意义

标准成本法设计的意义主要表现在下述方面：

1. 可以使企业更好地树立成本观念，讲求经济效益。

2. 可以使企业更好地进行成本控制。

3. 可以使企业更好地制定价格。

4. 可以使企业更好地进行盈亏测算。

5. 可以使企业更好地推行责任会计。

6. 可以使企业更好地进行例外管理。

二、标准成本制定的设计

标准成本法成功与否，关键在于成本的可靠性和正确性，因而就必须正确制定标准成本。

　　标准成本的制定是用数量标准乘以价格标准。由于产品成本由直接材料、直接人工和制造费用所组成,而其数量形式和价格形式又各不相同,故宜分别制定。

　　1.直接材料标准成本的制定。直接材料的数量标准,应是在现有生产技术条件下,生产单位产品所需的材料数量,包括产品构成的材料、边角损耗以及难免的废品损失所分摊的材料。这一标准应由工程技术部门研究确定,其价格标准应是事先确定的。购买单位材料所应付的价格,包括购价、运杂费和使用前的储存成本。价格标准应由会计部门会同采购部门研究确定。制定的标准,应能反映目前的市价及未来市场情况的变动,此外,还必须考虑经济订货量、廉价运输方法及最有利的订货条件。直接材料标准成本的计算公式如下:

$$材料标准成本 = 标准用量 \times 标准价格$$

　　【例20-1】假定甲产品直接材料数量标准为5千克,材料的价格为4元/千克,则直接材料标准成本即为:

$$5 \times 4 = 20(元)$$

　　如果一种产品需要几种材料,则材料标准成本应为各种材料的数量标准与其价格标准乘积之和。

　　2.直接人工标准成本的制定。直接人工数量标准是在现有生产技术条件下生产单位产品所需要的工作时间,包括对产品直接加工所用工时、必要的间歇和停工时间,以及难免的废品损失所应分摊的工时。价格标准是指工资率标准,即每件产品所支付的工资。工资率标准不仅包括基本工资,还包括福利费及与人工相关的其他成本。人工标准成本的计算公式如下:

$$人工标准成本 = 标准工时 \times 标准工资率$$

　　【例20-2】假定甲产品的直接人工数量标准为3工时,价格标准即标准工资率为4元/件,则直接人工标准成本为:

$$3 \times 4 = 12(元)$$

　　顺便指出,制定人工标准时间和成本时,应当考虑学习曲线理论,所谓学习曲线是指工人重复操作某一种工作即可熟中生巧,随着累积产量的增加,生产每单位产品所需时间就会呈一定的比例减少,则人工数量标准就会下降,标准工资率亦随之降低。如果一种产品需要许多工种,且各工种标准工资率不同,则宜分别计算,最后求和。

　　3.制造费用标准成本的制定。制造费用以什么为数量标准,因企业而异。在一个自动化水平较高的企业,一般是生产单位产品所需的机器工时,而在自动化水平较低的企业,则是生产单位产品所需的直接人工小时。其价格标准是分配率,即每人时或机时所分摊的制造费用。对制造费用分配率可以用两种计算方法:一是按全部制造费用计算;二是按变动制造费用计算。前者适用于全部成本法,后者适用于变动成本法。制造费用标准成本的计算公式如下:

$$制造费用标准成本 = 标准工时 \times 制造费用标准分配率$$

【例20-3】假定甲产品每件标准工时为3小时,全部制造费用分配率为1.657元/工时,变动制造费用分配率为0.667元/工时,则:

$$全部制造费用标准成本 = 3 \times 1.657 = 4.97(元)$$
$$变动制造费用标准成本 = 3 \times 0.667 = 2(元)$$

4.标准成本卡。标准成本制定之后,应当填制标准成本卡(Standard Cost Card)。标准成本卡又称标准成本单,其格式如表20-1所示。

表20-1　标准成本卡

产品名称:甲　　　　　　　　单位:件　　　　　　　　　　制定日期:

	材料名称	单位	标准数量	标准价格	标准成本
直接材料	A	千克	5	4	20
	合计				20
	工种	小时	标准工时	标准工资率	标准成本
直接人工	车工	工时	3	4	12
	合计				12
制造费用			标准工时	标准分配率	标准成本
			3	变动费用0.667	2.00
				固定费用0.99	2.97
	合计				4.97
单位制造成本	变动成本法	件			34.00
	全部成本法	件			36.97

标准成本一经制定就要保持其稳定性,以免控制功能削弱,但如果所依据的情况确有改变,如材料价格、生产程序、生产技术、工资率等发生变动时也应修正标准,以便真正发挥标准的作用。

一般来说,价格标准较数量标准易于变动,数量标准只在工艺改进、技术改进时才得以改变。

三、成本差异分析设计

(一)成本差异概述

1. 成本差异的概念。在实际经济活动中,由于种种原因,实际成本与标准成本往往难以完全一致。这种实际成本与标准成本之间以及实际成本与预算成本之间的偏差,叫做成本差异。

2. 成本差异分类。成本差异可按以下情况分类:

(1)成本差异按其内容,可分为直接材料成本差异、直接人工成本差异和制造费用差异。其中制造费用差异还可进一步分为变动制造费用差异和固定制造费用差异两种。

(2)成本差异按其原因,可分为数量差异和价格差异。材料用量、人工效率、机器效率的差异为数量差异,材料价格、工资分配率、费用分配率的差异为价格差异。于是,数量差异又可分为材料数量差异、人工效率差异和制造费用效率差异,价格差异可分为材料价格差异、工资率差异和制造费用开支差异等。

(3)成本差异按其性质,可分为有利差异和不利差异。凡是实际成本小于标准成本或预算成本的为有利差异,也叫顺差,一般用负数表示,反映在成本差异账户的贷方;反之,凡是实际成本大于标准成本或预算成本的为不利差异,也叫逆差,一般用正数表示,反映在成本差异账户的借方。

3. 成本差异分析的内容。成本差异分析就是计算差异的数额,确定差异的性质,查明差异的原因,分清不利差异的责任,肯定有利差异的成绩,采取消除差异的措施的过程。

4. 成本差异分析的方法。成本差异分析的方法是因素分析法,其基本模式如下:

$$价格差异 = 实际数量 \times (实际价格 - 标准价格)$$
$$数量差异 = (实际数量 - 标准数量) \times 标准价格$$

(二)材料差异分析

1. 材料价格差异。材料价格差异(Materials Price Variance)是指材料实际价格与标准价格不同所产生的差异,其计算公式如下:

$$材料价格差异 = (实际数量 \times 实际价格) - (实际数量 \times 标准价格) =$$
$$实际数量 \times (实际价格 - 标准价格)$$

上述公式中的有关数字皆可直接获得,故计算材料价格差异是不成问题的,但材料价格差异认定的时间和做法是不同的。

一种是在进货时认定,即在进货时以标准价格记入材料账户,将实际价格与标准价格的差异,记入材料进货价格差异账户中,期末根据期间使用量进行调整,结出期末材料存货实际成本。另一种是在领料时认定,即在购料时按实际价格记入材料账户,在领料时确定材料的价格差异,并直接入账。这两种做法中,还是前种可以早日发现差异,便于分清责任,较为合理。

2. 材料数量差异。材料数量差异(Materials Quantity Variance)也称材料用量差异,是指材料实际用量与标准用量所产生的差异。

标准用量是指产品实际产量与单位产品材料数量标准的乘积,其计算公式如下:

$$标准用量 = 实际产量 \times 数量标准$$
$$材料数量差异 = 实际用量 \times 标准价格 - 标准用量 \times 标准价格 =$$
$$(实际用量 - 标准用量) \times 标准价格$$

如果加工差异在进货时认定,则实际材料成本与预算材料成本之差不等于价差与量差的代数和。

为了具体分析各种材料的差异,可设计材料费用差异分析表(见表20-2)。根据上述公式,不难计算各项差异。同时还可利用计算机自动计算,只要录入标准用量、实际用量、标准价格、实际价格和有关各栏的计算公式,就可自动生成计算结果。

表20-2 材料费用差异分析表

材料名称	规格	计量单位	计划数量	计划单价	计划金额	实际数量	实际单价	实际金额	总差异	量差	价差
合计											

关于差异的责任,要视具体情况而定,一般来说,材料价格差异应由采购部门负责;材料用量差异应由生产部门负责。但如果因生产上的原因或市场价格变动的原因造成的不利价格差异,诸如紧急订货而改变预定运输工具,进货批量过小而损失批量折扣就应由生产部门负责,予以排除。如果因材料质量或规格原因所造成的材料数量差异就应由采购部门负责。只有查明原因、分清责任,才能进行有效的控制。

(三)人工差异分析

1. 人工价格差异。人工价格差异(Labor Price Variance)也称薪资率差异、人工工资率差异,是指人工实际工资率与标准工资率不同产生的差异。它的计算方法与材料价格差异的计算方式相同,只需将其中的数量和价格分别用工时(人工小时)和工资率代替即可。其计算公式如下:

$$人工价格差异 = 实际工时 \times 实际工资率 - 实际工时 \times 标准工资率 =$$
$$实际工时 \times (实际工资率 - 标准工资率)$$

2. 人工效率差异。人工效率差异(Labor Efficiency Variance)也称人工工时差异、人工数量差异,是指实际工时与标准工时不同所产生的差异。标准工时是指产品的实际产量与单位产品工时标准的乘积。人工效率差异的计算方法,与材料数量差异的计算方法相同,只需将其中的数量与价格分别用工时和工资率代替即可,其计算公式如下:

$$标准工时 = 实际产量 \times 单位产品工时标准$$
$$人工效率差异 = 实际工时 \times 标准工资率 - 标准工时 \times 标准工资率 =$$
$$(实际工时 - 标准工时) \times 标准工资率$$

人工差异的责任,一般来说,如属工资率差异,应由人事部门负责;如属人工效率差异,应由生产部门或其他有关部门负责。

(四)制造费用差异分析

制造费用差异为实际制造费用总额与产品根据预算已分摊制造费用的差额。此项差异,在实际工作中,可先按差异的原因采取两项差异分析法、三项差异分析法、四项差异分析法等,然后再分别考虑变动费用和固定费用;也可先分为变动制造费用差异和固定制造费用差异,然后再根据差异的原因采取上述不同的分析法。这里只对后一种做法进行分析。

1. 变动制造费用差异分析。变动制造费用差异一般分为开支差异和效率差异。

(1)开支差异(Spending Variance)又称支付差异、用款差异、耗费差异、花费差异,

是指实际变动制造费用总额与实际工时预算限额(即按标准分配率计算的变动制造费用总额)之差,其计算公式如下:

$$变动制造费用支付差异 = 实际工时 \times 实际分配率 - 实际工时 \times 标准分配率 =$$
$$实际工时 \times (实际分配率 - 标准分配率)$$

(2)效率差异(Efficiency Variance),是指实际工时预算限额与已分摊变动制造费用之差,其计算公式如下:

$$变动制造费用效率差异 = 实际工时 \times 标准分配率 - 标准工时 \times 标准分配率 =$$
$$(实际工时 - 标准工时) \times 标准分配率$$

为了具体分析各项费用的差异,可设计变动制造费用差异分析表(如表20-3所示)。根据上述公式,不难计算各项差异,同时还可以利用计算机自动计算,只要录入标准工时、标准分配率、实际工时、实际分配率和有关各栏的计算公式,就可自动生成计算结果。

表20-3　变动制造费用差异分析表

成本项目	标准工时	标准分配率	计划金额	实际工时	实际分配率	实际金额	总差异	效率差异	支付差异
合计									

2. 固定制造费用差异分析。固定制造费用差异分析的方法,也可采用类似上述的两分法,即支付差异和能力差异,但更多的还是采用三分法,即将差异分为开支差异、能力差异和效率差异。

开支差异是指实际固定制造费用与预算固定制造费用之差。其中,预算固定制造费用等于预算工时与标准分配率的乘积。

能力差异也称生产能力利用差异。在相关范围内,固定费用是不随业务量的变动而变动的。为了计算固定制造费用标准分配率,必须设定一个预算工时(一般用机时而不用人时)作分配率计算公式的分母。一般来说,实际工时与预算工时是不一致的。如果实际工时少于预算工时,说明生产能力利用程度不够;反之,则说明充分利用了生产能力。这种由实际工时与预算工时的差额引起的固定制造费用差异,称为产能差异。

效率差异是指按实际工时分配数同标准工时分配数的差异。

三者的计算公式如下:

$$开支差异 = 实际工时 \times 实际分配率 - 预算工时 \times 标准分配率 =$$
$$实际固定制造费用 - 预算固定制造费用$$
$$产能差异 = (预算工时 \times 标准分配率) - (实际工时 \times 标准分配率) =$$
$$(预算工时 - 实际工时) \times 标准分配率$$
$$效率差异 = (实际工时 \times 标准分配率) - (标准工时 \times 标准分配率) =$$
$$(实际工时 - 标准工时) \times 标准分配率$$

需要注意的是,上式中的预算工时是编制预算时确定的工时,标准工时则是实际产量与单位产品标准工时的乘积,二者并非同一概念。

为了具体分析各项费用的差异,可设计固定制造费用差异分析表(如表 20 - 4 所示)。根据上述公式,不难计算各项差异,同时还可利用计算机自动计算,只要录入预算工时、标准工时、标准分配率、实际工时、实际分配率和有关各栏的计算公式,就可自动生成计算结果。

表 20 - 4　固定制造费用差异分析表

项目	预算工时	标准工时	标准分配率	计划金额	实际工时	实际分配率	实际金额	总差异	开支差异	产能差异	效率差异
合计											

如果要分析某一种产品的差异情况,也可以利用表20－5对料、工、费进行全面分析(假定耗用1种材料、1种人工)。

表20－5　生产成本差异分析表

基本资料		
项目	实际数	预算数
产量	4 000	4 040
直接材料		
标准用量		5
用量	19 200	
单位价格	4.2	4
直接人工		
标准工时		3
工时消耗	10 000	12 000
工资率(元/工时)	4.5	4
变动制造费用		
分配率(元/工时)	0.5	0.667
固定制造费用	12 500	12 000
预算总工时		12 120
中间计算		
分配率(元/工时)	1.25	0.99
用量	19 200	20 000
直接材料成本	80 640	80 000
直接人工成本	45 000	48 000
变动制造费用	5 000	8 004

续表

项目	实际数	预算数
产量	4 000	4 040
直接材料	80 640	80 000
标准用量	0	5
用量	19 200	20 000
单位价格	4.2	4
直接人工	45 000	48 000
标准工时	0	3
工时消耗	10 000	12 000
工资率(元/工时)	4.5	4
变动制造费用	5 000	8 004
分配率(元/工时)	0.5	0.667
	实际数	预算数
固定制造费用	12 500	12 000
预算总工时		12 120
分配率(元/工时)	1.25	0.990 1

如果涉及多种材料、多种人工,则对表20-5中材料各栏、人工费用各栏作适当修改后即可达到目的。

四、成本差异处理设计

在各项业务发生时,应将各种差异记入有关账户。差异账户如何设置,这与差异的分类有关。具体地说,制造费用是否按成本习性分类,是放在一起进行分析,还是按变动制造费用和固定制造费用分别分析;另外,固定制造费用是采用二分法,还是三分法。

如果直接材料、直接人工、变动制造费用按价差和量差分析,固定制造费用采用三分法,则差异账户应包括:材料价格差异、材料用量差异、直接人工工资率差异、直接人工效率差异、变动制造费用开支差异、变动制造费用效率差异、固定制造费用开支差异、固定制造费用能力差异、固定制造费用效率差异。

对于发生的不利差异,应记入有关差异账户的借方,对于发生的有利差异,则应记入有关差异账户的贷方。

期末(如果采用账结法应在年末,至于表结法则不受时间限制)应将各差异账户余额进行处理。处理方法有二种:一是将本期的各种成本差异,按标准成本比例在期末在产品、产成品和已销产品之间进行分配,分别记入生产成本账户、产成品账户和销售成本账户;二是将本期发生的各种成本差异全部转入销售成本账户,然后由本期销售收入予以扣除。

两种方法相比较,第二种方法较为简便,同时也符合权责发生制的要求,具有较多的优点,故乐于为企业所采用。但与第一种方法比较,这种方法将减少本期利润,存货资产价值较低。

五、标准成本法损益表设计

为了分别反映标准成本和成本差异情况,应对损益表进行适当调整。具体格式设计与成本计算方法相关。

如果实行全部成本法,可以按标准成本计算销售成本。销售收入与该销售成本的差额为未调整毛利,然后再加减成本差异,求得调整后毛利(或净毛利),最后再减除销售费用、管理费用,求得营业利润(税息前利润)。格式(如表20-6所示)。

表20-6 损益表

年 月 金额单位:

项 目	金 额
销售收入	200 000
减:销售成本(按标准成本计算)	148 000
未调整毛利	52 000
成本差异:	
材料价格差异	-4 160
人工工资率差异	-5 000
固定制造费用开支差异	-500
固定制造费用能力差异	-2 099

续表

项　目	金　额
材料用量差异	3 200
人工效率差异	8 000
变动制造费用开支差异	1 670
变动制造费用效率差异	1 334
固定制造费用效率差异	－4 425
调整后毛利	56 425
减:销售费用	10 000
管理费用	4 800
营业净利	41 625

如果其他因素不变,成本差异为零,则营业净利将与利润计划数相同。

如果实行变动成本法,损益表可以采取贡献式。由于成本要按习性分类,因而不仅要反映贡献毛益,还要反映生产贡献毛益。为了与标准成本法结合,还应设置调整前贡献毛益项目。具体项目如表 20 – 7 所示。

表 20 – 7

项　目	
销售收入	销售产品的生产变动成本(按标准成本)
调整前生产贡献毛益	生产变动成本差异
调整后生产贡献毛益	变动销售费用
变动管理费用	贡献毛益
固定生产成本(按标准成本)	固定生产成本差异
固定销售费用	固定管理费用
营业利润(税息前利润)	

根据上述分录和收入的资料,即可编制调整后的损益表。

第三节 价值分析法设计

一、价值分析法设计的意义

价值分析法就是利用价值分析的基本原理,对企业生产经营活动尤其是成本进行事先控制以提高经济效益的一种方法。它可以用于事后补救,但更主要的作用是用于事先控制。

由于进行成本控制的标准,主要是标准成本和预算,而标准成本和预算都是根据当时的情况制定的,故一旦情况发生变化,实际成本超出标准过多,目标利润就难以实现。为了降低成本、提高效益、保证目标利润,就应采取价值分析法。

价值分析或称做价值工程,它是经济生活中经常用到的一种技术。这里的价值与政治经济学中的价值(C + V + M)是截然不同的概念。它是指评价事物(产品和作业)有益程度的尺度,而不是指 C + V + M 的大小。价值高,说明有益程度高、效益大、好处多;价值低,则说明有益程度低、效益小、好处少。

例如,我们常说的一部作品有无价值,干一件事有无价值,都是按有益程度理解价值的。再如,我们花钱若干买某种商品是否值得,就是在考虑这种含义的价值大小。

同一价格的不同商品,对不同的人来说,具有不同的价值,如果你已有了一台新的电视机,则无论该商品怎样削价,你也会感到价值不大(假如不转卖)。而对于没有电视机的人来说,就会认为它有价值或价值很大。

在价值分析中,价值的高低是用事物效用和得到这种效用时投入资源的比值来评价的。对产品来说,效用就是产品功能,投入资源就是产品的成本。这里所说的功能,是指一种产品或作业所负担的职能和所起的作用。如洗衣机的功能是洗净衣服,电冰箱的功能是冷藏食品,电视机的功能是收看节目。消费者之所以要购买商品,就是因商品有需要的功能。这里所说的成本,是指产品整个寿命周期成本,具体包括生产成本和使用成本两部分,其中生产成本又分为设计成本、开发成本、制造成本、管理成本;使用成本又分为运行成本、维修成本、保养成本等。

价值的计算公式为:

$$V = F/C$$

式中:V——价值;

F——产品功能;

C——产品成本。

由公式可见,功能相同的两种产品,若成本不同,则成本低的价值高;同理,成本相同的两种产品,若功能不同,则功能高的价值高。

价值分析就是通过对产品或作业进行功能分析,力求用最低的寿命周期成本,可靠地实现必要功能,以提高价值为目的的一种有组织的活动。它的特点是,从产品的功能出发把价值变成可计算的数量指标。

价值分析起源于 20 世纪 40 年代,盛行于 60 年代以后,我国于 70 年代末期引进。现在,价值分析已广泛应用于许多国家的许多部门。不论中国还是外国,通过应用价值分析,都取得了明显的效果,可谓投资少、收效大、见效快。

价值分析的作用有下述三点:

1. 提高产品功能。在成本不变时,可以提高产品的功能,更好地满足消费者的需要。

2. 降低产品成本。在功能不变时,可以降低产品的成本,更大地提高企业的经济效益。

3. 提高产品功能,降低产品成本。要用最小的成本达到必要的功能。

总之,开展价值分析确可使产品达到价廉物美的目的。不仅开发新产品要开展价值分析,而且对传统产品也应开展价值分析。

要开展价值分析,就要求管理人员、设计人员、采购人员、生产人员、维修人员、财会人员共同努力。只有各部门人员的通力合作,才能达到提高价值的目的。

二、价值分析原则设计

价值分析的创始人迈尔斯曾为价值分析总结了 12 条原则,具体内容如下:

1. 收集一切可用的成本数据,建立数据库。

2. 使用可靠的情报资料。

3. 将加工的公差换算成加工费用进行评价,这就是说,要在质量和成本之间求得平衡。如果使不必要的质量过高,结果付出了更多的成本,就是得不偿失。

4. 向有关专家学习有关专业知识。

5. 尽量利用或购买专业化企业的产品或技术。

6. 尽量利用专门的生产工艺。

7. 尽量使用标准件,执行各级标准。

8. 打破框框、破除迷信,进行创新。

9. 发挥独创性。

10. 找出障碍,克服障碍。

11. 避免一般化、概念化。

12. 以"我是否这样花自己的钱"作为判断标准。

三、价值分析程序设计

(一)提高价值的途径

根据价值的计算公式,可以归纳出提高价值的五种途径。

1. 功能不变,成本降低,即:

$$V\uparrow = \frac{F\rightarrow}{C\downarrow}$$

2. 成本不变,功能提高,即:

$$V\uparrow = \frac{F\uparrow}{C\rightarrow}$$

3. 成本降低,功能提高,即:

$$V\uparrow = \frac{F\uparrow}{C\downarrow}$$

4. 成本略有提高,功能大大提高,即:

$$V\uparrow = \frac{F\uparrow\uparrow}{C\uparrow}$$

5. 功能略有下降,成本大大降低,即:

$$V\uparrow = \frac{F\downarrow}{C\downarrow\downarrow}$$

(二)价值分析的步骤

价值分析的程序说法不一,如何选择是个设计问题。大致说来有下述几个步骤:

1. 选择对象。选择对象是指对什么产品需要搞价值分析,或者对一种产品的什么部件进行价值分析。一般说来,应选择那些对降低成本影响较大的产品或零部件。对于正在研制的新产品来说,一般应选择预期产量较大的,用户急需的,设计研究费较多的,利润较高的,竞争激烈的。对于现有产品来说,一般应选择产量较大的,用户要求的功能不足的,成本和价格较高的,制作水平低的,增加值少的,有发展前途的。只有如此,才能使效益明显提高。

选择对象的方法有强制确定法、ABC 分析法等。

强制确定法是最常用的方法。具体做法是先求出零部件的功能系数和成本系数,然后求出二者的比值,即价值系数,表示该零部件的价值,最后根据价值系数或成本降低额确定价值分析的对象。其计算公式如下:

$$价值系数(V) = \frac{功能系数(F)}{成本系数(C)}$$

如果单位价值系数 $V=1$，说明其功能与成本比例适当；如果 $V>1$，说明该零件价值高，这两种情况一般都不必当做价值分析的对象，但也可能因成本较低引起功能不足，这就需提高功能，满足用户需要，适当增加成本；如果价值系数 $V<1$，说明其功能与成本比例不合适，价值低，应成为价值改进的对象，价值系数越小，越应改进。如果现实成本较高，则价值分析的对象要以成本降低额为准。

功能系数的计算公式是用各零件得分数除以全部零件得分总数，即：

$$功能系数(F) = \frac{零部件得分}{得分总数}$$

2. 求零部件的成本系数 (C)。成本系数的计算是用各零件现实成本除以产品现实总成本的值，即：

$$成本系数(C) = \frac{零部件现实成本}{产品现实总成本}$$

3. 功能分析。功能分析是价值分析的核心工作，确定了对象之后，就要对产品或零件的功能进行分析。功能分析要经过功能定义、功能整理和功能评价三个阶段。功能分析的目的是改善必要功能，去掉多余功能。具体要研究下述问题：

(1)功能的名称是什么？

(2)功能是通过什么手段实现的？

(3)传统的成本是多少？

(4)效用是多少？

(5)实现此功能有无其他方案？

(6)其他方案的成本是多少？

(7)有无对功能效用影响不大而能较多降低成本的方案？

功能评价的方法有多种，其中也可以采取强制决定法。

4. 制订方案。功能评价之后，就要制订改进方案，具体包括提出方案、评价方案、选择方案的一系列过程。通过制订方案要确定目标成本。

5. 实施方案。通过前述步骤，制订了方案之后，就要将方案付诸实施，检查实际效果。

四、价值分析应用设计

价值分析可应用于许多领域，在管理会计中其应用主要包括以下三方面。

(一)在采购工作中的应用

1.功能相同的同一商品,在不同的进货渠道中,其进货总成本往往是不同的。有的是进价较高,进货费用较低;有的是进价较低,而进货费用却较高。这就要综合考虑两方面的因素,使其总成本较低,从而提高产品价值。

2.功能相同的不同商品,其成本可能因材料、工艺等的不同而相差悬殊。这就为采用代用品提供了可能。价值分析创始人麦尔斯当初就是利用石棉纸代替石棉板,结果大大降低了成本,并且解决了货源不足的问题。在功能不变的前提下,通过降低成本可以提高产品价值。

3.对于成本大致相同而功能不同的两种产品或设备,应选择功能较高的产品或设备可以提高价值。

(二)在新产品开发和设计中的应用

在新产品开发中,如果设计的产品成本过高,就必须在保证必要功能的前提下,尽量用廉价材料代替贵重材料,或者开发新材料,或者合并、取消某些零配件,简化产品结构。如果功能不够,就要千方百计提高功能;如果功能单一,就要将不同产品的不同功能集中到一种产品中,使之具备复合功能,从而提高价值。

(三)在销售过程中的应用

在销售工作中,由于销售对象不同、销售数量不同、销售时间不同、收款期限不同,往往有交易折扣、数量折扣、季节折扣、付现折扣等。折扣的实行,可以增加销售量,降低单位固定成本,或者加速收款、减少货款的机会成本。因而,是否实行折扣,各种折扣率多大为宜,如何将各种折扣有机结合起来,也可以利用价值工程原理予以确定。

第四节　ABC 分析法设计

一、ABC 分析法设计的意义

ABC 分析法又称 ABC 管理法、重点管理法、分类管理法、成本比重法、巴雷特分配律法等。它是对控制对象进行分析排队,按其所占比重,划分 A、B、C 三部分,分别采取重点和一般等不同程度的管理,以达到最经济地使用人、财、物,控制企业经济活动目的的科学管理技术。

二、ABC 的分类设计

ABC 法要求将控制对象按其重要性分成 A、B、C 三类。A 类是指对计划目标的完成起主要作用的控制对象,B 类是次要的,C 类则是不重要的。一般来说,A 类品种数或项目数很少,大约在 5% ~10%,但其金额却占全部金额的 70% 左右;B 类品种数或项目数比 A 类多,品种比重和价值比重都在 20% 左右;C 类品种或项目数最多,在 70% 左右,但其金额仅占全部金额的 5% ~10% 左右。

这里 ABC 的分类就有一个制度设计问题。作为 A 类的确定依据,是金额还是品种,这是十分重要的。因为如果品种过少,各品种金额的差距不十分明显时,金额达到 70%,其对应的品种比重可能是 40%、50%,甚至可能更多;而品种为 10%,其金额仅为 40%、35%,甚至更少。因此,不确定原则就容易出现偏差。另外,如果是金额比重,究竟以百分之多少为界,是 65%,是 70%,还是 75%;如果是品种比重,究竟是以百分之几为界,是 5%、7%,还是 10%。B 类、C 类也都有一个类似问题。

在设计中应坚持一些原则,如在品种比重和金额比重之间协调,尽量以金额比重为主;对于金额相近的项目,尽量要划分到同一类别。

ABC 分类表格式如表 20 - 8 所示。

表 20 - 8 ABC 分类表
ABC 控制法

编号	商品名称	储存量	平均单价	存货金额	金额比重	金额累计比重	分类	品种累计比重
1	甲子	60 000	12	720 000	15.3%	15.26%	A	6%
2	乙丑	90 000	10	900 000	19.1%	34.34%	A	12%
3	丙寅	30 000	15	450 000	9.5%	43.88%	A	18%
4	丁卯	20 000	13	260 000	5.5%	49.39%	A	24%
5	戊辰	9 000	12	108 000	2.3%	51.68%	A	29%
6	己巳	36 000	6	216 000	4.6%	56.26%	A	35%
7	庚午	12 200	8	97 600	2.1%	58.33%	A	41%

编号	商品名称	储存量	平均单价	存货金额	金额比重	金额累计比重	分类	品种累计比重
8	辛未	45 000	14	630 000	13.4%	71.68%	B	47%
9	壬申	4 500	10	45 000	1.0%	72.63%	B	53%
10	癸酉	12 000	3	36 000	0.8%	73.40%	B	59%
11	甲戌	20 000	8	160 000	3.4%	76.79%	B	65%
12	乙亥	45 000	9	405 000	8.6%	85.37%	B	71%
13	丙子	60 000	6	360 000	7.6%	93.00%	C	76%
14	丁丑	2 500	2	5 000	0.1%	93.11%	C	82%
15	戊寅	5 000	5	25 000	0.5%	93.64%	C	88%
16	己卯	18 000	10	180 000	3.8%	97.46%	C	94%
17	庚辰	8 000	15	120 000	2.5%	100.00%	C	100%
	合计			4 717 600	100%	100.00%		100.0%

将结果进一步组合,可分别求出 A、B、C 三类商品品种数百分比,整理填入表 20-9,然后在直角坐标系上做图,即为 ABC 曲线图,或称巴雷特曲线图。

表 20-9

类　别	品　　种		金额比重
	品种数	品种百分比	
A			
B			
C			
合　计			

三、ABC 分析法应用设计

ABC 法有多种应用,不仅可以应用于存货控制,而且可以应用于销售管理、生产管理、利润管理、成本管理等许多方面。

(一)在存货管理中的应用设计

在存货管理中,将存货金额分为 A、B、C 三类,然后对 A 类进行重点控制,可以根据经济批量决策,严格按照预定的数量和时间进货。对 B 类、C 类进行一般控制,尤其对 C 类商品,由于其价值小,对企业经济效益影响不大,加之企业控制能力有限,因而就可以不必按经济进货批量控制,这样可以收到事半功倍之效。

(二)在销售管理中的应用设计

在销售管理中,一个企业销售的商品很多,其中,有几种商品的销售额特别大,对销售计划的完成有决定性影响,其他的商品影响程度则较小,这样我们就可以按销售的品种数和销售金额确定 A、B、C 类品种,进行销售的重点控制。企业实行的抓大件、抓重点就是 ABC 法的应用。

(三)在利润管理中的应用设计

在利润管理中,一个企业销售的商品很多,其中,有几种商品的利润(也可能是贡献毛益)特别大(这与销售额的大小不一定完全相同),对利润计划的完成有决定性影响,其他的商品影响程度则较小,这样我们就可以按销售的品种和利润额确定 ABC 类品种,进行利润的重点控制。

(四)在成本管理中的应用设计

在成本管理中,一个企业的成本项目往往很多,其中有几个项目占有举足轻重的地位,其他项目次之,这样我们就可以按成本项目及其成本额确定 A、B、C 类项目,进行成本的重点控制。

(五)在设备管理中的应用设计

在设备管理中,一个企业的机器设备很多,其中有一些设备价值特别大,如果维修及时,保养精心,可大大延长其使用寿命,从而为企业节约一大笔开支,而其他设备重要程度则较小,于是,我们也可以用 ABC 法进行重点控制。

另外,在资金管理、质量管理等各方面,都可运用 ABC 法提高控制效果。

第五节　计算机在控制设计中的应用

　　利用计算机可以进行控制,包括标准成本控制、价值分析控制、重点项目控制。

　　为了便于计算机操作,可以按表20 - 10所示格式做一个工作表,将基本资料集中在一起。其中产量预算数来源于全面预算中的生产预算资料。

表 20 - 10

基本资料						
项　目	实际数	预算数				
产量	4 000	4 040				
直接材料						
标准用量		5				
用量	19 200	20 000				
单位价格	4.2	4				
直接材料成本	80 640	80 000				
直接人工						
标准工时		3				
工时消耗	10 000	12 000				
工资率(元/工时)	4.5	4				
直接人工成本	45 000	48 000				
变动制造费用						
分配率(元/工时)	0.5	0.667				
变动制造费用	5 000	8 004				
固定制造费用	12 500	12 000				
预算总工时		12 120				
分配率(元/工时)	1.25	0.99				

然后,可按表 20 – 11 所示格式进行差异分析。其中实际数与预算数来源于表 20 – 10。差异数和各种具体差异数皆利用公式求得。

表 20 – 11 差异分析

项　目	实际数	预算数	差异数	价格差异	数量差异	
产量	4 000	4 040				
直接材料	80 640	80 000	640	3 840	– 3 200	
标准用量	0	5				
用量	19 200	20 000				
单位价格	4.2	4				
直接人工	45 000	48 000	– 3 000	5 000	– 8 000	
标准工时	0	3				
工时消耗	10 000	12 000				
工资率(元/工时)	4.5	4				
变动制造费用	5 000	8 004	– 3 004	– 1 670	– 1 334	
分配率(元/工时)	0.5	0.667				
	实际数	预算数	差异数	开支差异	能力差异	效率差异
固定制造费用	12 500	12 000	500	500	2 099	– 1 980
预算总工时		12 120				
分配率(元/工时)	1.25	0.990 1				

要将上述差异数输入表 20 – 12,然后用 IF 函数将差异数分别输入借方或贷方。方法是:在借方单元格,输入函数 $IF(B_N > 0, B_N, 0)$;在贷方单元格,输入函数 $IF(B_N < 0, -B_N, 0)$。这样就可将差异数输入借方或贷方。

表 20 - 12　差异处理

账户名称	差异数	借方	贷方
材料价格差异	3 840	3 840	
材料数量差异	- 3 200		3 200
人工工资率差异	5 000	5 000	
人工效率差异	- 8 000		8 000
变动制造费用开支差异	- 1 670		1 670
变动制造费用效率差异	- 1 334		1 334
固定制造费用开支差异	500	500	
固定制造费用能力差异	2 099	2 099	
固定制造费用效率差异	- 1 980		1 980

最后,可以将差异数过入到调整收益表的相应栏,从而计算出调整后毛利。如表 20 - 13 所示。

表 20 - 13　收益表

项　　目	金　　额
销售收入	200 000
销售成本(按标准成本)	148 000
未调整毛利	52 000
成本差异	
材料价格差异	3 840
材料数量差异	- 3 200
人工工资率差异	5 000
人工效率差异	- 8 000
变动制造费用开支差异	- 1 670
变动制造费用效率差异	- 1 334
固定制造费用开支差异	500
固定制造费用能力差异	2 099

续表

项 目	金 额
固定制造费用效率差异	-1 980
差异小计	-4 745
调整后毛利	56 745
销售费用	10 000
管理费用	4 800
营业利润	41 945

需要注意,此处调整后毛利、营业利润结果与前面结果之所以有差异,是因为材料价格是按耗用量还是按采购量计算的缘故。对于存货的 ABC 法,也可以利用计算机自动计算金额比重、品种比重,同时还可以利用 IF 函数自动生成 A、B、C 的结果。

案例 20-1 W 公司的责任成本控制

W 公司是一家汽车配件生产企业,现有职工 1 500 多人,年产汽车配件 25 万件,资产总量达 20 多亿元。1998 年开始,公司提出成本细分量化法,将目标成本按照成本项目和责任单位职能细分到每一个单元,从供、产、销的每一个环节,到工段、班组、销售网点,全方位推行责任成本制,同时改革激励与约束机制。这项制度实施当年,公司就降低成本 2 160 万元,并扭亏为盈。

一、目标成本的划分

1.按成本构成项目把成本分为原材料、人工成本和制造费用三个单元。

原材料采用采购价格最高限价,采购部门进行比质比价采购,计划部门制定原材料、燃料、辅料、配套件消耗定额,实施费用定额控制。

人工费用细分为基本工资、补助工资、津贴、补贴和奖金等五个项目,由生产调度、人事、质检等部门全面控制。

制造费用分为管理人员工资、职工福利费、机物料消耗、差旅费、加工费、辅助生产转入等六个项目,重点控制占制造费用33%的机物料消耗和占制造费用28%的辅助生产转入费用,分别由财务、生产、仓储等部门考核。

2.按承担成本单位的职能分为采购成本、生产成本、仓储成本、管理费用、销售费用、财务费用等六个单元。

采购成本分为原辅燃料采购成本、总成配套件采购成本、设备及备品备件采购成本、工装备件采购成本、劳保、办公用品采购成本等六个项目。

生产成本分为原材料成本、辅料成本、能源成本、设备成本、电器材料成本、人工耗费、制造费用等七个项目。

仓储成本分为采购物资合理损耗、库存物资合理盘损、发出物资差错损失等三个项目。

管理费用分为以工资为载体的变动费用,如管理人员工资、福利费、工会经费、职工教育经费、劳动保护经费、待业保险费;以效益为载体的变动费用,如差旅费、办公费、运输费、修理费、水电费、业务招待费、会务费、电话费、业务费;以服务为载体的半变动费用,如上级管理费、审计费、咨询费、诉讼费、排污费、绿化费。

销售费用分为以销售承包方案为基础的差旅费、工资、奖金、交际费、市内交通费、补贴费,以广告、信用为基础的广告费、展览费。

财务费用分为贷款利息和业务手续费。

二、目标责任的管理

各主管生产、采购、财务等方面的副总经理向总经理签订工作目标责任书,副总经理将承担的任务分解到下属部门,各科室向副总经理签订经济责任书,层层下包,一级保一级,全厂共有34个责任单位和246位责任人签订了包保责任书,保证了成本目标落实到位。

三、强化责任成本的核算管理

首先,强化了公司一级的成本核算管理,建立了以财务部门为核算中心,以仓储、能源、价格、设备、生产、企业管理等部门为分核算单位的一级管理;其次,强化了车间、工段二级核算管理,为二级单位配备专职的材料会计、工资费用会计,实施了与一级成本核算单位对账制;最后,强化了供、销、配、运等部门的责任成本核算管理,月度财务部门组织核算对账。

四、考核与激励制度

公司建立了以企管部门为轴心的纵横考核管理体系,副总经理的责任书半年考核、年底兑现;各管理职能科室实行季度考核、半年兑现;供、配部门实行月度考核和季度兑现;承包经营的销售、运输部门和生产车间实行当月考核和当月兑现。

资料来源:改编自《财务与会计》2001年第1期。

案例分析:1.控制体系的设计要考虑哪些因素?

2.控制体系的加强是否会增加企业的成本? 如何能较好地解决这个问题?

3.如何分解与落实责任目标?

案例20-2　　　　　　　　台塑公司的控制制度

台塑集团是我国台湾地区以鞋和橡胶水管为主要产品的大型石化企业集团,在总裁王永庆的带领下,台塑集团已经构建了美国、欧洲、东南亚、澳洲、中国内地等地的完整投资生产体系。台塑的财务及各项管理制度,从建立至今,由于台塑人致力推行和在实践中不断地发现问题并及时修改,已然形成了一套较为完善的体系。

一、责任中心分解

台塑的责任中心共分为三个层次。

第一层,按产业把下属企业分为若干个事业部,以事业部为中心进行责任体制运作。事业部实际就是通常所说的"投资中心",有权自行制定产销计划、营业政绩、产品定价,提出投资计划,自主安排人事。在事业部有两个机构:一个是总管理处,负责整个事业部的采购、财务、营建、法律、工程发包、出口、土地以及对外公关,总管理处是企业内部的管理机构,而不是独立的法人组织;另一个是参谋机构总经理室,负责企业管理的电脑化、内部稽核、预算、投资的审核和专案改善,事业部提出的投资方案或预算方案拟定后必须送到这里进行审核。

第二层,事业部再分解,按厂别或产品别划分为若干个利润中心。利润中心独立计算损益,以利润为指标考核业绩,全集团共有180个利润中心。

第三层,利润中心再次细分为费用中心和成本中心。费用中心一般为企业提供一定专业性的服务,通常不能产生可以用货币计量的成果;成本中心则为企业提供一定的物质成果(如生产一定的在产品或产成品),但不便或不必对它们进行货币计量。成本中心将要控制的成本项目详细列出,如质量、产量、人事及能源耗费,这些项目又称为"绩效项目",用以评估成本中心的绩效。目前集团有4 000多个费用中心和成本中心。

二、目标管理

责任中心分解之后,落实责任经营的方式就是目标管理。台塑的目标管理是对成本中心每一绩效项目订立目标、执行,然后分析,并对偏差进行调整。这套目标管理可分为三个环节:标准成本、差异分析和差异处理。

第一,标准成本。台塑用"单元成本分析法"来制定目标成本即标准成本。所谓单元成本分析,就是对每一绩效项目都探求其成本发生的根源。为保证目标价值合理,共有三个参考值:其一是理论数据,如水、汽用量,可根据科学理论求得;其二是同行业中先进企业的实际数据;其三是本企业历史最佳实绩。单元分析之后,把目标和现实对比,并寻求改进的方案,列明负责人员名单、改进时限等。台塑每年提出的改善方案有两三千件,共可节约几亿元台币的成本支出。单元分析是总经理室会同成本中心共同进行的,由电脑控制,把所有改善方案的期限、负责人名单输入电脑,编排立案号,以保证计划得以如实、如期进行。

第二,差异分析。对目标执行的分析评价主要由会计部门负责,会计部门除报送普通会计账册外,还需要呈报下列资料:(1)各利润中心的利润绩效成果与目标的比较;(2)利润中心损益差异的分析;(3)针对每一种产品规格进行赢利性分析,供营业单位作促销计划或争取订单时参考;(4)对每个利润中心的绩效差异作出分析。

第三,差异处理。为了激励责任中心积极追求目标的实现,台塑对每个绩效目标达到的程度,依据每个部门性质的不同,根据不同考核项目的比重发放奖金。

三、中央集权式的管理

为了贯彻压力管理的原则,台塑采取了中央集权式的管理制度。台塑总经理室下设营业、生产、财务、人事、资材、工程、经营分析以及电脑等8个组。它的主要功能有二:一是台塑企业各项管理制度之拟订、审核、解释、考核、追踪、改善等;二是对各子企业的经营计划协助拟订与审核,并作经营可行性分析。所以,各事业单位,大到新投资计划的评估,小到放假的宣布,都要先经过总经理室的审慎考虑之后,再交由上级裁决,然后下达命令给各子单位。

资料来源:摘自中国企业国际化管理课题组:《企业财务国际化管理案例》,中国财经出版社,2002年。

案例分析:1.你认为经营控制的核心是什么?如何保证经营责任的贯彻实施?

2.如何进行责任的分解与控制?

3.有人批评说,台塑中上层的人因为工作紧张、压力大而得了胃病,也有人说,台塑的管理缺乏人情味,你怎么看?

思 考 题

1.试述标准成本控制设计包括的主要内容。

2.如何设计价值分析控制程序?

3.如何设计 ABC 法控制程序?

第二十一章

会计电算化制度设计

本章要点

本章将讲述会计电算化制度的设计方法,介绍电算化系统的核算设计、系统的控制制度设计和系统人员管理制度设计。本章的最后一节以财务集中核算为对象,分析会计电算化系统的应用问题。通过本章的学习,应当掌握电算化系统设计的基本知识,掌握电算化系统作为内部控制体系的一部分如何设计。

第一节　会计电算化信息系统概述

一、会计电算化的概念

　　会计电算化就是以电子计算机为主的当代电子信息技术应用到会计实务中的简称,是用电子计算机代替人工记账、算账、报账,以及部分替代人脑完成对会计信息的分析、预测、决策的过程,是现代化大生产和新技术革命的必然产物。它不仅是会计数据处理手段的变革,而且必将对会计理论和实务产生深远的影响。

　　"会计电算化"一词是 1981 年中国会计学会在长春市召开的"财务、会计、成本应用电子计算机专题讨论会"上正式提出来的,现已成为"电子计算机在会计工作中应用"的代名词。

　　目前,会计电算化已成为一门融会计学、管理学、电子计算机技术、信息技术为一体的边缘学科。其主要任务是研究电子计算机在会计实务中的应用及其对会计理论的影响,以便更好地发挥会计的职能作用。

二、我国会计电算化的发展

　　我国会计电算化起步较晚,从 20 世纪 70 年代末至今只有二十几年的发展历史。从我国会计电算化的开展程度、组织管理和软件开发等方面分析,我国会计电算化大体可分为三个发展阶段。

(一)起步阶段(1979～1982 年)

　　我国第一台计算机诞生于 1958 年,从那时起至 20 世纪 70 年代中期,主要用于科技计算。自 70 年代后期开始,一些有识之士认识到会计电算化的必然趋势,于是开始注意这方面的理论研究和实践,极少数企业开始尝试用电子计算机处理工资计算等业务。1979 年财政部拨款 500 万元,用于长春第一汽车制造厂进行会计电算化试点工作。1981 年 8 月在财政部、第一机械工业部、中国会计学会的支持下,中国人民大学和长春第一汽车制造厂联合召开了"财务、会计、成本应用电子计算机专题讨论会"。会上把电子计算机在会计中的应用简称为会计电算化。

(二)推广应用阶段(1983~1988年)

从1983年起,一方面随着经济体制改革的不断深入,企业内部加强管理,划小核算单位,加强内部经济责任制,自然对财会工作提出了新的要求,手工核算已不能完全满足需要;另一方面自80年代开始,随着微型计算机在国内市场上的大量出现,克服了中小计算机价格贵、使用不便的缺点,为会计电算化提供了较好的物质基础。1983年下半年,在新技术革命浪潮的推动下,全国掀起了计算机应用热潮,微型计算机应用开始进入各个领域。电子计算机在会计领域的应用也得以迅速发展。

(三)普及与提高阶段(1989年至今)

在会计电算化实践中,人们逐渐认识到重复开发是一种浪费。因此,一些行业主管部门通过组织研制通用软件以减少重复开发,加速电算化步伐,但碰到了会计软件维护问题。自1989年相继出现了以开发经营会计核算软件为主的专业公司,在财政部及有关部门的支持下,会计软件业务发展很快。在这一阶段,除了一些较大企业可以自己开发会计软件外,许多单位,特别是中小企事业单位、政府机关、学校等单位纷纷购买通用的会计核算软件,省时、省钱,见效快。目前,从数量上看,商品化会计软件已占一定的比例。一些应用较早的单位,实现会计核算电算化后,已开始逐渐向会计分析、会计管理,如责任会计、目标成本、量本利分析等方面深入。

三、会计电算化的特征

会计电算化的特征是指它与手工操作相比较而言。会计电算化信息系统与手工会计信息系统比较,其不同之处表现在以下五个方面。

(一)数据处理方式不同

1. 数据存储发生了变化。在采用电子计算机的条件下,是以磁性材料(硬盘或软盘)作为数据的载体,当会计数据输入计算机之后,一切登录、计算、分类、汇总、转账、编制报表的工作,都由计算机自动完成。

2. 数据规范化、代码化。会计电算化系统要求原始会计数据标准化、规范化,如会计科目、原材料、固定资产、产成品等数据,必须形成标准化的代码,以便于计算机快速、高效地进行处理。

3. 对数据的校验控制要求更高了。在计算机处理方式下,对数据(凭证数据)的录入要加强数据的校验,如采用合法性检查、二次录入、凭证录入后的机内审核等方法,以保证数据的可靠性。

4.会计数据处理自动化、集中化。当原始会计数据输入计算机后,会计数据就由计算机自动加工处理,很少人工干预,会计数据的处理都集中在计算机中进行,使一次输入的会计数据在会计电算化系统内全面共享。

（二）数据处理流程不同

数据处理流程是指会计数据从产生、传递到处理、审核以及存档的整个处理过程。在手工操作的条件下,通常要经过审核原始凭证后编制记账凭证、登记账簿、进行成本计算、定期结账和编制会计报表等步骤来完成全部数据的处理过程。应用电子计算机来处理上述会计业务时,处理顺序基本与手工处理相同,但有一个明显的差别就是计算机避免了数据的重复加工处理过程,因为计算机已使手工操作时的内部牵制和相互核对作用失去意义。例如,总账与明细账的核对,由于计算机在处理此类问题时是结合进行的,既避免了重复操作,又克服了"笔误",所以这一步骤得以简化。由此可见,会计电算化对经济业务的处理,真正达到了序时记录与分类登记相结合,总分类核算与明细分类核算相结合的完善地步。

（三）输出账簿格式与形式不同

会计核算的手工操作方式对账簿格式和形式有统一的规定,比如,对货币资金日记账、总账,要求采用订本账,各个总账科目所统驭的明细分类账必须按其分户单独设置账页,系统地记录一个会计年度的发生额与余额,而且不允许以表（单）代账等。但在电子计算机处理会计业务的情况下,必须充分发挥电子计算机的优越性,并考虑它在处理数据、打印输出上的特殊性。对打印的账簿不能完全按照手工操作的格式输出。实现会计电算化的最终目的是要完全取代手工操作、取代手工账簿,打印账簿只是权宜之计。既然企事业单位的全部经济业务都已存储在磁性介质上,因此一切查询检索都可以直接在电子计算机上进行。随着自动化程度逐渐提高,有关部门和人员（如上级机关或审计人员）都可根据需要配备计算机终端,查询或审计所需的会计数据。但是,鉴于当前的实际情况,定期输出某些简化格式的账簿还是必要的。由于能够以可靠的存储系统长期保存大量的信息,打印输出的账簿就可以适当从简。比如,允许货币资金日记账采取活页簿;总账可以采用"总分类账户本期发生额对照表"的形式代替（以表代账）;明细账可以定期满页打印,也可以在一张账页中打印几个分户等。

（四）人员分工和组织机构不同

会计电算化系统中的人员将由会计专业人员,电子计算机软件、硬件及操作人员组成。要求这些人员是既懂会计知识,又懂电子计算机知识的复合型人才。组织机构由原来有相互稽核牵制作用的专业组构成,改变为由会计数据处理部门、会计数据管理部门以及系统维护部门构成,形成一个新的内部控制牵制网。

(五)内部控制制度不同

内部控制包括会计机构内部的牵制、稽核制度、会计人员的岗位责任制等。原手工操作时,会计机构的内部牵制在企事业单位中有各种明确的规定,如对会计凭证的编制审核、批准的规定,对实物保管账证、账物的稽核制度,对出纳人员不得兼管稽核、会计档案保管和收入、费用、债务账目的登记工作等制度的规定。实现会计电算化以后,会计人员的岗位及内部牵制制度将随之有所变化。在一些中、小企业,经济业务比较简单,全部会计业务集中在 1～2 台单机上处理,会计人员的职责分工大体是:制票、稽核、录入、校核、维护。在大型或中型企业,经济业务比较复杂,分工较细,对各种会计事项的处理往往在网络环境下进行,而且每一个岗位的会计人员可以自行处理其岗位的业务,录入经过稽核的会计凭证要素,使之进入网络系统。系统的中心接收其数据,并根据各个岗位的需要传输、调取、处理这些数据。在这种情况下,制票、稽核、录入集中在一个岗位(不是集中在一个人),系统中心则负责校对与维护。总之,无论是单机运行还是网络环境运行,原会计机构和会计人员都有了相应的变化,原手工操作时的一部分内部控制被计算机技术所代替,已转化为计算机自动控制,使原来的这些内部控制失去作用。如账簿的平行登记、账与账之间的内部控制,将由计算程序自动完成,不会出现账证、账账、账表之间的不一致现象。根据计算机软件和硬件的特点,还要制定一些电算化环境下的内部控制制度。如软硬件维护制度、操作管理制度、数据管理制度、会计档案管理制度等。

第二节　会计电算化信息系统的结构

信息系统是指为了完成信息的收集、加工、利用而组成的人、设备、处理规程和数据的整体。在一个企业中有各种信息管理系统,例如,生产信息、市场信息、计划信息、财务信息等管理系统。通常把利用计算机对会计数据进行采集、存储、加工、利用的信息系统,称为会计电算化信息系统,又简称会计电算化系统。

一、会计电算化系统的结构

会计电算化信息系统一般由会计核算和财务管理两个子系统组成。

会计核算子系统按会计核算业务可分为:账务处理、应收应付款核算、工资核算、固定资产核算、存货核算、成本核算、产品销售核算、会计报表生成、汇总与分析等。

财务管理子系统可以是会计电算化信息系统的一个组成部分。财务管理是企业根据资金运动的客观规律,根据企业生产经营计划和财务制度,通过预测、计划、分析等工作,正确地组织和调节企业资金形成、分配和运用过程中的财务关系。

财务管理的主要内容为:资金管理、成本管理和销售收入与企业盈利管理等。财务管理子系统是辅助企业管理人员监督、控制和协调企业的管理活动,因此上述财务管理活动不可能完全由计算机来完成,尤其是控制、监督等决策活动,一般都要通过人根据系统提供的有关信息来进行。

根据财务管理的内容和目前企业财务管理的实践,财务管理子系统划分为:资金管理子系统、成本管理子系统和销售收入与利润管理子系统。

二、会计核算子系统各模块的主要任务

1.账务处理子系统。该系统通过计算机输入各类记账凭证,由计算机自动进行凭证汇总、总账、明细账、日记账的登录、结算工作。本系统还应包括银行对账模块、出纳员管理模块和往来账核算模块等。

2.应收应付款核算子系统。该系统是针对企业的应收应付款往来账而专门设置的,以便于随时查阅、输出企业中大量发生的往来款项的增减变化情况。

3.工资核算子系统。该系统的任务是:计算职工的应发工资和实发工资;进行工资汇总、分配和计提处理;输出工资条、汇总表、工资费用和福利费的分配表及转账凭证。

4.固定资产核算子系统。该系统负责固定资产增减变化以及折旧、修理费用和盘盈盘亏的核算,编制相应的转账凭证等工作。

5.存货核算子系统。该系统负责材料、产成品和各种商品的收入、发出、增减变动与结存情况及相应的转账处理。

6.成本核算子系统。该系统负责企业生产费用支出和产品成本形成的核算。成本核算是会计核算的中心内容,是成本管理的重要一环。它按成本对象,采用一定的算法,对有关费用进行归集与分配,计算当月完工成本和在产品成本,并进行转账处理,编制成本报表等。

7.产品销售核算子系统。该系统负责产品的入库数量和金额以及产品销售的有关凭证,反映产品销售实现情况、销售货款回收情况,计算销售成本、销售税金及附加、销售费用和利润,并输出转账凭证、编制产品销售利润明细表。

8.会计报表子系统。该系统根据账务处理子系统和其他有关子系统的数据,编制各种会计报表,并按上级要求的格式输出相应的会计报表。

三、会计电算化子系统的划分应遵循的原则

如上所述,一个会计电算化信息系统往往又可分为若干个子系统,其子系统的划分一般要遵循以下几个原则:

1. 系统适应性强。功能模块的划分要尽量使整个系统的适应性强,能适应企业内外部各种环境的变化。适应性对一个系统来说是十分重要的。一个好的信息系统应允许用户方便地挂入(或去掉)某些模块,而对整个系统无影响;应方便于系统从一个单位移植到另一个业务处理相似的单位,而无须作大的结构变动;对于企业内部的各种变化(如增加核算单位或核算项目等)也不必对系统结构作大的变动。

2. 系统独立性好。各功能模块应能相对独立地完整处理会计核算的各个组成部分。每个功能模块应当有自己的数据输入、数据处理和数据输出。会计核算软件的数据输入一般采用键盘输入、磁盘输入、网络传输或直接从其他模块产生的数据库文件中读取产生。数据输出可采用屏幕查询显示和打印输出两种方式。

3. 高内聚、低耦合。应尽量把联系密切的功能放在一个子系统(或模块)内。一个子系统内部功能联系越密切,其内聚度越高。把功能联系不密切的放在不同的子系统中,尽量减少子系统间的联系,包括程序调用关系和数据传递关系,模块间联系越少,其耦合度越低。高内聚、低耦合使系统接口简单明了,不仅可减少系统的开销,而且对提高系统的适应性有着重要的作用。

4. 可靠性高。模块划分应有助于系统可靠性的提高,减少系统出错及提高系统排错、纠错和恢复能力。

5. 规范性好。要符合会计核算的基本要求,要符合财政部制定的《会计核算软件基本功能规范》中有关模块划分等规范化的要求。不能脱离会计核算和财务管理基本过程的要求、习惯等,更不能违背《会计核算软件基本功能规范》中的规定和要求。

6. 通用性好。模块的划分要有助于提高系统的通用性。也就是说,尽量把能够通用的模块和职能系统独立起来,以实现通用化和商品化。

7. 以账务系统为中心。这是由账务处理本身的特点决定的,因为不管系统功能模块如何划分,一个完整的会计电算化信息系统必然包括账务处理功能,并且其他子系统也必须要同账务处理系统发生直接或间接的数据联系。

第三节　会计电算化系统的设计与维护

一、系统设计

（一）系统设计的任务与步骤

系统设计阶段的任务是：在系统分析阶段的基础上，将系统的逻辑模型转换成系统的物理模型。它包括计算机硬件的选择、系统模块结构的划分、模块设计说明、文件设计、代码设计、输入输出设计等。系统分析阶段得到的逻辑模型只是指出系统应当"做什么"，而系统设计阶段则是给出一个"如何做"的具体方案。

系统设计分为总体设计与详细设计两大步骤。总体设计又称为系统结构设计，包括划分子系统和确定系统的模块结构以及计算机硬件的配置与结构设计。详细设计包括每个模块的处理过程设计、代码设计、文件设计、输入和输出设计等。系统设计完成后，提交本阶段的设计文档——系统设计说明书，同时也为系统实施阶段提供工作依据。

（二）总体方案设计

1.硬件配置与体系结构设计。目前，会计电算化信息系统常见的硬件体系结构有以下几种：

（1）单用户结构。

（2）多机松散单用户结构。

（3）多用户终端结构。

（4）微机局域网络结构。

2.子系统的划分与模块结构设计。在系统设计中，目前通常采用结构化设计方法（SD——Structure Design）。SD方法是一种应用较广且实用有效的模块结构化的设计方法，其实现要点是"自顶向下，逐层分解"、"由粗到细，逐步求精"。这种方法将开发系统逐步分解为具有层次关系的由许多相对独立的模块组成的结构，这种结构通常用具有层次关系的模块结构图来描述。例如，会计核算软件的功能模块可分为：账务处理、应收应付款核算、固定资产核算、工资核算、存货核算、销售核算、成本核算、会计报表生成与汇总、财务分析等。

（三）系统详细设计

系统详细设计的任务是在总体设计给出的系统模块结构图的基础上,给出模块设计的细节,具体包括代码设计、文件设计、输出设计、输入设计。

1. 代码设计。代码设计是会计电算化信息管理系统中的重要内容。一个信息系统的代码设计直接影响信息分类、加工、检索的质量和速度。在会计电算化信息系统中,代码主要是会计科目的编码。会计科目编码是会计核算的基础。会计科目编码设计的内容是确定代码的长度与结构。会计科目编码一般采用数字式层次编码,一级会计科目编码已由财政部规定了统一标准。一级会计科目由 4 位数字组成,共分为五类:1001～1999 为资产类科目,2001～2909 为负债类科目,3001～3999 为共同类科目,4001～4999 为所有者权益类科目,5001～5999 为成本类科目,6001～6999 为损益类科目;二级科目编码由 6 位数字组成,在一级科目编码基础上增加两位;对三级、四级等明细科目,财政部未作统一规定,开发人员可根据各单位的具体情况和日常工作习惯,自行设计三级、四级等明细科目的编码位数和编码规则。

会计科目编码应遵循如下代码设计原则:

（1）惟一性。

（2）可扩充性。

（3）标准化与规范化。

（4）规律性与易记忆性。

（5）尽量短小精悍。

对于会计电算化信息系统中的其他编码,如单位编码、材料编码、职工编码、产成品编码、固定资产编码等,在设计时也应遵循如上编码原则。同时,其编码要以会计科目编码为核心,与会计科目编码相一致,以便于各核算子系统之间的信息传递。

2. 文件设计。文件设计又称为数据库文件设计。会计电算化信息系统主要是加工处理大量的会计数据,因此,文件(数据库)设计的水平直接影响系统运行的效率和质量。文件(数据库)设计的主要依据是数据流程图中的文件、数据字典中的文件条目、数据项条目。

文件设计的主要任务和内容有如下六项:

（1）确定建立哪些数据库文件。

（2）确定每个文件的数据项和关键字。

（3）确定文件的组织方式和存取方式。

（4）确定文件存储介质。

（5）确定文件的存取权限。

（6）确定文件的更新周期。

3. 输出设计。输出的结果直接代表一个系统的设计质量，因此，输出设计是会计电算化信息系统中的重要环节。输出设计主要包括输出内容、输出方式、输出格式等的设计。

（1）输出内容与要求。一个系统的开发设计人员应根据系统详细调查的结果和用户需求，确定输出的内容、格式、输出周期等。

会计电算化信息系统输出的主要内容包括如下几类：①记账凭证、凭证汇总表；②日记账；③明细账；④总账或总账发生额对照表；⑤各类会计报表；⑥其他需要查询（或打印）的临时数据。

（2）输出方式与所用设备。数据输出方式主要有屏幕显示、打印和磁盘输出三类。

屏幕显示输出是在显示器上输出凭证、账簿、报表及其他有关数据，此种方式主要用于数据的快速查询浏览，其特点是输出灵活、方便、速度快、实时性强。

打印输出是用打印机输出凭证、账簿、报表及其他有关资料，此种方式主要用于数据的存档备份和报送传递。目前，会计电算化商品软件打印输出介质采用通用纸和专用纸两种。采用通用纸输出时，表格线和数据会全部输出；采用专用纸输出是在事先印好的带表头、表格线和表尾的凭证、账簿、报表等专用纸上只打印输出有关数据即可，这种方式输出速度快，但成本高，输出开始位置必须对准。

磁盘输出是采用硬盘或软盘对会计数据进行长期保存备份，或传送给其他系统，或下级单位以软盘方式向上级单位报送报表数据。

（3）输出格式的设计。输出格式的设计也是不可忽视的一个环节，它是会计电算化信息系统的输出窗口与界面，是系统设计水平的一个结果性代表。因此，无论是屏幕输出还是打印输出，都必须注重输出格式的设计，而对于上报数据软盘的输出，则必须按照上级规定的标准数据库格式和内容进行设计。

输出格式设计的原则是：①要符合有关财会制度的规定；②要符合用户习惯；③输出格式规范化、标准化；④输出格式要具有可自定义性和可扩充性，从而使报表输出具有通用性。

4. 输入设计。输入设计是系统设计的极其重要的工作，它直接影响数据输入速度与质量，因此，它对于提高录入速度、保证会计数据的正确性乃至整个系统的工作质量都至关重要。

输入设计的主要内容是输入方式、输入格式、输入数据核验的选择与设计。

（1）输入方式选择。在会计电算化信息系统中，目前常用的输入方式有三类：①键盘输入；②磁盘输入；③网络传输。

除此之外,还有卡片输入、图形输入、声音输入等其他输入方式。用户可根据需要和单位具体情况选择其中某种输入方式或综合使用。

(2)输入格式设计。输入格式是人机界面的重要"窗口",有人说,输入格式是系统的"眼睛"。一个好的输入格式不仅能提高录入数据的准确性,提高工作效率,而且能给用户一种"美的享受"。设计输入格式时要注意的问题有:①要符合用户手工操作习惯;②格式要简洁明快,色彩搭配要科学合理;③要尽量代码化、数据化,减少输入量,尤其减少或尽量避免汉字的录入;④全屏幕录入操作;⑤窗口提示方式。

(3)数据校验。为了保证录入数据的正确性,必须进行数据核验设计。常用的数据校验方法有:①人工复核校验;②逻辑检查校验;③数据合计校验;④两次录入(或双机录入)校验;⑤借贷平衡校验;⑥校验码校验。

(四)输入——加工——输出图(IPO 图)

IPO 图(Input – Process – Output)是对模块描述和说明的一种工具,利用这一工具可以对每个模块的输入、输出和加工说明进行详细的描述,以便于程序设计人员利用 IPO 图对相应的模块进行编程、修改和维护工作,用户和管理人员还可用它来评价系统。因此,IPO 图是系统设计阶段重要的文档资料。

IPO 图包括:系统名称、模块名称、编制者、完工日期、本模块被哪些模块直接调用、本模块直接调用哪些模块、输入、输出、加工说明、局部变量名、注释等项。

(五)系统设计说明书

系统设计阶段的主要成果是系统设计说明书,它是本阶段的工作成果——系统的物理模型,也是下阶段(系统实施)的工作依据。系统设计说明书的内容包括如下各项:

1. 概述。
2. 系统模块结构图。
3. 各模块的 IPO 图。
4. 代码设计方案。
5. 数据库设计方案。
6. 输出设计方案。
7. 输入设计方案。
8. 系统硬件、软件配置。

二、系统运行与维护设计

会计电算化信息系统的运行与维护阶段的内容有如下各项:

1.运行前的准备工作。

（1）会计核算业务及数据的规范化、标准化。

（2）会计科目的编码。

（3）人员培训。

（4）系统的初始化定义工作。

2.会计电算化内部管理制度的建立。所谓内部管理制度是指开展会计电算化基层单位的操作、使用、管理制度。

（1）系统操作管理制度。

（2）系统维护管理制度。

（3）会计电算化档案管理制度。

（4）计算机机房及硬件管理制度。

（5）会计电算化条件下的人员岗位责任制。

3.会计电算化系统的维护。

（1）软件维护。

（2）数据维护。

（3）代码维护。

（4）硬件维护。

第四节　会计电算化内部控制制度设计

一、会计电算化的内部控制及其分类

由于传统的分工控制在电子数据处理系统中大部分失去了作用,对会计处理过程中的错误与舞弊的防止和揭露变得更加困难,会计系统处理结果的正确性则更多地依赖于内部控制制度的完善。

（一）会计电算化内部控制

在计算机会计信息系统中内部控制之所以重要的基本原因在于:第一,管理部门对由计算机会计信息系统所产生的记录的依赖性越来越大,而这些记录的准确性和可靠性在数据处理中涉及控制的职能;第二,计算机会计信息系统所产生的信息量日益增大,为确保这些信息得到有效利用,完善的控制过程成为必要;第三,在计算机会计信息系统中,存在许多潜在的控制问题;第四,1996年6月10日财政部发布的《会计电算化工作规范》要求建立会计电算化内部管理制度,增加了管理部门在有效设计和执行内部控制制度方面的责任。

所谓内部控制,是企业经营者为维护企业资产的完整性,确保会计记录的正确性和可靠性,以及对经济活动进行综合的计划、调整和评价而制定的制度、组织方法和手续的总称。内部控制制度既是被审计单位对其经济活动进行组织、制约、考核和调节的重要工具,又是审计人员用以确定审计程序的重要依据。

内部控制有两个涉及面广而又相互关联的目标:一是保护企业资产的安全完整;二是为企业内部和外部提供可靠的财会记录。审计人员可以利用内部控制的目标,验证企业相关的内部控制制度是否有效执行,以评估控制风险,证实经济业务记录的可靠性。

对不同类型的内部控制进行考察,便于充分理解电子数据处理环境中内部控制的含义。

(二)会计电算化内部控制的分类

1. 依据控制实施的范围,可以将计算机会计信息系统内部控制分为一般控制和应用控制。目前,世界上主要国家电子数据处理系统审计准则,均以此种分类规定内部控制评价的步骤和主要内容。一般控制有时称管理控制,是指对计算机会计信息系统的组织、开发、应用环境等方面进行的控制。一般控制所采用的控制措施为每一个应用系统提供环境等方面的控制,普遍适用于每一单位的会计和其他管理系统。一般控制主要包括组织与管理控制、系统开发与维护控制、系统安全及文档控制等。应用控制是指对计算机会计信息系统中具体的数据处理功能的控制。应用控制有特殊性,不同的应用系统有不同的控制要求,但应用系统一般都包括会计数据的输入控制、处理控制和输出结果控制三个方面。一般控制是应用控制的基础,应用控制是一般控制的深化。一般控制以程序为主,而应用控制以数据为主,审计人员可以独立于应用控制之外评价程序。

2. 依据控制的意图,可以将内部控制分为预防性控制、检查性控制和纠正性控制。预防性控制用来防止不利事件的发生;检查性控制用来查证和发现有问题事件的痕迹和论据;纠正性控制用来提供必要的信息帮助调查和纠正已被发现的问题。预防性控制是一种积极的控制,于事先进行计算检查;检查性控制主要是指试图在不利事件发生时就能够发现;纠正性控制是一种相对消极的控制,是使用审计线索,纠正已发现的错误和问题。这种分类的价值不仅在于它们表示了控制的意图,更在于它们表明了如何使用这些控制。

3.依据控制所采用的手段,可以将内部控制分为手工控制和程序化控制。手工控制是直接通过手工操作实施的控制;程序化控制是由计算机程序完成的控制。手工控制不仅适用于手工系统,而且在计算机会计信息系统内部控制中仍然起着非常重要的作用,因为在计算机会计信息系统中并非全部都采用程序化控制。

4.依据实施控制的部门不同,可将内部控制分为电算化部门控制和用户部门控制。电算化部门控制是指由电算化部门人员或计算机程序实施的控制;用户部门控制是指数据使用部门对计算机数据处理施加的控制。这两种控制在一定程度上是互补的,用户部门控制有时可以弥补电算化部门控制的不足。

二、一般控制

一般控制的强弱直接影响到会计电算化应用的成败。

(一)一般控制的目的及具体目标

一般控制是计算机信息系统的总体控制,其目的是建立对计算机信息系统活动整体控制的框架环境,并为达到内部控制的整体目标提供合理的依赖程序。

一般控制的具体目标如下:

1.通过一般或特殊的授权规则保证下列活动的开展具备正当的手续。

(1)将原始凭证输入系统内进行处理。

(2)设计、实施和使用计算机程序。

(3)更改计算机程序。

(4)接触和使用计算机主文件和其他重要数据文件。

(5)分发系统输出报告等。

2.负责资产保管的人员无权接触记录资产情况的信息处理。

3.负责信息处理的人员不负责执行或批准经济业务。

4.电子数据处理部门内部对不相容职能进行适当分离。

5.电子数据处理部门不能纠正电子数据部门以外的错误。

6.通过适当的沟通方法和程序,使数据处理部门人员和其他部门人员能理解主管人员的一般和特殊授权要求,并保证遵循这些要求。

7.主管人员能够充分地控制授权要求的遵守情况,以保证违背要求的行为能予以记录、调查和纠正。

（二）一般控制的内容

审计人员在研究和评价一般控制时，应当考虑以下主要因素：

1.组织与管理控制。计算机会计信息系统的组织与管理控制，用于建立对计算机信息系统活动进行控制的组织结构，其基本目标是减少发生错误和舞弊的可能性。其基本要求是权责的划分和职能的分离。组织与管理控制的主要内容包括以下几个方面：

（1）电算部门与用户部门的职责分离。电算部门的主要职责是对数据进行处理和控制。用户部门是指产生原始数据或使用计算机处理所得信息的部门或人员。两者之间应尽可能保持不相容职责（业务授权、执行保管和记录）的分离。电算部门不能负责业务的批准和执行，不能保管除计算机系统以外的任何资产；电算部门只执行业务记录的职能；用户即各业务部门是业务批准、执行和保管的部门。电算部门负责控制该部门内进行的数据处理，检查处理中发现的错误并纠正本部门产生的错误，控制在更正错误后重新输入并进行处理；用户部门负责更正产生于电算部门以外的错误，并将更正后的数据重新传递到电算部门进行处理。

（2）电算部门内部的职责分离。计算机会计信息系统的建立导致新的职能工作的产生，由于计算机信息处理的特点是将数据集中起来统一处理，会使得本应分离的某些职责集中化。为保证系统可靠运行，防止错误和舞弊发生，电算部门内部职责也应分离，即系统开发职能与数据职能分离。系统开发负责系统的分析、设计、编程并为应用提供文档资料，负责新旧系统转换、现有系统的改进及数据库的设计与控制；数据库处理负责业务数据的处理与控制。所有参与系统分析、设计、编程和数据库管理的人员都不能参与日常业务数据处理操作，操作人员也不能参与程序的编制与修改；独立的档案保管职能有助于防止任何未经批准而使用程序、数据文件和系统资料的行为；独立的控制职能有利于单独检查系统的输出，监督和保证数据处理的准确性。

（3）人事控制。计算机会计信息系统是人——机系统，内部控制的水平还取决于有关人员的素质，高素质的人员才可能建立高质量的系统。要建立人员招聘、在职教育、定期评价、轮换任职、奖惩制度等控制措施，对工作人员的知识、技能、职业道德提出更高的要求。

（4）业务授权。所有由计算机会计信息系统处理的业务都应经过授权。凡不是由计算机会计信息系统生成的业务，都应在计算机处理之前通过审核与批准。

2.应用系统开发与维护控制。系统开发控制是为保证计算机会计信息系统开发过程中各项活动的合法性和有效进行而设计的控制。系统开发一般要经历系统分析、系统设计、程序设计、系统测试、系统运行维护等阶段。为了建立一个符合需求的系统，系统开发过程中的各项研制、设计、维护活动及由此产生的文档,均应遵循一定的标准、规则和要求。系统开发控制作为数据处理环境中一般控制的一个方面,其具体措施多种多样,而且根据组织规模的大小存在一些差异。一般情况下,系统开发与维护控制的主要控制措施如下:

(1)制定系统开发标准,从总的方面规定开发活动要求。

(2)采用结构化系统开发方法,系统开发通常采用系统开发生命周期法。

(3)实施项目管理,包括项目计划、项目控制、项目报告。

(4)制定编程规则,程序设计按一定规则进行,以提高系统的可审性。

(5)利用阶段保证,是保证系统开发进度和质量的重要措施。

(6)进行系统测试控制,系统实施前对系统进行检测,以使系统按设计要求可靠运行。

(7)进行系统转换控制,以防止在新旧系统转换过程中发生数据遗失、重复等现象。

(8)制定新系统批准程序,确保管理部门对新系统和系统转换计划进行审批。

(9)进行程序变更控制,保证程序改动经严格测试,并得到适当的核准和授权。

(10)编写系统文档,保证所有系统开发资料按规定予以整理和归档。

3.计算机操作控制。计算机操作控制用于控制系统的操作,其目的是通过标准的计算机操作来保证信息处理的高质量,减少差错的发生和未经批准而使用数据和程序的机会,确保系统仅用于经过批准的目的;确保仅限于经过批准的人员进行计算机操作;确保仅使用批准的程序;确保查出并更正计算机处理中的错误。

计算机操作控制是通过制定和执行操作规程实现的,主要包括以下内容:

(1)操作计划。电子数据处理部门需要制定年度操作计划和相应的日程安排。这些工作计划应涉及系统发展、成本预算、人员培训和用户安排等诸多方面的内容。

(2)机房守则。机房守则主要是关于机房工作的一般规定,涉及设备的使用、对进出机房的人员和物品的限定、文件的存放和处置、出现紧急状态的应急措施等。其目的在于使机房保持良好的工作秩序,以减少造成数据和程序损失与破坏的风险。

(3)操作规程。计算机操作人员应遵循具体的操作规程。操作规程一般包括在操作指南中,主要描述计算机业务处理过程的具体操作步骤。

(4)上机日志记录。它是对每个上机操作者所完成的任务及运行情况的记录。上机日志记录的主要作用是提供检查线索,是计算机审计取证的主要对象。上机操作日志可以由操作员记录,也可由系统自动生成。

4.硬件控制。硬件控制亦称设备控制,是由计算机生产厂家在计算机设备中实现的控制技术和方法。硬件控制能自动查出某些类型的错误,而无须程序或操作人员输入任何特殊指令。硬件控制的失效会削弱其他控制措施的作用,影响系统的可靠性,因此,审计人员应定期对其控制效果进行测试。硬件控制一般包括以下内容:

(1)重复处理控制。通过重复进行同样的处理操作,将结果进行比较以发现错误。

(2)冗余校验。在数据编码中设置冗余位,依据冗余位编码与数据编码中位数的逻辑关系检测是否存在数据传送或处理错误。

(3)回波检验。主要用来检查数据传送(特别是远途传送)过程中是否发生错误。

(4)设备检验。将控制手段构造在计算机集成电路板中,检查并更正错误。

(5)有效性校验。利用计算机实际操作与有效操作进行对比检测错误。

5. 软件控制。利用系统软件如操作系统、数据库管理系统实现控制,是电子数据处理系统内部控制机制的一个显著特色。控制功能主要包括以下几种:

(1)错误处理。操作系统能侦测和纠正因硬件和软件问题引起的错误,如计算机在工作中发生读写困难,或读写的字符过长,操作系统会指出发生的错误并作相应处理。

(2)程序保护。用于防止处理过程中受到其他程序干扰、防止模块调用的错误和防止未授权改动应用程序。

(3)文件保护。对存储的文件进行控制以防止未经授权的使用和修改,采用的主要措施是内部文件标签方法,其目的是防止误用文件,过早抹去数据,防止未经批准存取和使用文件,保证数据全部被处理。

(4)安全保护。防止未经许可使用系统,采用分级可变式口令控制对系统的接触,同时通过操作系统自动建立使用系统的人员和活动的记录等。

(5)自我保护。系统软件是一种控制工具,它也可能被用来破坏系统的内部控制,因此,要对系统软件本身加以保护。

系统应用软件控制用于确保软件的取得或开发是经过授权并以有效的方式进行的,包括:第一,授权、批准、测试、实施以及记录新建和修改应用软件;第二,系统应用软件和记录的存取仅限于经过授权的人员。

6. 系统安全控制。系统安全控制是指防止影响或危及系统安全的因素,发现系统中的安全问题,并解决这些问题使系统恢复正常的措施及实施。系统安全控制包括以下内容:

(1)硬件安全控制。制定计算机房及设备管理制度、岗位责任和操作规程,严格限制无关人员接触计算机系统。防范自然灾害(火灾、水、污染等),减少损失。通过谨慎选择供货厂家、加强在职人员培训、建立后备系统等措施,防止系统故障。

(2)程序与数据的安全控制。程序与数据的安全控制用于保证对经济业务进入系统建立授权结构,以及数据和程序的存取仅限于经过授权的人员。通过采取数据处理与存储相隔离、操作人员身份的密码控制、操作权限控制、数据加密等措施保证数据的完整和保密;通过日志和各种软、硬件技术防范数据丢失或非法修改等保证其真实性;数据备份是一种恢复性控制手段,在使用中的数据丢失后,可以使用备份数据恢复和重建数据。

(3)环境安全控制。环境安全控制是为计算机系统提供正常运行环境的控制措施,如电源的控制,系统配备不间断电源,当万一断电时,不间断电源可自动向系统以额定电压供电,保证系统正常运行;机房配备稳压电源,保证系统电压的稳定等。常见的环境控制措施还有:机房设置空调、防火、防尘和抽湿装置,对系统温度、湿度、洁净度等实行监测。

(4)防止带病毒的软件接触系统,使用防病毒工具等。

7.系统文档控制。系统文档包括会计信息系统中的凭证、账簿、报表及有关软件技术文件(如系统可行性报告、系统分析与设计说明书、程序流程图、操作手册等)。系统文档可为维护和改进系统提供必要的资料,也为系统监督人员和审计人员了解和审查系统提供依据。要建立文档管理制度及安全保密制度;文档应由专人保管,数据在输入计算机会计信息系统之前,必须经过系统主管人员的审检标准;计算机打印输出的书面资料,应由输出和审核人员共同签字才能作为合法的会计档案,使用时必须经过批准,而且任何资料的借取都要登记;存储在磁性介质上的文件应有加密保护,防止被任意调用或篡改破坏;系统软件、应用程序和数据文件应复制备份,防止数据丢失或文件损坏后无法恢复。此外,还应根据会计档案管理的规定制定文档的保管数量、保管时间、定期备份的间隔期及调用档案的手续等。

三、应用控制

应用控制是会计电算化应用方面的具体控制。

(一)应用控制的目的及具体目标

1.应用控制的目的是对会计电算化应用建立具体控制过程,从而确保全部的经济业务都经过授权和记录,并进行完整、准确和及时的处理。

2.应用控制的具体目标如下:

(1)所有经允许处理的数据均应转换到介质上并加以处理,并且处理的结果可通过适当的方式加以输出。

(2)所有输入、转换、处理和输出均应在正常的时间里准确地进行。

(3)所有系统的输出均反映为经批准的有效的经济业务。

(二)应用控制的内容

研究和评价应用控制时,应考虑以下主要因素:

1.输入控制。输入控制用于确保:第一,经济业务在计算机处理之前经过适当的批准;第二,经济业务被准确地转换为机器可读形式并记录于计算机数据文件中;第三,经济业务没有丢失或被不适当地增加、复制、改动;第四,拒绝、改正不适当的经济业务,必要时及时重新补救。

输入控制主要包括以下几个方面:

(1)数据采集控制。采集数据是用户部门的工作。数据采集控制的目的在于确保应用系统在合理授权的基础上完整地收集、正确地编制、安全地传递输入数据。其控制措施主要有以下各项:

其一,用户部门内部的职责分离。资产保管与数据采集职能分离,业务授权与资产保管职能分离,业务授权与原始凭证填制职能分离,填制原始凭证与审核原始凭证职能分离。

其二,标准化的凭证格式。设计和使用标准凭证格式能减少发生错误的概率。

其三,制定凭证编制程序。明确要使用的凭证、编制凭证的时间、编码的使用、凭证传递的程序和时间等。

其四,凭证审核。指定专人负责凭证的审核,以发现和纠正凭证的错误。

其五,手续控制。业务批准人、资产保管人、凭证的编制人、审核人应在凭证上签字,以明确责任。

其六,凭证更正规程。数据处理部门发现原始数据有误时应交用户部门更正,用户部门更正后再将凭证传递到数据处理部门处理。

其七,批量控制。为每批凭证编号以便凭证的交接(用户部门送电算部门或其他部门),计算批量总数(如业务总数、数量总数、金额总数等),以便检查凭证传递、输入、处理中的错误。

(2)数据输入控制。数据输入控制是防止输入数据时的遗漏或重复,检查输入数据是否有错误的控制措施。计算机会计信息系统中,数据输入的依据可以是原始凭证,也可以是记账凭证,还可以是这两者的合并。其中以记账凭证作为输入主要依据的方式,在目前使用的系统中较为常见,这里仅介绍以记账凭证为输入依据的控制。

以记账凭证为依据输入数据时可能发生的问题和错误主要有:会计科目输入错误,如输入了没有设置的科目或误用其他会计科目;借、贷方向输错;金额输错,如未计、多计或少计;对应关系搞错;由于是键盘输入,输入的速度较慢等。

对于可能发生的问题和错误可采用以下控制措施:

其一,设置会计科目代码与名称对照文件。当输入科目代码时,系统先在对照文件中进行查找,如果找到,可以给用户汉字提示以确认是否为正确科目;如果找不到,应重新输入正确的科目代码。

其二,设置对应关系参照文件。会计科目输入正确不能保证对经济业务的处理就是正确的,还有可能发生账户对应关系错误。对应关系参照文件根据业务间的相互关系事先确定对应的会计科目,当输入一张记账凭证后,查询对应关系参照文件,检查和判断输入的科目之间是否存在正确的对应关系。

其三,顺序校验。检查凭证号码的顺序是否连续,有无重复和遗漏,这项工作可由程序自动控制完成。

其四,合理性校验。对某些输入的数据确定合理的范围,若输入数据超出合理范围,系统就会给予提示,要求检查输入的数据,如材料的最高、最低储量等可作为合理范围的标准。

其五,平衡校验。通过数据间应有的平衡关系检查数据输入是否有错,如当一张凭证输入完毕后系统自动进行"借方科目金额合计＝贷方科目金额合计"的检查,以及总账金额与所控制的明细账金额合计应当相等等平衡关系的检查。

其六,人工校验。由计算机会计信息系统将输入的数据打印出来或在屏幕上再次显示,供输入操作人员或审核人员根据原始数据进行检查核对。

其七,重输入控制。将同样数据向计算机系统输入两次,由系统自动核对两次输入的结果,并对不一致的记录作标记,核对完毕后由输入员对所标记错误的记录进行修改。

需要说明的是,在系统程序设计中将控制关系考虑进去,既方便用户操作,又可提高输入数据的正确性和可靠性。但上述控制方法各有利弊,实际使用时应根据成本效益原则选取。

2. 计算机处理与数据文件控制。计算机处理与数据文件控制用于确保:第一,经济业务(包括系统生成的)由计算机正确处理;第二,经济业务没有丢失或被不适当地增加、复制、改动;第三,对计算机处理的错误及时鉴别并改正。

数据输入计算机后,按照预定的程序进行加工处理,在数据处理过程中极少人工干预,一般控制和输入控制对保证数据处理的正确性和可靠性起着非常重要的作用。但是针对计算机错误、用错文件、用错记录、用错程序、输入数据错误在输入过程中未检查出来等情况,还必须在处理过程中设置处理控制。这些处理控制措施大都为纠正性和检查性控制,而且多是程序控制。计算机处理与数据文件控制主要包括以下几个方面:

(1)业务时序控制。会计业务数据处理有时序性,某一处理过程的运行结果取决于若干相关条件过程处理的完成,例如,凭证输入计算机后在审核之前不能登账,结账后才能输出账表等。在数据处理过程中如果颠倒了业务处理时序,会导致数据处理混乱,破坏系统中数据间的相互关系。

(2)数据有效性检验。要保证所处理的数据来自正确文件和记录,可采用的主要控制措施如下：

其一，文件标签校验。在处理数据文件之前，操作员要认真检查文件的外部标签，确认所要处理的文件；计算机在对数据文件处理前，检查文件的内部标签。外部标签的设置是手工控制，内部标签属于程序化控制。

其二，业务编码校验。业务数据文件包含各种类型的业务数据，业务类型可由业务编码识别。在应用程序中，先读出业务编码，以决定由相应的程序处理，业务编码校验控制可提高程序处理不同业务的准确性。

其三，顺序校验。应用程序通过比较每一项业务或记录的主关键字与前一项业务或记录的主关键字来检查文件记录是否有错误，防止因使用了错误的文件或出现排序与合并错误而导致的业务记录丢失。

(3)程序化处理有效性检验。数据处理错误的产生是因为硬件、系统软件或应用软件有问题。发现处理错误的有效性检验方法如下：

其一，计算正确性测试。通过使用重复运算(同一计算重复进行，比较计算结果)、逆向运算(可以是乘除的逆运算，也可以是加减的逆运算)、溢出测试(检测计算结果是否超过确定的数据项长度)等方法来发现运算中的逻辑错误。

其二，数据合理性检验。用来发现结果超出预料结果(合理变化限值)的错误。

其三，交叉汇总检查。其中包括表格中横向数字与纵向数字的汇总检查和其他任何具有内在关系但属不同来源渠道数字的汇总检查。

(4)错误更正控制。根据错误处理的方式建立相应的控制。对于有效性检验发现的错误，将错误数据先写入待处理文件，更正后与同批或其他批次业务数据一起再输入、处理；对于处理过程结束后发现的错误，不能采用直接删除原有错误记录的方式，要输入两次数据更正错误，一次输入冲销原有的错误，一次输入成为正确的数据。应设置专门的控制日志，记录错误的传递、更正与再输入的情况。

(5)断点技术。断点是由一条指令或其他条件所规定的程序中的一个点。断点技术是指在这个点上，程序运行能被外部干预或监督程序中断，程序运行中断以后，可以直观检查、打印输出或进行其他分析。在断点可以通过计算控制数据(主文件金额数、前一程序指令的序号等)发现错误可能出在程序运行的哪一个环节，从而及时更正错误，并从断点开始继续处理数据。

(6)账务处理系统中几种特殊的处理技术。在计算机账务处理系统中除可用上述各种处理技术外，还可以采用以下控制方法：

其一，余额合理性检查。在账结法下，实账户期末有余额，而虚账户期末一般应无余额，而且在借贷记账法下，资产类账户余额一般在借方，负债及所有者权益类账户余额一般在贷方。可以将余额合理性标准编入程序，在程序运行时对账户余额进行合理性检查。

其二,试算平衡检查。根据试算平衡原理编制程序,对全部账户的期末余额和本期发生额进行检查,一旦发现不平衡,即说明处理有误,应进行查找和更正。

其三,总账和明细账核对检查。将总账和其所属的明细账合计数进行校对相符性检查。

3.输出控制。输出控制用于确保:第一,计算机处理的输出结果准确无误;第二,输出结果仅限于提供给经过批准的人员;第三,输出及时地提供给适当的经过批准的人员。

计算机数据处理结果输出主要有屏幕显示输出、打印输出、存入磁性介质如磁盘、网络传输等方式。在输出环节可能会发生输出结果未经授权输出,未送给指定部门或未及时送到,输出结果不正确、不完整或不易懂等错误和问题。针对这些错误和问题设置的主要控制措施如下:

(1)输出授权控制。只有经过批准的人才能进行输出操作。

(2)将输入过程的控制总数与输出得到的控制总数相核对。

(3)审校输出结果,检查正确性、完整性。

(4)将正常业务报告与例外报告中有关数据进行分析对比。

(5)设置输出报告发送登记簿,记录报告发送份数、时间、接受人等事项。

(6)制定输出错误纠正和对重要数据进行处理的规定。

不同的单位和不同的计算机会计信息系统内部控制的技术方法会有很大差异。应用控制的一个重要问题是必须保留审计线索。输入、处理、输出是计算机数据处理过程中相互关联的三个环节,一个环节上的控制将影响到其他环节的数据处理,所以控制应从整体角度加以考虑。

第五节　会计电算化岗位责任制度设计

实现会计电算化后,单位要按照会计电算化的特点和要求,加强对会计电算化系统使用人员和维护人员的管理,按照责、权、利相结合的原则,明确系统内各类人员的职责、权限并与利益挂钩,建立、健全岗位责任制。

一、会计电算化岗位的划分

《会计电算化工作规范》中提出了建立会计电算化岗位责任制的原则:"实行会计

电算化的单位,要建立会计电算化岗位责任制,要明确每个工作岗位的职责范围,切实做到事事有人管,人人有专责,办事有要求,工作有检查。"建立会计电算化岗位责任制,定人员、定岗位、明确分工、各司其职,有利于会计工作程序化、规范化,有利于落实责任和促进会计人员钻研分管业务,有利于提高工作效率和工作质量。

按照这一原则和会计电算化工作的特点,在实施会计电算化过程中,各单位可以根据内部牵制制度的要求和本单位的工作需要,对会计岗位的划分进行调整和设立必要的工作岗位。会计电算化后的工作岗位可分为基本会计岗位和会计电算化岗位。

基本会计岗位可分为会计主管、出纳、会计核算各岗、稽核、会计档案管理等工作岗位。各基本会计岗位与手工会计的各会计岗位相对应,基本会计岗位必须是持有会计证的会计人员,未取得会计证的人员不得从事会计工作。基本会计工作岗位,可以一人一岗、一人多岗或者一岗多人,采用何种方式应当符合内部牵制制度的要求,出纳人员不得兼管稽核、会计档案保管和收入、费用、债权债务账目的登记工作。基本会计岗位的会计工作人员还应当有计划地进行轮换,以促进会计人员全面熟悉业务,不断提高业务素质。会计人员还必须实行回避制度。

会计电算化岗位是指直接管理、操作、维护计算机及会计软件系统的工作岗位,实行会计电算化的单位要根据计算机系统操作、维护、开发的特点,结合会计工作的要求,划分会计电算化岗位。大中型企业和使用大规模会计电算化系统的单位,会计电算化可设立如下岗位:

1. 电算主管。此岗位负责协调计算机及会计软件系统的运行工作,要求此岗位的人员具备会计和计算机知识以及相关的会计电算化组织管理的经验。电算主管可由会计主管兼任,采用中小型计算机和计算机网络会计软件的单位,应设立此岗位。

2. 软件操作。此岗位负责输入记账凭证和原始凭证等会计数据,输出记账凭证、会计账簿、报表和进行部分会计数据处理工作,要求此岗位的人员具备会计软件操作知识,达到会计电算化初级知识培训的水平。各单位应鼓励基本会计岗位的会计人员兼任软件操作岗位的工作。

3. 审核记账。此岗位负责对输入计算机的会计数据(记账凭证和原始凭证等)进行审核,以保证凭证的合法性、正确性和完整性,操作会计软件登记机内账簿,对打印输出的账簿、报表进行确认。要求此岗位的人员具备会计和计算机知识,达到会计电算化初级知识培训的水平,可由主管会计兼任。

4. 电算维护。此岗位负责保证计算机硬件、软件的正常运行,管理计算机内会计数据。要求此岗位的人员具备计算机和会计知识,经过会计电算化中级知识培训。采用大型、小型计算机和计算机网络会计软件的单位,应设立此岗位,此岗在大中型企业中应由专职人员担任。维护员一般不对实际会计数据进行操作。

5. 电算审查。此岗位负责监督计算机及会计软件系统的运行,防止利用计算机进行舞弊。要求审查人员具备会计和计算机知识,达到会计电算化中级知识培训的水平,此岗可由会计稽核人员兼任。采用大型、小型计算机和大型会计软件的单位,可设立此岗位。

6. 数据分析。此岗位负责对计算机的会计数据进行分析,要求此岗位的人员具备计算机和会计知识,达到会计电算化中级知识培训的水平。采用大型、小型计算机和计算机网络会计软件的单位,可设立此岗位,此岗可由主管会计兼任。

7. 会计档案资料保管员。此岗位负责存档数据软盘、程序软盘及输出的账表、凭证和各种会计档案资料的保管工作,做好软盘、数据及资料的安全保密工作。

8. 软件开发。由本单位人员进行会计软件开发的单位,还可设立软件开发岗位,主要负责本单位会计软件的开发和软件维护工作。

基本会计岗位和会计电算化岗位,可在保证会计数据安全的前提下交叉设置,各岗位人员要保持稳定。中小型单位和使用小规模会计电算化系统的单位,可根据本单位的工作情况,设立一些必要的电算化岗位,许多岗位可以由一个人担任。

二、会计电算化岗位责任制的基本内容

开展会计电算化工作的单位,在制定了实施计划,配置了计算机硬件、系统软件和会计软件以后,下一步工作就是建立岗位责任制。岗位责任制为会计电算化工作的顺利实施提供了保证。各单位应根据工作的需要,建立会计电算化岗位责任制,明确每个工作岗位的职责范围,切实做到事事有人管、人人有专责、办事有要求、工作有检查。

1. 电算主管的责任。

(1)负责电算化系统的日常管理工作,监督并保证电算化系统的正常运行,达到合法、安全、可靠、可审计的要求。在系统发生故障时,应及时组织有关人员尽快恢复系统的正常运行。

(2)协调电算化系统各类人员之间的工作关系,制定岗位责任与经济责任的考核制度,负责对电算化系统各类人员的工作质量考评,以及提出任免意见。

(3)负责计算机输出账表、凭证的数据正确性和及时性的检查工作。

(4)建立电算化系统各种资源(硬件资源和软件资源)的调用、修改和更新的审批制度,并监督执行。

(5)完善企业现有管理制度,充分发挥电算化的优势,提出单位会计工作的改进意见。

2. 软件操作员的责任。

(1)负责所分管业务的数据输入、数据处理、数据备份和输出会计数据(包括打印

输出凭证、账簿、报表)的工作。

(2)严格按照操作程序操作计算机和会计软件。

(3)数据输入操作完毕后,应进行自检核对工作,核对无误后交审核员记账。对审核员提出的会计数据输入错误应及时修改。

(4)每天操作结束后,应及时做好数据备份并妥善保管。

(5)注意安全保密,各自的操作口令不得随意泄露,定期更换自己的密码。

(6)离开机房前应执行相应命令,退出会计软件。

(7)操作过程中发现问题,应记录故障情况并及时向系统管理员报告。

(8)每次操作软件后,应按照有关规定填写上机记录。

(9)出纳人员应做到"日清月结",现金出纳每天都必须将现金日记账的余额与库存现金进行核对;银行出纳每月都必须将银行存款账户的余额与银行对账单进行核对。

(10)在由原始凭证直接录入计算机并打印输出的情况下,记账凭证上应有录入员的签名和盖章;收付款记账凭证还应由出纳人员签名和盖章。

3.审核记账员的责任。

(1)审核原始凭证的真实性、正确性,对不符合规定的原始单据不得作为记账凭证依据。

(2)对不真实、不合法、不完整、不规范的凭证退还给各有关人员更正修改后,再进行审核。

(3)对操作员输入的凭证进行审核,及时记账,并打印出有关的账表。

(4)负责凭证的审核工作,包括各类代码的合法性、摘要的规范性、会计科目和会计数据的正确性,以及附件的完整性。

(5)对不符合要求的凭证和输出的账表不予签章确认。

(6)审核记账人员不得兼任出纳工作。

(7)结账前检查已审核签字的记账凭证是否全部记账。

4.电算维护员的责任。

(1)定期检查电算化系统软件、硬件的运行情况。

(2)应及时对电算化系统运行中软件、硬件的故障进行排除。

(3)负责电算化系统升级换版的调试工作。

(4)会计电算化系统人员变动或会计科目调整时,负责电算化系统的维护。

(5)会计软件不满足单位需要时,与本单位软件开发人员或商品化会计软件开发商联系,进行软件功能的改进。

5.会计档案资料保管员的责任。

(1)按会计档案管理有关规定行使职权。

（2）负责本系统各类数据软盘、系统软盘及各类账簿、凭证、资料的存档保管工作。

（3）做好各类数据、资料、凭证的安全保密工作，不得擅自出借。经批准允许借阅的会计资料，应认真进行借阅登记。

（4）按规定期限向各类电算化岗位人员催交各种有关的软盘资料和账表凭证等会计档案资料。

6. 电算审查员的责任。

（1）负责监督计算机及会计软件系统的运行，防止利用计算机进行舞弊。

（2）审查电算化系统各类人员工作岗位的设置是否合理，制定的内部牵制制度是否合理，各类人员是否越权使用软件，防止利用计算机进行舞弊。

（3）发现系统问题或隐患，应及时向会计主管反映，提出处理意见。

7. 数据分析员的责任。

（1）负责对计算机内的会计数据进行分析。

（2）制定适合本单位实际情况的会计数据分析方法、分析模型和分析时间，为企业经营管理及时提供信息。

（3）每日、旬、月、年，都要对企业的各种报表、账簿进行分析，为单位领导提供必要的信息。

（4）在企业的重大项目实施前，应通过历史会计数据的分析，为决策提供翔实、准确、有根有据的事前预测分析报告；在企业的重大项目实施过程中，应通过对有关会计数据的分析，提供项目实施情况（如进度、成本、费用等）分析报告；在企业的重大项目实施后，应通过对会计数据的分析，提供项目总结的分析报告。

（5）根据单位领导随时提出的分析要求，及时利用会计数据进行分析，以满足单位经营管理的需要。

8. 软件开发员的责任。

（1）负责本单位会计软件的开发和软件维护工作。

（2）按规定的程序实施软件完善性、适应性和正确性的维护。

（3）软件开发人员不得操作会计软件进行会计业务的处理。

（4）按电算主管的要求，及时完成对本单位会计软件的修改和更新，并建立相关的文档资料。

三、会计电算化操作管理制度

单位实现会计电算化后，会计人员必须操作计算机才能进行会计核算工作，如果操作不正确会造成系统内数据的破坏或丢失，影响系统的正常运行，导致输出不正确的会计报表。因此，必须通过对系统操作的管理，来保证系统正常运行，完成会计核算工作,保证会计信息的安全与完整。尤其是在计算机替代手工记账后,应制定与贯彻各种严格的控制措施,为会计信息系统的正常运行提供良好的物质条件。会计电算化操作管理包括计算机系统使用管理、上机操作管理和会计业务处理程序管理三个方面。

(一)计算机系统使用管理

计算机使用系统管理的目的是通过计算机系统的管理为会计电算化创造一个良好的运行环境。

1.保护计算机设备,防止各种非指定人员进入机房操作计算机和计算机软件,保证机内的程序与数据的安全。

2.使用不间断电源,避免因停电或供电故障而破坏会计数据。

3.定期检查和保养计算机硬件设备,保证硬件系统正常运行。

(二)上机操作管理

上机操作管理是通过建立与实施各项操作管理制度,确保会计软件安全、有效、正常地操作运行。

1.明确规定上机操作人员对会计软件的操作工作内容和限制,对操作密码要严格管理,定期更换操作员的密码。密码是限制操作权限、检查操作人员身份的一道防线,管理好每个人的密码,对整个系统的安全至关重要。

2.杜绝未经授权人员操作会计软件,防止操作人员越权使用软件。

3.按软件的操作功能和会计业务处理流程操作软件,会计人员要按规定录入原始数据和各种代码、审核凭证、记账、执行各功能模块、输出各类信息等。

4.操作人员离开机房前,应执行相应命令退出会计软件,否则密码的防线就会失去作用,会给无关人员操作软件留下机会。

5.根据本单位的实际情况,由专人保存必要的上机操作记录,记录操作人、操作时间、操作内容、故障情况等内容。

6.数据备份是为了保持会计数据的安全与完整,每次上机完毕应及时做好所需的各项备份工作,以防发生意外事故。备份的会计数据,应由指定人员用专用保存柜妥善保管。各种备份的数据均要标明类型、备份时间及备份人等有关标识,以便查找和及时恢复数据,并分清责任,避免会计数据随着会计人员的变更而丢失。

7.防止计算机病毒,应当避免使用来历不明的软盘和各种非法拷贝的软件,以及在财务专用计算机上玩游戏,以防止计算机病毒的感染。另外,可采用安装防病毒卡等外部措施,以避免计算机病毒进入。

（三）会计业务处理程序管理

1. 要按照《会计基础工作规范》的要求处理会计业务。

2. 预防已输入计算机的原始凭证和记账凭证等会计数据未经审核而登入机内账簿,保证会计数据正确合法。

3. 替代手工记账后,各单位应做到当天发生的业务当天登记入账,现金和银行存款日记账必须日清月结。

4. 要保证会计记账凭证的连续编号。

5. 要按规定程序编制转账凭证。

6. 期末要按规定时间及时结账。

7. 期末应及时生成和打印输出会计报表,打印输出会计报表应防止本期还有未记账的凭证。

8. 在保证凭证、账簿清晰的条件下,计算机打印输出的凭证、账簿中表格线可适当减少。

9. 在当期所有记账凭证数据和明细分类账数据都存储在计算机内的情况下,总分类账可以从这些数据中产生,因此可以用"总分类账户本期发生额及余额对照表"替代当期总分类账。

10. 要按有关规定装订会计原始凭证、记账凭证、账簿、报表等。

11. 要灵活运用计算机对数据进行综合分析,定期或不定期地向单位领导报告主要财务指标和分析结果。

四、计算机硬件、软件和数据维护制度

会计电算化系统的维护是指保证会计电算化系统正常运行的各种工作,它贯穿于会计电算化系统的整个使用过程中,搞好会计信息系统的维护有重要的意义。从信息系统的角度来考虑,系统维护包括硬件维护、软件维护和数据维护三个方面,因此会计电算化系统必须建立计算机硬件、软件和会计数据管理制度。维护工作一般由电算维护员负责,但其权力应当有限制和受监督,在进行系统维护工作时,应当受操作员或电算主管的监督。

（一）计算机硬件设备的维护

机房设备安全和计算机正常运行是进行会计电算化的前提条件,计算机硬件设备的维护主要包括以下几点:

1. 要经常对有关设备进行保养,保持机房和设备的整洁,防止意外事故的发生。

2.要定期对计算机场地的安全措施进行检查,如对消防和报警设备、地线和接地、防静电、防雷击、防鼠害、防电磁波等设备和措施进行检查,保证这些措施的有效性。

3.在系统运行过程中,出现硬件故障时,及时进行故障分析,并做好检查记录。

4.在设备更新、扩充、修复后,由系统管理员与维护员共同研究决定,并由系统维护人员实施安装和调试。

5.硬件维护工作中,小故障的维护可以通过计算机命令或各种软件工具来解决,一般都由本单位的维护人员来做。对较大的故障,如本单位的技术人员没有能力解决,一般需要与硬件生产或销售厂家联系协助解决。

6.计算机房应当设置必要的防火设备,经常检查其完好性。

(二)会计软件和系统软件的维护

系统软件都是由系统软件开发商提供的,一般购买计算机时就配置好了,也可以通过购买得到。系统软件不需要修改,维护比较简单。系统软件维护的主要任务是,检查系统文件的完整性,系统文件是否被非法删除和修改,以保证系统软件的正常运行。

会计软件的维护是会计电算化软件系统维护的主要工作,包括操作维护与程序维护两方面。会计软件维护主要有以下内容:

1.操作维护是日常维护工作,如通过操作软件进行索引,删除系统垃圾文件等。

2.在日常使用软件过程中发现的问题,如不及时解决,将影响到企业正常的会计工作。在这种情况下,系统维护员应尽早排除障碍,如不能排除,应立即求助于会计电算公司的专职维护人员或本单位的软件开发人员。

3.对于使用商品化会计软件的单位,软件的修改、版本的升级等维护是由软件开发厂家负责的。单位的软件维护人员的主要任务是与软件开发销售单位进行联系,及时得到新版会计软件。

4.对于自行开发软件的单位,程序维护则包括了正确性维护、完善性维护和适应性维护等内容。正确性维护是指诊断和改正错误的过程;适应性维护是指当会计工作发生变化时,为适应变化了的工作而进行的修改活动;完善性维护是为了修改已有功能的需求而进行的软件修改活动。单位一般应配备专职系统维护员进行程序维护。

5.对正在使用的会计核算软件进行修改、对通用会计软件进行升级和计算机硬件设备进行更换等工作,要有一定的审批手续。

6.在软件修改、升级和硬件更换过程中,要保证实际会计数据的连续和安全,并由有关人员进行监督。

7.系统维护员负责会计软件的维护工作,及时排除故障,确保系统的正常运行。

（三）会计数据的安全维护

会计数据的安全维护是为了确保会计数据和会计软件的安全保密,防止对数据和软件的非法修改和删除,具体内容包括以下几点:

1. 必须经常进行备份工作,以避免意外和人为错误造成数据的丢失,每日必须对计算机内的会计资料在计算机硬盘和软盘中进行备份。

2. 需要做备份的内容,是能够完全恢复会计系统正常运行的最少的数据,一般包括系统设置文件、科目代码文件、期初余额文件、凭证、各种账簿、报表及其他核算子系统的数据文件。

3. 对磁性介质存放的数据要保存双备份,备份盘应当定期复制,以保证数据不被丢失。

4. 系统维护一般由系统维护员或指定的专人负责,数据录入员、系统操作员等其他人员不得进行维护操作,系统管理员可进行操作维护但不能执行程序维护。

5. 在软件修改、升级和更换过程中,要制定保证实际会计数据的连续性和安全的工作程序。

6. 健全必要的防治计算机病毒的措施,预防、检测、清除计算机病毒。计算机病毒的存在是会计信息系统正常运行的隐患,它能够破坏会计软件和会计数据,因此应当避免使用来历不明的磁盘和各种非法拷贝的软件,以及在财务专用计算机上玩游戏,以防止计算机病毒的感染与传入。另外,采用如安装防病毒软件等外部措施,以避免病毒进入的危险,使用了防毒卡应当及时更换新版本。

7. 制定会计电算化系统发生意外事故时会计数据的维护制度,以解决因发生意外事故而使数据丢失的问题。

实现会计电算化的单位,必须健全计算机硬件和软件出现故障时进行排除的管理措施,保证会计数据的完整性。

五、会计电算化档案管理制度

会计电算化档案管理是重要的会计基础工作,单位必须加强对会计档案管理工作的领导,建立和健全会计档案的立卷、归档、保管、调阅和销毁管理制度,切实地把会计档案管好。单位实现会计电算化后,会计档案具有磁性化和不可见等的特点,而《会计档案管理办法》的有关规定没有包括这方面的内容。因此,必须根据这些特点和《会计档案管理办法》的要求,修订本单位的会计档案管理制度。

（一）会计电算化档案的内容

会计电算化档案包括存储在计算机中的会计数据（以磁性介质或光盘存储的会计数据）和计算机打印出来的书面形式的会计数据。会计数据是指记账凭证、会计账簿、会计报表（包括报表格式和计算公式）等数据，以及会计软件系统开发运行中编制的各种文档和其他会计资料。

存储在计算机中的会计数据（以磁性介质或光盘存储的会计数据），是在会计电算化情况下新的会计档案形式。采用磁带、磁盘、光盘、微缩胶片等介质存储会计账簿、报表，具有磁性化和不可见的特点。作为会计档案保存，其保存期限应同《会计档案管理办法》中规定的相应会计数据（书面形式的会计账簿、报表）一致。

采用电子计算机打印输出书面会计凭证、账簿、报表的，应当符合国家统一会计制度的要求，采用中文或中外文对照，字迹清晰，作为会计档案保存，保存期限按《会计档案管理办法》的规定执行。

通用会计软件、定点开发会计软件、通用与定点开发相结合会计软件的全套文档资料以及会计软件程序视同会计档案保管，保管期截至该软件停止使用或有重大更改之后的第五年止。

（二）会计账簿、报表的生成与管理

会计账簿、报表的生成与管理包括以下内容：

1. 现金日记账和银行存款日记账要每天登记并打印输出，做到日清月结。现金日记账和银行存款日记账的打印，由于受到打印机条件的限制，可采用计算机打印输出的活页账页装订成册，每天业务较少、不能满页打印的，也可按旬打印输出。

2. 一般账簿可以根据实际情况和工作需要按月或按季、按年打印，发生业务少的账簿，可满页打印。

3. 在所有记账凭证数据和明细分类账数据都存储在计算机内的情况下，总分类账可用"总分类账本期发生额及余额对照表"替代。

4. 在保证凭证、账簿清晰的条件下，计算机打印输出的凭证、账簿中表格线可适当减少。

5. 在由原始凭证直接录入计算机并打印输出的情况下，记账凭证上应有录入人员的签名或盖章、稽核人员的签名或盖章、会计主管人员的签名或盖章。收付款记账凭证还应由出纳人员签名或盖章。打印生成的记账凭证视同手工填制的记账凭证，按《会计人员工作规则》、《会计档案管理办法》的有关规定立卷归档保管。

6. 在手工事先做好记账凭证后，录入记账凭证再进行处理的情况下，保存手工记账

凭证与机制凭证皆可。

7. 计算机与手工并行工作期间,可采用计算机打印输出的记账凭证替代手工填制的记账凭证,根据有关规定进行审核并装订成册,作为会计档案保存,并据以登记手工账簿。

8. 记账凭证、总分类账、现金日记账和银行存款日记账,还要按照有关税务、审计等管理部门的要求,及时打印输出有关账簿、报表。

9. 采用磁带、磁盘、光盘、微缩胶片等介质存储会计账簿、报表,作为会计档案保存的单位,在征得同级财政部门的同意后,不再定期打印输出会计账簿。

10. 各单位每年形成的会计档案,都应由财务会计部门按照归档的要求,负责整理立卷或装订成册。当年会计档案,在会计年度终了后,可暂由本单位财务会计部门保管一年。期满后,原则上应由财务会计部门编造清册移交本单位档案部门保管。

11. 各单位保存的会计档案应为本单位积极提供利用,向外间接提供利用时,档案原件原则上不得外借。

12. 各单位对会计档案必须进行科学管理,做到妥善保管、存放有序、查找方便。

(三)安全和保密措施

为了保证会计电算化档案的安全应采取以下措施:

1. 对存档的会计资料要检查记账凭证上录入人员的签名或盖章、稽核人员的签名或盖章、会计主管人员的签名或盖章,收付款记账凭证还应由出纳人员签名和盖章。

2. 对会计电算化档案管理要做好防磁、防火、防潮、防尘、防盗、防虫蛀、防霉烂和防鼠咬等工作,重要会计档案应准备双份,存放在两个不同的地点,最好在两个不同的建筑物内。

3. 采用磁性介质保存会计档案,要定期进行检查。

4. 大中型企业应采用磁带、光盘、微缩胶片等介质保存会计数据,尽量少采用软盘存储会计档案。

5. 存载会计信息的磁性介质及其他介质,在未打印成书面形式输出之前,应妥善保管并留有副本。一般来说,为了便于利用计算机进行查询及在电算化系统出现故障时进行恢复,这些介质都应视同会计资料或档案进行保存,直至其中会计信息完全过时为止。

6. 严格执行安全和保密制度,会计档案不得随意堆放,严防毁损、散失和泄密。

7. 各种会计资料,包括打印出来的会计资料以及存储会计资料的软盘、硬盘、计算机设备、光盘、微缩胶片等,未经单位领导同意,不得外借和拿出单位。

8. 经领导同意的借阅会计资料,应当履行相应的借阅手续,经手人必须签字记录。

存放在磁性介质上的会计资料借阅归还时,还应当认真检查,防止感染病毒。

第六节　财务集中管理电算化系统设计

所谓财务集中管理是指为了保证企业经营活动与战略目标、经营目标一致,防范管理漏洞,而对企业的决策权和资源配置权、管理控制、业务处理进行规范的集中。集中管理的实质是控制,其任务就是通过调节、沟通和合作,使个别、分散的行动统一起来,追求企业短期或长期的整体目标。

与上节内容不同的是,本节主要从电算化系统设计在财务集中管理上的应用角度,介绍五个方面的系统设计方案。

财务集中管理的作用表现为如下方面:

1. 保障集团财务信息的准确性。财务集中管理能够保证全集团财务核算统一,使得内部各分支间财务数据可比;同时,使得集团与分支机构财务信息纵向同步,从而极大地保障了企业财务信息的准确性。

2. 提高集团的整体运行效率。财务集中管理模式实现了集团总部与内部分支财务信息和业务的协同,当经济业务发生时,总部财务可以进行实时跟踪,从而缩短了信息统计周期,提高了运行效率。

3. 提升集团的风险管理能力。财务集中管理能实现全集团有效的财务管理与监控,摆脱由于集团资源分散、监控力度不够所带来的经营风险,降低由于集团企业大型化、发展高速化、地域分散化所带来的经营风险。同时,通过资金集中管理,还可以达到降低资金成本、提高资金使用效率、有效规避资金风险的目的。

4. 降低集团总体的运营成本。资金集中管理缩短了业务对周转资金的占用周期,增强了集团成员间资金统筹管理的能力,可以实现在途资金零占用,在总体上降低企业资金运作成本。

5. 转变管理模式。将传统核算管理模式转变为数据高度集中、信息安全可靠的会计集中核算模式,协助集团本部转变对下属单位的监控模式,由单纯的资产监管模式转变为计划控制模式。

集中管理一般包括会计集中核算管理系统、资金集中管理系统、全面预算管理系统、全面成本管理系统、集中财务分析管理系统五个系统。

这些内容之间的关系可以用图 21 - 1 表示。

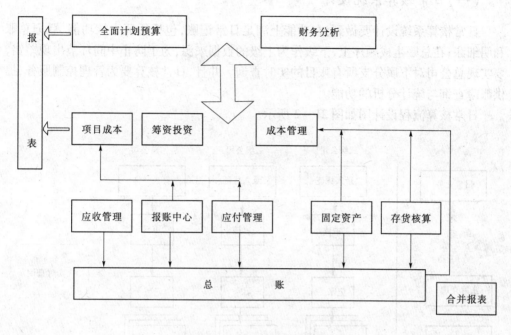

图 21 - 1 财务集中管理框架

一、集中管理的会计核算系统设计

集团公司会计核算系统一般包括日常核算系统、合并会计报表系统、成本核算系统。设计集中核算的管理模式,关键要保证总部对下属机构总账以及明细账的监控,并且可以随时生成集团合并的会计报告。因此,对系统的设计有如下要求:

第一,建立集团统一的档案资料,满足集团统一标准、统一口径的要求。例如,集团会计科目、凭证类别和外币汇率等。

第二,设置权限管理手续,通过授权的部门可以使用公司已建立起来的数据库。

第三,设置多种查询条件,以满足各类组合查询,供企业的各类会计人员和管理人员进行统计分析。

第四,满足集团跨单位查询、多单位统计,使集团对下级单位的会计核算处理过程和结果进行集中监控,以便于从集团整体角度反映企业的财务状况和经营成果。

（一）日常核算系统设计

日常核算系统设计要做到：在功能上满足日常记账，包括凭证审核功能、登记总账和明细账；在总账生成顺序上，下级作为上级的数据来源，为了防止中间环节出现差错，要实现总公司对下属分支所有账目的实时查询。并且，日常核算要为管理控制服务，提供账簿查询与统计分析的功能。

日常核算流程设计图如图 21 – 2 所示。

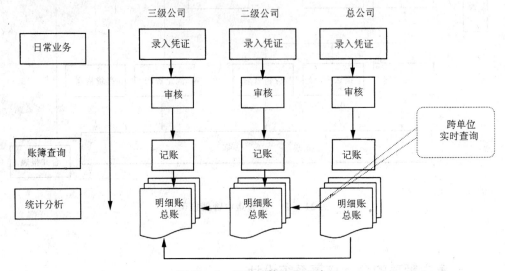

图 21 – 2　日常核算流程设计

（二）合并报表系统设计

合并报表系统的设计，可以遵循以下程序：

1. 由三级公司和二级公司，根据各自的财务数据生成财务报表和内部交易数据。

2. 二级公司将个别会计报表汇总生成汇总报表，再根据内部交易生成抵销分录，根据抵销分录和汇总报表生成合并报表。

3. 二级公司把合并报表、合并范围内的公司与整个集团其他公司之间的内部交易输出给母公司（对于子公司所上报的内部交易数据，仍然按其下属各子公司的明细账进行上报）。

4. 母公司根据本公司的财务报表以及二级公司上报的合并报表，生成汇总报表，再根据内部交易生成抵销分录，最后根据抵销分录和汇总报表生成母公司的合并报表。

5. 为了解决集团合并者对账的压力,内部交易进行对账时,允许各子公司以本公司的身份登录,进行本公司数据的对账,提高对账的准确率。

合并报表系统流程图如图21-3所示。

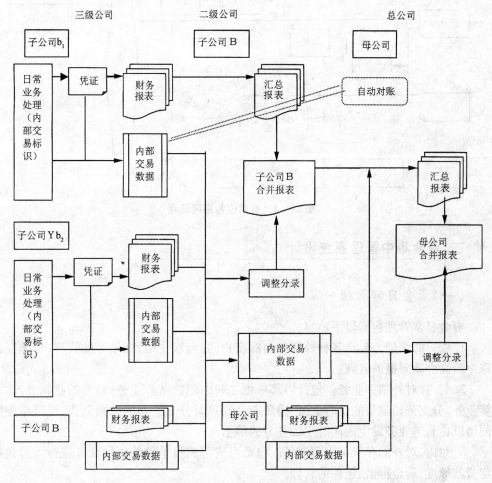

图21-3 合并报表系统流程

(三)费用控制系统设计

费用控制系统的设计要保证财务中心通过对企业日常各项费用支出、经营业务支出和内部往来款项划拨的审批、核算的管理,实现对资金计划的执行和费用支出的预算控制。

费用控制系统流程可设计如图21-4所示。

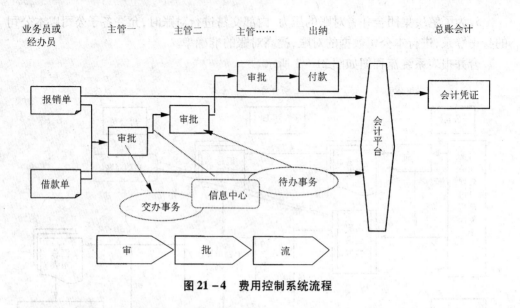

图 21-4 费用控制系统流程

二、资金集中管理系统设计

(一)资金日常管理内容

资金日常管理包括以下内容:

1. 账户的管理。包括各种外部和内部账户的开设、注销、冻结等的管理,外部存款账户最高存款限额的管理。

2. 对内、对外结算业务。包括内部单位之间的划款结算业务,对外的收款、付款结算业务,分支公司款项的及时上缴,按照资金预算对分支公司的款项划拨,通过单据协同可以在每笔业务发生的同时生成各方的单据。

3. 对内、对外的存贷款管理业务。包括对内部成员单位的信用额度进行评价和指定贷款额度,资金拆借、担保的管理。

4. 利息计算。包括定期计算各种内、外部账户的利息,并能够自动划账。

5. 资金的管理与监控。包括随时了解各公司的资金预算执行情况,随时了解各公司的资金流量、流向和余额情况。

6. 投资管理。

7. 票据管理。

（二）资金管理设计的关键点

资金管理设计有以下几个关键点：

1. 资金支付的控制。根据单据发生金额及预先设定的不同级别主管的审批权限进行控制、审批后，财务部门才能根据单据付款。

2. 应收账款的管理。

（1）信用控制。设定企业往来客户的信用限额，当企业应收款超过此客户的信用额时，系统预警，据此可提醒业务部门停止或减少对其业务的发生，从而降低风险。

（2）账龄分析。要能够较准确地对企业发生的各类应收款进行账龄分析，便于企业及时调整债权政策，降低坏账风险。

（3）到期款项的自动预警、催收。款项到期时系统可自动预警并及时生成催收函寄给相应客户，配合企业催收工作。

（4）坏账提取。精确的账龄分析为坏账准备金提取提供依据。

3. 应付账款的管理。

（1）及时获取现金折扣。根据付款合同的付款条件，提醒企业在最佳时间付款，以获得最优惠的折扣。

（2）实时的现金支出分析。对现金的流出按照支出的项目进行分析，并能够随时查询现金流量表的情况。

（3）及时的资金预测。通过应收、应付及收付款的集成处理，进行短期或中长期的资金预测，从而减少资金缺口，使资金有序运作。

资金管理系统可设计如图21－5所示。

三、成本管理系统设计

一套完整而有效的标准成本管理体制，应包括制定严格的标准消耗定额，实行内部核算价格的市场化，并且分解和落实目标成本到车间和工作中心，核算和控制标准成本与实际成本的差异，严格考核，奖惩相应的责任者。

成本管理系统的关键控制点有以下几个：

1. 标准成本控制。包括建立一套完整的标准成本体系，严格按消耗定额进行成本管理，对超定额领料进行控制和提示，通过标准成本和实际成本的差异分析，包括价差的分析和量差的分析，及时调整不利差异。

2. 责任成本分析。责任成本分析的对象是车间，甚至可以更明细到工作中心。责任成本的分析主要体现在对各种实际消耗量与标准消耗量的差异分析上，标准消耗量在进行标准成本编制时，已经分解到各车间和工作中心，实际消耗量是按照车间和工作中心来

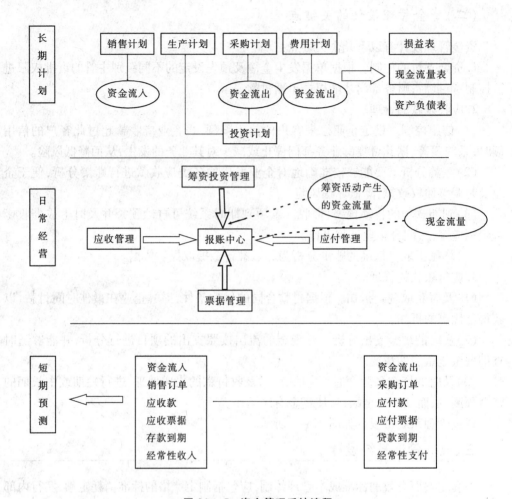

图 21 – 5 资金管理系统流程

进行统计的。通过对各车间或者各工作中心责任成本的分析,达到降低成本的目标。

3. 车间利润考核。按照可控性的原则,计算每个车间的实际成本,并按照该车间所生产产品的内部转移价格或者标准成本来计算实际收入,由此产生的差异就是车间的利润。通过车间利润的计算来进行考核评价,通过奖优罚劣不断完善成本的管理。

以多业务成本控制为例,可以设计流程如下:

首先,编制收入成本预算。确定成本对象,即需要对什么进行收入成本考核和利润分析。例如,要考核每个大的销售订单的收入成本利润,就把销售订单作为一个成本对象,由业务主管来编制每个成本对象预计的收入和成本。

成本管理系统流程如图21-6所示。

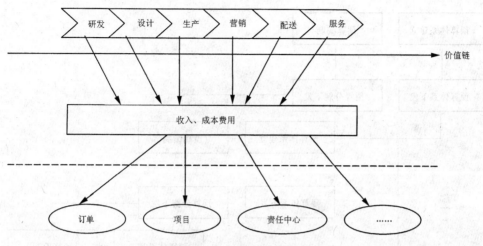

图21-6 成本管理系统流程

其次,进行收入成本数据归集。在收入成本发生的环节,按照该成本对象进行归集。例如,考核销售订单的利润,需要归集与该订单有关的所有收入和成本,那么在销售、出库以及与该订单相关的一些费用报销环节,就要录入该订单的相关信息。按照管理会计平台的相关配置,与该订单相关的所有收入和成本,包括直接和间接的,都归集到了项目成本中。

再次,收入成本计算。成本核算员根据归集好的数据,进行成本对象的分配和成本的结转,以计算出每个成本对象真实的收入和成本。成本的分配就是把间接费用按照一定的标准分配到相应的成本对象上。例如,销售部门的一些公共费用,按照一定的标准分配到该部门的销售订单上。成本结转就是把一个成本对象的某些费用结转到其他的成本对象上。对于一些项目的拆分,或者定期结转一些费用,可以使用成本结转。

最后,针对每个成本对象,进行收入、成本、利润的分析。

四、预算管理系统设计

预算管理系统包括建立预算体系、编制预算、预算分解、预算执行和预算分析等环节。可以采用自上而下的分解编制模式或是自下而上的汇总编制模式。

常见预算流程可设计如图21-7所示。

预算模式可以分为以下三类:

1.销售起点型。销售起点型预算模式适合于可以按销售情况调整生产能力的企

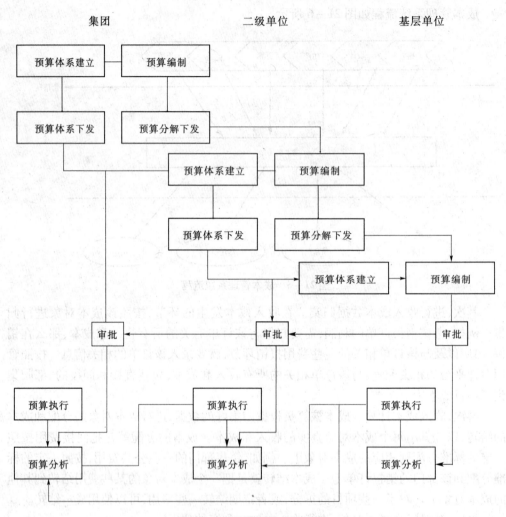

图 21 - 7　集团预算应用流程

业,比如家电、电子、服装等行业,要求以利润或销售额为企业全面预算的起点,分解生成其他相关计划预算。

2.生产起点型。生产起点型适合于以生产能力为企业发展的基础,生产能力不便于根据外部情况作重大调整的企业,比如冶金、化工、电信等行业,要求以生产计划为全面预算的起点,分解生成其他相关计划预算。

3.专项起点型。专项起点型适合于承接项目,比如建筑施工、项目型软件企业等,要求以项目总计划为起点,分解生成子项目进度计划,再根据子项目进度计划分解生成其他相关全面预算。

以生产起点型模式为例,可以设计预算流程如图 21 - 8 所示。

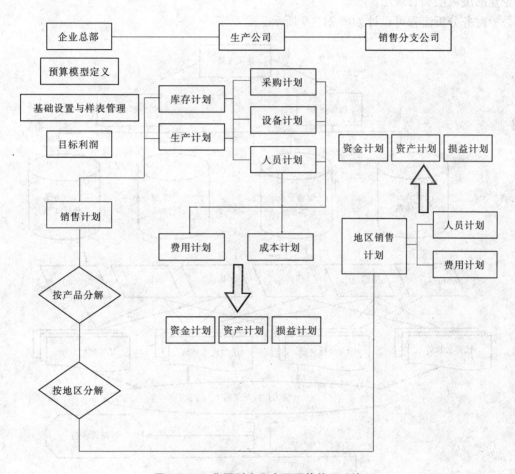

图 21 - 8 集团型企业全面预算管理系统

五、财务分析系统设计

企业经营目标是实现股东财富最大化或公司价值最大化,这也是财务管理的中心目标。任何一个公司的生存与发展都依赖于该公司能否创造价值。公司的经营管理者负有实现企业价值最大化的责任。有效的财务分析体系,可以便于评价和判断企业的经营绩效、经营风险、财务状况、获利能力和经营成果。

通常财务分析的方法包括结构分析、对比分析、趋势分析、环比分析等多种方式。将分析结果结合预警平台，可以对异常指标、关键指标等数据进行及时的报警，反映到企业的决策层和管理层。

财务分析流程可设计如图21-9所示。

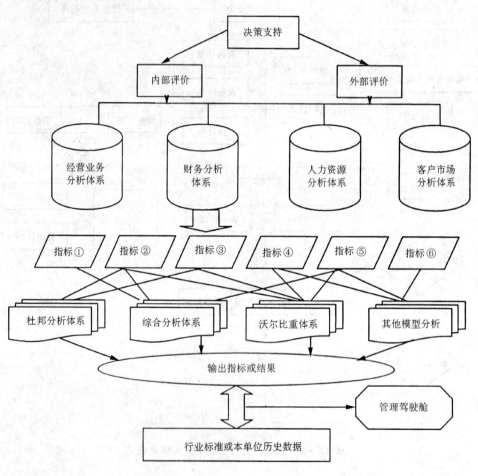

图21-9　财务分析流程

江苏电力公司的财务管理信息系统

江苏电力公司在财务上建立了一套计算机网络化的管理系统,其融预算、内部控制、会计核算为一体。总体目标从企业发展战略的高度对企业经营管理的综合水平提出要求,包括四个方面的内容:其一,业务控制方面。规范业务流程,明确部门责任,实现对业务的事前、事中和事后的全程监管。其二,资金管理方面。实现资金的集中控制、统一调度、灵活使用、适度安排。其三,物资管理方面。实现对物资采购和生产成本费用的发生额控制,实现对实物流转的综合控制。其四,信息管理方面。通过与其他专业管理系统的信息共享,提供满足企业核算和内部管理需要的全面、明确、具体的信息。

江苏电力公司聘请德勤会计师行对企业经营活动中的各类业务的实际执行情况进行了充分调研,并结合各类业务最佳实务要求和信息系统管理的总体目标,提出改进的方向,制定出各类业务流程应实现的具体目标。该财务管理信息系统包括三个组成部分:

1.控制单元。这是系统的核心组成部分,具体包括预算中心和业务中心。前者负责预算目标的设定分解、草案编制、预算的下达、调整及考评;后者根据财务手册的合同管理和会计实务部分规定的业务处理程序、职责、权限,根据设定的业务标准流程进行各种财务活动的流程控制,并负责合同的制定、审核、批准等管理工作。

2.核算单元。主要解决对外输送财务信息的问题,包括总账中心和财务报告中心。前者负责凭证记账、结账、对账、内部往来操作、日记账、明细账打印、清算账及跨年处理的账簿登记及管理工作;后者负责报表格式定义、更改和启用,数据来源设置,报表生成及汇总运算的检验和报表的打印和上报下发等报表管理工作。

3.辅助决策单元。包括系统设置及查询分析中心和专项中心。系统设置用以明确财务手册中各部门职责金额权限和业务流转程序,并设置服务于预算管理、会计核算的各种标准代码体系,如预算项目体系、责任中心体系、会计科目体系等,同时对物资、燃料、固定资产、往来、工程等体系进行设置;查询分析中心用来提供企业内部管理所需要的各种明细信息,具体包括业务查询、财务查询、往来查询、合同查询、预算查询、资产查询、综合查询等内容,同时通过事先设定数据公式和财务模型的方式,对企业历史业务数据进行分析和预测;专项中心实现与其他管理信息系统的信息共享,对固定资产卡片、工程、物资采购等进行专项管理。

为实现以上功能,财务管理信息系统被分成三个模块:核算模块、预算控制模块和管理模块。核算模块支持总账中心的运行,实现核算和对外报告的财务会计功能;预算模块支持预算中心的运行,并对业务的流转进行限定,实现服务于内控的管理会计功能;管理模块支持相应业务中心的运行,实现对预算执行的控制,成为实现总账中心和预算中心功能的桥梁和纽带。

财务管理信息系统主要包括对经济业务价值量的管理,价值量以外的管理内容由企业管理系统完成。在两者间建立接口,实现对经济业务的全程控制。财务管理信息系统与管理信息系统间的关系如图1所示。

采用财务管理信息系统后,电力公司在信息化管理方面取得了显著的效果,表现在以下几方面:

1. 将财务管理活动纳入企业每一项经济活动当中,企业员工在业务发生时都会考虑到预算情况和自己在业务处理中的位置,使员工参与到企业的管理中。这样,改变了过去那种认为财务管理就是财务部门的事情,将财务管理与经营管理割裂开来的做法。

2. 提高了预算管理的效率和效果。以前企业管理过程中由于工作量大,无法准确、及时地对预算进行编制、汇总和下发,同时事后报账的做法无法对经济业务的发生进行实时控制。新的管理模式实现了预算管理的全程控制,加强了企业对现金流量的控制。

3. 内部控制的效果得到保证。新模式对公司的各类业务流程都进行了明确的权责规定,各种业务的审核、批准权限被固定到程序中,从而防止了过去越级请示、越权审批而导致的内部控制失调。

4. 整个企业实现了信息的充分沟通。原始数据在企业中一次录入、全厂共享。目前,该公司已实现了物资、用电和燃料等系统的共享,真正体现了财务管理在企业中的核心地位。

资料来源:摘自杨雄胜等:《管理会计应用与发展的典型案例研究》。

案例分析:1. 江苏电力公司的财务管理系统有哪些特点?

2. 如何将预算从强制执行变为职工的自发执行?

3. 如何实现信息资源的有效利用?

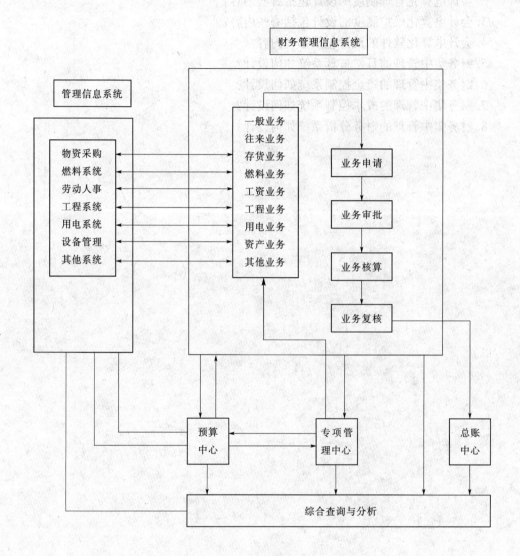

图 1 信息系统结构

思 考 题

1. 如何设计会计电算化内部控制制度？

2. 会计电算化管理制度的设计包括哪些内容?

3. 会计电算化维护制度的设计包括哪些内容?

4. 会计电算化软件的设计包括哪些内容?

5. 财务集中管理的日常核算系统如何设计?

6. 财务集中管理的资金控制系统如何设计?

7. 财务集中管理的成本控制系统如何设计?

8. 财务集中管理的财务分析系统如何设计?

综 合 案 例

案 例 要 点

海洋公司案例

一、海洋公司的历史和目标

杰克自童年起就对海盗和海洋知识感兴趣。从南佛罗里达大学营销学系毕业后,杰克成为一名成功的地产开发商,但他内心仍向往从事与海洋有关的事业。关于麦尔·费舍在 Nuestra senora de Atocha 打捞出历史上最昂贵的沉船的消息传出后,促使杰克和他最好的朋友迈克·施诺下定决心从事海洋事业。1994 年,他们成立了海洋公司,每人的原始投资为 200 000 美元。

杰克和施诺为新公司制定了如下的目标:"海洋公司是从事深海探测和打捞的海洋地理服务公司。公司重视海洋环境并努力保护每个打捞点的生态环境。海洋公司有义务探求每个发现的历史意义,并对发现的工艺品提供完全的保护。"

海洋公司的经营方式如下:

1.海洋公司拥有一支水上和水下船队,用于对沉船进行定位、测量和打捞。这些船只既可由公司自行使用,也可出租给其他公司。

2.在为定位、辨别、打捞和出售特定地域内的沉船、货物等活动进行融资的一系列合伙人中,海洋公司是主要的合伙人。海洋公司的政策是在这些冒险事业的每个项目中至少保持 50% 的所有者权益。

3.海洋公司计划建造一个博物馆,作为展览工艺品、娱乐和提供给公众有关海底技术、考古、文物保护和工艺品等历史教育的丰富多彩的中心。

二、海洋公司合伙人——鹦鹉螺公司

海洋公司成立不久,相继与其他五名投资者建立了合伙关系。随后,公司从著名的海洋考古学家和历史学家诺曼·文沃特教授那里购买了有关沉船地点的情报。1994 年 4 月依据文沃特教授的图表和计算结果,鹦鹉螺公司在佛罗里达海岸南部水下 1 800 英尺找到并拍摄了一艘西班牙沉船。这艘可能于 1622 年因飓风失事的沉船是在国际水域中被发现的。船上的钟于 1994 年 5 月被打捞出水,并运往美国一个地区法院确定其所有权。

1994年6月初,杰克邀请地方电视台和报纸媒介举办了一个新闻发布会,会上他展示了船上的钟和其他一些打捞出的工艺品。虽不能确定沉船货物的性质和确切数量,但他认为这是自"Atocha"号发现以来最有价值的发现,估计价值可能高达3 500 000美元。

在随后几个月里,公司陆续打捞出18 000余件艺术品,其中包括39块金砖、10块金碎片、1枚红宝石垂饰、1 000多枚银币、5个水手占星盘(用于17世纪导航的设备)、5 000多粒珍珠、50个橄榄色的水罐、陶器、步枪子弹、炮和其他多种物品。到1994年底,仍不能确定沉船上有多少部分已被打捞,但海洋公司与其合伙人鹦鹉螺公司认为已到了该取得回报的时候,并计划不再打捞,等到售出大部分打捞的工艺品后,合伙人再决定是否继续打捞。

三、海洋公司财务报表

海洋公司合并损益表	1994.12.31
营业收入	
租金收入(合伙人)	$ 1 658 000
租金收入(其他)	24 000
营业收入合计	1 682 000
营业费用	
船只经营费用	575 000
文物保护费用	268 000
其他探索费用	536 400
折旧费用	815 000
管理费用	813 800
合计	3 008 200
营业损失	(1 326 400)
其他收入(费用)	
利息费用	(113 200)
损失	(1 439 600)
减:少数权益	228 120
净(损失)	$ (1 211 480)
每股净(损失)	1.07

海洋公司合并资产负债表　　　　1994.12.31

资产	
流动资产	
现金	$ 36800
工艺品存货	1 251 600
流动资产合计	1 288 400
固定资产	
固定资产原值	4 285 000
减:累计折旧(815 000)	4 010 000
资产合计	$ 5 298 400
负债和所有者权益	
流动负债	
应付款项	88 000
应付合伙人款项	221 880
应付租金	15 000
流动负债合计	324 880
非流动负债	
远程操作设备应付款	104 000
融资租赁应付款	821 000
应付债券	650 000
非流动负债合计	1 575 000
负债合计	1 899 880
所有者权益	
普通股权益	4 610 000
留存收益(亏损)	(1 211 480)
所有者权益合计	3 398 520
负债和所有者权益合计	$ 5 298 400

（资料来源:选自海洋公司 1994 年年报）

注释 1：工艺品存货。海洋公司使用成本与市价孰低法估计合并报表中的存货成本。鹦鹉螺公司定位、打捞和保存沉船工艺品的费用是 1 788 000 美元。其中 1 251 600 美元列入工艺品存货成本。古董研究和评估公司的鲍·凯文迪士先生评估这些工艺品的价值为 2 750 000 美元,凯文迪士先生是研究殖民贸易时代的历史学博士,他的评估报告题目是"西班牙与新世界贸易的研究:1550～1700"。凯文迪士先生 5 年前受雇于古董研究和评估公司,从事对博物馆收集的殖民时代珍贵金属和银币的研究和评估工作。由于大部分存货存放在容器中,所以评估主要通过样本和照片进行。对每项存货采用如下的方法:

金砖按熔化后价值的 5.5 倍计算,而几年前在"Atocha"号发现的金砖仅按熔化价值的 3 倍计算。

银币按每枚 250 美元计价,这是费舍在他的西部暗礁博物馆出售类似的已受严重腐蚀的银币的价格。

陶器的估价主要考虑到其中大部分有教冠,这说明一名高级教会人员曾在船上旅行,部分陶器按费舍的商店中出售的价格计算。

由"Atocha"号打捞的占星盘售价约每只 100 000 美元,合伙人估计打捞的占星盘是这个价格的 2 倍。

珍珠计价每粒 600 美元,这个价格是建立在对几十个样本照片的仔细研究基础上制定的。

橄榄色水罐按最近售价估计每只 10 000 美元。

其他各种包括珠宝和铁器等物品,按在收集品和纪念品零售市场的估计价格估计。

注释 2:圈内人交易。公司将船和用于深海探测的设备出租给鹦鹉螺公司并取得绝大部分收入。鹦鹉螺公司是海洋公司的合伙人,海洋公司拥有其 59% 的股份。

公司从一个合伙人处租用了 SHD ROV(远程操作设备),每月月初交纳租金 10 000 美元,1994 年 12 月 31 日拖欠了 10 000 美元,董事会认为这个交易条件应优于与第三方交易的相同条件。

注释 3:义务及或有债务。1994 年 1 月公司签订了一份租用 18 000 平方英尺土地作为办公和仓储用地的租赁合同。合同生效日为 1994 年 1 月 15 日,期限为 3 年,允许续约 2 年。租金每年 120 000 美元。第一年每月支付现金 5 000 美元,并以 1994 年 7 月 1 日发行的公司普通股 8 000 股作为其余租金支付额。第二、三年每月租金为现金 10 000 美元。

1994 年 5 月公司和航海联盟公司签订了融资租赁协议,租用 Houdini 5000 型远程操作设备。这台设备作价 900 000 美元,每月付租金 22 850 美元,5 年付清。

注释 4:设备。公司主要使用两种设备进行探索和打捞工作:水上船只和远程操作设备 ROV。详情如下：

Seahound Retriever 是长 200 英尺、489 吨的拖船补给船,造于 1978 年,主要用于远洋石油工业。甲板工作区域为 112 英尺×35 英尺,船内有容纳 20 名海员的铺位。船上的发电机不仅供应自身电力,而且可提供 100 千瓦的电能用以操作远程操作设备。

1994 年 2 月,公司与一个不相关公司——海洋帝国公司签订了使用 Seahound Retriever 12 个月的合同。同时,公司又同海洋帝国公司签订了有关股权的协议:海洋帝国公司将用 Seahound Retriever 交换海洋公司 575 000 股普通股和 1 000 000 美元现金。1994 年 6 月,海洋帝国公司履行权利,收到现金和股息共 2 250 000 美元。

公司现有两艘 ROV:LD 和 Vility。ROV 提供了一种合理的探测水下沉船和水下 2 000 英尺海底构造的方法。ROV 同租借的 SHD 和 Houdini 5000 一起用于对工艺品进行照相和安全修补的工作。

注释 5:工艺品和财宝博物馆。公司计划建造一座博物馆,作为展览工艺品、娱乐和提供大众海底技术、考古、保护、工艺品和财宝历史教育的中心。麦尔·费舍在佛罗里达西部暗礁建造的航海遗迹博物馆,每天有 500 人参观,纪念品商店出售银币、珍珠和陶瓷等工艺品,这也说明海洋公司的这项事业可能十分成功。公司相信沉船的工艺品在博物馆和商店出售要比拍卖价格高得多。古董研究和评估公司估价时考虑了这个计划。

注释 6:普通股的市场行情。海洋公司在场外交易市场中进行股票交易。全国证券商协会自动报价系统报告公司股票的价位如下表所示。

季　末	高价位	低价位
1994.3.31	4.125	3.75
1994.6.30	4.50	3.125
1994.9.30	3.00	1.125
1994.12.31	0.875	0.375

四、海洋公司 1995 年经营情况

(一)普斯公司

1995 年 2 月,海洋公司成立了普斯公司,并将其作为佛罗里达的一个独立合伙人。除了将打捞所得的 5% 付给海员基金外,普斯公司的构成与鹦鹉螺公司完全相同。同年,普斯公司开始在佛罗里达东海岸某区域寻找水下沉船,并发现了一艘可能是殖民时代的沉船,而且在有海事权的地方打捞出一个烹饪罐和一根索具。至 1995 年底,普斯

公司共打捞出约 120 件工艺品,包括 7 门炮,一打多的铜罐,6 枚西班牙银币,一些步枪、手枪子弹和其他物品。合伙人雇佣的考古咨询专家吉姆·斯岛克雷估计打捞的钱币和枪炮造于 18 世纪。斯岛克雷先生认为这艘船主要用于国王和政府官员间的邮信传递和官方通信。虽然未被授予运输货物的权利,但一些私人财宝仍被装上船。斯岛克雷认为尚不能确定沉船上是否有大量财宝。

普斯公司目前的营运资金很少。公司的管理者考虑了许多选择,其中包括继续打捞(这需追加投资)、把打捞地点出售给其他公司等。如果对普斯公司追加投资已不可能,那么海洋公司将考虑结束普斯公司。

海洋公司已注销了对普斯公司的所有投资。

(二)法律事件

1995 年 6 月 11 日,航海联盟公司在佛罗里达州中部 Tampa 区的地区法院起诉海洋公司。

航海联盟公司起诉海洋公司违背了双方签订的租借合同。1995 年 1 月 31 日的租金和这以后的应付租金都未按合同交纳。航海联盟公司提供了合同,并抗议说有权利加收 808 369.69 美元的租赁损失、海洋公司拖欠的 137 100 美元及其利息 6 169.50 美元和法律费用估计 156 113.20 美元。因而航海联盟公司要求海洋公司赔偿的费用总额到 1995 年 6 月 11 日止约 1 107 779.39 美元,另外每天有 273.15 美元的利息。

航海联盟公司同时要求获得对 Seahound Retriever 及机器、设备的所有权,并提出将船出售,出售所得由法庭判决。

1995 年 12 月 31 日法庭判决,1996 年 2 月 25 日以非投标方式出售 Seahound Retriever,所得的收入在诉讼和控告结束前由法庭保管。

(三)财宝博物馆

早在 1995 年,海洋公司就在 Tampa 租借了土地,开始建造财宝博物馆。1995 年 6 月,海洋公司没有能力继续租借,并和出借方中止了协议。作为解决方法的一部分,公司发行给出租方 40 000 股普通股股票。

(四)销售协议

1995 年 10 月,海洋公司和全球电讯市场公司达成销售协议。协议规定,由全球公司负责在海外销售打捞出的工艺品。销售公司会将销售收入定期地付给公司。鹦鹉螺公司、普斯公司也签订了内容相似的协议。根据工艺品销售情况,海洋公司会得到稳定的收入,合伙人不必付出相应的产品开发和销售费用。虽然确定收入的数量和日期为时尚早,但全球公司保证协议执行后的头 5 年内至少有 1 000 000 美元的收入,同时还提供给公司 2 年期 10% 的 250 000 美元贷款,这项贷款用公司 3 500 粒珍珠作担保。

(五)1995 年财务报表数据

工艺品存货 1 376 450 美元

负债总额 3 089 000 美元

留存收益(损失)(4 640 800)美元

所有者权益合计(469 200)美元

全年净损失(3 429 420)美元

1995 年审计报告在 1996 年 4 月 30 日公布。

以上数据摘自海洋公司 1995 年 12 月 31 日财务报表

(六)1995 年公司的股票行情

全国证券商协会自动报价系统报告 1995 年股价如下表所示。

季　末	高股价	低股价
1995 年 3 月 31 日	$ 1.125	$ 0.25
1995 年 6 月 30 日	$ 1.625	$ 0.50
1995 年 9 月 30 日	$ 1.00	$ 0.625
1995 年 12 月 31 日	$ 0.875	$ 0.125

(七)1996 年附加信息

1996 年 2 月 9 日海洋公司和航海联盟公司签订一份紧急声明,中止对 Retriever 的出售。这份联合处理决定主要用于解决法律事件。Retriever 以 400 000 美元价格让与公司,1 年后的应付款项为 800 000 美元(这些延期付款用 Retriever 作担保),并发行担保书,按每股 0.312 5 美元的价格购买公司 400 000 股普通股,1996 年 4 月 3 日协议结束,Houdini 被以现金 400 000 美元的价格出售给第三方。

资料来源:摘自张文贤:《中国会计案例选》,复旦大学出版社,1998 年。

案例分析:

1.会计准则如何规定海洋公司财务报表上工艺品的估价? 1994 年公司的估价正确吗? 在资产负债表上工艺品应怎样分类? 海洋公司的分类是否正确?

2.对关联方交易,海洋公司还应披露哪些信息?

3.对用于交换货物或非现金资产的股票应怎样估价? 案例中公司用于租金和资产交易的股票估价正确吗?

4.1995 年的报表中应怎样列示和披露海洋公司和航海联盟公司间资产负债表外的事件?

5.从本案例中,你认识到哪些其他披露、分类或会计信息?

参 考 书 目

1. 中华人民共和国财政部. 企业会计准则[S]. 北京:经济科学出版社,2006.

2. 中华人民共和国财政部. 企业会计准则——应用指南[S]. 北京:中国财政经济出版社,2006.

3. 中国注册会计师教育教材编审委员会. 财务管理[M]. 北京:经济科学出版社,1995.

4. 魏振雄. 公司会计管理制度设计[M]. 北京:科学普及出版社,1997.

5. 吴国萍. 会计制度设计[M]. 长春:吉林教育出版社,1998.

6. 张文贤. 中国会计案例选[M]. 上海:复旦大学出版社,1998.

7. 王化成. 财务管理教学案例[M]. 北京:中国人民大学出版社,2001.

8. 吴晓求. 中国证券市场典型案例[M]. 北京:中国人民大学出版社,2002.

9. 用友软件股份有限公司. 财务集中管理解决方案[R]. 北京:(内部)宣传资料,2002.

10. 张建军. 审计学案例[M]. 北京:高等教育出版社,2000.

11. 张跃进. 企业内部会计制度设计[M]. 北京:经济科学出版社,2002.

12. 李凤鸣. 会计制度设计[M]. 北京:北京大学出版社,2002.

13. 中国企业国际化管理课题组. 企业财务国际化管理案例[M]. 北京:中国财经出版社,2002.

14. 陈蔚. 成功企业如何做好财务管理[M]. 北京:企业管理出版社,2001.